suhrkamp taschenbuch 317

Hermann Broch, am 1. November 1886 in Wien geboren, starb am 30. Mai 1951 in New Haven.

Gleichzeitig mit Band 4 der kommentierten Werkausgabe, *Der Tod des Vergil,* erscheinen die *Materialien* zu dem Werk.

Die Entstehungsgeschichte von Brochs *Vergil*-Roman in ihren verschiedenen Phasen wird erstmals dokumentiert. Außer der Fassung eins *(Die Heimkehr des Vergil)* werden die bisher gänzlich unbekannten Fassungen zwei und drei *(Erzählung vom Tode)* publiziert. An der dritten Fassung arbeitete Broch, als er im März 1938 von den Nationalsozialisten verhaftet und in das Gefängnis von Bad Aussee eingeliefert wurde. Dort verfaßte Broch dreiunddreißig handschriftliche Seiten zum Roman, die Vorform der in den späteren Fassungen so zentralen *Schicksalselegien.* Der Text dieser legendären Handschrift wird durch die Ausgabe erstmals zugänglich gemacht. Ausschnitte aus den bereits im amerikanischen Exil niedergeschriebenen Romanfassungen vier *(Die Heimfahrt des Vergil)* und fünf (der Schlußfassung), der Abdruck aller wesentlichen brieflichen Selbstkommentare Brochs zu diesem Werk und Beiträge aus der Forschung runden das Bild der Edition ab.

»Das Buch schildert die letzten achtzehn Stunden des sterbenden Vergil, beginnend mit seiner Ankunft im Hafen von Brundisium bis zu seinem Tod am darauffolgenden Nachmittag im Palast des Augustus. Obwohl in der dritten Person dargestellt, ist es ein innerer Monolog des Dichters. Es ist daher vor allem eine Auseinandersetzung mit seinem eigenen Leben, mit der moralischen Richtigkeit oder Unrichtigkeit dieses Lebens, mit der Berechtigung und Nichtberechtigung der dichterischen Arbeit, der dieses Leben geweiht war.« *Hermann Broch*

»Brochs *Vergil* ist eines der ungewöhnlichsten und gründlichsten Experimente, das je mit dem flexiblen Medium des Romans unternommen wurde.« *Thomas Mann*

»Brochs *Tod des Vergil* ist eines der wichtigsten Bücher, das je in der deutschen oder in irgendeiner anderen Sprache geschrieben worden ist. Dieses Werk darf auf keinen Fall übersehen werden.« *Stefan Zweig*

»Im *Tod des Vergil* war Broch wie Proust, Joyce und Musil von dem Gedanken besessen, die Poesie zum Zweck der Erkenntnis zu nutzen und die Philosophie in die Dimension der Kunst zu heben. Der nach Erkenntnis strebende Künstler; der Handelnde; der Lehrer; der Exponent einer Zeit, die keine Aufträge mehr zu erteilen vermag: hinter Vergil steht Hermann Broch.« *Walter Jens*

Materialien zu
Hermann Broch
›Der Tod des Vergil‹

*Herausgegeben von
Paul Michael Lützeler*

Suhrkamp

suhrkamp taschenbuch 317
Erstausgabe
Erste Auflage 1976
Copyright dieser Zusammenstellung
sowie sämtlicher Texte von Hermann Broch und der
des Herausgebers
© Suhrkamp Verlag Frankfurt am Main 1976.
Suhrkamp Taschenbuch Verlag
Alle Rechte vorbehalten, insbesondere das des
öffentlichen Vortrags, der Übertragung
durch Rundfunk oder Fernsehen und der Übersetzung,
auch einzelner Teile.
Satz: IBV Lichtsatz KG, Berlin
Druck: Nomos, Baden-Baden
Printed in Germany
Umschlag nach Entwürfen von Willy Fleckhaus
und Rolf Staudt.

Natur und Kunstwerk lernt man nicht kennen,
wenn sie fertig sind,
man muß sie im Entstehen aufhaschen,
um sie einigermaßen zu begreifen.
Goethe an Zelter, 4. 8. 1803

Inhalt

Die Fassungen

I. Die Heimkehr des Vergil 11
II. [titellos] 23
III. Erzählung vom Tode (Fragment) 88
IV. Die Heimfahrt des Vergil (Ausschnitt: Die Elegien) 170
V. Der Tod des Vergil (Ausschnitt: Die Elegien) . . . 179

Briefliche Kommentare

I. Zur Entstehung 199
II. Zur Wirkung 221

Beiträge aus der Forschung

Götz Wienold, Die Organisation eines Romans:
Der Tod des Vergil 251
Walter Hinderer, Die Personen in *Der Tod des Vergil* . . 280
Jean Paul Bier, Rilke und Broch: Parallelen zwischen den
Duineser Elegien und den »Elegien« im *Tod des Vergil* . . 295
Paul Michael Lützeler, Nachweis der Vergil-Zitate aus
Der Tod des Vergil 306

Editorische Notiz 364

Die Fassungen

I. Die Heimkehr des Vergil

[I]

Stahlblau und leicht, getrieben von einem leisen Gegenwind, waren die Wellen des adriatischen Meeres dem kaiserlichen Geschwader entgegengeströmt, als dieses sich der calabrischen Küste genähert hatte, und jetzt, da es, die flachen Hügel zur Linken, langsam dem Hafen Brundisium zusteuerte, jetzt, da die sonnige und doch so todesahnende Einsamkeit der See sich immer mehr ins friedvoll Freudige menschlicher Tätigkeiten wandelte, genähert dem menschlichen Sein und Hausen, jetzt, da die Gewässer sich mit vielerlei Schiffen bevölkerten – mit solchen, die gleichfalls dem Hafen zustrebten oder die von dorther kamen – und die braunsegeligen Fischerboote bereits die weißbespülten Ufer, die kleinen Dörfer, die kleinen Molen verließen, um zum abendlichen Fang auszuziehen, da war das Wasser beinahe spiegelglatt geworden; perlmuttern war darüber die Muschel des Himmels geöffnet, es war Abend, und man roch das Holzfeuer der Herdstätten, sooft die Töne des Lebens, ein Hämmern oder ein Ruf von dorther herbeigetragen wurden.

Von den sechs Triremen, die in entwickelter Kiellinie einander folgten, trug die zweite, die größte und reichste von ihnen, mit bronzebeschlagenen Wänden und unter Purpursegeln das Zelt des Augustus, und während die erste und die letzte dem Transport der Leibgarden dienten, hatten die übrigen das Gefolge des Cäsars an Bord. Doch auf jener, die der augusteischen folgte, befand sich der Dichter der Aeneis, und das Zeichen des Todes stand auf seiner Stirne geschrieben.

Hatte er jemals anders als im Angesicht des Todes gelebt? War ihm die perlmutterne Schale des Himmels, war ihm das Singen der Berge, war ihm das lenzliche Meer, war ihm der Flötenton des Gottes in der eigenen Brust je etwas anderes gewesen als ein Gefäß der Sphären, das ihn bald aufnehmen sollte, ihn zur Ewigkeit zu tragen? Ein Landmann war er gewesen, einer, der den Frieden des irdischen Seins liebt, und doch hatte er bloß an dessen Rand gelebt, am Rand seiner Felder, und er war ein Ruheloser geblieben, einer, der den Tod flieht und den Tod sucht, der das Werk sucht und das Werk flieht, ein Liebender und dennoch ein Gehetzter, der ein Leben lang durch die Landschaften geirrt war und den es schließlich als Fünfzigjährigen, Sterbenskranken nach Athen getrieben hatte, als könnte ihm, nein, dem Werke dort eine letzte Erfüllung und Vollendung werden. Wer vermag inneres und äußeres Schicksal zu unterscheiden? Das Schicksal in seiner Dunkelheit hatte es so gewollt, und Schicksal war es gewesen, daß er dem kaiserlichen Freund in Athen begegnet war, so sehr Schicksal, daß die Aufforderung des Augustus, mit ihm in die Heimat zurückzukehren, wie ein Befehl der unabweislichen Gewalten gewesen war, der Unabweislichen, denen man sich zu unterwerfen hatte. Vergil, den kranken Leib auf das Lager gebettet, über dem die Segelrah mit der von Zeit zu Zeit dröhnenden Leinwand in den Tauen knarrte, sah die weißbesäumte Strandlinie vorbeigleiten, er spürte den Takt der zweihundert Ruder unter sich, er hörte das gleitende Schäumen des Kielwassers und den silbernen Guß, der mit jedem Herausheben der Ruder einsetzte, er hörte ihr Wiedereintauchen, und gleich einem Echo klang das nämliche von dem vorausfahrenden kaiserlichen und von dem nachfolgenden Schiffe herüber; er sah auch die Menschen auf dem Deck, die Leute des Hofstaates, die mit ihm fuhren, trotzdem nicht mit ihm, denn sein Reiseziel lag ferner als das ihre.

Schon sank die Dämmerung, als man Brundisiums schmale fjordartige Einfahrt erreichte; vor den Kastellen links und rechts des Kanales war zu Ehren des Caesars die Besatzung aufgestellt, ihre Begrüßungsrufe flogen auf, flatterten in dem grauen Licht, beinahe verwelkt in herbstabendlicher Feuchte, und Vergil, aus müden Augenwinkeln hinblinzelnd, war von einem roten Punkt in dem Grau gefesselt; und obgleich es sich nur als das rote Vexillum eines Fahnenträgers erwies, der, am Flügel seiner Manipel postiert, im Takt der Rufe die Stange mit dem Feldzeichen hochstieß, so war dieses im Dämmernebel vergehende Rot weit mehr ein Abschiednehmen denn eine Begrüßung. Doch unterhalb der Befestigungen bis herab zum steinigen Ufer war der Hang mit Sträuchern bewachsen, und gleichsam nach ihrem Laube greifend, streckte der Kranke die Hand aus. Wie weich war die Luft, Bad des Innen und Außen, Bad der Seele, fließend aus dem Ewigen ins Irdische, Wissen vom Kommenden im Diesseitigen und im Jenseitigen! Am Bug des Schiffes sang ein Musikantensklave, und Lied wie Saitenspiel, Menschenwerk beides, waren in sich beschlossen, menschenentfernt, menschenentlöst, Sphärenluft, die sich selber singt. Die Töne in sich eintrinkend, atmete Vergil, die Brust schmerzte ihn, und er hustete.

Dann wurde die Stadt im Innern der Bucht sichtbar, die hellerleuchtete Reihe der Häuser am Kai, eine Osteria neben der anderen, und davor die Menge, die sich angesammelt hatte, um der Ankunft des Caesars beizuwohnen; vielleicht fünfzigtausend, vielleicht hunderttausend Menschen, ein gewaltiges schwarzes Summen, das auf- und abschwoll. Auch auf vielen der verankerten Schiffe ringsum gab es schreiende Menschen, beleuchtet von festlichen Fackeln, und doppelt dunkel wuchsen die Maste und Taue und die gerefften Segel, ein sonderbar finsteres, verkreuztes und verwirrtes Wurzelwerk aus dem Wasser in den noch lichten Himmel hinauf. Vorsichtiger und langsamer wurden nun die Ruder eingetaucht, das Kaiserschiff war schon bis an den Kai geglitten, wo es an dem vorbestimmten, von Bewaffneten freigehaltenen Platze anlegte, und es war der Augenblick, den das dumpf brütende Massentier erwartet hatte, um sein Jubelgeheul ausstoßen zu können, endlos, erschütternd, sich selbst anbetend in der Person des Einen.

Immer war Vergil vor der Masse zurückgeschreckt; nicht daß sie ihm Furcht einflößte, aber er empfand die Bedrohung, die in ihr lag, die aus ihr geboren wurde und das Menschliche gefährdete, eine Bedrohung, die Mitleid einflößte und zugleich zur Verantwortung aufrief, ja zu einer so großen Verantwortung, daß er oftmals schon gedacht hatte, unter ihr zusammenbrechen zu müssen, krank und todesnah von solcher Last geworden; mitunter freilich meinte er, daß diese Verantwortung nicht seine Sache wäre, vielmehr, daß sie ausschließlich den Augustus anginge, aber allzu genau wußte er, daß die Verantwortung, die der Augustus auf sich genommen hatte, von ganz anderer Beschaffenheit war: Spanien war besiegt, die Parther hatten sich unterworfen, die Bürgerkriege lagen weit zurück, das Reich schien gesicherter, befriedeter, wohlhabender als es je gewesen war, und doch war das Drohende vorhanden, ein drohendes Unheil, das auch der Augustus nicht abzuwenden vermochte, trotz seines Priesteramtes, ein sogar den Göttern unerreichbares Unheil, das von keinem Massengeschrei zu übertäuben war, eher noch von jener schwachen Seelenstimme, welche Gesang heißt und die, das Unheil ahnend, das Heil verkündet. Wieder ertönte das Jubelgebrüll, Fackeln wurden geschwungen, Befehle durchhallten das Schiff, dumpf flog ein vom Lande geschleudertes Tau auf die Deckplanken, und zwischen dem Getrappel der vielen eiligen Füße lag der Kranke, aber in seinem Herzen war das Wissen um die Hölle.

Waren ihm die Sinne geschwunden? Sicherlich hätte er sich gerne dem Gejohle der Menge verschlossen, das vulkanisch und unterirdisch und trägwellig über den Platz flutete, aber er klammerte sich an das Bewußtsein, klammerte sich daran mit all der Kraft desjenigen, der das Bedeutsamste seines irdischen Seins nahen fühlt und voller Angst ist, daß er es versäumen könnte, und nichts entging ihm, weder die hilfreichen Gesten und Worte des Arztes, der auf Befehl des Augustus an seiner Seite war, noch die dumpf befremdeten Gesichter der Träger, die mit ihrer Sänfte an Bord gekommen waren, ihn abzuholen, und weder die Stadt, die er mit allen Sinnen aufnahm, den kellerkühlen Hall ihrer engen Gassen und den vertrauten Gestank der Mietkasernen und ihres Unrates, noch der Urwaldgeruch des Massentieres, das ihn umtoste, nichts entging ihm, mehr noch, die Dinge waren ihm näher und deutlicher und wacher, als sie es ihm jemals gewesen waren, und bei aller Reisemattheit verlor er nichts von seiner stillen Würde, und er dankte freundlich für jede Handreichung, die ihm erwiesen wurde. Allerdings, es war eine schwebende Nähe, so schwebend, wie er es selber auf hocherhobener Sänfte war, es war die Nähe einer gleichsam schwebend gewordenen und entrückten Zeit, es geschahen die Dinge gewissermaßen unter Aufhebung jedweder Gleichzeitigkeit, und das im Fackellicht und im Lärme tosende Brundisium war ebensosehr das brennende Troja, so wie er, der durch die Flammen getragen wurde, der flüchtende und heimkehrende Anchises[1] war, blind und sehend zugleich in seinem Schweben, getragen von dem Sohne. Und auch als man ihn im Palaste zur Ruhe gebracht und gebettet hatte, hielt diese schwebende Wachheit an, blieb er weiter an solche Wachheit geklammert: draußen tobte die Straße, und in den Sälen des Palastes tobte das Fest, das die Stadt dem Augustus, der Augustus der Stadt gab, der alte müde Caesar, gefangen von seinem

---

1 Im Originalmanuskript steht fälschlich »Äneas«.

Amte und von seiner Macht, geklammert und angekettet an beide und an ihren Augenblick, und es war, als flössen Straße und Fest bis an das Krankenlager, als flösse das Gleichzeitige und Augenblickliche bis in die innerste Seele, sie durchfließend, ohne sie zu erreichen, da sie im Schweben war, schwebend im Gewesenen und Zukünftigen, hingegeben einem Warten, das ebensowohl nach vorwärts wie nach rückwärts gerichtet war, und die Augen des Vergil sahen bloß das milde Ölflämmchen der Nachtlampe.

[II]

Und da er sich und seine Gedanken zurückschickte, da bemerkte er, daß er zwar zu dem kleinen Jungen auf dem Bauernhof in Andes zurückzukehren vermochte, ja daß es eigentlich gar keine Rückkehr war, vielmehr ein unverändertes Weiterbestehen, so daß er jeden Herzschlag, den er damals erlebt, jeden Grashalm, den er damals gesehen hatte, jetzt ohne weiteres hätte beschreiben und aufschreiben können, und es ihm bloß verwunderlich deuchte, daß er, inzwischen gewachsen, als erwachsener siecher Mann hier liegen mußte, daß aber alles, was seit der Kindheit geschehen, immer schütterer wurde, immer verschwindender und vergessener, nicht nur der Gutshof in Nola mit seinen Bauern, seinen bergumsäumten Feldern und den sanften Tieren, sondern auch die vielen sonnebeglänzten Tage in Neapel waren vergessen, und sogar die Werke, die er geschrieben hatte, damit sie das Bleibende würden, waren verblaßt und kaum mehr dem Titel nach zu erinnern. Nichts von den Bucolica, noch weniger von den Georgica, und wenn überhaupt etwas verharrte, so war es die Aeneis, doch auch diese nicht, wie er sie gedichtet hatte, sondern als ein Geschehen, das von ihm geschaut und nur sehr mangelhaft eingefangen worden war. Warum war dies so? für wen hatte er gearbeitet? für welche Menschen, für welche Zukunft? stand nicht das Ende aller Dinge vor der Tür? war die Vergessenswürdigkeit des Geschaffenen nicht ein Beweis für den Zeitenabgrund, der sich nunmehr auftun wollte, die Ewigkeit zu verschlingen? Betrunkene Horden im Palast und auf der Gasse; noch trinken sie Wein, doch bald werden sie Blut saufen, noch leuchten sie mit Fackeln, doch bald werden ihre Dächer brennen und flammen, brennen, brennen, brennen. Und desgleichen werden die Bücher mit in dem Rauch aufgehen. Mit Recht, mit Recht, mit Recht. In der Brust des Kranken brannte es, allein die Lippen des Schriftstellers lächelten ein wenig, denn der Brand würde auch die Bücher Horazens und Ovids kaum verschonen, und man mußte sagen, ebenfalls mit Recht. Keiner wird bestehen bleiben. Was aber dann? was vermöchte die Menschen noch zu retten, auf daß sie weiterlebten? Hieß es nicht zurückkehren in die Jugend der Menschheit, in die schlichte und sanfte Derbheit des bäuerlichen Lebens, von dem er selber seinen Ausgang genommen hatte und nach welchem er sich ein Leben lang hoffnungslos, ach so hoffnungslos zurückgesehnt hatte? was wußte der Augustus davon? er hatte das Reich gesichert, er hatte Bauten errichtet, er hatte ihn selber geschützt, er hätte es nicht tun sollen, der müde alte Mann, der immer noch lebte, heute noch unbedroht, der vielleicht so lange zu leben verpflichtet war, bis das Drohende auch an seine Türe pochen würde, an die Pforte der Paläste, die einstürzen werden, den Augustus und all seine Pracht, all die ewigen Kunstwerke unter sich begrabend. Oh, überflüssig sind die Kunstwerke, überflüssig all die Schönheit, die der Augustus und der Maecenas um sich angesammelt haben, und sie sind dem Untergang geweiht. Auf der Gasse schrien sie Augustus Retter und Augustus Vater – wird er es nicht büßen müssen? Schlaf? wer wollte schlafen, da Troja brennt!

Und als die Nacht schon weit vorgeschritten war, da sah Vergil viele zerstörte Städte und Heiligtümer vor sich, Städte, von denen er nicht einmal den Namen kannte und die ihm doch so bekannt waren wir die Stadt seiner Jugend, die Mantua hieß; er sah Babylon und Niniveh, er sah ein verwüstetes Theben und das oftmals zerstörte Jerusalem, und er sah das verödete Rom, ein Rom, durch dessen Gassen die Wölfe streiften, ihre Stadt wieder in Besitz zu nehmen, und er sah die Ohnmacht der Götter. Und dann trat ein Engel an sein Lager, seine Fittiche waren so kühl wie der Septembermorgen, welcher anbrechen sollte, und der Engel sagte: »Wachse nun, kleiner Knabe«, sagte es, als wäre es ein Trost, und es war einer, obgleich darin die Verkündigung des Todes enthalten war. »Gut«, antwortete Vergil und versuchte die Züge des Engels zu erkennen, »gut, dann will ich jetzt schlafen.«

[III]
Der Morgenwind strich das Fenster, und Vergil träumte von den Feldern im blondwogenden Erntekleid, er träumte vom Rinde, das neben dem Löwen lagert, er träumte den Frieden des Lebens, einen größeren Frieden als den, der vom Augustus der Welt geschenkt worden war, und er träumte davon, daß der Engel auch den Augustus besuchen werde. Denn durch all dieses Träumen hindurch schwebte ein Wissen, und wenn es auch keinen Namen hatte, sondern nur ein Bild war, ein Bild glückseligen Landes, nicht minder bekannt als die Bilder der rauchenden Städte, so war das namenlos Gewußte doch die wissende Namenlosigkeit der Liebe, einer männlich mütterlichen Liebe, die in die schmerzlich wartende, leidende, ihr geöffnete Welt ersehnt und sehnsüchtig einziehen sollte. Gerne hätte Vergil nach dem Namenlosen gefragt, doch als er die Lider aufschlug, da war das Gemach voll warmer Septembersonne, und statt des Engels stand flügellos und eher ein wenig beleibt der Maecenas vor ihm, ein besorgtes Lächeln in dem gutmütig tüchtigen, genießerischen Gesicht, und Vergil schloß rasch wieder die Augen, der verlorengegangenen Musik nachlauschend.

Weil aber das Singen sich nicht wieder einstellen wollte, rief er, noch immer geschlossenen Auges, nach seinem Besucher, und dieser antwortete: »Ja, mein Vergilius, ich bin hier.«

»Es ist schön, daß du gekommen bist«, sagte Vergil.

»Ich wußte um eure Ankunft; dich und den Augustus, sein Name sei gepriesen, einzuholen, eilte ich hierher.«

Vergil nickte: »Ja, du bist mich holen gekommen... das ist recht, du weißt den Platz am Posilip, der auf mich wartet.«

Von Gräbern wollte Maecenas nichts hören: »Du bist nicht älter als ich«, wehrte er ab.

Der Dichter blickte seinen Gast groß an, und in seinen Augen war unverkennbar die gewichtige Antwort zu lesen. »Höre, Maecenas«, sagte er, »ich bereue es nicht.«

»Oh, mein Vergilius, was hättest du wohl auch zu bereuen! du, der Dichter Roms!«

»Wäre ich bloß der Dichter Roms, ich hätte es zu bereuen!«

Maecenas schüttelte den Kopf, und seine Augen wurden feinschmeckerisch: »Du, der Dichter der Schönheit!«

»Wäre ich der Dichter der Schönheit, ich würde mich schämen, und meine Reue wäre groß.«

»Bist du nicht der Dichter der Götter?«
»Nein... glaubte ich an sie, wie sie es befehlen, ich hätte nie und nimmer dichten müssen...«
»Doch du sangest zu ihrem Preis...«
»Nein, ich sang, sie zu suchen... und ich habe sie nicht gefunden, ich fand anderes...«
Der genießerische Ausdruck in dem Gesicht des Maecenas verstärkte sich: »Dann wirst du uns singen, was du gefunden hast... es wird herrlicher sein als alles Bisherige.«
Vergil lächelte: »Ich werde nicht mehr dichten, Maecenas, und selbst wenn mir dazu Zeit vergönnt wäre, ich möchte es nicht mehr...«
Die Aufmerksamkeit, mit der Maecenas den Worten des Freundes und Dichters lauschte, wurde wehmütig, und er zitierte: »Nie mehr singe ich Lieder, und nicht mehr bin ich euer Hüter... oh, Vergilius, soll es wahrlich so sein?«
»Das Lied wird erschweigen, Maecenas, und die Bildwerke werden gestürzt werden; doch du sollst darob nicht trauern, denn was zu künden sein wird, ist die Wahrheit, eine Wahrheit, an die keine Kunst heranreicht und vor der die Kunst verstummen muß...«
Maecenas war verletzt: »Oh, niemals wird die Schönheit verstummen«, ereiferte er sich, »vor keiner Wahrheit wird sie erschweigen, und immer wird sie es sein, die die Wahrheit kündet... schmähe nicht die Kunst, die der Gott dir geschenkt, Vergilius...«
Wieder lächelte Vergil: »Ich schmähe sie nicht, ich beginne bloß, mich ihrer nicht mehr zu entsinnen... aber ich bereue es nicht, Maecenas... freilich nicht um der Schönheit willen...«
Ehrfürchtig vor dem Dichter, ehrfürchtig vor dem Tode, wagte Maecenas keinen Einwand mehr, und er seufzte bloß. Vergil aber, geschlossenen Auges sprach weiter, und er sprach nicht mehr für den Maecenas, er sprach für sich: »Was nur um der Schönheit willen geschieht, das ist nichts und ist verdammenswürdig... was aber um der Ahnung willen geschieht, das vermag das Herz des Menschen erklingen zu lassen, so daß es bereit wird für die kommende Verkündigung... bereit wie eine Leier, die unter dem Winde singen wird... es ist die Reinheit des Herzens.«
Straße und Hof erschollen von Pferdegetrappel; es waren die

Boten, die kamen und gingen, es waren die Vorbereitungen für den baldigen Aufbruch des Augustus, es war das staatlich höfische Getriebe, das den Palast erfaßt hatte. Dazwischen hörte man das Ächzen ländlichen Fuhrwerkes, das Schlurfen der Sandalen auf dem Pflaster, immer wieder übertönt vom schweren Tritt der Militärstiefel, und aus der weiteren Ferne war ab und zu das Geschrei des Marktes vernehmlich. Und von solchem Alltag zu dem Maecenas zurückgeführt, sagte Vergil freundlich: »Du bist in Staatsgeschäften zum Augustus gekommen, und es will mich dünken, daß die Geschäfte schon recht sehr lärmen... komme wieder zu mir, ehe ihr abreist...« »Auch der Augustus will dich besuchen«, bestellte Maecenas, indem er sich traurig und, bei aller Eleganz, ein wenig schwerfällig erhob, nicht ohne dabei die Falten seines Gewandes zurechtzuzupfen und in die richtige Lage zu bringen.
»Gut«, stimmte der Kranke zu, »kommt beide zu mir... soferne es die Geschäfte erlauben... und bis dahin sage dem Augustus, daß ich ihn liebe...«
Unschlüssig war Maecenas stehengeblieben, als erwarte er noch etwas Feierliches, zu dem die Stunde und die Freundschaft und die Ehrfurcht verpflichtet hätten, und auch Vergil spürte dies, aber er ließ es sich nicht anmerken; er lag da und schwieg, obwohl ihm der Abschied weh tat; und erst als der Maecenas sich entfernte, auf Zehenspitzen davonwippend und durch solch ungewohnten Gang in seiner Würde, die er trotzdem aufrechtzuhalten sich bemühte, wesentlich beeinträchtigt, da blinzelte ihm Vergil unter den Lidern nach, und wenn der Maecenas sich umgewandt hätte, so hätte er eine große Rührung in den Zügen des Dichters entdecken können, freilich auch eine ebenso große Verwunderung: Vergil befand sich in einer großen Verwunderung, einer Verwunderung, über die er sich erst jetzt Rechenschaft abzulegen begann, erstaunt über den Schmerz, den er um des Maecenas und des Augustus willen empfand, erstaunt, daß ihm dies so nahe ging, mehr noch, daß seine Augen dem Maecenas genau so nachblinzeln konnten, wie sie es stets getan hatten, daß sein Gehör noch die Geräusche der Stadt in sich aufnahm, verwundert des Geistes, der intakt geblieben war und in dem all dies sich abspielte! wahrlich, je brüchiger und je unsteter er in den vielen vergangenen Jahren sich selbst empfunden hatte, desto begieriger war er geworden,

daß die Brüchigkeit fortschreite, desto mehr war seine Neugierde gewachsen, eine verwunderte und wunderliche Neugierde, die gerne die körperlichen Schmerzen und das Ungemach auf sich nahm, vielleicht sogar sie unterstützte, um das Ende zu beschleunigen, das Außergewöhnliche, das mit der Auflösung kommen mußte, damit sie Erlösung werde; und jetzt, da es so weit war, da war es noch immer das nämliche Schauen, das nämliche Hören, das nämliche Denken, wie es das ganze Leben stattgefunden hatte, und dies war verwunderlich. Nun war der Maecenas gegangen, froh, zu seinen Bildwerken heimkehren zu dürfen, zurück in die irdische Schönheit seines Palastes, ledig eines Mahners, der von solcher Schönheit nichts mehr wissen wollte, und fast schien es, als hätte der Maecenas recht, verwunderlich recht. Was wäre wohl an die Stelle der Schönheit zu setzen, da das Leben des Menschen nicht weiter reicht als sein Sehen und Hören? ach, das Herz vermag nicht weiter zu klingen, als es schlägt – warum also die Auflehnung gegen eine Schönheit, die es zur Reinheit seines Klingens bringt? Vergil versuchte darüber nachzudenken, indes, wieder waren es bloß Bilder, die sich einstellten, und wiederum waren sie voller Leid: mochten auch die Schlachtfelder des Reiches nun ferne sein, in Britannien, in Germanien, in Asien, es waren doch Menschen, die sich dort abschlachteten, und mochten die kaiserlichen Gerichte auch gerecht aburteilen, mochten es auch Verbrecher sein, die allenthalben auf den Richtstätten an den Kreuzen hingen und in ihren Schmerzen sich wanden, es waren doch Menschen, und Menschen waren es, die in den Arenen gehetzt wurden, zerstückelt, zerfleischt, Menschen, die einander töteten, blutvergießend, Blut, Blut, Blut, zum Ergötzen der Masse, Opfer, sinnlose Opfer zum Ergötzen des Massentiers und einer Irdischkeit, der auch der Augustus und auch der Maecenas, jeder auf seine Art, dienten, da sie alles so lassen wollten, wie es war, und höchstens nach Schönheit strebten, blind für die Dumpfheit, blind für den Blutdurst, blind für die Einzelseele, die im Ungezügelten, kaum Gebändigten zu versinken drohte. Was aber war all dem Blute, all den vielen Opfern, all den Qualen entgegenzuwerfen? Verse? waren Verse nicht zu wenig und doch zu viel? vermochten Verse eine solche Welt zu ändern? vermag der Mann, der die Folterungen begafft und sich ihrer freut, überhaupt noch Verse zu hören? bedarf es da nicht eines größeren Einsatzes, um sich Gehör zu verschaffen?! In der Tat, so ist es: wer nicht das Opfer überbietet, wer das sinnlos irdische Opfer nicht zum reinen Opfer des Überirdischen erhebt, wer nicht selbst in die Arena steigt, wer nicht selbst sich ans Kreuz heften läßt, wer nicht seine ganze Person, sein ganzes Leben darbringt, der kann nicht, der darf nicht, der soll nicht hoffen, daß es ihm jemals gelänge, das verwirrte und verstockte Menschenherz zu reinem Aufklingen zu erwecken! Er jedoch, wie hatte er selber gelebt? Er war geflohen! er war vor dem Opfer und vor dem eigenen Einsatz geflohen, er war geflohen von Landschaft zu Landschaft, bis er brüchig und müde geworden war, und er hatte Verse geschrieben, die gleichfalls nur Flucht waren, Flucht in die Schönheit. Nein, er war nicht besser gewesen als der Augustus und der Maecenas, er hatte ihre Meinungen und Haltungen in keiner Weise widerlegt, weder durch sein Leben noch durch seine Werke, und mit Recht durften die beiden die Widmung seiner Georgica und der Aeneis für sich beanspruchen. Kein Zweifel, die Werke gehörten ihnen, sie mochten sie mit sich nehmen und sie behalten, sie waren sein Vermächtnis an sie, die Freunde, die er liebte und nun doch nicht mehr sehen wollte, wenn sie jetzt abreisen würden, kaiserlich feierlich nach dem irdischen Rom. Oder waren sie gar schon fort? Vergil lauschte: in dem Palast war es merklich stiller geworden, und auch der Lärm der Stadt klang wesentlich gedämpfter. Sollten sie ihn tatsächlich ohne Abschied verlassen haben? eine Wolke des Unmuts ging über des Dichters Stirne: er hätte ihnen gerne noch gesagt, daß in all seinen Werken etwas Verborgenes wohnte, etwas, das mit eigentlicher Schönheit wenig zu tun hatte und das wichtiger als jegliche Schönheit war, etwas, das man freilich erst ergründen mußte, wie er ja selber erst heute diesem Sachverhalt auf die Spur gekommen war. Es wäre wohl der Mühe wert gewesen, ihnen dies noch zu sagen. Doch vielleicht waren sie noch gar nicht abgereist, vielleicht hatte man bloß, den Lärm abzudämpfen, die Straße mit Stroh bestreut und den Pferden die Hufe mit Tüchern umwickelt, weil man wußte, daß er krank hier daniederlag, daß die Brust ihm brannte und daß er über das Verborgene des eigenen Werkes nachsinnen mußte, lauschend einem Mittagslichte, das er nicht mehr sah. Und je schärfer er hinhorchte, desto verebbter und entfernter klangen die Geräusche des Lebens, sie waren wie

Vorhänge, die sachte von einer Hand weggenommen wurden, einer nach dem andern, bis nichts übrigblieb als das, was zwischen den Worten und den Zeilen eingebettet gewesen war, und dies war die Gesinnung seines eigenen Herzens und des Herzens Ahnung, Schönheit auch sie, und doch des Herzens Opfer.

[IV]

Stiller und stiller wurde es, und es ward zu der Stille, die den Sänger empfängt, ehe er in die Saiten greift. Die große Stille der Menschheit, die nicht mehr Masse ist, sondern Gemeinde der Seelen, Atem der Klarheit, der hinüber- und herüberweht, das gemeinsame stumme Sphärenlied des Sängers und des Hörers, in beiden zugleich geboren, in beiden zugleich erklingend. Vergil, der Sänger, lauschte, er war gespannt, gespannt wie die Saiten einer Leier, ja, er war selber die Leier, und er erwartete die Hand, die nach seinem Herzen greifen würde, damit es in seiner reinen Spannung erklinge, sehnsüchtig erwartete er diese Hand, denn wenn es klingen würde, dann würde das Herz nicht mehr brennen. Und siehe, während er so lauschend lag und immer deutlicher es spürte, wie die mütterliche Hand der Liebe sich seinem Herzen näherte, und wie die Mittagsnacht immer stiller und dichter sich herabsenkte, erfüllt von dem Rieseln der Abendbäche, beschattet von den Eichen und Pinien, so daß Nymphen wie Hirten schon längst in der Dunkelheit entschwunden waren, oh, in dieser Landschaft des Abends, die er liebte, obgleich er sie längst nicht mehr sah, breitete Vergil die Arme aus, als wollte, als müßte er sich mit ihr verkreuzen und für immer in sie eingehen, denn er hörte aufs neue den Engel, und der sagte: »Wachse, kleiner Knabe, wachse, klinge und führe, Führer durch die Zeiten, ahnend im Zeitlosen.«

II. [titellos]

[I]
Stahlblau und leicht, bewegt von einem leisen, kaum merklichen Gegenwind, waren die Wellen des adriatischen Meeres dem kaiserlichen Geschwader entgegengeströmt, als dieses, die mählich anrückenden Flachhügel der calabrischen Küste zur Linken, dem Hafen Brundisium zusteuerte, und jetzt, da die sonnige, dennoch so todesahnende Einsamkeit der See sich ins friedvoll Freudige menschlicher Tätigkeiten wandelte, da die Fluten, sanft überglänzt von der Nähe menschlichen Seins und Hausens, sich mit vielerlei Schiffen bevölkerten, mit solchen, die gleichfalls dem Hafen zustrebten, oder solchen, die von dorther kamen, und die braunsegeligen Fischerboote bereits überall die kleinen Schutzmolen der vielen Dörfer und Ansiedlungen längs der weißbespülten Ufer verließen, um zum abendlichen Fang auszuziehen, da war das Wasser beinahe spiegelglatt geworden; perlmuttern war darüber die Muschel des Himmels geöffnet, es wurde Abend, und man roch das Holzfeuer der Herdstätten, sooft die Töne des Lebens, ein Hämmern oder ein Ruf von dorther herbeigetragen wurden.

Von den sieben hochbordigen Fahrzeugen, die in entwickelter Kiellinie einander folgten, gehörten bloß das erste und das letzte, beides schlanke, rammspornige Penteren, der Kriegsflotte an; die übrigen vier, schwerfälliger und gewaltiger, zehnruderreihig, zwölfruderreihig, waren von der prunkvollen Bauart, die der augusteischen Hofhaltung ziemte, und das mittlere, prächtigste, mit bronzebeschlagenen Borden und bewimpelten Wanten, trug unter Purpursegeln feierlich und groß das Zelt des Cäsars. Doch auf dem unmittelbar hinterdrein folgenden Schiffe befand sich der Dichter der Äneis, und das Zeichen des Todes stand auf seiner Stirne geschrieben.

Er lag da und starrte in das perlmutterne Rund der Himmelsschale, müde und erleichtert, da die Seekrankheit, unter der er den ganzen Tag über gelitten, sich mit der Erreichung der Küstenzone besänftigt hatte; allerdings war statt dessen nun wieder der Husten gekommen und mit diesem die Schlaffheit des allabendlich einsetzenden Fiebers, die allabendliche Beängstigung. Warum nur war er dem Drängen des Augustus gefolgt, warum nur hatte er Athen verlassen? aus Freundschaft für den Octavian, den sie den Augustus nannten? Hingeschwunden nun die Hoffnungen, unter dem Himmel Homers endlich die Äneis fertigzustellen, die Hoffnungen auf das Neue, welches hernach hätte anheben sollen, die Hoffnungen auf ein kunstabgewandtes Leben der Philosophie und der Wissenschaft in der Stadt Platons. Warum hatte er darauf verzichtet? Freiwillig? nein! es war wie Befehl unabweislicher Gewalten, denen man sich zu unterwerfen hat, es war Schicksal, es war das Schicksal. Hatte er jemals anders als im Angesicht des Todes gelebt? hatte ihm die perlmutterne Schale des Himmels, hatte ihm das lenzliche Meer, hatte ihm das Singen der Berge und das, was schmerzend in der Brust ihm sang, der Flötenton des Gottes, hatte ihm dies alles je etwas anderes bedeutet als ein Gefäß der Sphären, das ihn bald aufnehmen sollte, ihn zur Ewigkeit zu tragen? Ein Landmann war er von Geburt, einer, der den Frieden des irdischen Seins liebt, einer, dem ein schlichtes und einfaches Leben in der ländlichen Gemeinschaft beschieden gewesen wäre, aber es hatte ihn, ohne daß er sich je hätte lösen können, hinausgetrieben in eine immer größere Vielfalt, in eine immer größere Einsamkeit, trotz allen Menschengewühls um ihn herum, in einen größer werdenden Abstand vom eigentlichen Leben, vom Leben schlechthin: bloß am Rande seiner Felder war er geschritten, bloß am Rande seines Lebens hatte er gelebt; er war zu einem Ruhelosen geworden, zu einem, der den Tod flieht und den Tod sucht, zu einem, der das Werk sucht und das Werk flieht, ein Liebender und dennoch Gehetzter, ein Irrender durch die Landschaften des Innen und Außen, und jetzt, da er die letzte Einsamkeit auf sich zu nehmen bereit war, da er sich vergraben wollte, um zur Weisheit zurückzufinden, da trieb es ihn noch einmal zurück, als hätte das Schicksal nur noch eine einzige Schlichtheit für ihn übrig –, die Schlichtheit des Sterbens. Die Rahen über ihm knarrten in den Tauen, weich dröhnte es dazwischen in der Segelleinwand, er sah die weißbesäumte Strandlinie vorbeigleiten, er spürte den weich-gleichmäßigen Vorstoß des Schiffes im Takte der vielhundertfachen Rudermasse, er hörte das gleitende Schäumen des Kielwassers und den silbernen Guß, der mit jedem Herausheben der Ruder zu sprühen begann, er hörte deren schweres Kreischen in den Dollen und ihr Wiedereintauchen, und er gedachte der an sie geketteten stummen Knechtsleiber im stickig-zugigen, stinkenden Schiffsrumpf. Der nämliche dumpf-donnernde, silberumsprühte Rucktakt tönte von den beiden Nachbarschiffen herüber, gleich einem Echo, das sich über alle Meere fortsetzte und von allen Meeren hertönte, denn überall fuhren sie so, beladen mit Menschen, beladen mit Korn und Weizen, beladen mit Marmor, mit Öl, mit Wein, beladen mit Sklaven, allüberall die Schiffahrt, die tauscht und handelt, unter den vielen Verderblichkeiten eine. Kann der Dichter es abstellen? er erntet bloß dann Ruhm, wenn er die Welt verherrlicht. Die Äneis? sie ruhte in dem Kästchen neben ihm, und man wird sie preisen, wie man noch alles von ihm gepriesen hatte. Er kannte sein Publikum und die, die ihn zu verehren vorgaben. Die Leute des Hofstaates saßen in Gruppen auf dem Decke oder wandelten umher, vom Heck bis zum Bug und wieder zurück, wohlgenährte Gestalten, die mit weitausholenden Bewegungen diskutierten; man zollte ihm Achtung, weil er der Gast des Cäsars war, doch sie hatten mit ihm nichts gemein. In die tiefsinkende westliche Sonne blinzelnd, zog er den Mantel hoch; er fror.

Klar und zart überspannte die erste Vordämmerung den Himmel und die Welt, als man Brundisiums schmale fjordartige Einfahrt erreichte; kühler, doch auch milder war es geworden, der Salzhauch mischte sich mit der satteren Luft des Landes, in das, eines nach dem andern die Fahrt verlangsamend, die Schiffe nun eindrangen. Auf den Zinnen der Kastelle links und rechts des Kanals war zu des Cäsars Ehren die Besatzung aufgestellt, ihre Begrüßungsrufe flogen auf, die Fahnenträger an den Flügeln der Manipel stießen zu den Rufen knapp und gedrillt das rote Vexillum hoch, ehe es vor dem Cäsar gesenkt wurde, und bei aller Rauheit verflatterten die Rufe klein in der Größe des Lichtes, war das Fahnenrot herbstlich verwelkt vor dem zum Grau abglühenden Firmamente. Größer als die Erde ist das Licht, größer als der Mensch ist die Erde, und der Mensch kann erst bestehen, wenn er durch die Erde heimatwärtsatmend heimkehrt zum Lichte. Unterhalb der Befestigungen bis herab zum steinigen Ufer waren die Hänge mit dürftigem Gras bewachsen, und so karg es war, das Sprießende war Frieden und besserer Gruß als die Rufe. Dann wurde der Bestand dichter und dunkler, Gebüsch mengte sich drein, droben zwischen den bäuerlichen Steinwallgevierten stand der Ölbaum, grau wie das hauchsanfte Nebelstrahlen der sich verdichtenden Dämmerung. Von seinem Mantel bedeckt, lag Vergil da, er drehte an dem Siegelring, dessen Feinarbeit wohl zu der sonderbar engfesslig-feinnervigen Zartheit, nicht aber zu der sonstigen Grobknochigkeit dieser langfingerigen Bauernhand passen wollte, und atmend, oftmals von schmerzendem Husten unterbrochen, lauschte er dem flutenden Lichte nach. Aufgetan und gleitend war das Licht und das Atembare, so gleitend wie das Flutende, in das die Kiele tauchten, Bad des Innen und Außen, Bad der Seele, fließend aus dem Diesseitigen ins Jenseitige, aus dem Jenseitigen ins Diesseitige, wissensenthüllend, wenn auch noch nicht Wissen, und fast fühlte er sich verleitet, die Hand auszustrecken, um nach den Gebüschen an den fernen Ufern zu greifen, das Laub des Erdentsprossenen zu fühlen, es festzuhalten für immerdar. Die Gesellschaft, die sich vorne am Bug zusammengefunden hatte und vergnügte, hatte sich nun, wohl angesichts der Ruhe ringsum, einen Musikanten kommen lassen, daß er zur Leier singe, und nach einer kleinen Pause des Zuwartens kam das namenlose Lied des namenlosen Knaben herbeigeweht, mild strahlend das Lied, mild strahlend das Saitenspiel, Menschenwerk beides, aber über den menschlichen Ursprung hinaus menschenentfernt, menschenentlöst, leidenentlöst, Sphärenluft, die sich selber singt. Es wurde dunkler, die Gesichter wurden undeutlicher, es blieb nur das Lied, einmalig, wie alles im Leben einmalig ist, ewigkeitsgültig, weil jede Lebenssekunde, wird sie festgehalten, die ganze Welt in sich einschließt, und darüber wölbte sich strahlend die Dämmerung bis zu dem seidig glänzenden Himmel empor, dessen Herbstsüße sich seit Jahrhunderttausenden unverändert wiederholt hatte und Jahrhunderttausende sich noch unverändert wiederholen wird. Sehr bald jedoch öffnete sich der Kanal zur inneren Bucht Brundisiums, und das Lied verlöschte in der Unruhe, die sich an Bord entwickelte, als die halbkreisförmig um das Becken gelagerte Stadt mit ihrer im Dämmernebel sternhimmelgleich schimmernden Lichtermenge sichtbar wurde. Jäh war es warm geworden. Das Geschwader hielt an, um das Schiff des Cäsars an die Spitze zu lassen, und nun begann, einmalig auch dies unter der weichen Unabänderlichkeit der Herbstdämmerung, ein vorsichtiges Manövrieren, um ohne Fährlichkeit zwischen den allseits verankerten Booten, Seglern, Fischkuttern und Transportschiffen hindurchzulotsen; je weiter man kam, desto schmäler wurde die Fahrrinne, desto dichter das Gewirr der Maste und der Taue und der gerefften Segel, das wie ein sonderbar finsteres, verkreuztes und verwirrtes Wurzelwerk aus der glänzenden ölig-dunklen Wasserfläche zu des Himmels unbewegter Helle emporwuchs, gespenstisch durchzuckt von dem Schein der als Willkomm johlend geschwungenen Fackeln auf den Verdecken, gespenstisch durchleuchtet von dem Lichtermeer auf dem Hafenplatze: erleuchtet Fenster um Fenster in der Reihe der Hafenhäuser, erleuchtet eine Osteria neben der andern unter den Kolonnaden, fackelbeleuchtet die Zollschuppen und -ämter, war der große Hafenplatz bis zum äußersten Rande von Menschen erfüllt, ein gewaltiger Behälter eines gewaltigen gewalttätigen Wartens, erfüllt von einem auf- und abschwellenden schwarzen Summen, von einem Tosen der Ungeduld, das aber erschwieg und in Spannung erstarrte, als das Kaiserschiff, nur noch von einem Dutzend Ruder getrieben, mit sanfter Wendung den Kai erreichte und an der vorbestimmten Stelle – eine Prätorianercenturie hatte sie im Carré freigehalten, und die Stadtwürdenträger standen dort versammelt – beinahe lautlos anlegte; dies freilich war der Augenblick, den das dumpf brütende Massentier erwartet hatte, um sein Jubelgeheul ausstoßen zu können, endlos, erschütternd, sieghaft, ungebändigt, furchteinflößend, großartig, geduckt, sich selbst anbetend in der Person des Einen.

Dies also war die Masse, für die das Imperium geschaffen worden war, für die Gallien hatte erobert werden müssen, für die das Partherreich besiegt, in Germanien gekämpft wurde, dies war die Masse, für die der Augustus den Frieden gesichert hatte und die er wieder zu staatlicher Zucht und Ordnung bringen wollte, zum Glauben an die Götter und zur Sittlichkeit. Und dies war die Masse, mit der alle Politik betrieben wurde und auf die auch der Augustus sich zu stützen hatte, wollte er sich behaupten. Dies war das Volk, das römische Volk, dessen Geist und dessen Ehre, er, Publius Vergilius Maro, er, ein echter Bauernsohn aus Andes bei Mantua, in der Äneis verherrlicht hatte! Ein Schwall, ein ungeheurer Schwall unsäglichen, unaussprechbaren, unerfaßlichen Unheils brodelte in dem Behälter des Platzes, fünfzigtausend, hunderttausend Münder brüllten das Unheil aus sich heraus, ohne darum zu wissen, dennoch gewillt, es durch Geschrei zu übertäuben. Wußte bloß er darum? oder ahnte es auch der Augustus? ein Gefühl bitteren Mitleids hatte ihn gepackt, das Gefühl einer bitteren, schier unerträglichen Verantwortung, und es war nicht jene, die der Augustus auf sich genommen hatte, denn unerreichbar allen staatlichen Maßnahmen, unerreichbar aller irdischen Gewalt, mochte sie noch so groß sein, vielleicht sogar den Göttern unerreichbar war dieses Unheil, durch kein Massengeschrei zu übertäuben, eher noch von der schwachen Seelenstimme, welche Gesang heißt und mit des Unheils Ahnung zugleich das Heil verkündet. Oh, warum hatte er hierher zurückkehren müssen! warum hatte er nicht bleiben dürfen, einer Erkenntnis entgegenzuleben, von der allein das Heil zu erwarten war! Hier war nur Tod und Abertod! Mit entsetzensvoll geöffneten Augen hatte er sich halb aufgerichtet, jetzt fiel er auf das Lager zurück; wieder und immer wieder erscholl das Jubelgebrüll, Fackeln wurden geschwungen, Befehle durchhallten das Schiff, dumpf flog ein vom Lande geschleudertes Tau auf die Deckplanken, das Unheil lärmte, die Qual lärmte, der Tod lärmte, es war eine lärmende Sterbestunde, eine ungemein ungeeignete Sterbestunde: inmitten des Getrappels vieler eiliger Füße lag er still, beinahe den Tod erhoffend, obschon er spürte, daß trotz des Fiebers noch nicht die Zeit für ihn da war; das Kästchen mit der Äneis hatte er schützend in den Arm genommen, aber in seinem Herzen war das Wissen um die Hölle.

Waren ihm die Sinne geschwunden? sicherlich hätte er sich gerne dem Gejohle der Menge verschlossen, das vulkanisch und unterirdisch und trägwellig über den Platz flutete, aber er klammerte sich an das Bewußtsein, klammerte sich daran mit all der Kraft desjenigen, der das Bedeutsamste seines irdischen Seins nahen fühlt und voller Angst ist, daß er es versäumen könnte, wenn er ins Dämmern geriete. So zwang er sich, sehr wachsam zu sein, und nichts entging ihm, weder die hilfreichen Gesten und Worte des Arztes, der auf Befehl des Augustus nun an seiner Seite war, noch die dumpf befremdeten Gesichter der Träger, die eine Sänfte an Bord gebracht hatten, ihn abzuholen, weder ihr Schweißgeruch, noch die Knurrtöne, mit denen sie sich verständigten, als sie die Last auf die Schultern hoben. Drei Brücken waren zur Kaimauer hinüber gelegt, auf der einen stieg die lange Reihe der Sklaven herauf, welche die Entladung zu besorgen hatten, vielfarbiges Volk mit entwürdigtem Blick, auf der zweiten kehrten sie ans Land zurück, gebückt unter Kisten und Säcken, die dritte war den Fahrgästen vorbehalten; an jeder der drei Brücken stand einer der Schiffsmeister, und über die vorbeiziehenden Sklavenleiber schwangen sie auf gut Glück die kurze Geißel. Die Leute, oftmals wie Hunde paarweise mit Halsringen und Verbindungsketten aneinandergeschlossen, duckten sich nicht einmal, wenn der Riemen aufklatschte; viele grinsten sogar. Vergil sah einen kleinen schwarzen Syrer, der den Halsring, um das Aufscheuern der Schlüsselbeine zu verhüten, mit Lappen unterlegt hatte, und knapp hinter ihm, so knapp, daß die Verbindungskette leise klirrend zwischen ihnen pendelte, trottete ein stämmiger, rothaarig filzbärtiger Parther, wohl ein Kriegsgefangener, denn inmitten Narbengewirrs, das Stirn und Wange bedeckte, starrte es rot und blutig, ein ausgerissenes, ausgeschossenes Auge. Neben der Sänfte schritt jetzt ein Mensch, ein wenig stutzerhaft in Schritt und Gebärde und mit seinem sorgsam gekräuselten Haar; er hatte sich des Mantels bemächtigt, den Vergil während der Seefahrt gebraucht und der nun neben seinem Platz gelegen hatte, und das Kleidungsstück mit genießerisch behutsamer Obsorge im Arme, schaute der Spitzbub verehrungsvoll, vertrauensheischend, verzückt und verschmitzt zu dem Dichter empor, eine Ansprache erwartend. Doch bei dem Laufsteg wurde er abgedrängt und mußte mitsamt Mantel und Verehrung hinter der Sänfte nachtrotten; leise klirrte die Silberkette der Liebe und Vergil hörte sie. Die Brückenplanken wippten steif unter dem langsamen Gleichschritt der Beladenen, unten schwappte bedächtig das schwarze Wasser, eingeengt zwischen dem schweren Schiffskörper und der schweren Mauer, das schwerflüssige Element, sich selbst ausatmend, Tang ausatmend, Marktabfälle ausatmend, Tomaten und Wassermelonen, alles was da unten herumsuppte, quere Wellen eines schweren süßlichen Todeshauches, erfüllt vom Leben ewiger Wiedergeburt. Aus den Gassen der Stadt strömte brütende Schwüle entgegen, sie kam in breiten schweren Wellen, immer wieder zerspellt von den Schreien, Rufen, dem Summen, Brausen des atmenden Menschentieres, dennoch unbewegt. Wasseratem, Pflanzenatem, Menschenatem, Tieratem, Stadtatem: ein einziger, schwerer Brodem des Lebendigen, des Seinshumus, unermeßlich ruhend und dahinziehend zwischen den kühlen Steinen der menschlichen Städte und den kühlsteinernen Sternen, mit denen sich die innerste, zu tiefmilder Schwärze werdende Himmelsschale zu bedecken begann. In diesem unaussprechlichen Gewoge des Unten und Oben schwebte die Sänfte gleich einer Barke, eintauchend in die Wellenkämme des Pflanzlich-Tierischen, getragen im Hauche des Unveränderlich-Kühlen, überschwebend wie unterschwebend, und Vergil, gewärtig einer unerfaßlichen Hoffnung, in die er eintauchen sollte, hört die Kommandoworte von den Schiffen hinter sich, das ruckweise Knarrknirschen einer Holzwinde, irgendwo ein dumpfes hohles Hämmern, er weiß das Schiff, er weiß die Flotte, er weiß den Wind, er weiß die Wellen, die ihn hergebracht haben, er weiß sein Leben: emporgeschossen war es aus dem nächtlich Namenlosen, aus dem chaotischen Humus, hindurchgewachsen durch viele Schichten des Erlebens, hindurchgewachsen wie ein Schlinggewächs, in vielen Windungen da und dort anhaftend, an Unreinem und an Reinem, an Vergänglichem und an Ewigem, an Dingen, an Besitz, an Gier, an Menschen, an Landschaften, ein pflanzlich-tierisches Leben, und dieses Leben, was er gewesen war und doch nicht er, denn er schwebte darüber, unsichtbar sich selbst und doch für sich selber durchsichtig wie eine unvorstellbar kühle Blütendurchsichtigkeit, schwankend im Hauch der Himmelskühle, zitternd auf unsichtbar gewordenem Geranke und nun aufgerufen, bereit zu sein, sich wieder herabzusenken ins nächtlich Unsagbare, zurück zu dem Humus des Seins, dem es entsprossen war. Als erwarte er ihn, wogte der Menschenhumus um ihn herum, eine ungeheure Brutalität steigt aus diesem Menschenhumus auf, aber vom Hafen oder vom Meere her, wohl von einem der Schiffe tönte nachhallend ein tiefer, singender Beckenschlag, und der war wie ein Echo der untergegangenen Sonne. Der Jüngling, der in seinen verehrungsvollen Händen noch immer des Dichters Mantel hielt, lief nun der Sänfte voraus, und wo die Menschen sich stauten, da schrie er »Platz für Vergil!«, »Platz für den Dichter!«, allerdings ohne viel Beachtung zu finden, denn die Leute gafften zwar, weil da einer vorbeigetragen wurde, der zum Cäsar gehörte, indes Vergil spürte deutlich, daß dies mit scheuer Abneigung geschah, daß sie von seiner bleichen Müdigkeit nichts wissen wollten, daß sie ihr gleichgültigen Widerwillen entgegensetzten, und fast fand er es berechtigt, daß einer mit dem Ausdruck eines komischen, dennoch echten Entsetzens ausrief: »Dem Cäsar sein Zauberer!« Die Umstehenden lachten gröhlend, ein paar Hände mit gestreckten Fingern flogen gegen den bösen Blick auf, und eine weißgeschminkte Hure mit blonder Perücke gellte: »Gib mir einen Liebeszauber!« – »Ja, zwischen die Beine«, ergänzte einer und packte sie von hinten, daß sie aufkreischte. Vergil sah die fünffingrigen gereckten Hände, er sah in die kalten Augenschlitze der Hure, er sah in die Brunst der Gesichter und Ungesichter, in ihre Kälte und in ihre Fleischlichkeit, in ihr medizinisches Sein und in ihre große nächtliche Sehnsucht, er sah den chaotischen Humus des Menschen. An all dem hatte er teil, an all dem hatte er stets teilgehabt, Nacht für Nacht und war doch abgeschieden gewesen von Anfang an, mehr und mehr, schmerzlicher und schmerzlicher, sehnsüchtiger und sehnsüchtiger, bis in einer letzten Sehnsucht, in einem letzten Erstaunen mit einem Male auch die Sehnsucht erschwiegen war, nichts zurücklassend als das Wissen um die Herkunft und um die Rückkehr. Gepränge der Stille in allem Lärm, Gepränge der Erinnerung voll von Weizenfeldern, voll von rauschend knisterndem, kahlwandigem Wald, Erinnerung voll von Kastanienhainen und ihrer Durchsichtigkeit, augentrunken des Morgens, herzenstrunken des Abends, zitterndes Grün und zitterndes Grau, Erinnerung voller Jugendhaine. Silbern klingt die Leier der Seele. Kein Lied geht verloren, das je über sie hinweggeweht [?] ist, und in ewig erneuter Unberührtheit bewahrt sie in ihrem Sein jeden Ton, mit dem sie je erklungen ist. Immer steht die Seele am Anfang; selbst das Ende hat für sie die Würde des Beginns. Alles ist gegenwärtig, der Zeitenablauf wird zur Gleichzeitigkeit, das Gleichzeitige zum Längstvergangenen, vielleicht sogar zum Zukünftigen, wird schwebend in den Zeiten, so schwebend, wie es Vergil war, der im Fackellicht durch das tosende Brundisium getragen wurde, als wäre es das brennende Troja, als wäre es die brennende Welt, brennend im Einst, er aber Anchises, blind und sehend zugleich, flüchtend und heimkehrend, getragen von den Schultern des Sohnes, von den Schultern des Riesen getragen ein Kind, von des Atlas Schultern getragen eine Welt. Und getragen von der Welt, dennoch sie tragend, schwebend in ihrem wogenden Atem, dennoch sie überschwebend, sah Vergil die

Freß- und Gesangsmäuler der Menschen, er sah herab auf die woll- und grasbewachsenen Schädel der Tragsklaven, er sah von seitwärts ihre Kiefer und die finnige Haut, er wußte von dem Blut, das in ihnen schlug, von dem Speichel, den sie schluckten, er wußte von ihren Adern, von ihren Knochen, von ihren Eingeweiden, und er wußte von den Gedanken, die in diesen ungefügen, ungelenken, ungezügelten Freß- und Muskelmaschinen, verloren und unverlierbar, zart und dumpf, durchsichtig und dunkel die Tropfen der Gedanken, sickern, die Tropfen der Seele. Und er roch den Schweiß der Träger, den Schweiß der Menschen, den Dunst der täglich zusammengesuchten Nahrung, die sich durch ihre Körper durchzuschlacken hat, er sah, roch und hörte die Stumpfheit der samenspritzenden und samentrinkenden gesichtslosen Leiber, ihre Schwellungen, ihre Härten, den wilden, stumpfen, kriegerischen Jubel ihrer Vereinigungen und das blöd-weise Verwelken ihres Alters, er roch die ungeheuren Lebensmittelmengen des Landes, die glatte, glitzernde Fäulnis der Fischstände, die säuerliche Milde der Öltonnen, der Ölkrüge, der Ölkufen, die beizende Herbheit der Weinlager längs der Kais, er roch das ewig junge Holz der Eichen und ihren geschmeidigen Widerstand, er roch die Werften, die zubehauenen hellbraunen, gemaserten Stämme, in denen noch die Axt steckt, die schöngehobelten, glänzbenagelten neuen Schiffsplanken, die weißgrünen glitschigmodrigen, muschelbesäten, herausgebrochenen, alten Schiffsplanken, die zu Haufen aufgeschichtet sind, um verbrannt zu werden, er roch die kellerhallende Kühle der Gassen, die vom Hafenplatz ansteigen und in deren Gewirr, stinkend vor Fäkalien aus den Mäulern der Mietskasernen, kaum ein Vorwärtskommen war, all dies war sein eigen, nichts entging ihm, die verwitterten, vielfenstrigen Mauern, der beizende Rauch der Herdstellen und der Schornsteine, der fettigen Nebel, der um unzählige Öllämpchen schwelte, die Sterngesetzlichkeit, die herabreicht bis ins letzte Licht, bis in den letzten Seelentropfen, nichts entging ihm, er nahm alles auf, er bewahrte es, wie er alles bewahrt hatte, und seine Angst, daß es mit ihm erlöschen werde müssen, war sehr groß. Seine Hand ruhte auf dem Kästchen mit den Manuskriptrollen.

Im Umkreis des Palastes war die Stockung eine vollkommene. Halb Stadthaus, halb Festung, jedenfalls aber zu klein für die

Menge der Gäste, die er aufnehmen sollte, Lichter in den Fenstern, umgeben von einem Kranz von Fackeln, die flackerten und zischten, war das Gebäude Mittelpunkt eines Geschehens, das ebenso sehr den Charakter eines Jahrmarktes, wie den eines Heerlagers trug, denn die Militärabteilungen, die teils zum Schutz des Herrschers, teils zur Erhöhung seines Repräsentationsglanzes hier zusammengezogen waren, bildeten mit ihren soliden, aus ärarischem Stoff verfertigten Zelten, mit ihren Kochstellen, mit ihren Marketenderkantinen und mit ihren kriegsmäßigen Doppelposten selber einen Gegenstand fröhlicher Neugier und wurden unter Duldung der patrouillierenden Offiziere umdrängt und umstaunt. Aus dem Innern der Burg klang Musik und Beckenschlag, das Fest, das die Stadt dem Cäsar, der Cäsar der Stadt gab, war bereits im Gange, und in der Toreinfahrt, die mit ihrer beidseitigen dichten Fackelreihe einem Feuerschlunde glich, ging es wie bei einem Zirkuseingang zu; viel unbefugtes Volk begehrte Einlaß, die Wachen hatten alle Hände voll zu tun, Vornehme mußten warten, und plötzlich mußte Vergil lachen, da es seinem unentwegten Verehrer gelungen war, als befugter Mantelträger des Dichters bei der Kontrolle vorbeizuschlüpfen. Der Hof barst vor Unordnung, aber die kaiserliche Dienerschaft, an solche Vorfälle gewöhnt, hielt trotzdem genaue Disziplin, die Räume für des Cäsars Mitreisende waren vorbereitet, ein Hausmeister, bewaffnet mit einer Gästeliste, nahm Vergil in Empfang und geleitete ihn samt dem Gefolge zum Eingang des Wohntraktes in dem beinahe stillen, springbrunnenrieselnden zweiten Hof, wo nun die Sänfte abgestellt und die fremden Träger entlassen wurden, denn hier begannen die Dienste der Hausklaven: »Was stehste da noch herum?«, herrschte der Hausmeister den verehrenden Jüngling an, dem der Mantel schon abgenommen worden war. »Mein Schreiber«, sagte Vergil. Es war beinahe gegen den eigenen Willen geschehen. War es die Nacht selber gewesen, die in ihm gesprochen hatte? Der Springbrunnen plätscherte, aus dem Vordergebäude tönte gedämpft das Gebrause der Stimmen, dazwischen immer wieder, gleich Schleierstreifen bestickt mit Zymbelpunkten, das Wehen der Musik, und drüben an der Mauer stand, den hartbastenen Stamm undeutlich beleuchtet, in steifer Herbheit schwarzfächerig und abweisend eine Palme, während auf dem Himmelsviereck über dem zur Nacht heimgekehrten Hofe nun endlich auch die Sterne sichtbar wurden, ihr Atemlicht. Es war die Nacht, und wieder mußte Vergil lächeln, da er den angeblichen Schreiber zu sich herbefahl: »Stütze mich«, sagte er, indem er sich von der Sänfte erhob, doch als er die ersten Stufen gestiegen war, merkte er, daß er sich überschätzt hatte, und er mußte sich von zwei Sklaven hinauftragen lassen. Der Hausmeister, immer noch die Liste in der Hand, ging voraus, und so gelangte der kleine Zug in das dritte Stockwerk der turmartigen nordwestlichen Palastecke und zu dem luftigen Gemach, das dort des Dichters harrte; durch die offenen Rundbogenfenster strich ein kühler Hauch, denn man befand sich hier ein gutes Stück über den Dächern der Stadt, schräg brannten die Kerzen auf dem vielarmigen blumenbekränzten Kandelaber in der Mitte des Raumes, einseitig an einer jeden von ihnen baute sich, Tropfen um Tropfen, ein rasch dicker werdender, zackiger, wächserner Steg an. Das Gepäck wurde herbeigebracht, Vergil vergewisserte sich des Kästchens mit dem Manuskript, das neben das Kopfende des Lagers gestellt wurde, und nachdem der Hausmeister sich verabschiedet hatte, sagte er neuerlich: »Stütze mich«, um an die Schulter des Jünglings gelehnt, an das Fenster zu treten: denn so war diese Nacht: schräg brannten die Kerzen in einem weichen Lufthauch, der wie ein kühles, zartes und mächtiges Verlangen dahinflutete, aus der Nacht kommend, in die Nacht sich ergießend, die Silberampel neben dem Ruhelager pendelte leise an ihrer langen Kette, und draußen über den Dächern verzitterte und verebbte der Dunst der Stadt purpurn und violett im Dunkelblauen und Schwarzen und Unbegreiflichen und Wogenden; unterhalb des Fensters lag brunnengleich der Raum zwischen dem Haus und der hohen Umfassungsmauer, hinter der Mauer flackerte es, das waren die Wachtfeuer der Soldaten, die Gestalten selber waren nicht wahrnehmbar, allein die Schatten sprangen manchmal zackig und abweisend an den gegenüberliegenden Hauswänden empor, es brodelte orcusartig, dumpf, unterkreatürlich, verlockend, es war das Glockengeläute aller Menschenherden, wild und satt zugleich, es war der aufgebrochene Schlaf des Seins, das Aufklaffen der Nacht, die groß hinziehende Erde, die unablässig, unverlierbare Lebens- und Sterbenshoffnung, und Vergil, an der Seite des Jünglings, den Arm um die Schulter dieses lebenden Menschenkörpers gelegt, im

Wissen um das Abschiednehmen und um die Heimkehr, gedachte der Wiege und der morgenlosen Nacht; er dachte: Mutter.

Bilder und Abbilder, Sinnbilder bloß, dennoch prall von Wirklichkeit, weil Wirklichkeit nur durch Wirklichkeit versinnbildlicht werden kann, weil es überhaupt nur Wirklichkeit gibt, Wirklichkeiten und Aberwirklichkeiten, keine wahrhaft wirklich, wirklich, weil sie nur Sinnbilder einer letztwirklichen Unerkennbarkeit sind. Was der Mensch auch tut, es wird zum Sinnbild, zum verzerrten und üblen, und manchmal zum klaren. »Geh jetzt«, sagte Vergil zu dem Jüngling, »geh zum Fest.« Entgeistert und stammelnd kam die Antwort: »Oh, Vergil, du schickst mich fort... was soll ich eigentlich beim Fest?« Weit draußen gibt es Olivenhaine, Weinberge, Weizenfelder, und die Nacht wogt über die Ernten dahin, es ist die Nacht der Erde und des Meeres, die ihre Ernten vermengt. »Geh nur«, sagte Vergil, »sonst beginnst du mir noch Verse vorzulesen.« – »Ich habe sie nicht bei mir«, sagte der Verehrende mit betretener Stimme. »Nun also, da hat das Schicksal gesprochen«, sagte Vergil, den die Müdigkeit übermannte, und schaute auf die verkrusteten Flackerkerzen, »was sollst du also noch bei mir altem Mann...« War er alt? er war so jung wie vor fünfzig Jahren in Andes, aber das Gefühl eines uneinbringlich gewordenen, ungeernteten Lebens war das eines Greises, dessen Hoffnungen so leer geworden sind, daß sie nur noch die Form der Hoffnung haben, die entsüßte Form der starren, herben Weisheit. Und er fuhr fort: »Du bist namenlos gekommen, und ich danke dir... dabei soll es bleiben...« – »Schicke mich nicht fort«, bettelte der Junge, »laß mich bei dir...« Vergil fühlte mit einem Male alle Brüchigkeit, alle Verweslichkeit, alle Todesgierigkeit, deren minengängerische, unterhöhlende, gefügelockernde Arbeit nächtlich in ihm pochte, nicht nur in ihm, der sterben sollte, sondern von Urbeginn an auch in allem menschlichen Sein und in allen menschlichen Beziehungen, sterbensfreudig, mordend, kriegerisch wühlten die Kälte und die Wärme der Nacht. Er sagte: »Geh so namenlos, wie du gekommen bist... was du gebracht hast, bleibt wohl länger als du ahnst...« Auf des Jungen Gesicht war ein verblüfftes ›Warum?‹ zu lesen, doch plötzlich begann er zu ahnen, wie es gemeint war, und vielleicht hörte auch er in seinem jungen Sein, das kaum noch in sich hineingehorcht hatte, das Pochen der Auflösung, denn in seiner Bitte war die Angst, die Angst aller Nächte: »Oh, laß mich bei dir wachen, laß mich vor deiner Türe wachen...« Vergil wird für einen Augenblick auch äußerlich ein alter Mann, ein sehr alter und etwas blöder Mann, der Unterkiefer ist ihm müde heruntergefallen, ein Unverständnis hat sich seiner bemächtigt, von dem der Wunsch, der Junge möge sich entfernen, am klarsten hervorsticht, daneben verdämmernd die Erkenntnis eines ›Nie mehr‹, einer Letztmaligkeit, einer letzten Botschaft irdischer Göttlichkeit. Aber stärker noch meldete sich ein Hustenanfall, dem er nicht in Anwesenheit des hübschen Jungen nachgeben wollte, und so nickte er bloß ein Nicken, das zwar ebensowohl ein Ja wie ein Nein bedeuten konnte, unverkennbar jedoch die Ungeduld des Alleinseinwollens zeigte. »Ja«, sagte bloß der junge Mensch, zögerte noch einen Herzschlag lang, der Gespensterblick der Einsamkeit hatte ihn getroffen, und er flüchtete, während Vergil, vom Husten übermannt, sich abwandte.

[II]
Vergil sank auf das Lager. Er hatte keine Kraft, den Sklaven aus dem Nebenraum zu rufen, auf daß dieser den Arzt hole. Er wollte auch gar nicht, obwohl mit dem Husten wieder Blut gekommen war. Er wollte still liegen und lauschen. Fürs erste freilich war sein Lauschen wieder einmal von dem Erlebnis des Liegens gefangen genommen; die Beine ein wenig hochgezogen, hatte er sich zur Seite gerollt, sein Kopf ruhte auf dem Kissen, die Hüfte drückte sich in die Matratze ein, die Knie waren aufeinander geschichtet wie zwei einander fremde Wesen, und in einer sehr großen Ferne wohnten die Fußknöchel und die Ferse; Vergil spürte jeden einzelnen der Stützpunkte, mit denen die Unterlage ihn trug, sie waren wie Wogenkämme, über die sein Schiff mit leichtem Eintauchen hinwegschwamm, hinwegschwebte, während sich dazwischen unermeßlich tiefe Wogentäler auftaten, ja, er war ein Schiff, aus der Dunkelheit kommend, in die Dunkelheit steuernd, in die Dunkelheit sinkend, ein unermeßliches Schiff, und er war zugleich die Unermeßlichkeit aller dunklen Ozeane, er war der Abgrund aller Wogen, eine gewaltig hingebreitete Unterweltslandschaft der Nacht, unübersehbar in ihren getrennten Regionen und Dämonenherrschaften, wie denen der schmerzenden Lunge oder de-

nen des Fiebers, das aus unbekannten rotglühenden Tiefen zur Haut herauflutet, oder denen der Eingeweideabgründe oder denen der gewaltigen Flut, die über alles Menschliche und alles Ozeanische hinausreicht und die pochend und brandend an die Ufer des Herzens schlägt; bloß das Wahrnehmende, das Auge, das Ohr, die Sinne, die sind dem liegenden Menschen wahrhaft noch zu eigen, alles andere hat sich abgesondert und im Entlegensten angesiedelt, im Unübersehbaren, kaum Erlebbaren, zerfallend und brüchig in seiner Unübersehbarkeit, dennoch so schön und tröstlich, daß das Sein des Menschen zu einem fortwährend wissenden Hinlauschen wird, und Vergil, hinlauschend und wissend, gezwungen zu einem Wissen, das mit jeder Nacht ihn aufs neue übermannt hat und übermannt, das mit jedem Jahr zu größerer Klarheit gewachsen ist, lauschte dem Sterben. Es geschah ohne Schrecken; so hatte er schon als Knabe in Andes gelegen, Knie an Knie gepreßt, eingesenkt in das Schiff seines Seins, hingebreitet als Ozean, und hatte in die Nacht des Innen und Außen gelauscht, wissend, daß dem Lauschen einmal die Erkenntniserfüllung werden mußte. Er rückte sich ein wenig hinauf, um die schmerzende Brust zu entlasten, doch er vermied es, sich aufzurichten, denn im aufgerichteten Menschen sammeln sich wieder die zerstreuten Teile zu jener Scheinordnung, die – vielleicht weil sie das Leben ist – die Erkenntnis erdrückt, denn dem aufgerichteten Menschen ist jene schwebende Gleichzeitigkeit versagt, die ihm das Gewesene und das Zukünftige zuträgt, die ihm die vielen vergangenen Jahre aufblühen läßt, so daß sie sich mit den Geräuschen der Straße vermengen, mit den Gerüchen des Jetzt, zusammenfließend mit der Ahnung um das Morgige, mit der Ahnung um das Abscheiden, ach, jene schwebende Gleichzeitigkeit, die dem Menschen erst zuteil wird, wenn es ihn hingestreckt hat, frierend unter seiner Decke.

Die Kerzen auf dem Kandelaber erloschen eine nach der andern, nur der Öllampe geduldiges kleines Licht neben dem Lager harrte aus, und wenn es im Lufthauch manchmal an seiner leise klinkenden Silberkette pendelte, dann gab es ein schmetterlingsweiches spinnwebiges Schattenpendeln an der Wand. Mählich erstarb die Straßenwildheit, die Truppen rückten, wenigstens zum Teile, in ihre Quartiere ab, indes, je ruhiger es wurde, desto deutlicher wurden die Einzelstimmen, wurde deren Gröhlen und Lachen vernehmbar, und gab man acht, so war auch der Lärm des Gelages im Vordertrakte zu hören. Es begann die Dämonie der vereinzelten Töne, der Tonvereinzelung, und jeder einzelne Ton war wie eine Tür zum ungeheueren Raum der Nacht, zu dem Raum, den Atlas dreht, auf der Schulter den Pol, besäet mit den funkelnden Sternen. Ein jähes Entsetzen durchfuhr den Mann, der die Äneide geschrieben hatte: wird er sie überhaupt noch vollenden können? wird er das Unausschreitbare *wenigstens* bis zu dieser Etappe noch durchschreiten können? Das Manuskriptkästchen stand auf dem kühlen Mosaikfußboden; Vergils Hand fingerte über die glatte Holzfläche, es lüstete ihn, den Deckel aufspringen zu lassen, und das heiße, aufregende, stolz-zarte Gefühl der Arbeit und des Arbeitenkönnens, das große Wanderergefühl des Schaffens erwachte so stark in seiner Brust, daß es das schmerzende Unbehagen, das dort ständig zwischen Rippen und Herzen wohnte, beinahe übertönte. Doch daneben, nicht minder unbehaglich, nicht minder schmerzend, nicht minder körperlich, vielmehr verwandt mit alldem, war die Angst aufgestanden, die große Wanderangst, den falschen Weg gegangen zu sein, die Angst der verirrten Verlorenheit: durch einen Wald von Stimmen war er ein Leben lang gewandert, durch ein Stimmengestrüpp, dessen Wurzeln jenseits jeder Zeit und jedes Raumes ansetzen, es war das Urgetöse von Stimmen, die einander, die ihn umschlungen hielten, es waren Stimmen, die wiederum aus Stimmen herauswuchsen, es war das ganze stumme Schmerzensgebrüll des Weltenraumes in ihnen, die ganze Freudenwildheit der Welt, ihre gellende Stummheit, und es war ihm nicht gelungen, sie zum Sprechen zu bringen, oder gar das Stimmendickicht zu lichten und zur Ordnung zu verwandeln, er war darin herumgewandert und hatte keinen Weg gefunden, denn nur wer einzusinken vermag, unter alle Stummheit, unter alle Stimmen sinkend, nur wer in den Wurzelbrunnen der Wälder hinabzusteigen vermag, zum Stimmenquell des Zeitenanfanges, nur der vermag das Unerfaßliche zum Faßlichen zu wenden, das Unerschaubare zum ewig Vorhandenen, das Unwirkliche zur Wirklichkeit, denn nur der, der hinabgestiegen ist, vermag den Sternenplan der Ordnung zu schauen und heraufzubringen, die Sternenordnung der Töne, die Stimme der Welt, ihre Musik. Ach, diese Musik der Ordnungstiefe hatte er immerzu gesucht –, doch waren es überhaupt Tiefen, zu denen er vorgedrungen war? hatte er seinen Spaten überhaupt in das Erdreich gesenkt, war er überhaupt unter die oberste Oberfläche gelangt? Kindheitslandschaft war es gewesen, die er in den Eklogen und in den Bucolica abgemalt hatte, Kindheitslandschaft, Knabenlandschaft, heute noch so lebendig wie eh und je, lebendiger als die ganze Lebenslandschaft, die er seitdem durchzogen hatte, Kindheitslandschaft von ehedem, lebendiger als die Landschaft von gestern, lebendiger als Neapel und Puteoli, das so schön war, daß er dort ruhen wollte, reiche Kinderlandschaft, an die auch Nolas bergumsäumte Matten mit ihren sanften Tieren nicht heranreichten, ewig erdichtete und ewig erwanderte Landschaft, und trotzdem: Quellen, Matten, Heine, der Rauch aus den Giebeln der Höfe, das Knarren eines Brunnens in der Nacht, vom Mond beschienene Ulme, all dies, selig und einfach, hell und durchsichtig und beinahe hart, schimmernd in seiner unbestechlichen Herzensfrühe, all dies war trotzdem nicht der Ursprung, und es war rascher gealtert als er selber –, unverrückt standen die Bilder, die Bilder seines Lebens im Zeitlosen, zeitlos und schwebend, so ungealtert wie er es war, obwohl er siech und müde dalag, schwebend mit ihm, dem zeitlosen Ich, durch das Zeitengestrüpp. Aber die Worte, die er um die Bilder gerankt hatte, waren gefallen und verweht wie braunes Laub; Jahreszeit waren sie, aber nicht Ursprung, und fast hatte er sie vergessen. Mußte es mit der Äneide nicht ebenso ergehen? war nicht auch sie bloß ein Flüchten in die Wunschbilder der Jugend? Er schloß die Augen, weil er davon nichts wissen wollte, doch mit einem Male riß es ihn auf, mit einem Male litt es ihn nicht mehr auf dem Bette, die Luft mangelte ihn und des Schmerzes ungeachtet, den die jähe Bewegung erzeugt hatte, tastete er sich neuerdings zum Fenster hin.

Der Dunst in den Straßenschächten hatte sich geklärt, oder richtiger, er war zu einer glasig gestockten, fiebrigen Durchsichtigkeit geworden, zu einer Art dunklen Gallerte, die in der Luft schwebte und doch heißer als die Luft war, und nun merkte Vergil, daß die Abendbrise, die vordem auch das Zimmer durchflossen hatte, völlig erstorben war. Aus den Straßenschächten sickerte die Unbeweglichkeit wie ein verlorenes unhörbares Klingen, wie ein müdes, heißes, schwarzes Fieberpochen, und auf die Dächer hatte sich grünlich das östliche

Mondlicht gelegt. Hinter der Umfassungsmauer war es nun still; der schwere, gelangweilte Tritt eines Postens, der seine Runde machte, kam näher und verhallte wieder auf den Steinen, und dann wurden zugleich mit ihren Stimmen und ihren Schlurfschritten, drei Gestalten in der Gassentiefe wahrnehmbar, drei weiße Flecken, die sich schwankend und stockend, denn sie blieben immer wieder stehen, näherten. »Sechs Sesterzen«, sagte die eine Mannesstimme. »Fünf«, sagte die andere darauf. »Scheiß drauf«, sagte die erste; es folgte etwas Undeutliches, und dann wieder »Sechs«. Sie blieben stehen. »Fisch, Mehl, Knoblauch«, sagte die dritte Stimme, die die eines Weibes war. Nachdem sie sich wieder in Bewegung gesetzt hatten, zeigte es sich, daß der eine Mann mit hochgezogener Schulter hinkte und auf einen Stock sich stützte, den er von Zeit zu Zeit hochhob. »Auch noch Fleisch, Schweinefleisch«, kreischte daraufhin die Frau, und Vergil merkte, daß die fiebrige Durchsichtigkeit mit allen Küchengerüchen der Stadt geschwängert war, ölig, satt, geil, bequem und furchtbar. »Sechs«, beharrte der Mann und hob seinen Stock. »Du, Schlauch, du Weinbauch«, kreischte die Frau. Der zweite Mann torkelte gleichfalls: »Wenn er nicht mehr zahlt, laß ihn.« – »Hojoh, tanzen und singen und ficken«, meckerte der Hinkende, »dem Cäsar geht's gut.« – »Heil dem Augustus«, schrie der andere. Die Frau fuhr ihn an: »Halts Maul.« Sie blieben wieder stehen; alle drei waren dick. Hemmungslos, fassungslos brüllte jetzt der Patriot: »Augustus Vater, Augustus Cäsar, heil ihm.« Worauf der erste majestätsbeleidigend nur wieder mit einem »Scheiß drauf« reagierte, während die Frau zu jammern anhob: »Und morgen soll ich's Essen herschaffen. Ohne Geld soll ich's schaffen.« Beinahe gierig schaute Vergil auf die drei Gestalten herab, bis sie hinter der Mauer verschwanden, und er lauschte ihnen lange nach; die letzten Fetzen ihres Schimpfgespräches vermischten sich mit denen eines Matrosenliedes aus irgendeiner sizilischen Taverne, während im Fensterbogen scharf und metallisch das sausende Vibrieren einer Zanzara zu schwirren begann. Unbewältigbar und unbewältigt lag die Welt, unbewacht in ihrer schreienden Stummheit, voll des Elends, voll der wildesten Einsamkeit, voll der unerwachten Verzweiflung und der unerwachten Freude. Er lauschte nach dem Matrosenlied, als wäre es ein Stück Sternenwirklichkeit in der Stummheit, allein, es war erschwiegen. Ach, in jedem Lied steckt ein Rest der Kindheit, ein Rest aus jener Weltenzeit, in der es für die stummen Augen des Kindes nichts Stummes weit und breit gibt, und doch genügen die Bilder der Kindheit nicht, um die Sternenmusik des Ur-Anfanges, der Ur-Ordnung, der Ur-Wirklichkeit zu erreichen, und möge man die Zeiten auch noch so weit zurückwandern, zu den schlicht ländlichen Ordnungen der Hirten oder gar zu denen der heimischen Götter und des latinischen Aufbruches, es ist nur die eigene Jugend, die sich finden läßt, die Jugend eines schlechten Autors, der nicht besser ist als der Bavius oder der Mävius, vom Horaz ganz zu schweigen. Unbewältigte, unbewältigbare Weltenzeit, durch kein Bild, durch kein Wort, durch keinen Vers zu bezwingen, nur durch eine unerahnbare, dennoch erahnte Musik, unbewältigte, unbewältigbare Götterordnung, durch keine rückwärtsschauende Frömmigkeit zu bezwingen, nur durch die Vorschau auf einen unerahnbaren, dennoch erahnten Gott, von dem allein das Wort, das Bild, die Musik, die Ordnung ausgehen können. Was brauchte der dicke hinkende Mann sich um Verse zu kümmern, er brauchte sie nicht, und hörte er sie, sie wären ihm ein lustiges Mückengesumm, aber was er brauchte, das war jene Ordnung, die [er], hinkend und fluchend, mochte er sie auch nur als Brot, Fisch, Knoblauch, Wein, Fleisch und Geld bezeichnen können, mit all der Dumpfheit seiner verzweifelten Kreatürlichkeit abgemüdet und unermüdlich suchen mußte: die Ordnung seiner humanen Seinsverwurzelung, seine Göttlichkeit. Und deshalb war es richtig, daß die Äneide nicht fertiggestellt werden durfte, und vielleicht war es sogar eine Strafe, weil er vor der wirklichen Erkenntnis geflohen war, weil es ihm nicht genügt hatte, einfach als Arzt, als Physiker, als Mathematiker wirklich den Menschen zu helfen, weil er all dies verlassen hatte und weil er in einer Art Flucht, die seltsam ebensosehr von Gier wie von Angst gejagt gewesen war, von Weltgier und Weltangst getrieben, durchschüttelt, durchfiebert, nur in das Land der eigenen Kindheit und der Kinderträume sich hatte zurückscheuchen lassen. Oh, über die angstvolle Ungeduld, zu den Wurzeln gelangen zu können, oh, über diese furchtbare und verderbliche und angstgepeinigte Ungeduld des Dichters, oh über dieses Zuvielwollen und Zuvielwollenmüssen, das den Weg durch das Stimmendikkicht zu einem tastenden Fliehen gemacht hat. Und als wollte er die Anklage auch von außen vernehmen, gleichsam als einen Zweig in dem lautlosen Stimmengestrüpp des steinernen Nachtvulkans, lauschte Vergil hinaus in den oberen und unteren Abgrund und in das unbewegt schwarze, ungeheure Entsetzen, dem er nicht entronnen war, und hüstelnd, die Hand auf der Brust, wartete er: da hörte er das Gröhlen betrunkener Horden auf dem Hafenplatz und hörte die Trunkenheit der Gäste im Palast, und das wäre an sich nichts besonderes gewesen, aber plötzlich wußte Vergil, daß darin nicht nur der Tod gröhlte, sondern daß es ein bestialischer Tod war, ein Tod wachsender Grausamkeit, ein blutwütiger Tod, ein Tod ohne Unsterblichkeit.

Es mag wohl sein, daß Vergil in diesem Augenblick aufgeschrien haben mochte, er selbst wußte nichts davon, er fühlte sich bloß von zwei Armen aufgefangen und zum Bett geleitet; doch statt des Sklaven aus dem Nebenzimmer war es der Jüngling, den er weggeschickt hatte, und Vergil wunderte sich nicht darüber, höchstens über die unverwunderliche Natürlichkeit, mit der er diese Anwesenheit hinnahm, als hätte er dem schweigsam Hilfreichen selber befohlen, vor der Türe zu wachen und im Notfall zuhilfe zu eilen. Und so nahm er den Wein, den ihm jener gemischt hatte, er nahm auch einen Bissen von dem Brot, aber er unterbrach das Schweigen mit keiner Frage, sondern begnügte sich, mit den Augen zu danken, und nachdem er ihn mit einem abwehrenden Lächeln gehindert hatte, das Moskitonetz zu schließen, schloß er die Lider und ließ sich nichts anmerken, hatte er es ja doch so erwartet, als der Jüngling, der zögernd zur Türe gegangen war, diese wieder von innen schloß und sich leise im Schatten niederkauerte, um die Nachtwache bei dem schlummernden Meister aufzunehmen.

Doch Vergil schlief nicht. Und es war ihm recht, daß ein menschliches Wesen bei ihm war. Denn er hatte Angst. Fratzen des Grauens durchhuschten den Raum, sonderbares und schreckliches Getier, menschengesichtige Akanthusblätter, die anstelle des Stengels einen Adlerfuß hatten und sich darauf fortbewegten, Schmetterlinge mit langen Peitschenschwänzen, manche von ihnen so durchsichtig, daß [sie] bloß wie unsichtbar-stumme Schreckensrufe umherflogen, Ungeziefer des Orcus war es wohl, ungestaltes und ungestaltbares Zeug, Schutt aus den Zeiten der Weltenschöpfung, emporgeworfen vom

Vulkan der Zeit, vom Vulkan der Nacht, vom Vulkan des Todes, emporgeworfen vom Vulkan der Vorschöpfung, von seinem Zorn, seinem Hasse. Viele Städte brannten ringsum, Städte der fernen Vergangenheit und der fernsten Zukunft, menschenfauchende, menschenerzquälte Städte, Tempelsäulen barsten, Turmhäuser zerbrachen, die Haßvögel strichen in großen Kreisen über die Verwüstungen des Anfanges und des Endes, und sie senkten ihre Krallen in die blutigen Felder des Landmannes und in die Herzen. Wer mochte schlafen, wenn Troja brennt! Allnächtlich brannte es. Und wohl noch keine Nacht hatte es gegeben, in der er nicht durch die Krater gespenstererfüllten gespenstigen Sterbens geschwebt wäre, und obschon ihm das Getier, das ihn zu begleiten pflegte, vertraut und bekannt war, niemals hatte sich die Angst abgestumpft; oft war es nicht einmal Getier, das da mit ihm flog, oft waren es unsagbare Geschöpflichkeiten, oft aber auch nur ein einziger Mann, zumeist gar nur ein halber, ein Mannstorso mit leer durchsichtigem Lachen im leer durchsichtigen Gesicht, und das flog neben ihm her, eine höhnische Furchtbarkeit, eine Verhöhnung allen Lebens, umwallt vom kalten Rauch des tiefsten Angstfeuers, gleichsam Verkündigung einer wüsten und verwüsteten Ewigkeit, in deren Scheinleben furchtbarer noch der Scheintod sich mengt, ohne Unsterblichkeit, ohne Heimkehr, ohne Gnade, ohne Fürsprache, in blutiges Abendrot gehüllte, verschlossene Ewigkeit, an deren immerwährenden Erztüren er pochen mußte. Und Vergil gedachte der Gruft, die er sich am Posilip gebaut hatte, gleichsam hoffend, es werde die Helle und der Liebreiz der neapolitanischen Bucht, es werde ihre stille Unveränderlichkeit, es werde das unermeßliche Heimatglänzen des Meeres, es werde all die grünende Sonnenstille dem Wagnis des Sterbens hold sein und imstande, die niemals gesungene, die ganze ungesungene, unersingbare Musik erklingen zu lassen, die das Leben in den Tod hineinzutragen vermag, gespensterlos, hoffnungshell, unsterblichkeitsgroß. Einige Atemzüge lang verweilte Vergil im innern Anblick des freundlichen Bauwerkes, ja, er zwang sich geradezu, es zu tun, und er umschritt die kleine Gartenanlage, die er dort hatte anlegen lassen und die, wie es sich hinterher herausgestellt, freilich nur für ihn erkennbar, eine sonderbare Ähnlichkeit mit dem Hofe in Andes hatte: da war der Hauptweg zum Gruftgebäude, und der war die Zufahrtsstraße zum Hoftor, und da war links davon das nämliche Lorbeergebüsch, während hinter dem Hause sich die Ulme erhob, und ach, sogar der Weg zum Ölbaumhügel rechts fand sich wieder, freilich hier nur bei einer Zypresse endigend, aber alles ließ sich zurückträumen, weil es vorwärtsblickend geträumt gewesen war, und immer noch streicht die Hand des Knaben über die Hecken. Weltentraum des Kinderspieles, ach, wie klein war das Geviert, das es bebaut hatte –, sollte er dies als das Sein anerkennen, das er dem Weltensein hatte entgegensetzen wollen? hatte er von all seinen Träumen nicht den kleinsten gewählt? Die Welt brannte, zornbrennend, haßbrennend brannte sie, mochte ihr auch vom Augustus ein Scheinfrieden gebracht worden sein, er hingegen hatte Kinderspiele gespielt, bis ins Sterben hinein hatte er sie spielen wollen: und da richtete sich Vergil auf, die Handflächen mit gespreizten Fingern mühselig in die Matratze gestemmt, und starrte wie ein aus dem Schlaf Gerissener in den leerdrohenden, dunklen Schattenkrater, denn blitzartig war ihm klar geworden, was er schon längst gewußt hatte, es war ihm klar geworden, daß er die Gruft einreißen mußte, seine Schriften aber zu verbrennen hatte. Doch so entsetzlich diese Erkenntnis auch war, jetzt waren die Gespenster weggewischt, es ruhte groß von Äthertränen grauschwarz, gewichtslos, traumesenthoben, tief das Auge der Nacht, in ihrem Blick flimmerte die kleine gelbe Flammenspitze des Öllämpchens, und während die plötzlich eingetretene Ruhe gewissermaßen den Raum verschluckte, so saugend war sie geworden, tönte es im innersten Ohr, im innersten Herzen, in der innersten Seele: »Vernichte, was du geschaffen, gib es mir«, und dies war die unerbittlichste, unwiderlegbarste, unabänderlichste, die erzenste Stimme, die Vergil je in seinem Leben gehört hatte. Er unterwarf sich augenblicklich, ja, der Befehl war ihm sogar Beruhigung, nichtsdestoweniger lauschte er weiter ins Dunkel hinein, vielleicht weil er die schöne Stimme nochmals hören wollte, vielleicht aber auch, weil in ihm irgendetwas hoffte, es würde etwa doch noch die Georgica, die er liebte, aus dem Befehl ausgeschlossen werden, und als nichts erfolgte, seufzte er auf: »Vernichten, verbrennen«, sagte er leise und seufzte aufs neue.

Im Nu war der Jüngling neben ihm: »Du riefst?« Schon wollte Vergil sich eröffnen und sagen, daß die Äneide verbrannt werden müsse, als ihn etwas davon abhielt: es hatte gar nicht des parfümierten Haares des Hübschlings bedurft, um ihn bedenklich zu machen, vielmehr war ihm inne geworden, daß ihm etwas sehr Geheimes aufgetragen war, eine Lebensläuterung, ein Reinheitsopfer, an dem er niemanden teilnehmen lassen durfte, und er beschloß, sobald er bei Kräften sein werde, zum Meeresgestade hinabzusteigen und dort das Brandopfer zu vollziehen, die Asche aber dem heiligen Meere zu übergeben, opfernd in salzigen Wogen und spendend den lauteren Wein. Eine ungemeine Fröhlichkeit fing in ihm an, fing an, ihn zu erfüllen, eine beinahe listige Fröhlichkeit, und fast war es die Fröhlichkeit einer geglückten Flucht. Denn nun erinnerte er sich der vielen Verse, die er ob ihrer Unvollkommenheit bereits vernichtet hatte, viele waren es im Laufe der Jahre gewesen, viele hatte er in den Orcus geschickt, und niemals war es ohne tiefe Befriedigung geschehen, während alles, was diesem Los entgangen und zur Öffentlichkeit gelangt war, nun wie ein unkeuscher Mantel um ihn hing, wie ein Stück Nacktheit, das er für sich und nur für sich gewebt hatte, um es trotzdem und wider besseres Wissen öffentlich zur Schau zu stellen. »Geh, geh jetzt nur«, wies er den Knaben von sich, »setze dich in den Lehnstuhl und schlafe.« Was wußte der von der geheimen Musik, die des Dichters Nacktheit und Verhüllung ist.

Er sank zurück, das Sprechen hatte ihn angestrengt, und wenn er sich nicht schonte, würde er des Morgens nicht zum Meeresstrand gelangen können. Dazu brauchte es Kräfte. Opfernd in salzigen Wogen und spendend den lauteren Wein, wiederholte er für sich hin, gleichzeitig betroffen, daß auch dies zum Verse wurde, daß sogar die Opferung alles dessen, was er ein Leben lang getan und gewollt hatte – oh, man durfte es wohl ein Lebenswerk nennen –, daß sogar diese Opferung sich just in den Formen jener glatten Schönheit abspielen sollte, die er zu verwerfen im Begriffe war, just als eine Veranstaltung am Ufer des ewigen Meeres und angesichts des aufrollenden Sonnenwagens. Waren denn die Verse tatsächlich unentrinnbar? waren sie stärker als das Leben? hatte sich das Leben nach ihnen zu formen? Und doch, ob gedichtet oder gelebt, ob menschliche Haltung oder menschliches Wort, das Zwingende, Unabweisbare, Unentrinnbare war so überaus eins mit der Sprache, als wäre es unmittelbar aus ihr und aus ihrem tiefsten Wurzelgrund entsprossen, als wäre es das Wesen der Sprache selber, das sich im Verse auftat, unmittelbar emporleuchtend aus dem Stimmengestrüpp, ohne daß man danach zu graben oder zu suchen hatte, plötzlich vorhanden, hold und herrisch, verführerisch und verpflichtend, nackt und tiefverborgen in einem einzigen Atemzuge, das unmittelbar aufklingende Wort und das unmittelbar mitklingende Leben, die Einheit von Sprache und Menschentum; furchtbar war diese Entkleidung und Verwandlung in ihrer Unentrinnbarkeit und dennoch so tröstlich, als bräche mit ihr die Nacht zu einer unsäglichen Wahrheitsahnung auf. Noch nicht und doch schon: das war die Verwandlung, die er von der Sprache erfahren hatte, da das Mitklingen zu einem Teil seines Selbst geworden war, und in die Sprache lauschend hörte er nun neuerdings die erzen reine Stimme in der Tiefe seines Ohres, in der Tiefe seines Herzens, in der Tiefe seiner Seele: »Noch nicht und doch schon«, sagte sie. »Ja«, antwortete Vergil leise genug, damit der Jüngling nicht nochmals dazwischen käme, »so ist es, aber das ist nicht viel.« Daraufhin sagte die Stimme: »Du hast den Weg gesehen, begnüge dich damit.« Um die Stimme besser zu hören, hielt er die Augen geschlossen, indes den Weg, von dem sie geredet hatte, den sah er nicht, ja, er sah nicht einmal mehr, was er je gesehen hatte; er versuchte den verflossenen Tag zurückzurufen, und er fand ihn nicht; er versuchte, irgend etwas aus den vielen verflossenen Jahren zurückzurufen, und er fand keine Jahre und keine Tage und keine Zeit, nichts von dem, was ihm bekannt war, er sah nur ein gläsernes Gewirr, ausgedehnt im Zeitlosen, und wäre die Stimme nicht gewesen, die Angst hätte ihn wieder befallen. »Ich bin blind und irre«, sagte er, »ich muß die Äneide verbrennen; ich habe bloß gestammelt und nichts gesehen.« Und er bemühte sein Gedächtnis, wenigstens das Gedichtete und Geschaffene festzuhalten, und auch dies war vergeblich: selbst die Äneide wurde inhaltslos und begann, sich sehr rasch in das gläserne, fiebrig singende Formengewirr einzuordnen, Gesang um Gesang, Meerfahrt und Sonnenufer, Krieg und Nachtgestirn, gläsern aufklingend ein jedes in seinen Formen, bis sie, zwölf der Gesänge, einer nach dem andern verschwunden waren, aufgesaugt von ihrem eigenen Tönen, Echo ihrer selbst, Echo der Reinheit und der Einsamkeit: immer kehrt das Kristallene zu sich selbst zurück, es ist das Gehäuse der zur Musik erwachten

Seele, Weg um Weg aus jeder Verwirrung in sich heimkehrend, unverrückbar in dem fiebernd silbernen Klang ihrer Reinheit, nicht über ihren Bereich hinausführend, noch nicht die Wahrheit, doch schon ihr singender Spiegel. War dieser zeitlose Spiegelgesang nicht der Raum seiner immerwährenden Heimat? war es nicht der Raum jener Einsamkeit, deren Wände er ohne Unterlaß abgetastet hatte, im Wechselgesang mit ihr singend? war es nicht die Einsamkeit, die unendlich oft gesehene, niemals erfaßte Einsamkeit, die zu brechen ihm beschieden war und die er daher verbergen mußte als sein geheimstes Glück und seine geheimste Schande? »Einsam«, sagte Vergil, »einsam, ohne Zuspruch; niemand ist für mich gestorben, niemand stirbt mit mir, ich bin ohne Beistand.« Und obwohl dies eine unmißverständliche Aufforderung an die Stimme war, sie möge ihn widerlegen, dauerte es ziemlich lange, bis sie sich meldete: »Hat der *Gesang deiner Einsamkeit* nicht die Einsamkeit vieler Herzen gesprengt, so vieler, daß du es kaum ermessen kannst –, hast du sie *nicht zum Aufklingen* gebracht?« Nun ließ sich auch Vergil Zeit mit der Antwort, denn er war unwillig geworden: »Wer bist du?« fragte er, »vorhin hat ein anderer gesprochen.« – »Ich bin viele Stimmen«, sagte es in der Tiefe seines Ohres und in der Tiefe seiner Seele. Und tatsächlich, so schattenlos hell der Klangraum sich um ihn dehnte, richtungslos vor Zeitlosigkeit, unbegreiflich in ihrem unendlich sich erneuernden Gleichgewicht, es enthielten diese gläsernen Gleichgewichtsordnungen unverkennbar die Farben aller Stimmen, das erzene Dröhnen des Meeres ebensosehr wie das silberne Säuseln des Herbstes, den Beckenschlag der Sterne ebensosehr wie den Flötenton des Mondes, und das war so stark, daß Vergil, geblendet vom Zusammenklang, nur mit großer Mühe zum Gedanken zurückfand: »Das ist ein billiger Trost; nur die Stimme der Unsicherheit braucht Zustimmung und braucht Mitklingen.« – »Nein«, erwiderte die Stimme, »*Hoffnung will Mithoffnung.*« Es kostete Vergil eine gewaltige Anstrengung, diese Überlegungen anzustellen und Ihnen zu folgen: er schloß sie ab: »Ich will mehr, denn wer vom Leide lösen kann, der braucht keine Zustimmung, der braucht keine Hoffnung, der braucht kein Mitklingen –, die andere Stimme hat mir den Weg verheißen, ich will ihn sehen.« Und inmitten des Flimmerns, inmitten der gläsernen *Zeitlosigkeit,* der er sich nicht hingeben wollte und gegen die er sich wehrte, als wäre auch in ihr der Scheintod, *inmitten der furchtbaren Seligkeit aller Gleichgewichte,* hielt er an sich und wartete mit dem äußersten Aufwand seiner Kräfte, daß die andere Stimme nochmals käme, die Stimme, *in deren Wortschatten die Ruhe war,* und als er sie herbeigezwungen hatte, da sagte sie bloß: »Öffne deine Augen.«

Es gelang ihm, den Blick aus dem Irdisch-Zeitlosen ins Irdisch-Zeitliche zurückzuwenden, aus dem Unräumlichen in den Raum, und es war der, durch den die Nacht hindurchströmte, blind geheimnisvoll, schattenträchtig, lieblich und groß in ihrer Natürlichkeit. Leise pendelte die Waage der Zeit, leise klirrten ihre Ketten, das Ölflämmchen neben dem Bett war verlöscht, und sanft strich das Leben wieder über den Kranken dahin, es war die Stunde, in der das Fieber zu weichen pflegte. Die Wachen machten noch immer ihre Runden um den Palast, und jetzt kamen auch die Bauernkarren ächzend und rumpelnd in die Stadt gefahren, um Lebensmittel für den Morgenmarkt zu bringen; die Räder rumpelten in den Pflastergleisen, knirschten schneidend auf, wenn ihre Felgen an den Randsteinen streiften, die Geschirre der Gespanne klickten, und manchmal brummte einer der Zugochsen. All dies war unbewältigt, all dies mußte ungedichtet zurückbleiben, all dies war ungeschehen und vergessen in dem Augenblick, da es geschah, unaufgeschrieben mußte das Räderknarren bleiben, das Brummen des Ochsen, unaufgeschrieben all das kreatürliche Atemholen, unaufgeschrieben die pochende Welt: Vergil gedachte der auf den Karren dahinschlummernden Bauern, und er gedachte der einsam leidvollen Unerwecktheit, die von Geschlecht zu Geschlecht weiter gegeben wird seit Urbeginn, und er gedachte der Überheblichkeit, mit der sich der Dichter abgeschieden fühlt, als der Wachende unter den Unerweckten. Und doch wollte er der geheimnisvollen Traumesstimme glauben, die ihm den Blick auf den Weg verheißen hatte. Er wartete und schaute in das Antlitz der Nacht, er wartete auf das Erwecken und auf den Schlaf, als wären sie beide ein und dasselbe, Anfang und Ende zugleich, Quell und Ursprung, Wurzel und Krone der Sphären, in deren Geäst die Menschheit ruht. Und dann, im Schimmer des vorgerückten Mondes, sah er das Antlitz des griechischen Knaben, der in dem Lehnstuhl nun schlummerte, er sah die herrlich erbärmliche Hilflosigkeit des schlafenden

Menschen, er sah die Gebundenheit der Züge, die graue Unbeholfenheit, die auch im schönsten Gesicht und auch im Schlafe nicht gelöst wird, er sah den großen Zeitraum, der in jedem Atemzug des Schläfers mitatmet, er sah die Unbewältigbarkeit des Traumes und des Leides, und er wußte, ohne es zu wissen, sah, ohne es zu sehen, daß es eine gierlose Liebe gibt, eine Liebe frei von Lustgier, Weltgier, Schutzgier, eine abgeschiedene Liebe, die des Leides entlöst ist und des Leides entlöst. Er zog die Decke hoch, denn die Nacht war kühler geworden und sein fieberbefreiter Körper spürte es, glückhaft ob dieses Spürens. Auch der Atem ging nun leichter, schmiegte sich ein in das große Atmen der Welt, und Vergil wünschte, daß die Nacht nicht enden möge, daß sie ihn weiter und weiter trüge in ihrem Gezweige, in ihrem Gefieder, in ihren Armen, an ihrer Brust. Beinahe ängstlich beobachtete er ihr Fortschreiten, das Verschwinden des Mondlichtes, und beinahe wünschte er den rötlichen Höllendunst des Abends zurück, damit die Nacht nochmals ihren Anfang nehme: allein, sie ließ sich nicht zurückhalten, nicht zurückrufen, reiner und reiner wurde die Luft, und obwohl er, um die Veränderungen nicht zu sehen, es geradezu vermied, zum Fenster zu blicken, ließ sich die Vorstellung von der Dämmerung, die sachte, Schicht um Schicht ihre farblose Farbe auf die Dächer zu legen beginnen mußte, nicht verdrängen. Unabweisbar war der Geruch des Morgens da in großer Reinheit, in lichtgrauer Klarheit, deutlich und unvermischt durchzogen von den Rauchfäden der ersten Herdfeuer und getragen vom Salzhauch des Meeres, das fern leise nun zu rauschen anhob, abschiednehmend und aufnahmebereit. Und gleichsam, als ertrüge er dies nicht mehr, dennoch beruhigt, schlief Vergil nun endlich ein, getragen von einem rauschenden Hauch, getragen von Fittichen, die sich kühl anfühlten, getragen von einem Atem, der so kühl und erquickend und dunkel war wie der eines Lorbeergebüsches nach einer Regenstunde, und als die Fahrt sich senkte, mild landend im blonden Erntegewoge der Felder, dort wo die Ähren wehen, Trauben am Dornbusche hängen und das Rind neben dem Löwen lagert, da stand ein Engel vor ihm, eingehüllt in die kühlen Fittiche des Septembermorgens, dunkellockig, helläugig, und in der Jünglingsstimme des Engels war der erzene Schatten von Äonen; er verkündete: »Tritt an, schon nahet die Stunde, gekommen ist die letzte Zeit.« Und es folgte die Süße des Alleswissens, des Allesvergessens, es folgte der Schlaf.

[III]

Er erwachte mit dem Gefühl einer Versäumnis: er spürte Augen, die auf sein Gesicht gerichtet waren, er spürte, daß sie ihm irgend etwas vereitelten, und sehr bald wußte er, daß er im Geheimen zum Meeresstrand hinunter hatte eilen wollen und daß es nun hierfür zu spät geworden war. Und er flüchtete in den Schlaf zurück, den Engel wiederzufinden. Doch da der fremde Blick weiter auf ihm ruhte, gleichsam fordernd, ja, als wäre es der Blick des Engels selber, der sich erst zeigen wollte, bis die Forderung erfüllt sein würde, fragte er, ohne die Lider aufzuschlagen: »Wer bist du? wie heißt du?«

»Ich bin Lysanias«, antwortete es.

»So«, sagte Vergil enttäuscht, »du bist der Lysanias –, ich kenne dich nicht.«

»Ich habe die Nacht neben dir gewacht«, klang es schüchtern zurück.

Da mußte Vergil lächeln: »Nein, du hast im Lehnstuhl geschlafen.« Und er blinzelte zu dem Knaben empor.

Der war ein wenig betreten: »Deine Freunde sind eingelangt, oh Vergil...«

Vergil blickte auf das Manuskriptkästchen, das verbrannt hätte werden sollen: »Meine Freunde?...welche...?«

»Plotius Tucca und Lucius Varius sind zu deiner Begrüßung aus Rom gekommen... sie warteten, bis du erwacht seiest...«

Schräg vom Süden her belichtet, lag der erkerartige Fensterwinkel in septemberlicher Sonne und Wärme, dunkel spiegelte der Mosaikboden im Innern des Zimmers, und der große Kandelaber mit seinen verwelkten Bäumen und herabgebrannten Kerzen sah verwahrlost aus. »Ich muß mich säubern«, sagte Vergil, der das unabwehrbare Neuherannahen des Fiebers fühlte, »ruf den Sklaven.«

Doch da waren P. Tucca und L. Varius, die das Sprechen gehört hatten, schon eingetreten, und Vergil mußte sie begrüßen.

»Vom Mäcenas erfuhren wir, daß du mit dem Cäsar kommen würdest«, erklärte Plotius Tucca und wischte die von der Nachtreise geröteten Augen in dem leberfleckigen, schweren Gesicht.

»So«, sagte Vergil und war trotz aller Todesbereitschaft ängstlich, »so also steht es um mich...«

»Lästere nicht«, wehrte Plotius ab, »ich bin zehn Jahre älter als du und überdies schlagflüssig...«

»Es hat sich gerade gefügt«, ergänzte Lucius, »über vierzig Wagen sind gestern für den Augustus von Rom abgegangen; wäre der Mäcenas nicht im Senat abgehalten gewesen, er wäre selber gefahren und so haben wir seine Botschaft für den Augustus übernommen...«

Aber Plotius war noch mit sich beschäftigt: »Wenn ich nicht allmonatlich meinen Aderlaß hätte...«, er machte eine Handbewegung, welche seinen bisher glücklich vermiedenen Heimgang anzudeuten hatte.

Gerührt betrachtete sie Vergil; der alte Landedelmann P. Tucca mit seinem bäuerlichen Gehaben stand ihm näher, stundenlang konnte er mit ihm über Ernten und Vieh reden, und sie hatten eine geheime, niemals ausgesprochene, allerdings auch gegenseitig niemals völlig geglaubte Vereinbarung getroffen, daß dies alles viel wichtiger als jedwede Dichtkunst sei, ja, das ging soweit – es kam Vergil in den Sinn, da er die beiden vor sich sah –, daß er langen Unterhaltungen mit dem eleganten, städtischen L. Varius oder auch mit dem Mäcenas, die sich allesamt um Fragen der künstlerischen und wissenschaftlichen Theorie drehten, am liebsten in Abwesenheit des Plotius führte. Und weil der Plotius solcherart ein Teil dessen war, was ihm wie eine Art guten Gewissens erschien, wandte er sich mit der ganzen Besessenheit des Kranken, der keinen Aufschub seiner Anliegen duldet, an ihn: »Ich bin über [euer] Kommen froh... die Äneide muß verbrannt werden...«

Plotius überhörte es absichtlich oder unabsichtlich; er war in den Anblick des griechischen Jünglings versunken, der bescheiden im Erker lehnte, jetzt aber bei den Worten des Vergils erschrocken zusammengezuckt war.

»Wie? was redest du?« fuhr Lucius dazwischen.

Plotius hingegen sagte: »Den hast du dir mitgebracht... dann ist's um dich noch ganz gut bestellt.«

Nicht geneigt, sich mit diesem Nebenthema zu befassen, antwortet Vergil bloß dem Lucius: »Die Äneide«, – er deutete auf das Kästchen –, »die Äneide wird vernichtet.«

Jetzt zuckte Plotius die massive Achsel: »Wenn du etwas Besseres schreiben kannst... warum auch nicht...«

»Warum?«, ereiferte sich Lucius, »beim Jupiter, warum?«

Vergil dachte nach; was des Nachts vorgefallen war – ob Traum oder Wirklichkeit –, das war verflogen, und schließlich erklärte er: »Weil sie niemandem zunütze ist.«

»Ach«, tönte es aus dem Erker.

Die beiden anderen sahen sich bedeutsam an, und Vergil bemerkte belustigt, daß auch über die sonst so gleichgültigen Züge des Lucius dabei ein Schimmer echten Entsetzens glitt; das ein bißchen abgelebte, ein bißchen zu elegante und stets ein bißchen gelangweilte Literatengesicht bekam einen geradezu feindseligen Ausdruck, da es nun sagte: »Du sprichst im Ernst, mein Virgilius...«

»Gewiß spreche ich im Ernst, mein Lucius, und was ich sage, gilt ebenso sehr für dich wie für mich, ebensosehr für deinen Thyestes und dein Cäsar-Epos wie für meine Äneide... niemandem sind wir zunutze außer, wie es sich von selbst versteht, unserem Freunde Mäcenas, indes auch diesem nicht mehr, als die Statuen für seinen Speisesaal und seine Gärten...« Lucius war beleidigt: »Der Thyestes wurde siebzehn Male hintereinander aufgeführt...«

»Das war dein Nutzen«, meinte Plotius.

Ohne des unziemlichen Einwurfes zu achten, fuhr Lucius fort: »Und sollen wir etwa in der Zeit zurückschreiten? soll es wieder so werden wie zur Königszeit, die vom Cato gelobt wird, weil sie die Dichtkunst nicht geschätzt hat? nein, oh Vergil, du bist undankbar... wir müssen uns freuen, daß es Männer wie den Mäcenas gibt; wir können bloß wünschen, daß es deren noch mehr gäbe, und es wird ihrer noch viele geben mit Hilfe der Götter und dank des Friedens, den der Augustus, sein Name sei gepriesen, der Welt gebracht hat...«

Und da dünkte es Vergil, als bewegte sich der Lucius mit seinen Reden am äußersten Rande der Wirklichkeit, als wäre die Wirklichkeit ein ungeheurer Felsenberg, um den ganz schmale Saumpfade herumführen, und als bewege sich der Lucius auf dem schmälsten von allen, unwissend der Gefahr des Absturzes, die ihn in jedem Augenblicke bedrohte. Doch weil er fürchtete, daß sich bloß wieder eine jener Diskussionen über den Nutzen der Schönheit entwickeln könnte, an denen er freilich einstens gerne teilgenommen hatte, nickte er bloß: »Du

hast mich mißverstanden, Lucius; auch ich liebe den Mäcenas.«
Aber ein wenig war es wie eine Stimme, die aus dem Felsen der Wirklichkeit dringt, als der Plotius sagte: »Wir sind hergekommen Vergil, weil wir dich lieben.«
»Ja«, sagte Vergil, »ich danke euch.«
»Und darum kann es dir auch nicht ernst mit dem Verbrennen sein«, sagte Plotius.
Vergil schüttelte abwesend den Kopf; er lauschte der Stimme der erzenen Wirklichkeit nach, deren Abglanz er eben gehört hatte und die echoweit nachklang, von ferneher, vom Meere, das gleich einem flüssigen Fels blauschimmernd die Sonne trug, vom Himmel, der gleich einem geöffneten Bergdom aufnahmebereit und gebärend alle Wirklichkeit in sich aufnahm und wieder entließ, Tag und Nacht in seinem erzenen Dröhnen. Und dann sagte er: »Die Wirklichkeit wird sie verbrennen.« Damit hatte er allerdings gerade das in Fluß gebracht, was er hatte vermeiden wollen, denn unverzüglich fiel Lucius ein: »Unverbrennbar, unvergänglich ist die Schönheit, ewig ist Homers Vers, ewig der tragische Dichter...«
»Siebzehn Aufführungen«, sagte Plotius.
»Immerhin... aber ich habe den Aeschylus gemeint.«
Plotius lachte, und Vergil lachte gleichfalls, obschon mit diesem Lachen in ihm ein beunruhigendes Wort aufgeflogen war, ein bösartig beunruhigendes Wort, fast ein Vers, und der lautete: Lachen im Raume des Todes, da er zum Felsen verwandelt ins schimmernde Meer hinabsteigt. So nahe war das Dunkle und trotzdem so unvorstellbar! Lebt Homer? lebt er noch? lebt er in und mit seinen Versen? lebt Aeschylus, wenn die Szene sein Werk spricht? oder ist ihnen ein tausendfacher Tod beschieden, ein ewig irdisches Sterben, das so lange währt, bis die letzte Zeile ihrer Dichtung aus dem Menschendenken getilgt sein wird? werden sie nicht ewig heraufgerufen aus der Unterwelt, heraufgerufen ins gespenstisch lächerliche Zwischenreich irdischer Unsterblichkeit? hätten sie, gerade sie, die Unsterblichsten, nicht das Geschaffene vernichten müssen, um seligerer Gefilde willen, darin zu wohnen? Am äußersten Rand der Wirklichkeit, furchtbar über allen Dunkelheiten und allen Abgründen, in einem furchtbaren Gleichgewicht hängt das Lachen, die schwebende Grenze zwischen Leben und Selbstvernichtung, diesseitig in erdvulkanischem Gröhlen, jenseitig in

seinem Meereslächeln angesichts des Abends, aufnahmebereit der Himmel. Das Lachen schmerzte in der Brust, das Fieber kündigte sich immer deutlicher an; Vergil hustete und spuckte aus.

Also wurde er ernst und sagte: »Wehe dem Dichter, der als Künstler in die irdische Unsterblichkeit rückt.«

»Höre, Lucius, ein guter Trost«, stichelte Plotius, in dem noch ein gutes Stück unausgeschüttetes Lachen gluckste, gleichzeitig aber offenbar die Angst erwacht war, er müßte in den Abgrund tiefster Traurigkeit fallen, wenn ihm das Lachen geraubt werden würde.

Doch Lucius war allzusehr betroffen und getroffen, als daß er den Spaß hätte fortsetzen können; er wehrte bloß ab: Unsterblich ist die Kunst, sonst nichts...«

Es mag sein, daß Vergil gar nicht zugehört hatte, und er wußte auch nicht, ob es Traumerinnerungen waren, die in ihm aufstiegen, oder zeitlos Erlebtes; er sah die Gärten des Mäcenas und die des Palatins, er sah die Paläste und die Amphitheater, aber die Statuen waren gestürzt und das wilde Orgeldröhnen der Spiele klang gebrochen; und schließlich sprach er: »Sie letzen sich am Mord, sie drängen sich zu den Hetzen und zu den Gladiatoren, und wenn ein Mann gekreuzigt wird, dann stehen sie gaffend und brüllen vor Lachen; sie letzen sich am Blut, weil...« – es fehlte ihm das Wort für das, was er ausdrücken wollte, aber dann sagte er doch: »weil das Ende der Zeiten naht...«

»Neu entspringt jetzt frischer Geschlechter erhabene Ordnung;« zitierte Lucius, »du siehst, Vergil, daß du dich selbst widerlegst.«

»Ja«, sagte Vergil, »das habe ich einmal geschrieben... ich habe den Fels abgetastet... vielleicht bin ich herabgeschleudert worden... ich weiß es nicht...«

»Das sind Rätsel, in denen du sprichst«, sagte Plotius, »sie quälen dich; denke nicht daran... das Dunkle ist traurig und nicht gut für den Menschen.« Und er zog die Falten seiner Toga fester, als fröre ihn.

»Ich habe getastet«, beharrte Vergil, »wo ist das Wirkliche?«

»Aber wie herrlich ist dein Tasten, Vergil!«, rief Lucius aus, »dein Tasten ist die Wirklichkeit, in deinem Ebenmaß ist die Wirklichkeit, schon beherrscht dein Apollo!« Vergil schüttelte den Kopf, wie einer der gestört wird und die Störung abweisen will: »Das ist deine Wirklichkeit, Lucius, und es ist noch mehr die des Mäcenas, die ihr bloß das Ebenmaß und das Schöne sehen wollt und sogar im Grausamen das Schöne sucht... ja, selbst ihr, ihr letzt euch noch am Blute, wenn es um das Ebenmaß geht, und ihr seht nicht die Qualen des Mannes am Kreuze... nicht einmal ihr ahnt, was sein Stammeln bedeutet, was es bedeuten soll, ... wie also soll er den Menschen erwecken, wie soll er ihn zur neuen Zeit aufrufen! er möge schweigen und sein Stammeln in seiner Brust verbergen...« Vergil schwieg, vielleicht weil er sich selber zum Schweigen aufgerufen hatte, die Brust schmerzte ihn, vielleicht weil er sein Stammeln in sie verschließen wollte, aber herrlich und sehnsüchtig war der Tag, Menschentag, Gottestag für alle Zeiten, und des Dichters Auge traf das des Knaben Lysanias, der vergessenshold im Erker lehnte, leidentlöst, leidentlösend, das ferne Rauschen.

Es war Lucius, der das Gespräch nochmals aufnahm und mit einer für ihn ungewöhnlichen Wärme leise sagte: »Ich muß dich nochmals mit deinen eigenen Worten widerlegen, Vergil, denn von dir stammt die Lehre: Sterbliche können nicht alles!«

Daraufhin lächelte Vergil: »Deshalb ziemt uns die Unsterblichkeit nicht Lucius... und wenn wir die Menschen nicht zum Neuen und Kommenden erwecken können, weil es erst aus Blut und Mord und Brand neuerstehen muß, und wenn wir zu schwach sind, dies zu ändern und selber die Erweckung zu bringen, dann gehört das, was wir mit zu kleinen Kräften geschaffen haben, auch zum Vernichtungswürdigen... also soll die Äneide verbrannt werden, und Euch, meinen Freunden, trage ich auf, dies zu tun, soferne ich nicht mehr dazu imstande sein sollte... wollt Ihr mir solches versprechen?«

»Nimmermehr«, sagte Plotius bündig und stand auf. Sein Bauch spannte die Togafalten, der graue Haarkranz um die runde Hinterkopfglatze war ein wenig gesträubt, und nach Art vieler muskulöser Leute hielt er die Arme leicht gebeugt, die Fäuste leicht geballt: trotz seiner sechzig Jahre war [er] ein Bild erzürnten Lebens. »Nimmermehr«, wiederholte [er], »komm, Lucius, wir müssen jetzt zum Augustus.«

Wie so oft unter dem Eindruck weltzugekehrter, welttüchtiger, weltgewichtiger Menschen wurde Vergil auch diesmal von einem Gefühl verlegener und doch zugleich geborgener Einschüchterung ergriffen, von einer Geborgenheit, die wie ein mit der Kindheit beginnender und niemals endenwollender Genesungsmut war, wie eine irdisch-derbsanfte innere Wärme ihn dem Diesseitigen verhaftete, so stark, daß keinerlei Auflehnung dagegen möglich war. Und wie so oft unter der Einwirkung solcher Menschen, begann Vergil auch diesmal in dem Gesicht des Plotius zu forschen, ob darin nicht eine Spur des einstigen Knaben zu finden wäre, nur eine Spur, welche fähig wäre, die Übermacht von so viel Erwachsenheit aufzuheben. Indes, da war nichts hiervon zu entdecken, und da nun überdies unter dem Gebot der gebieterischen Erwachsenheit gehorsam der Lucius sich ebenfalls erhoben hatte, so daß offenbar auch von dieser Seite keine Unterstützung zu erwarten war, raffte sich Vergil zu einem allerdings schwachen Widerstand auf: »Ihr verweigert mir also diesen Dienst?«

»Ein Bauer, der Saatgut verbrennen will, taugt nichts«, entschied Plotius, winkte dem andern und verließ mit ihm den Raum. –

Allein gelassen, war es Vergil, als hätte man ihm das Manuskript weggenommen, und obwohl es noch wohlverschlossen in seinem Kästchen neben ihm ruhte, wagte er nicht es zu berühren; daß dem so war, das war wie Demütigung, besonders infolge der Anwesenheit des Knaben, und beinahe gleichaltrig mit diesem kam er sich vor, oder richtiger, gleichaltrig gemacht, da er sich schließlich mit der zögernden Frage an ihn wandte: »Nun, Lysanias, was sollen wir jetzt anfangen?«

Indes, trotz der überraschenden Freundschaft, die gleichsam mit der Frage angetragen wurde, ja, trotz der Hoffnung auf ein langes gemeinsames Leben, die leise in ihr mitschwang, es war ein tränenüberströmtes Antlitz, das der Knabe ihm zukehrte, und Vergil schämte sich, wie sich eben einer schämt, der seine Schwäche gezeigt und Mitleid erregt hat. »Komm her«, befahl er und ballte ein wenig die Fäuste an den leicht gebeugten Armen, »komm her, und lies mir vor.«

Der Knabe kam, und über den Wink des Dichters hob er die Manuskriptrollen aus dem Kästchen. Vergil durchflog sie, eine nach der anderen: »Krieg, nichts als Krieg«, murmelte er und dachte nach. »Vielleicht da«, sagte er endlich und nahm den achten Gesang, »da, lies mir vor.«

Und Lysanias begann:

Aber Äneas bewegte die munteren Augen um alles,
Angereizt von den Orten und staunt, und des Einzelnen fröhlich
Forscht er umher und vernimmt die Denkmal' alter Geschlechter.
———Jetzt Euander der Fürst, der romanischen Feste Erbauer,
Hier bewohnten die Forst' einheimische Faune und Nymphen,
Und Waldmänner, aus Stämmen erzeugt und gediegenem Kernholz,
Zuchtlos und ungezähmt; nicht wußten sie, Stiere zu jochen,
Nicht zu sammeln der Not, noch erworbene Habe zu sparen;
Nein, sie ernährte der Zweig und die rauh abspeisende Jagdlust.
Erst nun kam Saturnus herab vom ätherischen Himmel,
Fliehend die Waffen des Zeus und verbannt aus genommener Herrschaft,
Welcher die ungeschlachten, durch Berghöhn streifenden Horden
Bildete, Sitt' und Gesetze verlieh, und Latium lieber
Nannte, das bergende Land, das ihn im Schoße gesichert
Unter dem Könige blühte, die Zeit des goldenen Segens,
Welche man preist; so lenkt' er in friedsamer Ruhe die Völker;
Bis das entartende nun und gemach sich entfärbende Alter
Folgt', und rasender Krieg und gierige Sucht des Erwerbes.
Jetzo kam der Ausonen Geschlecht und starker Sikanen,
Und wurden die Namen vertauscht vom saturnischen Erdreich.
Könige dann, und der rauhe, von Wuchs unmäßige Thybris,
Dem gleichnamig den Strom wir Italer jetzt den Thybris
Nannten, dem Albula schwand sein eigener Name veraltend.
Mich, der verbannt ausfuhr zu den äußersten Enden des Meeres,
Zwang allbeherrschendes Glück und unabwendbares Schicksal
Hier zu bewohnen den Ort, und die Mutternymphe Carmentis,
Trieb durch strenges Gebot und das göttliche Wort des Apollo.«
»Nacht, Nacht«, unterbrach Vergil den Vorlesenden, »Apollons göttliches Wort und sein Pfeil, sie sind Eines, sie beide zerreißen die Nacht, das ist sein Gebot ... doch auch mir war es verborgen ...«
 »Oh Vergil«, rief der Knabe und wies in die Schrift auf seinen Knien, »wie konnte dir etwas verborgen sein! du selbst schriebst es hier: ›Kein Gott hält sich verborgen!‹«

Sein Einwurf ging ins Leere, in die Leere des Erinnerungsraumes, aus dem ein zum Sterben bereiter Mann sich herauszuheben anschickt, als hätte er ihn niemals durchgelebt. Denn Vergil erinnerte sich, daß er die Verse geschrieben hatte, und doch schienen sie ihm nicht von ihm, sondern von einem andern und gleichsam unwirklichen Manne herzustammen. Und er wiederholte: »Nacht, Nacht, Dunkelheit um Dunkelheit, Urzeit um Urzeit, viele Dunkelheiten sind in des Menschen Seele gespannt, und er muß sie durchreißen, damit er zum Angesicht des Gottes, zum Angesicht des Todes gelange... Nacht, Nacht, erst der, dem der Lichtpfeil des Sterbens im Herzen steckt, sieht in der Finsternis...«

Vergil sah die kahl starren glatten Wände einer verlassenen Erinnerung, aber er sah auch die flüssigen Spiegel des höhergestiegenen Sonnenlichtes, und in diesem Lichte hörte er nun auch die leise schwingenden Worte des Knaben, als wären sie dünnrandige weiße Wogenkämme, als wären sie feingekräuselte Purpurgräser, schwingend in der Lichtbrise: »Zeitlos ist die Zeit des goldenen Segens, den du gespendet hast, und Apollons Gebot ist erfüllt in Deinem Ebenmaß, oh Vergil, magst du es auch verwerfen...«

Halb nach dem Mittaglicht langend, es zu behalten, halb in belehrender Absicht hob Vergil die Hand und spürte den süßziehenden müden Fieberschmerz in ihren Gelenken. »Vermessenheit«, sprach er, »größer als die Schönheit ist der Gott, denn todesspendend und lichtspendend ist er, größer als die Schönheit ist sein Gebot, das zum Wirklichen ruft, das Wirkliche zu beleuchten und seines Todes nicht zu vergessen... ach, wer dies besorgen und befolgen will, muß die Fackel des eigenen Todes entzünden, und wehe dem Dichter, der nur ein Künstler ist...«

Wollte der Knabe solches nicht hören? oder lauschte er anderem? er hatte sein Gesicht verhüllt, als seien ihm die vernommenen Worte zu furchtbar und zu wunderbar, oder als sei er ihrer nicht würdig, und doch war sein Haupt von einer milden Angst umstrahlt, da er leise nun sagte: »Oh, das Rauschen des Sonnenregens...«

Aber der Seele des Vergils öffnete sich der Erinnerungsraum in seiner ganzen Unbegrenztheit, und sie wußte, was jeder Wunsch gewesen war, der sie ein ganzes Leben lang bedrängt und gezwungen hatte, jener Wunsch, alles festhalten zu dürfen, der unbändige Wunsch, das Gegenwärtige ins Urzeitliche zurückzuverfolgen, als könnte mit den Wirklichkeitswurzeln auch alles Zukünftige aufgedeckt werden, ja, seine Seele wußte es: das Lebende durch den Tod zu erhellen, den Tod jedoch durch das Leben zu begreifen, dies war, dies einzig und allein, dies war das Gebot des Lichtspendenden, und diese Erkenntnis packte ihn, in dem sie sich entfaltet hatte, so übermächtig, daß er vor Glanz zu ersticken glaubte und es ihn emporriß, dem Tag entgegen, dem Tagesgesang entgegen, den er mit beiden Händen zitternd zu erfassen trachtete: da war der Nachtstern mitten im purpurnen Sonnenhimmel, und mildglühend wandelte das Gestirn gen Osten. Und schweratmend, heiser, deutete er hin: »Siehst du ihn, siehst du den Wegweisenden?!«

»Ja«, sagte der Knabe und ließ trotzdem die Verhüllung des Gesichtes nicht fallen, »ja, ich bin ohne Angst.«

So lauschten sie, lauschten gemeinsam, und es war wie das Rauschen des Sonnenregens, sanft und gewaltig, ewig Unaussprechliches kündend.

Und nun hob sich der Mittagswind, der inbrünstige Atemkuß des Lebens, kaum merklich kam er vom Süden einhergestrichen, das Atemmeer der Welt, das täglich über seine Ufer tritt, der Hauch der stets sich vollendenden, niemals vollendeten Zeiten, über die das Gestirn hinwandelt: Hauch reifender Erde, des Ölbaumes, des Weinstockes und der Weizenfelder, Hauch der Betreuung, Hauch jener Gemeinsamkeit, in der die sorgende Liebe des Menschen zur Erde, die grausame Liebe der Erde zum Menschen enthalten ist, wirklichkeitsruhend unter dem hinziehenden Wandelstern, unter dem Sinnbild der Wahrheit. Leise pendelte die Ampel im Hauche, silbern klickte ihre Kette.

Ein Menschenleben reicht nicht aus. Zu nichts reicht es aus.

Die Zeitlosigkeit wurde wieder zur Zeit, und wenn die Räder des Sonnenwagens gestockt hatten, sie begannen ihren Lauf wieder aufzunehmen; Vergils Augen wurden unsicher, seine erhobenen Arme sanken herab. Denn begleitet von seinem Gehilfen, war der Arzt eingetreten, und sein Freudenwillkomm hatte den üblichen beruflichen Beigeschmack, besonders, da er den Gruß noch weltmännisch ergänzte: »Ich [habe] mit einem Genesenden gerechnet, aber ich treffe einen Genesenen an.«

»Ja, das tust du«, bestätigte Vergil unverzüglich und mit all der

Bereitwilligkeit, die er Ärzten gegenüber immer an den Tag legte, nicht nur, weil es sich hier um einen sehr berühmten handelte, um einen, der schon die größten Erfolge als Lehrer in Kos gehabt hatte, ehe er in die Dienste des Augustus als Hofarzt getreten war, und nicht nur, weil er zu jedem Arzt eine Art beruflicher Zuneigung besaß, sondern auch, weil er zu jenen Kranken gehörte, die mit stets erneutem Vertrauen und Mißtrauen stets neue Ärzte zu Rate ziehen, freilich mit dem festen Vorsatz, deren Ratschläge zu mißachten und gar die eines gepflegten und gewandten Hofarztes; richtige Landbader waren ihm eben lieber. Und er unterstrich: »Ja, ich bin genesen.« Doch das war so überzeugt und überzeugend gesagt, daß es ihn selber überraschte.

Im Nu hatte der Besucher seinen weltmännischen Ausdruck verloren; er hatte die Augen zusammengekniffen, sehr durchsichtige, sehr scharfe Augen, und sah Vergil forschend ins Gesicht: »Ich freue mich sehr, daß dem so ist, aber Eile mit Weile pflegt der Augustus zu sagen... wie weit du genesen bist, muß der Arzt entscheiden, auch in der Genesung gibt es Abstufungen...«

Vergil war die plötzliche Besorgnis in den Zügen des andern nicht entgangen; er schmeichelte sich, daß Ärzte ihn nicht zu betrügen vermochten. Und ahnend, was diese Besorgnis bedeutete, ja, geradezu wartend, daß sie auf ihn überginge, blieb er – auch dies war eine Überraschung – trotzdem angstlos; nur eine gewissermaßen unsichere Gleichgültigkeit war vorhanden, so schwach, daß sie hinter dem Stolz verschwand, mit dem er seine eigenen medizinischen Kenntnisse scherzend ausbreitete: »Es gibt eine endgültige Genesung, und die heißt Euphorie...«

»Wahrlich, dann wünsche ich dir eine recht lange und gründliche Euphorie... doch da du es damit so eilig hast, wollen wir uns auch mit der Untersuchung beeilen, denn der Augustus, das soll ich dir von ihm bestellen, will dich alsobald begrüßen, und in diesem Zustand kannst du ihn nicht eben gut empfangen.« Die gepflegte, gepolsterte Hand des Hofarztes wies auf das zerwühlte Lager, auf den beschmutzten Fußboden, auf die verwelkten Blumen, auf die Reste der Mahlzeit.

»Ja«, sagte Vergil und bewegte die fieberheißen, wasserbedürftigen Finger, »man soll mein Bad vorbereiten.« Und zu Lysanias gewendet, befahl er: »Hole die Sklaven.«

»Die mag er holen«, entschied der andere, »statt des Bades jedoch wird dich mein Gehilfe, nachdem er deinen Puls gezählt haben wird, mit lauem Essig waschen...«

Die Auflehnung, zu der Vergil nochmals ansetzte, fiel spärlich aus: »Ich bin gesund, ich muß zum Strande...«

»Das wäre, meine ich, recht unhöflich gegen den Augustus... oder willst du etwa damit mir nur entgehen? soll ich mir nicht schmeicheln dürfen, einen so großen Dichter völlig gesund gemacht zu haben? nein, Vergil, wie sagt doch dein Menalcas? ›Nimmer entfliehst du mir heut', wohin du auch rufst, ich erscheine!‹«

Die weiche Festigkeit der Stimme hatte etwas sonderbar Beruhigendes in sich, indes das Zitat reizte Vergil zum Widerspruch: »Vergiß das Gedicht...«

Als wollte er an den Vorbereitungen zum Empfang des Cäsars teilnehmen, hatte der Arzt aus den Falten seiner Toga einen Handspiegel samt Kamm hervorgezogen und begonnen, den Gelehrtenbart im glatten feisten Antlitz zu kämmen; nun unterbrach [er] diese Tätigkeit, gleichsam den medizinischen Gehalt der an ihn ergangenen Aufforderung zu prüfen.

Vergil hatte den fragenden, zweifelnden Blick bemerkt und lächelte: »Oh, ich spreche nicht im Fieberwahn... vergiß das Gedicht, es ist besser so.«

Ein nicht minder höfliches Lächeln wies ihn zurecht: »Mag es immerhin das Vorrecht der Dichter sein, Unmögliches zu verlangen, das Gedächtnis läßt sich nicht auf dein Geheiß betäuben... oh, Vergil, alles, was einst Apollo sang und Eurotas glückselig hörte, was er dem Lorbeer gebot, für immer zu lernen, alles sang jener...«

Aber Lysanias ergänzte verklärt: »Und die Berge trugen das Echo zum Himmel.«

Zum Himmel? Vergil schwieg und gedachte des Sternes, der über den Himmel zog, über Himmel und Aberhimmel, die Himmel entlang und doch weit hinter jeder Wölbung und wie in der Tiefe eines ozeanischen Spiegels. Was war hier, was war dort? unauffindbar, durch alle Sprachen hindurch, reichen die Wurzeln hinunter, so weit, bis sie keine Wurzeln mehr sind, eingesenkt in alle Himmel, eingesenkt ins Unsichtbare, dennoch verwandelt ins Sichtbare, zu sternleuchtenden, sternschweifenden Strahlen. Wir graben zur Erde gebückt und sehen nicht den Preis unserer Arbeit, der sich oben auftut; wir wenden uns um und sehen bloß den wiederverschlossenen Himmel, der wie ein Befehl ist, zur Arbeit zurückzukehren: ach, wie tief müssen wir uns versenken, bis es uns vergönnt wird, uns selber auf des Spiegels tiefster Fläche, auf dem dunkelfernsten Boden seines Glanzes erblicken zu dürfen, schattengleich aufgetaucht, als seien wir durch eine bescheidene, vielleicht durch die kleinste Pforte des Hintergrundes hereingeschlüpft. Ist es da erlaubt, still zu liegen und zu warten, daß wir aufschweben werden über die Königstreppe der Äonen, aufzusinken in die geöffnete Echofläche? Und lag er nun so da, leidentlöst und wissensentlöst, so sehr leidbeschenkt und wissensbeschenkt, einer der wartet: nichts war nahe, alles erfaßbar, nichts entzog sich dem Wissen, alles versank im Vergessen; der Heilgehilfe verrichtete still den anbefohlenen Dienst, seine Handgriffe waren von wohltuender Kundigkeit, leise pulste die Welt, pulste das Atmende, pulsten die Gezeiten der Tage und Nächte, pulste die große ungestüme Ordnung, auf deren Grunde selbst die Gezeiten erschweigen und eins werden, und dies war alles sanft; irgendwoher tönte beruhigend die Stimme des Arztes, ehe sie sich mit einem Gesundheitswunsch entschwindend verlor, die Sklaven arbeiteten rasch und geräuschlos, frisches Leinen war hereingebracht worden, frisches Bettzeug, eine frische Tunica war plötzlich vorhanden, frische Blumen umgaben das Lager; es war wie ein heller luftiger Bau von Stützen, die nichts mehr oder nur noch die Leichtigkeit selber zu tragen hatten, es war wie das heiter irdische Spiel einer Geborgenheit, in der es außer Durchsichtigem nichts mehr zu schützen gab, es war seltsam bestimmt, ebensosehr vom Außerordentlichen wie vom Alltäglichen, und was da geschah, das geschah gleichsam an seinem eigenen Spiegelbild, das im Verschwimmen und Verfließen und Auseinanderstreben nur noch vom Wissen her Form und Gestalt behielt; sein Leib war im Zerfallen, nur das Wissen um sein Spiegelbild ließ ihn seine Gestalt bewahren, eine lose und schwebende Gestalt, schwebend zwischen Vergangenheit und Zukunft, friedlich eins geworden mit beiden, selber Spiegel, selber Friede, selber Gegenwart, äthergleich, und auf dem Grunde des Spiegels, des Friedens, der Gegenwart schimmerte der Stern.

Diesen Zustand zu ändern, fühlte Vergil kein Bedürfnis mehr.

Der Friede des Seins mischte sich mit dem Geruch des Essigs, die Ordnungen der Welt wurden zu einem Wispern voll warmer Frische, und beinahe verwunderlich schien es, daß es jemals anders gewesen war, daß es jemals anders werden könnte. Ungestüm wuchsen die Blumen in der Landschaft, sie wurden höher als jedes Haus, klein wimmelten die Menschen zwischen den Blumen herum, lagerten in ihren Schatten, lehnten an den Stengeln, und waren gleich ihnen von unnennbarer Durchsichtigkeit, ja, Heiterkeit; die Städte hatten ihre Namen abgestreift, und Lorbeerduft wölbte sich über die Flüsse, ebenso von Hain zu Hain, trug die leisen Rufe derer, die sich fröhlich verständigten. Und als es nun lauter, wenn auch nicht allzulaut, hieß: »Man lasse uns allein«, da meinte Vergil, selber gesprochen zu haben.

Es dauerte eine Weile, bis er, unwillig wohl, die Augen aufschlug, und dann sah er Octavian vor sich stehen, Octavianus Augustus, für einen Augenblick erkannt als der, der er war, doch sofort wieder vergessen um des Traumes willen.

Indes, noch ehe die Brücken sich wieder spannten und wieder die Haine sich aus dem Friedenslicht des Sonnentraumes lösten, stieß aus dem Unnennbaren, als hätte sich schwarzaufbrechend ein Vulkan in ihm aufgetan, ein jäher Schrecken hervor, und mit einem Male voll erwacht, legte Vergil zitternd die Hand auf das Manuskriptkästchen.

Der Augustus, der noch immer vor ihm stand, nickte ihm zu: »Schon wollte ich wieder gehen, um deinen Schlummer nicht zu stören.«

Nochmals die Augen schließend, doch blind und unsicher geworden, entgegnete Vergil: »Des Cäsars Freundschaft macht glücklich.« Und er dachte: das Fieber.

»Freundschaft macht glücklich«, stellte Octavian richtig, und nach einem kurzen Zaudern, das dem Zustand des Kranken galt, fügte er hinzu, »erlaube, daß ich ein wenig bei dir verweile.« »Ich sagte es und bitte dich darum.«

»Und ist deine Freundschaft für mich so klein, daß du glaubst, deine Werke vor mir schützen zu müssen?«

Überrascht blickte Vergil auf und zog die Hand von dem Kästchen zurück.

Octavian setzte sich auf den Stuhl neben dem Bette: »Lucius Varius und Plotius Tucca meldeten mir, daß du deine Werke zu verbrennen wünschtest.«

Er erhielt keine Antwort. Vergil dachte: ich wußte es, und er ist gekommen, mir die Äneide wegzunehmen.

»Deine Freunde sind betrübt, Vergil, und ich rechne mich zu ihnen... du willst das Geschenk, das du gegeben hast, uns wieder entziehen.«

»Ich bin meiner Freunde nicht wert, mein Gedicht ist ihrer nicht wert.«

»Und so meinst du, daß wir deines Gedichtes nicht wert sind.«

»Du bist der Augustus, oh Octavian.«

Mit einer raschen Bewegung über das kurzgeschorene, frühergraute Haar streichend, lächelte Octavian: »Weißt du noch die Stelle, die du mir vorgelesen hast? jene, die mir gilt?«

Vergil dachte: er will mich in die Enge treiben; ich darf ihm nicht verfallen. Trotzdem rezitierte er leise: »Dort Cäsar und des Julus sämtlicher Stamm, dort der Mann, den oft dir verheißen du hörest, Cäsar Augustus, der Sohn des Vergötterten, welcher die goldnen Zeiten verjüngt ausbreitet in Latium durch die Gefilde, einst von Saturnus beherrscht.«

»Weiter.«

»Jenseits Garamanten und Inder dehnt er das Reich; fern liegt selbst außer den Sternen der Erdrand, außer des Jahrs und der Sonn' Umlauf, wo der ragende Atlas dreht auf der Schulter den Pol, mit funkelnden Sternen besäet...« Er hielt inne, als wäre etwas sehr Fremdes in den Versen aufgetaucht, etwas, das nicht dem Gedächtnis entstammt und doch in ihm war, beunruhigend, beinahe atemraubend.

»Weiter.«

»Seines Herannahens harrt schon jetzt auch die Caspierherrschaft. Durch Orakel der Götter geschreckt, und das Land der Mäotis, bang' auch stürmen die Pforten des siebenarmigen Nilus...«

»Nun?«

»So lautet es.«

»Und du willst das Gedicht verbrennen? hast du hierzu das Recht?«

»Es ist mein Gedicht.«

»Soll ich Ägypten freigeben? soll ich Germanien von Truppen entblößen? soll ich den Parthern wieder die Grenze ausliefern? soll ich Roms Frieden wieder preisgeben? soll ich dies? darf ich dies? es ist mein Friede, ich habe ihn erfochten...« Vergil dachte: Roms Soldaten haben mit dem Cäsar gekämpft, ich aber habe mein Gedicht allein gemacht. Doch dies sprach er nicht aus. Der Cäsar saß vor ihm, so männlich und schön, wie er ihn seit je gekannt hatte, mild und einschüchternd, verschlossen und weltzugewandt: mochte eine Widerrede noch so gerechtfertigt sein, hier war ein Mensch, der kraft seines bloßen Seins unantastbar war und Recht behalten mußte. Des Cäsars Sonne war keine blumendurchwirkte Traumsonne, des Cäsars Frieden war kein lorbeerumdufteter Traumfriede, hart und mittäglich schien die Sonne in das Gemach, farbenstark hingegen die Blüten der Kränze, aber der Lorbeerduft war der nämliche wie im Traume.

Octavian indes, als hätte er seine Gedanken erraten, fuhr fort: »Bloß das Ungetane gehört uns allein, vielleicht auch das Fehlgeschlagene und Erfolglose, was aber einmal wahrhaft getan ist, das gehört allen, das gehört der Welt.«

In Vergil keimte der Eigensinn des Kranken auf: »Das Werk des Dichters bleibt stets ungetan«, sagte er.

»In jedem Menschenwerk steckt ein ungetaner Rest.« Und wie von einer plötzlichen Sorge erfaßt, erhob sich der Augustus und schritt zum Fenster.

Vergil dachte: ich sterbe, und alles ist ungetan gewesen. Und er sagte: »Du hast dich und deine Zeit erfüllt, Cäsar Augustus, du kannst der Zeit nicht vorauseilen; der Rest, von dem du sprichst, liegt nach dir. Ich aber habe keinen Nachfolger.« Es entstand eine Pause; dann wandte Octavian sich um: »Nein, viele werden dir Gefolgschaft leisten; mehr als mir.«

Zögernd, weil er den Ehrgeiz des Augustus kannte, antwortete Vergil: »Ruhm und Nachruhm dürfen nicht das Ziel des Dichters sein.«

»Und was ist dein Ziel, mein Vergil?«

Der Gefragte schwieg. Die Frage hatte nicht seinem Schaffen gegolten, sie hatte ihm und seinem Sein gegolten, und das tat ihm wohl. Ruhig lag er da und dachte nach. Die Ampel neben ihm schwankte von Zeit zu Zeit, getroffen von der Brise; leise silbern klirrte dann ihre Kette. Schließlich sagte er: »Auch deine Freundschaft war mein Ziel, und die anderen Ziele weiß ich jetzt nicht; ich habe sie vergessen.«

Mit einem raschen Schritt, die Hand ein wenig vorgestreckt,

als wollte er sie dem Kranken reichen, war Octavian vom Fenster zurückgekehrt: »Doch du hast andere Ziele... auch ich habe andere, obwohl es zu meinem Ruhm gehören soll, der Freund des Vergil gewesen zu sein.«

Neuerlich klirrte die silberne Kette. »Ich habe es festhalten wollen, festhalten müssen«, sagte Vergil, immer noch nachsinnend, »festhalten, was geschehen ist, in mir und außer mir... und das konnte nicht gelingen.«

Der andere war dem Bett näher gerückt, indem er, sich niedersetzend und mit der Hand zwischen die gegrätschten Beine greifend, den Stuhl erfaßt und ihn so nähergezogen hatte. Es war die Bewegung eines bequemer werdenden, alternden Mannes, nicht die eines Cäsars. Vergil dachte: auch dies müßte ich festhalten, doch wenn ich es aufschreibe, wird trotzdem wieder ein Gott daraus.

»Es ist dir gelungen, mein Vergil, Schönheit und Weisheit gabst du der Welt.«

»Von dieser Weisheit sprich nicht, Cäsar... Weisheit ist Erkenntnis, und der Weise wird nicht zum Dichter, höchstens der zur Weisheit Berufene wird es.«

»So gibst du wenigstens zu, daß du zur Erkenntnis berufen bist.«

»Ich war ungeduldig nach Erkenntnis... allzu ungeduldig.«

»Und was hast du festgehalten, wenn nicht Erkenntnis?« Vergil versank in sich. Unfaßbar wurde wieder das Menschliche und unerfaßbar das Sein; er spürte das Seiende ringsum, den Raum in dem er lag, die Mauern, die Fußböden, steinern und dauerhaft, das Haus, die Stadt, das Unbewegte, dennoch Fliegende und Verfliegende; er sah den Cäsar vor sich, den Herrn der Welt, er sah und spürte sich selber, sich, den Kranken, der vor jenem lag und von ihm betrachtet wurde, und sie waren zwei Geschöpfe, ausgestattet mit Beinen, Händen, Hälsen, Knochen, Haut, ausgefüllt mit vielerlei Flüssigem und Halbfestem, und das Gespräch schwebte, unbewegt sich bewegend gleich den Blicken, zwischen zwei Geschöpflichkeiten. Welch undurchdringliches Spiel! Aber der Lufthauch, der vom Fenster herstrich und den er spürte, war der nämliche wie jener, der manchmal dem Herzen entatmet und der so stark ist, daß man meinen mochte, er werde durch die Welt dahinbrausen und Bäume umlegen. Welch undurchdringliches Spiel! Endlich sagte er: »Es hat keinen Augenblick meines Lebens gegeben, den ich nicht hätte festhalten wollen, aber auch keinen, in dem ich mir nicht zu sterben gewünscht hätte.«

»Es ist gut, daß du es nur bis zur Krankheit gebracht hast, mein Vergil, und auch diesmal wird es dir nichts nützen.«

»Ja, ich hänge am Leben, ich bin des Lebens unersättlich, eben weil mich so sehr nach dem Tode hungert...«

»Der Tod ist nichts, man braucht von ihm nicht zu sprechen«, sagte der Augustus.

»Du hast viel Tod gesehen«, sagte Vergil leise, »vielleicht ist es dir vergönnt, darob mehr vom Leben zu wissen.«

»Ja, ich habe viel Tod gesehen, und das Leben ist so wenig wie der Tod; beide sind Nichts.«

Was zwischen ihnen geschwebt hatte, zerfiel; der leere Raum und nicht einmal der leere Raum, sondern das leere Nichts blieb zwischen ihnen. Vergil wollte es nicht sehen, er wandte sich ab: »Es bleibt das Nichts«, sagte er noch leiser.

»Nein, es bleibt die Welt und ihre Zeit, und es bleibt die Macht, damit sie beide bezwungen werden.«

Es hatte abweisend geklungen, und doch – welch undurchdringliches Spiel – hatte es die Leere wieder zu erfüllen begonnen, unsichtbar wie diese selber. Vergil tastete sich auf der unsichtbaren Brücke vor: »Du sagst, oh Octavian, die Welt und die Zeit, und doch meinst auch du das Leben und den Tod.«

»Nein, ich meine die Macht.«

»Und doch will deine Macht das Leben, da du den Menschen mit Frieden beglücktest und den Tod ihnen fernhältst.«

»Macht schafft Ordnung, sonst ist sie keine Macht... erst mit der Ordnung bezwingt sie die Welt und die Zeit, und davor verschwinden Leben und Tod, davor sind die beiden so klein wie der Mensch, den sie angehen.«

»Du verachtest den Menschen.«

»Ja.«

In dem Spiel der vielen schwebenden Seinsschichten wurde eine zu festerem Boden, und es war die Schicht der Beleidigung; Vergil war beleidigt: »Ich werde die Äneide, ich werde alle meine Verse verbrennen –, wozu brauchst du sie?«

Der Augustus lächelte: »Wohl auch sie sind größer als dein Leben und Tod, Vergil.«

Das Werk größer als das Leben? größer als sein Leben? größer als das geringste aller Leben? oh, noch die kleinste stützende Sekunde, die aus einer Menschenseele sich löst und im Zeitenabgrund verschwindet, ist größer in ihrer Unerfaßlichkeit als jegliches Werk, ja, selbst des Cäsars Werk ist nichts vor der Menschenseele, und Vergil lächelte nun gleichfalls, nicht nur, weil auch des Cäsars Werk vernichtungswürdig war, sondern auch, weil das des Horaz, das der Cäsar eben so hoch schätzte wie die Äneide, nicht minder solchem Schicksal verfallen war.

Der Augustus war mit der Miene eines Mannes aufgestanden, der sich mit einer nebensächlichen Angelegenheit schon zu lange aufgehalten, sie aber nun glücklich erledigt hatte: »Du lächelst, Vergil; ich nehme also an, daß du mir beipflichtest.«

»Cäsar«, sagte Vergil, »kann ein Gleichnis größer sein, als das Ding, das von ihm dargestellt wird? und kein Werk ist etwas anderes als ein Gleichnis, am allerwenigsten das des Dichters... das Leben festhalten, um in ihm das Gleichnis des Todes zu finden, das ist die Aufgabe des Dichters...«

»Nun, und?«

Es gab kein Und; der Faden war abgerissen, Vergil fühlte, daß er sich nur wiederholen konnte: »Mit Gleichnissen umstellen wir den Tod, aber er ist listiger als alle Dichtung, er entwischt, niemals läßt er sich fangen... Gleichnis ist keine Erkenntnis, Gleichnis steht vor der Erkenntnis, nicht in ihr, man braucht das Gleichnis nicht, auch du nicht...«

Ungeduldig schnitt ihm der Aufbrechende die Rede ab: »Erkenntnis ist Ordnung, und jegliches Werk ist Ordnung; das nämliche gilt von dem deinigen... willst du noch mehr?«

Ein beinahe flehentlicher Blick traf den Augustus: »Ich sterbe und weiß nichts vom Tode.«

»Höre, Vergil«, – und die Stimme, die es sprach, wurde seltsam milde – »höre, du hast noch Zeit genug vor dir, um mit der Hilfe der Götter dein Wissen um den Tod anwachsen zu lassen...«

War ihm noch solche Zeit gegönnt? vor dem Tode gibt es keine lange und keine kurze Zeit, und vielleicht wird erst der letzte Augenblick zum Augenblick der Erkenntnis werden, länger andauernd als das ganze vorhergegangene Leben, aufgehend in der Ewigkeit der Erkenntnis.

»Indes«, fuhr die Stimme fort, und fast war es, als mischte sich in ihre Milde eine Spur guter Laune, »so lange du lebst, wirst du dich deiner Pflicht nicht entziehen dürfen, und wenn ich auch nicht weiß, ob die Gewalten, die der Senat mir übertragen hat, genügend ausreichend sind, um dir befehlen zu können, es genügt, daß ich dein Freund bin, Vergil, dein Freund Octavian, und der darf dich bitten, dein Werk zu schonen und es zu erhalten...«

Leise klirrte die silberne Kette, und Vergil sagte: »Ich will es tun, aber...«

»Kein aber«, tönte es unwillig und widerspruchsbelästigt zurück, »du bist der Ordnung eingeordnet, wie wir alle ihr eingeordnet sind, und du hast ihr zu dienen, wie wir alle ihr dienen.«

Beinahe war es eine Erleichterung, dies zu hören; die Beruhigung des eingeordneten Lebens. Und Vergil sagte: »Ja.«

In der Pause, die nun eintrat, wurde die braune Balkendecke über den beiden wieder zum Walde, aus dem sie gekommen war, der Schattenduft fernster Verborgenheit, flötentönig moosfeucht lorbeerumwölkt und eichenschwer im Felsengeriesel, und aus der Herzensunerklärlichkeit der sonnenüberlagerten Laubschluchten atmete das Umeinanderwissen. Augustus klatschte in die Hände: »Man hole den Lucius Varius und den Plotius Tucca«, befahl er dem Sklaven, und als sich dieser wieder entfernt hatte, fragte er: »Erinnerst du dich, Vergil?« – »Ja«, sagte Vergil, »ich erinnere mich an vieles, doch mir ist es noch immer zu wenig.« – »Erinnerst du dich der Pferde und Hunde, die du für mich nach Schnelligkeit und Tüchtigkeit bestimmt hast?« – »Ja, ich erinnere mich des krotoniatischen Hengstes und der iberischen Hunde; der Hengst taugte nichts, aber die Hunde waren gut. Das ist lange her.« – »Sehr lange. Aus dem Hengst ist wirklich nichts geworden. Ein Rapphengst war er, schade drum.« – »Er hatte weiße Fesseln, und die Hinterhand war zu schwach.« – »Nein, er hatte kein weißes Zeichen an sich.« – »Doch«, sagte Vergil, »die Fesseln waren tadellos, aber sie waren weiß.« – »Beim Jupiter, nichts Weißes war an dem Roß, und du willst mir einreden, daß seine Fesseln weiß waren! Und wenn ich tausend Jahre alt werde, werde ich mich erinnern, daß da kein weißer Fleck gewesen war!« – »Weiß waren sie, schneeweiß«, eiferte Vergil und war nichts als ein zürnender Bauer, »wahrlich, wenn die Fesseln nicht weiß gewesen waren, wahrlich, dann will ich auf der Stelle sterben!« – Augustus blickte ihn an und sagte: »Das ist mir ein zu hoher Preis;

so sollen sie eben weiß gewesen sein.« Und da mußten sie beide lachen.

Aber da wurden sie von P. Tucca und L. Varius unterbrochen, die zeremoniell an der Schwelle stehen geblieben waren, vielleicht auch nur, weil die Heiterkeit der beiden sie in Erstaunen versetzte.

»Tretet näher, meine Freunde«, rief ihnen der Augustus zu, »und seid mit uns froh, denn unser Dichter wie seine Werke bleiben uns erhalten.«

»Wir wußten, daß es dir gelingen werde«, sagte Lucius Varius, »aller Segen kommt von dir.«

Vergil indes sagte still und wohl nur von dem Augustus beachtet: ı»Vielleicht waren die Fesseln doch schwarz gewesen.«

Plotius Tucca kam heran: »Verbiete ihm das Denken und meinetwegen auch das Dichten für einige Zeit, Herr, und du wirst sehen, wie rasch er wieder der Alte sein wird.«

»Ich will es dem Senat vorschlagen; er wird gerne das Denken überhaupt aufheben wollen, zumindest von Zeit zu Zeit.«

»So soll es sein«, sagte Vergil und richtete sich ein wenig in seinem Bette auf, »ich verspreche euch, nie mehr zu denken; aber vorher will ich nun mein Testament aufsetzen.«

»Das ist doch schon längst geschehen«, verwunderte sich Plotius, »oder willst du das, was du bestimmt hast, umstoßen?«

»Nein«, entgegnete Vergil, »die ich liebte, sollen das behalten, was ich ihnen zugedacht habe.«

»Der Cebes behält also Andes.«

»Gewiß, dort mag er dichten oder besser noch das Land bestellen. Der Alexander hingegen bekommt das Haus am Esquilin, denn ein Grammatiker muß in der Stadt leben.«

»Desgleichen ein Dichter«, warf der Varius ein.

»Und was willst du jetzt festlegen?«

»Ich habe noch andere Freunde, und mein Vermögen ist durch die Gnade des Cäsars gewachsen. Und vor allem habe ich für meine Werke zu sorgen«, – und er blinzelte einverständlich zu dem Augustus hin – »da ich sie nicht verbrennen soll.«

»Das könntest du zwar alles auch in Rom besorgen; denn wir reisen heute Abend, und auch für dich steht ein Schlafwagen bereit, soferne du dich wohl genug fühlst, ihn zu benützen… wenn du aber die Zeit hier für dein Testament verwenden willst, so will ich es gerne mit meinem Siegel bekräftigen… setzt es

also unterdessen auf.«
»Du gehst, Octavian?«
»Die Kuriere warten bereits. Auch Vipsanius Agrippa ist schon eingetroffen.«
»Lebwohl, Octavian.«
»Ich sehe dich noch vor dem Abend.«
»Und ich dich?«
Ihre Blicke trafen sich. »Mögen deine Augen stets auf mir ruhen, mein Vergil.« Und mit einem überraschenden Griff öffnete Octavian die Türe.

Vergil schloß die Augen, um das Bild des Entschwundenen festzuhalten. Werden sie es festhalten können? werden sie auch weiter auf dem Octavian ruhen, auf dem, der wandelte und vielerlei Geschäftigkeiten nachging, der immer Kuriere abfertigen und Staatsbesprechungen abhalten wird, immer weiter alternd, müder werdend, grauer werdend, und endlich verschwindend? suchte er den? oder suchte er nicht einen Octavian, der seinen Namen und seine leibliche Gestalt abgestreift hat, unfaßlich und unfaßbar, doch wartend jenseits der Lorbeerbrücke? Tief in unserem zerfallenden Körper, tief hinter unseren schwindenden Sinnen, tief in unserem Herzen, tiefer noch in unserer Seele, in unerreichbar fernsten Regionen sitzt ungeschwächt und unschwächbar, sehend und unsichtbar das Erkennen, und es sucht das Erkennen in der fremden Seele, in dem fremden Herzen, in der fremden Gestalt, in der fremden Unsichtbarkeit, ihm zu begegnen für ewig. Quer durch die Fensteröffnung flog eine Meise, setzte sich für einen Herzschlag lang auf das Fensterbrett und flog wieder davon; Vergil hatte die Augen geschlossen, aber er sah sie, und geschlossenen Auges blickte er ihr nach, wie sie im Fieberheißen des unbewegt werdenden Sonnenmittags aufsinkend entschwand. Über den braunroten, schwarzstreifigen, schmutzmorschen Dächern der Stadt lag kaum noch zitternd das Unermeßliche, hauchgolden, weingolden in seinem Glast. Ruhig hing die Ampel neben dem Bette.

Es war Lucius Varius, der das Schweigen unterbrach: »Marcus Vipsanius Agrippa ist zu des Augustus Nachfolger bestellt.«

Die Menschen folgen einander, die Körper folgen einander, nur das Erkennen fließt weiter, fließt weiter in die Überferne und in ein unsägliches Begegnen. Vergil hielt die Augen noch geschlossen; der Vipsanius war drüben im Palast, er sah sein mürrischkluges Soldatengesicht, sah seine machtschwere einfache Gestalt und das Verzehrende seines machtgerichteten Lebens, und er sagte: »Er wird den Augustus nicht überleben.«

»Kein Besserer könnte ihm folgen«, meinte der Plotius, »überdies wünsche ich beiden ein langes Leben.«

»Ich will leben!«

So leise und heiser es ausgestoßen war, es war geschrien. Weit aufgerissenen Auges lag Vergil da, das Fieber war jäh und wie ein glühender Eisblock auf ihn gefallen, hatte jäh und stürzend [ihn] umklammert, die Brust eingedrückt und den Atem zu einem schmerzhaften Röcheln zerpreßt, und Blutgeschmack stieg im Munde auf. »Gebt mir zu trinken«, keuchte er.

Plotius stieß den andern zur Seite, als hätte er bloß darauf gewartet, dies einmal tun zu dürfen, und selber keuchend eilte er hurtig schwerfällig zum Wandbrunnen, während Lucius, verblüfft von dem Stoße, mechanisch seine Togafalten ordnete und erst, als Plotius, versehen mit dem Wasserbecher, schon zurück beim Lager war, es zu einem Stammeln brachte: »Ich hole den Arzt«, stammelte er, freilich ohne sich deshalb von seinem Platze zu rühren. Vergil, den Kopf von der Hand des Plotius unterstützt, trank einen langen Zug und sank dann zurück. »Besser, mein Vergil?« erkundigte sich, immer noch keuchend und vor Aufregung schwitzend, der Hilfreiche. Vergil nickte. »Ich hole den Arzt«, wiederholte Lucius, der sich nun gesammelt hatte, und schickte sich an, es zu tun. »Nein«, hielt Vergil ihn zurück und war froh, weil er, wenn auch heiser, wieder zu sprechen vermochte, »nein, es ist vorbei.«

»Das will ich meinen«, bestätigte Plotius, stolz, als hätte er dies bewirkt, »versteht sich, daß es vorbei ist; manchmal packt es mich genau so, daß ich schier glaube, es sei nun auch schon zu Ende, und hinterher sieht man, daß so etwas bloß zur Gesundheit gehört. Man sollte dich ebenfalls öfters zur Ader lassen, Vergil. Doch jetzt ruhe aus, und wir gehen.«

»Nein«, beharrte Vergil, »ich muß mein Testament machen.«

Der Anfall war vorbei, allein der Eisblock hielt ihn weiter umschlossen, so endgültig mit seiner frierenden Hitze, daß das Unabänderliche, das von allen Seiten in ihn eindrang, beinahe wie eine Beruhigung war.

»Du willst jetzt dein Testament machen?«

»Ja.«

»Das erlaube ich nicht«, schnaubte der Plotius ihn an. Und Lucius ergänzte: »Ließest du mich den Arzt rufen, er würde es nicht minder verbieten.«

»Im Koffer dort ist Papier und auch Schreibzeug, Lucius... verschafft mir bloß eine zweite Decke, das ist alles...« Plotius rief nach den Sklaven, und dann machte er nochmals einen Versuch: »Verschiebe es... du hast Zeit.«

Er erhielt keine Antwort. Vergil schwieg, aber aus seinem Schweigen strömte die Überlegenheit und Unbehaglichkeit der Todesnähe, und die brachte die wohlausgefüllte gewissenhafte Festigkeit des Plotius samt der elegant wohlwollenden Weltsicherheit des Lucius ins Schwanken; es war der stumme Befehl des Todes, und der war stärker als jeder Widerspruch.

Lucius hatte die Schreibutensilien aus dem Koffer gekramt, und Vergil bat: »Gib mir das Papier.«

»Wie: du willst selber schreiben?«

Mit einem Kopfschütteln verneinte es Vergil: »Aber laß es mich sehen.« Und als er es in den Händen hatte, strich er mit leisem Finger darüber hin, hielt es auch gegen das Licht, um die zarte Papyrusmaserung zu prüfen, und schließlich gab er es mit einem Seufzer zurück: »Gutes Papier.«

»Ausgezeichnet«, bekräftigte Lucius, der es mit fachmännischem Finger gleichfalls befühlt hatte, und setzte sich zum Diktat hin.

Vergil dachte eine zeitlang nach, und hierauf sagte er: »Hört, meine Freunde, da ich die Äneide nicht vernichten darf, vermache ich sie dir, Plotius Tucca, als meinem ältesten Freunde...«

Nacken, Glatze und Gesicht des Plotius überzogen sich mit dunkler werdender, violett schimmernder Röte: »Das ist zu viel, Vergil«, schnaubte er und ballte die Fäuste, »viel zu viel für mich einfachen Mann, das darf ich nicht annehmen...«

»Gemach, Plotius, denn erstens verdankst du dieses Geschenk, soferne es eines ist, nicht mir, sondern dem Augustus, und zweitens setze ich dir noch einen Teilhaber auf den Nacken, nämlich in der Person unseres Freundes Lucius Varius...«

Plotius schob die Unterlippe vor und sah den neuen Teilhaber scheel an: »Schade, daß du da bist, Lucius.«

»Durchaus nicht, mein Plotius«, stellte Vergil richtig, »denn dir hätte ich nicht die Mühe aufhalsen können, die Verse Wort für Wort durchzusehen; dazu ist der Lucius der richtige Mann;

du bist also der Besitzer und er dein Verwalter...«
»Und ich weiß nicht, welches die größere Ehre ist«, sagte Lucius, »wir haben dir beide in gleicher Weise zu danken.«
»Meine Ehre ist die größere«, entschied Plotius, »du bist damit zu meinem Klienten geworden, und ich bin fortab dein Patron; es wäre unziemlich, wenn dein Dank so groß wie der meine wäre.«
Ehre? Dank? worum ging es da? soeben hatte er es noch verstanden, soeben war es noch seine eigene Rede gewesen, und mit einem Male war es nicht mehr vorhanden, war abgefallen ins Nichts, war ein fremdes Gelalle geworden, Stimmengestrüpp, und Vergil, eingeschlossen in Eis und Feuer, fragte: »Warum?«
Wie hinter einer dicken Glasscheibe ließ sich die Stimme des Plotius vernehmen: »Weil...«, doch dann setzte sie ab, ehe sie forfuhr: »Vergil, du bist müde, ich wußte es ja; wir werden das Testament später besprechen, nachdem du geruht hast.«
Vergil war zurückgesunken, oder richtiger, es hatte ihn etwas fallen gelassen, etwas, das ihn bisher gehalten hatte, nicht nur jetzt, nein, ein ganzes Leben lang; es war wie das Zusammensinken einer Drahtpuppe, deren Fäden plötzlich abgeschnitten wurden, und gut wäre es gewesen, zu ruhen, so sehr zu ruhen, daß die Ruhe über sich selbst hinauswachsen müßte zu einem Wandeln an den rieselnden Gewässern der Blumenhaine und Lorbeerschatten, nach denen er sich sehnte. Dort würde er atmen. Dort würde er enthoben sein, das Ungeborene in sich zu suchen und es sich abzuquälen, denn dort ist das Land der Ungeborenheit, und sie würde in ihn einfließen, da er sich in ihr erginge. Oh, wie leicht würde er dort atmen, ledig der Schmerzen, ledig des Seins, ledig des Namens, ledig des Atems, ledig des Blutes, als hätte er niemals nach Atem gerungen; doch während er dies noch tat und gegen den Blutgeschmack auf der Zunge ankämpfte, vor Müdigkeit keuchend und des Keuchens müde, da wurde ihm blitzartig klar, daß es diesmal von dort kein Zurück mehr gab, daß es die unabänderliche, die endgültige Heimkehr sein würde, und daß er nimmermehr die Erlaubnis zu erwarten hätte, das Ungetane nachzuholen: für den, der dort eintritt, ist das Getane wie das Ungetane in der nämlichen Weise besiegelt und verwirkt. Und mit ungeheuerer Anstrengung, sich selbst aufrufend, sich selbst zurück-

rufend, stöhnte er: »Die Äneide, nicht Ehre...«

»Ja«, hörte er wieder die Stimme des Plotius und fühlte zugleich, wie seine Hand erfaßt und zu dem Deckel des Kästchens neben ihm geführt wurde, »die Äneide ist da, hab keine Sorge; schlafe jetzt.«

Die Aufforderung zum Schlaf riß ihn aus der Ohnmacht; gerade dies durfte er jetzt nicht, und nun wußte er auch, was ihn den Strom des Vergessens nicht hatte überschreiten lassen, wußte die Dringlichkeit dessen, was nachzuholen war, und mühselig vermochte er, es zu formen: »Kein Wort ändern...«

Lucius begriff sogleich, wohin das zielte: »Gewiß, Vergil, es wird niemand wagen, auch nur ein einziges Wort hinzuzufügen oder wegzustreichen; du wünschest bloß eine einwandfreie Textkorrektur des Geschriebenen, und ich verbürge mich, daß dies mit der Genauigkeit eines geübten Grammatikers geschehen wird, allerdings hoffend, daß du die Arbeit zu unserer aller Freude selber besorgen wirst.«

»Gebt mir noch ein Kissen«, sagte Vergil. In seiner Brust flatterte etwas mit übergroßer Raschheit, und das war das Herz; dennoch wußte er, daß es sich nochmals zähmen lassen würde, ja, er freute sich geradezu auf den Augenblick, in dem es wieder in gleichmäßigeren [Schlag] einmünden mußte; und das war Freude wie auf einen bevorstehenden Sieg.

Er lag noch eine zeitlang still, und nachdem ihm von Plotius brummend, weil er es ja vorausgesagt hatte, alle verfügbaren Kissen hinter den Rücken gestopft worden waren, so daß er fast aufgerichtet sitzen konnte, fühlte er sich befreiter und wieder in Verbindung mit dem Gegenwärtigen, zwar gleichsam nur als Gast und als ein Fremder, dem das Bild der ersehnten Heimat unverrückt vor Augen steht, der aber, wennschon auch mit einiger Mühe, fähig ist, sich der bei dem Gastgeber üblichen Sprache zu bedienen. Und so hob er neuerdings an: »Ich besitze annähernd hundert Sesterzen; davon sollen dreißig an meine Sklaven verteilt werden, die ich allesamt mit dem Tage meines Todes freilasse, und den Rest des Geldes vermache ich dir, Lucius, für die große Mühe, die du mit meinen Schriften haben wirst...«

»Oh Vergil, das ist keine Arbeit, die bezahlt werden darf; viele kenne ich, die reichlich zahlen wollten, wenn es ihnen erlaubt wäre, diese Arbeit durchzuführen, so schön ist sie...«

Vergil lächelte, und für die Schimmerdauer dieses Lächelns war er kein Gast mehr, sondern dort, wo er sich oft und oft bewegt hatte, als gäbe es kein anderes Land: »Lucius, du wirst mir nicht einreden, daß du kein Geld brauchst...«

»Nicht dafür, und nicht dieses.«

»Du wirst es annehmen und du sollst es annehmen, weil ich dich darum bitte und es so bestimme... dir hingegen, Plotius, biete ich kein Geld an...«

»Das möchte noch fehlen; die Äneide ist wahrlich Geschenk genug.«

»Ich biete dir kein Geld an, denn du bist reich. Aber ich will, daß du und Properz aus meinem Haus in Neapel all das entnehmet, was euch gefällt und zu einem Gedenken an mich verhilft. Das Haus selber stelle ich dem Cäsar zurück... Lucius, kannst du dies, wie ich es angegeben habe, aufschreiben?«

»Ja«, sagte Lucius, »doch regelrichtiger wäre es, wenn du deine Wünsche diktiertest.«

»Gut«, sagte Vergil und hustete, »es wird gehen... vorher nur noch einen Schluck Wassers.«

Und den Becher absetzend, begann er:

»Ich, Publius Vergilius Maro, der ich heute, am neunten Tag vor den Oktoberkalenden im siebenhundertsiebenunddreißigsten Jahre nach der Gründung der Stadt und in dem zweiundfünfzigsten Jahre meines eigenen Alters stehe, ausgestattet mit vollkommener körperlicher... nein, schreibe nicht vollkommener, sondern vollkommen hinreichender... also, ausgestattet mit vollkommen hinreichender körperlicher und geistiger Gesundheit, bestimme über das, was ich zu hinterlassen gedenke, wie folgt: durch den Wunsch des Augustus, der mir viele Gnaden erwiesen hat, bedauerlicherweise gehindert, meine Gedichte zu verbrennen, vermache ich meine Schriften dem Plotius Tucca zur getreulichen Aufbewahrung und zur Sorge für richtige Abschriften, soferne solche von den Buchhändlern verlangt werden. Ich betraue den Lucius Varius mit der genauen Sichtung aller Schriften, die ich hier dem Plotius Tucca vermache, und es sollen nur jene Texte Gültigkeit haben, die genauestens geprüft worden sind; nichts darf hinzugesetzt und nichts ausgelassen werden. Das Geld, welches ich zurücklasse, gehört bis auf dreißig Sesterzen, die unter meine Sklaven verteilt werden sollen, dem Lucius Varius für die große Mühe, die er mit meinen Schriften haben wird. Plotius Tucca hingegen, sowie Sextus Propertius sollen von meinem Hausrat in Neapel [entnehmen, was ihnen] gefällt und sollen meiner gedenken. Ich habe in meinem ersten Testament bestimmt, daß mit dem Tage meines Todes alsogleich das Haus in Neapel an den Cäsar zurückfalle und alle meine Sklaven freigelassen seien. Die Bestimmungen jenes ersten Testamentes, das sich in der Obhut des Gaius Cilnius Mäcenas in Rom befindet, sind auch weiter zu erfüllen. Was ich hier bestimmt habe, ist bloß eine Ergänzung... ja, das genügt... das wird genügen...«

Das Sprechen hatte ihn von Wort zu Wort zunehmend angestrengt, das Diktat war immer langsamer vonstatten gegangen, und zum Schluß war es ihm, als müßte er die Laute aus einer ungeheueren Leere heraufholen: jetzt blieb bloß diese Leere zurück, sie allein, unvertraut und bösartig in jedem ihrer Winkel, eine Furchtleere ohne Furcht, eine Vergessensleere, erfüllt von einer sonderbaren arglistigen Vergessenswachheit, eine Leere, in deren Gehäuse pfeifend das Fieber herumirrte. Doch unsichtbar gab es dazwischenhuschend noch einen Rest Ungesagtes, etwas, das mit allem Vorhergegangenen zusammenhing und doch nicht zusammenhing, etwas, das beinahe so wichtig war wie die Vernichtung der Verse und deren Erhaltung, und da er dessen nicht habhaft werden konnte, sondern nur das dünne, kühle, graue Rieseln des Wandbrunnens vernahm, deutete er zitternd auf das Manuskriptkästchen: »Nimm das, Plotius, es ist dein, ich will es nicht mehr sehen.«

Plotius schüttelte schwermütig den Kopf; er verzichtete auf eine Widerrede, und er war einer solchen sogar enthoben, denn das Testament bedurfte nun der Unterschrift, und Lucius war hierzu mit Tintenzeug und Rohr an das Bett getreten.

»Gib«, sagte Vergil und setzte hastig seine Unterschrift. Dann erst machte er den Versuch, das Dokument zu lesen, reichte es aber sofort dem Lucius zurück: »du mußt noch etwas hinzufügen... die Gesänge dürfen nicht zerrissen werden...«

»Ja, mein Vergil«, und Lucius setzte sich wartend wieder in die Diktatpositur.

»Die Gesänge dürfen nicht zerrissen werden, und ich untersage, irgend ein Wort hinzuzufügen oder zu streichen...«

»Das haben wir ja schon gehabt...«

»Schreibe es...« Er brachte es mit letzten Kräften heraus; die

Leere wollte nichts mehr hergeben, keinen Ton, keine Erinnerung, nicht einmal das graue Rieseln des Wassers. Und er war ohne Beistand. Seine Finger irrten über die Decke, verschränkten sich immer wieder, lösten sich, um aufs neue sich zu verschränken. Was er gesagt hatte, war wichtig gewesen, die Gesänge durften nicht zerrissen werden, nichts durfte zerrissen werden, aber es war noch nicht das, was er suchte und das sich versteckt hielt in der Dunkelheit. Selbst die Leere durfte nicht zerrissen werden, ehe sie nicht preisgab, was in ihr verborgen war; er hätte sie mit den Händen zusammenpressen mögen, damit das Verborgene ihr entspränge, und während er die Finger verzweifelt ineinanderpreßte, da geschah es: tief in der Leere, kaum wahrnehmbar, als seien alle Nebel des Firmamentes davorgezogen, schimmerte es schwach, vergehend wie das Seufzen eines verblassenden Sternes, und war doch auch schon befreit aufseufzend in seinem Munde: »Der Ring gehört dem Lysanias.«

»Dein Siegelring?«

Tonlos, dennoch strahlend kam es zurück: »Ja, dem Lysanias.«

»Den gibt es doch gar nicht«, murmelte Plotius vor sich hin. »Es ist unfaßlich.«

[IV]

Allein, Vergil war der Mühe enthoben, dies noch zu hören. Die Leere war zerrissen, die Arbeit getan, er brauchte nicht mehr hinzuhorchen und nichts mehr festzuhalten. Das Murmeln des Plotius vermengte sich mit dem grauen Murmeln des Wassers und wurde eins mit diesem in unverlierbarer Freundlichkeit und freundlicher Ungewißheit. Und ebenso freundlich, ebenso ungewiß, ebenso unverlierbar eigentümlich, wie das Murmeln und von ihm mitgezogen, verharrte darüber das Bild des Plotius, dem freilich bald andere sich beigesellten, zuerst das Bild des Octavian, des Augustus, wie sie ihn nannten, gar bald auch das des Horaz und, freundlich vereint zum Doppelbilde, die Gestalten des Cebes und Alexanders; man brauchte sie nicht zu suchen, nicht zu rufen, sie waren da, mühelos, ohne Mühe für ihn, der es sah – oh, nichts war mehr festzuhalten –, aber allen voran sah er das Bild des Lysanias, gleichsam umbreitet und bewegt von septemberkühlem Schwingen, vergessen der Mühe, die ihm gegolten hatte, vertraut und vertrauter werdend, Tiefe um Tiefe des Antlitzes enthüllend, halb schon ein Engel, halb noch ein Spitzbub, der sich eingeschlichen und unbefugterweise an den ersten Platz gestellt hat, und sein Dasein war das unverlierbare, freundgute, ungewiß flimmernde Blinken eines Sternes, der in grauer Morgen- und Abenddämmerung schimmert, aufstrahlend oder verstrahlend, im Werden oder im Vergehen, man wußte es nicht. Es blieb das Strahlen. Denn dieses Strahlen und nur dieses Strahlen war Wissen, jedes andere Wissen zerfiel mit dem Augenblick, da es gewußt wurde, allerdings um im nächsten und auf höherer Ebene sich zu neuem Wissen zu ordnen; was in seiner Brust so schmerzend gebrannt hatte und nicht wegzuhusten war, das wurde zu einer wehspielenden Aufgetanheit, ja, zu einem Wissen um ein Durchflutetwerden, größer und milder als jedes Äther- und jedes Wasserströmen, und obwohl unverändert vom Himmel überdacht, verloren Raum wie Zeit ihre Breite, Tiefe und Höhe, verwandelten sich zu einem Wissen, in dem Ferne und Nähe in gleicher Weise bloß unendliches Strömen waren, es wurden Schmerz und Zeit und Raum und Strömen zu einem einzigen richtungslosen Strahlen, das vielleicht von der Dämmerung herrührte, vielleicht von dem Lächeln des Lysanias, vielleicht von seinem Blick oder von seiner Stimme, von dieser Stimme ohne Rede, dieser Musik ohne Töne, und vielleicht war der Ursprung des Strahlens lediglich der Ring, den jener mit richtungslos weisender Geste am Finger trug: schon war das Liegen längst kein Liegen mehr, auch kein Sitzen oder Stehen, vielmehr ein lagefreies Schauen und Dahingetriebenwerden, emporgehoben aus Feurigem und Eisigem zu unerahnten Sicherheiten des Wissens, und der Schauende war zugleich der Durchstrahlte, hingeflutet in dem Strahlen, das wie ein nach innen gekehrtes Lächeln, innen und außen zugleich, wie der Hauch des Erkennens, ihn erfüllte und umgab, so daß er dahinschwebte, kaum eintauchend in den flachen sanften Wellen des weich und grau rieselnden Wassers, in dem Murmeln sich mit dem Strahlen der Dämmerung vermengte und zu einem milden Brausen angeschwollen war. So glitt er dahin zwischen den einträchtigen Gestaden menschlichen Hausens, von denen zwar kein Rauch mehr aufstieg, wohl aber die Bilder der Vertrautheit, die zu ihm entsandten, als sollten sie auf luftigen Barken ihn begleiten –, ging die Fahrt zu den Sonnenhainen? wollten sie ihn alle dorthin begleiten, dem weisenden Knaben folgend? Plotius mit gebeugten Armen, einem Ruderer ähnelnd, Lucius ein wenig abwesend und müde und Octavian, herzmütig, scharfmütig und verstohlen müdigkeitsnahe vor Macht; unübersehbar war die Vielfalt der fernnahen, nahfernen Gesichter, und obwohl es keine Anzahl und keine Ausdehnung mehr gab, dünkte ihm, als müßten sich die Gewässer immer weiter ausbreiten, trotzdem vergeblich, um die Zahl der Gestalten zu fassen, mehr noch, als wären viele von diesen vorausgeeilt und erwarteten nun seine Ankunft, damit er erkenne und benenne; er erstaunte nicht darob, weder über das schimmernde Zwielicht in dem das Geschehen, entkleidet jeglicher Dauer, ablief, noch über den Albius Tibullus, dessen Schwermut und welke Jugend er mit erinnerungsbarem Erinnern wiedererkannte, er erstaunte nicht über die Anwesenheit des Titus Livius, noch über die des gebückten weißhaarigen Marens Terentius Varro, der mit mildspöttischem Weisheitslächeln ihm das gelehrte Greisenantlitz zukehrte, doch er verwunderte sich über den Trost und den Beistand, der für ihn vorbereitet war, und um dessentwillen eine so große Mannigfaltigkeit menschlichen Seins sich hier versammelt zu haben schien. Wofür der Trost? sollte er dies aus einem der Gesichter erfahren? war darauf sein wissendes Warten gerichtet? wen sollte, wen wollte er noch antreffen? wer befand sich noch unter den vielen und abervielen seltsam bekannten, seltsam unbekannten Gesichtern? er hätte keines anzugeben vermocht, von dem er solchen Beistand erwartete, und trotzdem hing er an der Führergebärde des Knaben, der strahlend auffliegenden und ins strahlend Richtungslose weisenden Gebärde, als wäre deren Ziel jenseits der Gewässer und nirgendwo die Heimat, über der alle Sonnen, alle Monde, alle Sterne kreisen, erfüllt vom Glanze. Wartete er? wartete er diesem Ziel entgegen? unverkennbar war das Anwachsen der Strahlendämmerung, sie wuchs ins Dunkle, sie wuchs ins Helle, sie spiegelte sich in den grauäugigen Wellen und in dem grauäugigen Himmel, und sie verdichtete sich so sehr, daß nicht nur die Gesichter der Menschen, sondern auch, zwar unmerklich noch, ihre Namen undeutlich wurden; indes, es war nicht eindeutig, und mochten sogar die neuauftauchenden Gesichter bereits namensunfähig geworden sein und ins

Verschwimmende zurückstreben, eines von ihnen hatte sich aus der Reihe losgelöst, und einhergetrieben auf ätherischem Nachen, wurde es klarer und immer klarer, rückte immer deutlicher in den Mittelpunkt des Ereignisses, wurde lieblicher und lieblicher, bezwingender und bezwingender, um schließlich eins zu werden mit dem Bilde des namenlos gewordenen Knaben, in das es hineinglitt, nämlichen Gesichtes jedoch mit neuem Namen: es war die Gestalt der Plotia Hieria, an ihrem Finger schimmerte der Ring, und die schimmernd verschwebende Weisegeste, die sie übernommen hatte, deutete an, daß auch sie bald verschwunden und ungewußt sein würde, einem höheren Wissen auf höherer Ebene zuliebe. In dem dämmerig murmelnden Zwischenzustand der Hörbarkeit, in diesem flächigen Stimmenfluten, das nicht vom Wasser und nicht von Gesichtern herkam, vielmehr wie ein schwacher raschelnder Atem zwischen ihnen schwebte und beiden angehörte, trat eine auffällige Stille ein, oder zumindest war es dem Schauenden und Lauschenden so, als wäre selbst das Schweigen noch zu laut, und sternerwartend, sternentblößt die Himmelskuppel, vernahm er die Stille, die den Sänger empfängt, ehe er in die Saiten greift, die Stille der Gemeinsamkeit, die Sänger und Hörer verbindet und mit stummem Sphärenlied umschließt, in beiden gemeinsam geboren, in beiden gemeinsam erklingend, unangeschlagen die Leier; dies war die Stille und ihr schweigender Gesang, von ihm vernommen, da er der Plotia Hieria ansichtig wurde, und doch ward das Singen nicht zum Liebesliede, und wäre es dazu geworden, es wäre geradezu Erniedrigung gewesen, denn unbeschadet all ihrer Lieblichkeit, erlaubte ihm nichts mehr, in der Plotia, die vor ihm herflog, die Gestalt einer Frau zu erblicken, so liebeentrückt und geschlechtslos war ihre Lieblichkeit, kaum mehr Leib, nur noch liebevolle Geste einer seltsam unendlichen Jungfräulichkeit und Klarheit, die so durchsichtig war, daß sich dahinter weltengroß die Überjungfräulichkeit, Überklarheit letzterlebter Liebe auftat. Unberührbar, unerschaubar, unerrufbar, unerlauschbar. Dies war die Stille und das Warten, und selber der Sänger, selber der Hörer, selber die Stille, selber das Warten, selber die Leier, erwartete er die Hand der Liebe, auf daß sie in die Saiten greife, die ihn durchspannten, seinen Atem zum Klingen zu bringen. Nichts erfolgte dergleichen, noch nicht. Zwar war den Gesichtern um ihn dasselbe wie dem seinen widerfahren: von der Führerkraft des Vorbildes angezogen, hatten sie sich immer enger um dieses geschart, obwohl eigentlich ein jeder auf seinem Platze verharrte und in Wahrheit bloß mit sich selbst beschäftigt war, stumm und gespannt blickten sie zu der Vorausschwebenden, und immer deutlicher von ihr bestimmt, wurde es beinahe gleichgültig, ob die Veränderung bloß eine des sonderbar stillstehenden Vorwärtsgleitens oder eine der Wesenheit war, denn das eine bedingte das andere, und sie alle – nicht zuletzt er, vor dem sich dies abspielte – nahmen teil an der zunehmenden Entsinnlichung, die von der durchsichtig strahlenden Gebärde ausging; man mußte es hinnehmen, und er nahm es hin, daß die Gesichter, fast unter Beibehaltung ihrer Züge, bärtig oder bartlos, jung oder alt, männlich oder weiblich, das irdisch Menschliche verloren und in eine entrückte Geschlechtslosigkeit sich auflösten, sie hatten ihre Namen abgestreift, und was ihnen blieb, das war der unverlierbare, unveräußerliche Grundbestand ihrer Eigenschaften, es wurde das menschliche Antlitz zum unsäglichen und unsäglich klaren Ausdruck der Eigenschaftswesenheit, enthoben jeglicher Beziehung, wahrhaftig in seinem grenzenlosen, namenlosen Selbst, es wurde das menschliche Antlitz zu einem gläsernen Linienspiel, zu einer leeren Form, schier zu einer leeren Zahl, zu einer bloßen Einheit der Wesenseigenschaften, so daß es keines Namens und keines irdischen Mittels mehr bedurfte, um die menschliche Erscheinung zu erkennen, und selber kristallen geworden, sich selber begegnend, sich selber erkennend, erkannte er desgleichen die anderen, Gesicht um Gesicht, in einem Wiedererkennen, das zwar vom Wesensgrunde her sich bestimmte, doch auch über dessen stille Durchsichtigkeit nicht hinausreichte, da es Stille und Warten blieb, da die Leier nicht angeschlagen wurde und das Lied der Gemeinsamkeit nicht erklang, ungelöst das Rätsel des Trostes im Unberührbaren, Unerschaubaren, Unerrufbaren, Unerlauschbaren einer jenseitigen Grenze. Doch dorthin wurde er gewiesen. Und ebendeshalb, eben ob dieses Trostes und dieser unerreichten Gemeinsamkeit und Liebe mußte die Voranschwebende über sich selbst hinausweisen zu etwas, zu dem sie bloß Vorstufe war, mußte ihre Durchsichtigkeit immer weiter zunehmen bis sie, aufgesogen vom Strahlenden schlechthin, in diesem verschwand, als bedürfte er keiner Führung mehr. Mit ihr verschwanden die Gesichte, eines nach dem anderen, zurücktretend in die dämmerleuchtenden Nebel versanken die Gestade menschlicher Wohnstatt, es verschwand das Menschliche, nichts von sich hinterlassend, es sei denn einen Rest von Angst. Führerlos geworden, begann er sich zu fürchten, vielleicht vor dem in den Tiefen der Gewässer ihn unsichtbar begleitenden Getier, vielleicht vor den neuen Gestaden, die ihn erwarteten, nicht die Gestade der lorbeerumdufteten Hoffnung und des Sonnenregens, sondern Gestade der Schutzlosigkeit und der Trostlosigkeit, Gestade der Flußkrater und der Drachenpflanzen, niemals noch benannt, immer geahnt, die Schlangengestade der Tierheit. Jäher als er es befürchtet hatte, war er in ihrer Mitte, und das Geschwänzte kam von allenthalben heran, klaffenden Rachens, ohne zu beißen, gezückter Krallentatze ohne zu reißen, gesträubten Gefieders ohne zuzustoßen, giftspritzend ohne zu treffen, schweifschlagend, schweifringelnd, Durchsichtiges, das über Durchsichtiges herfällt, furchtbar in seiner Stummheit und seiner Drohung, die von keinerlei Heulen und keinerlei Zupacken übertroffen zu werden vermag: die Angst selber war durchsichtig geworden, der Wesensgrund der Angst hatte sich aufgetan, und in ihrer Brunnentiefe lag die zum Kreis geschlossene Schlange der Zeit, das rieselnde Nichts umschließend; keine Angst vor einer Verwundung, keine vor dem Schmerz, keine vor dem Tode konnte sich mit dieser einen messen, mit dieser einen, die ihr eigenes Ängstigen überbietend ein Wissen war und ein Erkennen der Tierheit an sich, die Angst vor dem Eigenschaftslosen, vor der noch nicht geborenen und erst werdenden, noch ungeformten Eigenschaft, die schaudernde Angst vor der gähnenden Kluft des Untertierischen, Hintertierischen, die Angst vor dem Nichts der Mitte, der Geburtsstätte, der Wurzelstätte jedweder Eigenschaftslosigkeit. Inmitten der Gewässer war diese Kluft aufgerissen, ein Brunnen inmitten der Gewässer, und er schwebte über deren Rand dahin. Was um ihn herumbleckte, das waren Tiere, dennoch das Tier schlechthin, vereinzelt wie Regentropfen, dennoch vereint zur Gemeinsamkeit wie Regen, gefallen aus der Wolkeneinheit, emporgeworfen aus der Eigenschaftseinheit des Wurzelgeflechtes, und die Angst, die ihn durchflutete, wurde immer mehr zu einem Bestandteil der leuchtenden Dämmerung, die unvermindert anhielt, innen und außen zugleich, ihn durchdringend, die Tierleiber durchdringend, durchsichtig das Strahlende, durchsichtig die Angst, durchsichtig das Tier, durchsichtig er selber; nirgends gab es eine angstfreie Stelle, einheitlich war die Gemeinsamkeit des Unerschaffenen, einheitlich die Freundschaft seiner Vereinzelung, ach, er sowie das Tier, ähnlich geworden vor Durchsichtigkeit, ähnlich geworden vor Angst, waren von dem nämlichen Entsetzen gepackt, von dem Entsetzen ihrer Vereinzelung im Eigenschaftslosen, dem atmungsunfähigen Entsetzen, das aus der unlösbaren Gebundenheit an das Nichts des Ungelebten entspringt und die Not, die Atemnot der unvollendeten, der noch nicht geschöpften Schöpfung ist. War es da noch erforderlich, daß sich neue Krater der Vorschöpfung öffneten, neues Ungetier auszuspeien? war nicht ohnehin schon alles geöffnet? wohnte in dem Tierischen nicht ohnehin schon das Höchstmaß allen Entsetzens? Oder wies die Durchsichtigkeit der Angst zu neuem Angstwissen auf unerahnbar neue Urebenen? Alles war geöffnet, nichts war festzuhalten, nichts durfte mehr festgehalten werden, nur das Schweben blieb und das beharrliche mildfurchtbare Glänzen der verdämmerten Richtungslosigkeit, in der keine Ferne und keine Nähe, kein Oben und kein Unten sich zeigte, wenngleich jetzt ein Wachsen um ihn begann, ja, geradezu ein Emporwachsen, zwischen dem und über dem das Schweben sich vollzog: es war das Pflanzliche, das gekommen war, ihn und die Tierheit aufzunehmen, und das war kaum mehr Baum, kaum mehr Halm, kaum mehr Blume, am allerwenigsten der einstmals ersehnte Helligkeitshain, aber tierhaft sich gebärdend, tierhaft von Aussehen und tierhaft nach einer Beweglichkeit strebend, die dem Verwurzelten versagt bleiben mußte, strebend nach einem unerreichbaren Oben, gebändigt seine tierhafte Sucht nach Vereinzelung, gehalten von Schweifstengeln, gefesselt von Schlangenstengeln, schoß es aus der Einheit eines unermeßlichen Wurzelgeflechtes heraus, dessen Untertierhaftigkeit so stark zu sein schien, daß es imstande war, alles Tierhafte zu sich in das gebärende Wurzel-Unten herabzuziehen; größer als jedwede Unendlichkeit, angstvoller als jedwede Angst, gewaltiger als das gewaltigste Nichts, jenseits jedweder Zeit, schien die jenseitige Ur-Stunde der Geburt anzubrechen, und das Tiergesicht, kaum mehr ein Gesicht, nur noch Durchsichtigkeitsvereinzelung, verlosch überwuchert von der Durchsichtigkeit der Gewächse. Sollte dies die Stunde des verheißenen Liedes sein? Denn sonderbar getrieben von dem unerklärlichen Wachstum nach unten, begann sich diesseits ein Oben zu ordnen, der Strahlennebel verlor seine Dichtigkeit, und hinter ihm wurden Sonne, Mond und Sterne sichtbar, erfüllt von dem Doppelglanze des Tages und der Nacht, gelagert über allen Finsternissen des Unten, nichtsdestoweniger mit ihnen unerforschlich verwoben, so unerforschlich wie es nur die Unendlichkeit selber sein konnte, in deren Gewölbe immerdar die Höhe zur Tiefe und diese wieder zur Höhe wird, unerkennbar die Grenze zwischen dem Geflecht der Wurzeln und dem Geflecht der Sterne, unerkennbar, ob der Weg dahin oder dorthin gehen sollte –, ätherhaft waren die Wurzeln geworden, sie durchbohrten keinen Boden mehr, sie wurden von ihm nicht mehr genährt und getränkt, kein Sonnenregen fiel mehr auf ihn, den einstmals Sprießenden, er war nicht mehr vorhanden; aufgefressen und zu sich selbst aufgelöst war das Feste, war die Erde, aufgefressen von der saugenden Kraft der Wurzeln, die als Ätherdickicht in sich selber hingen, selber sternhaft geworden. Mußte da der, der im Wurzelgestrüpp versinkt, nicht ebenfalls mit dem Augenblick seines Versinkens von den Gestirnen aufgenommen werden? war dies nicht auch ihm beschieden und anbefohlen? Denn das Menschenantlitz, das schon vergessene und längstentschwundene, schimmerte nun im unsichtbaren Linienspiel der Sterne auf, menschlicher, größer, milder, mütterlicher, durchsichtiger als es je gewesen war, gespiegelt, vervielfältigt und, bei aller Vereinzelung, bezeugt von dem entschwundenen Gesicht der Tierheit, das im nämlichen Aufschimmern daneben und dazwischen auftauchte –, war da nicht auch ein Stern für ihn bereit, ihn aufzunehmen? war dies nicht sein Weg und sein Ziel? Aufschimmerte die Leier am Firmament, daß sie angeschlagen werde, sie glänzte in jenem Sternen-Oben, das eben kein Oben mehr war, und sie glänzte in seiner Brust, aus der, als hätte die hinweggewichene Erde es mit sich geführt, die letzte Spur Körperlichkeit sich verflüchtigt hatte, und Innen und Außen waren Eines; der Schlangenring lag ebensosehr um den unendlichen Rand des Firmamentes wie in der Brunnentiefe dessen, das noch sein Ich war, und des Atmens enthoben, hielten Innen wie Außen den Atem an vor einer Unbewegtheit, in der die Sterngezeiten und die Herzgezeiten ihr Fluten eingestellt hatten, schwankungsfrei die Waage des Innen und Außen hing und kein Kreisen, kein Fluten, kein Pochen ihr Gleichgewicht störte: verzückte Erstarrung, die Hand erwartend, welche in die Brust und in die Leiersaiten greifen werde, um mit dem Liede der endgültigen Gemeinsamkeit und des endgültigen Gleichgewichtes noch einmal die Erstarrung zu lösen und in eine oberste Wissensebene, in eine oberste Schau zu heben. Es war diese Hand, ja, er spürte sie, da sie über ihn hinstrich, mütterlich in ihrer Weiche, väterlich in ihrer Ruhe, und fast glaubte er, den ersten sternsilbernen Ton angeschlagen zu hören, da trat das Unerwartete, dennoch Gefürchtete, dennoch Erhoffte ein: als sei die Vorbereitung noch immer nicht weit genug gediehen, als sei die Atemstille noch lange nicht still genug, als sei das Gleichgewicht noch nicht genügend vollkommen, als sei die Umwandlung des Seienden zum ätherischen Kristall noch lange nicht zu jener Klarheit gelangt, in der sie würdig und fähig werden sollte, zum Echo der Seelentöne zu werden, mehr noch, als müßten hiezu vor allem auch noch die letzten Reste jeglicher Vereinzelung getilgt werden, waren mit einem Schlage – gleichsam von der Hand selber weggezogen – die Gestirne des Firmamentes lautlos weggewischt, und das Firmament war ein einziger Stern, leuchtend in unermeßlicher Runde, leuchtend die Strahlen, die in ihrer Mitte sich verkreuzten, leuchtend in ihrer Einheit das Nichts und das All, leuchtend die unermeßliche Wissensangst, die davon ausstrahlte und unter der er bebend verging. Denn als genügte dies noch immer nicht, stürzte auch das Licht nun in sich zusammen, und es blieb, innen und außen zugleich nichts als die Finsternis und das Fluten, sie beide aufgewühlt von den anhebenden Tönen: denn jetzt erst begann es zu klingen, und das Klingende war mehr als Gesang, mehr als Leierschlag, mehr als jeder Ton, war mehr als jede Stimme, es brach aus dem Nichts und aus dem All hervor, es war Verständigung, höher als jegliches Verständnis, es war Bedeutung, höher als jegliches Begreifen, es war Wort, erhaben über alle Verständigung und Bedeutung, endgültig und beginnend, gewaltig und milde, liebend und befehlend, furchteinflößend und beschützend, hold und donnernd, so brauste es daher, und erbebend vor dem Brausen, das über ihn hinwegging, das ihn durchströmte, das ihn trug, durfte er, mußte er sich nicht einmal umwenden, wurde ihm endgültig und beginnend der Abglanz und der Vorglanz zum unverlierbaren Geschenk, lächelte ihm noch einmal das Licht, lächelte ihm noch einmal das Firmament, kristallen groß im Strahlenkreuz der unermeßlichen funkelnden Runde, lächelten ihm noch einmal die Inseln und Haine, getränkt vom Lichtregen, getränkt vom Lorbeerduft, sprießend und beschattet, verklärt von den lächelnden Gestirnen des Tages und der Nacht, die sanften Ufer, hallend vom Gesang der Vögel und umplätschert von den lauschenden Delphinen, überschwebt von den Adlern, lächelten ihm noch einmal die Triften, auf denen die Ziegen mit strotzenden Eutern und das Rind furchtlos neben den Löwen ruhten, die jochbefreiten Stiere und die Lämmer weideten, keines unbenannt, keines unerkannt, dem Hirten zugetan, und in fernsten, aberfernsten Fernen und Zeiten lächelte ihm noch einmal das menschliche Antlitz, der Knabe mit der Mutter, vereint in trauernd lächelnder Liebe, als sei in diesem Sohnesgesicht, das er beinahe und doch nur beinahe zu benennen wußte, heilsbringerisch der ganze *Sinn* enthalten, gezeugt vom Worte, dennoch sein Sinn, lediglich ausdrückbar in den Bildern des irdischen Seins und Wandelns, in ihnen verkündet und bewehrt und wiederholt für immerdar. Doch der Klang schwoll an und wurde stärker als jedwedes Bild, und hatte er die Bilder noch zu benennen und zu erkennen vermocht, sie verschwanden vor der Macht des Wortes, das über sie dahinbrauste; das Wort schwebte darüber, und er schwebte mit dem Worte, und je näher er ihm kam, je mehr er in den flutenden Klang eindrang und von ihm durchdrungen wurde, desto unerreichbarer und größer wurde das Wort: er konnte es nicht festhalten, und er durfte es nicht festhalten; unaussprechbar war es für ihn, denn es war unaussprechlich.

III. Erzählung vom Tode (Fragment)

[I]

Stahlblau und leicht, bewegt von einem leisen, kaum merklichen Gegenwind, waren die Wellen des adriatischen Meeres dem kaiserlichen Geschwader entgegengeströmt, als dieses, die mählich anrückenden Flachhügel der calabrischen Küste zur Linken, dem Hafen Brundisium zusteuerte, und jetzt, da die sonnige, dennoch todesahnende Einsamkeit der See sich ins friedvoll Freudige menschlicher Tätigkeit wandelte, da die Fluten, sanft überglänzt von der Nähe menschlichen Seins und Hausens, sich mit vielerlei Schiffen bevölkerten, mit solchen, die gleichfalls dem Hafen zustrebten, mit solchen, die aus ihm ausgelaufen waren, und die braunsegeligen Fischerboote bereits überall die kleinen Schutzmolen all der vielen Dörfer und Ansiedlungen längs der weißbespülten Ufer verließen, um zum abendlichen Fang auszuziehen, da war das Wasser beinahe spiegelglatt geworden; perlmuttern war darüber die Muschel des Himmels geöffnet, es wurde Abend, und man roch das Holzfeuer der Herdstätten, sooft die Töne des Lebens, ein Hämmern oder ein Ruf von dorther herbeigetragen wurden.

Von den sieben hochbordigen Fahrzeugen, die in entwickelter Kiellinie einander folgten, gehörten bloß das erste und das letzte, beide schlanke rammspornige Penteren, der Kriegsflotte an; die übrigen fünf, schwerfälliger und imposanter, zehnruderreihig, zwölfruderreihig, waren von der prunkvollen Bauart, die der augusteischen Hofhaltung ziemte, und das mittlere, prächtigste, goldglänzend sein bronzebeschlagener Bug, goldglänzend die ringtragenden Löwenköpfe unter der Reling, buntbewimpelt die Wanten, trug unter Purpursegeln feierlich und groß das Zelt des Cäsars. Doch auf dem unmittelbar hinterdrein folgenden Schiffe befand sich der Dichter der Äneis, und das Zeichen des Todes stand auf seiner Stirne geschrieben.

Der Seekrankheit ausgeliefert, von ihrem ständig drohenden Ausbruch in Spannung gehalten, hatte er den ganzen Tag lang nicht gewagt, sich zu rühren, doch wenn auch gefesselt an sein Lager, das mittschiffs für ihn zugerichtet war, er fühlte nunmehr sich, oder richtiger seinen Körper und sein körperliches Leben, das er schon seit vielen Jahren kaum mehr als sein eigenes anzuerkennen vermochte, wie ein einziges nachtastendes, nachkostendes Erinnern an die Entspannung, von der er mit einem Male durchflutet gewesen, als die stillere Küstenzone erreicht worden war, und diese flutende beruhigt-beruhigende Müdigkeit wäre vielleicht eine beinah vollkommene Beglückung geworden, hätte sich nicht, ungeachtet der heilsamen kräftigen Meeresluft, wieder der plagende Husten eingestellt, begleitet von der Schlaffheit des allabendlichen Fiebers, der allabendlichen Beängstigung. Vergil lag da und starrte in das perlmutterne Rund der Himmelsschale: warum nur hatte er dem Drängen des Augustus nachgegeben, warum nur hatte er Athen verlassen? hingeschwunden war nun die Hoffnung, es werde der heilig-heitere Himmel Homers hold die Fertigstellung der Äneis begünstigen, hingeschwunden jegliche Hoffnung auf das unermeßlich Neue, das hernach hätte anheben sollen, die Hoffnung auf ein kunstabgewandtes, dichtungsfreies Leben der Philosophie und der Wissenschaft in der Stadt Platons, hingeschwunden die Hoffnung, das ionische Land noch betreten zu dürfen, oh, hingeschwunden war die Hoffnung auf das Wunder der Erkenntnis und auf die Heilung in der Erkenntnis. Warum hatte er darauf verzichtet? Freiwillig? Nein! es war wie ein Befehl unabweislicher Gewalten gewesen, jener Schicksalsgewalten, die niemals völlig verschwinden, mögen sie auch zeitweise ins Unterirdische, Unsichtbare, Unerlauschbare, Unerforschbare tauchen, trotzdem ungebrochen gewärtig die Drohung der Mächte, denen man sich niemals entziehen kann, denen man sich stets zu unterwerfen hat; es war das Schicksal. Hatte er jemals anders gelebt? hatte ihm die perlmutterne Schale des Himmels, hatte ihm das lenzliche Meer, hatte ihm das Singen der Berge und das, was schmerzend in der Brust ihm sang, hatte der Flötenton des Gottes ihm je etwas anderes bedeutet als ein Gefäß der Sphären, das ihn bald aufnehmen sollte, ihn ins Unendliche zu tragen? Ein Landmann war er von Geburt, einer, der den Frieden des irdischen Seins liebt, einer, dem ein schlichtes und gefestigtes Leben in der ländlichen Gemeinschaft getaugt hätte, einer, dem es schicksalsmäßig beschieden gewesen wäre, bleiben zu dürfen, bleiben zu müssen, und den es ebenso schicksalsmäßig, von der Heimat nicht losgelassen, dennoch nicht belassen hatte; es hatte ihn hinausgetrieben, hinaus aus der Gemeinschaft, hinein in die nackteste, böseste, wildeste Einsamkeit des Menschengewühles, es hatte ihn weggejagt von der Einfachheit seines Ursprunges, gejagt ins Weite und zu immer größer werdender Vielfalt, und wenn hierdurch irgendetwas größer und weiter geworden war, so war es lediglich der Abstand vom eigentlichen Leben, wahrlich, der allein war gewachsen: bloß am Rande seiner Felder war er geschritten, bloß am Rande seines Lebens hatte er gelebt; er war zu einem Ruhelosen geworden, den Tod fliehend, den Tod suchend, das Werk suchend, das Werk fliehend, ein Liebender und doch ein Gehetzter, ein Irrender durch die Landschaften des Innen und Außen, und heute, fast am Ende seiner Kräfte, am Ende seiner Flucht, am Ende seiner Suche, durchgerungen und bereit, durchgerungen zur Bereitschaft, die letzte Einsamkeit auf sich zu nehmen, den innern Rückweg zu ihr anzutreten, da hatte das Schicksal mit seinen Gewalten sich noch einmal seiner bemächtigt, hatte ihm noch einmal die Einfachheit und den Ursprung und das Innen verwehrt, hatte den Rückweg ihm in die Vielfalt des Außen [auf]gezwungen, als hätte es nur noch eine einzige Schlichtheit für ihn übrig –, die Schlichtheit des Sterbens. Über ihm knarrten die Rahen in den Tauen, dazwischen dröhnte es weich in der Segelleinwand, er hörte das gleitende Schäumen des Kielwassers und den silbernen Guß, der mit jedem Herausheben der Ruder zu sprühen begann, er hörte deren schweres Kreischen in den Dollen und den klatschenden Wasserschnitt ihres Wiedereintauchens, er spürte den weichgleichmäßigen Vorstoß des Schiffes im Takte der vielhundertfachen Rudermasse, er sah die weißbesäumte Strandlinie vorbeigleiten, und er gedachte der angeketteten stummen Knechtleiber im stickig-zugigen stinkenden donnernden Schiffsrumpf. Der nämliche dumpfdonnernde, silberumsprühte Rucktakt tönte von den beiden Nachbarschiffen herüber, von den nächsten und übernächsten, einem Echo gleich, das sich über alle Meere hin fortsetzte und von allen Meeren her beantwortet wurde, denn überall fuhren sie so, beladen mit Menschen, beladen mit Waffen, beladen mit Korn und Weizen, beladen mit Marmor, mit Öl, mit Wein, mit Spezereien, mit Seide, beladen mit Sklaven, allüberall die Schiffahrt, die tauscht und handelt, unter den vielen Verderbtheiten der Welt eine der ärgsten. Hier freilich wurden nicht Waren, sondern Freßbäuche befördert, die Leute des Hofstaates: das gesamte Hinterschiff bis zum Heck hin war für ihre Ernährung in Anspruch genommen, seit dem frühen Morgen erscholl es dort von Eßgeräuschen, und immer noch umstanden Scharen von Eßlustigen den Gastraum, lauernd, daß ein Triklinenplatz frei werde, gewärtig, sich im Kampf mit den Konkurrenten darauf zu stürzen, gierig, sich endlich selber hinzulegen, um ihrerseits mit dem Tafeln beginnen zu dürfen; die Aufwärter, leichtfüßige, elegante, geschniegelte Burschen, viele Hübschlinge unter ihnen, jetzt jedoch verschwitzt und zerhetzt, kamen nicht zu Atem, und ihr ewig lächelnder Vorsteher mit dem kalten Blick in den Augenwinkeln und den diskret trinkgeldgeöffneten Händen, trieb sie dahin und dorthin, eilte selber deckauf und deckab, weil neben der Ingangshaltung des Gelages nicht minder für jene gesorgt werden mußte, welche – wundersam genug – bereits gesättigt schienen und sich nun auf andere Weise vergnügten, manche umherwandelnd, die Hände vor dem Bauch oder hinter dem Hintern gefaltet, manche hingegen mit weiten Gesten diskutierend, manche auf ihren Ruhebetten schlummernd oder schnarchend, das Gesicht von der Toga bedeckt, manche beim Brettspiel sitzend, sie mußten unaufhörlich umsorgt und umhegt werden, mit kleinen Imbissen, die deckauf, deckab auf großen Silberplatten herumgereicht und ihnen angeboten wurden, bedacht auf einen Hunger, der sich jeden Augenblick frisch anmelden konnte, bedacht auf einen Hunger, dessen Ausdruck ihnen allen, den Wohlgenährten ebensosehr wie den Hageren, den Langsamen wie den Behenden, den Wandelnden wie den Sitzenden, den Wachenden wie den Schlafenden unverlöschbar und unverkennbar ins Gesicht gezeichnet war, mitunter eingemeißelt, mitunter eingeknetet, scharf oder weich, bösartiger oder gutmütiger, wölfisch, füchsig, katzig, papageiig, pferdig, haiig, immer aber einem gräßlichen, irgendwie in sich beschlossenen Genuß zugekehrt, süchtig nach einem unstillbaren Haben, süchtig nach einem Schachern um Waren, Geld, Stellen und Ehren, süchtig nach der geschäftigen Untätigkeit des Besitzes. Überall gab es einen, der etwas in den Mund steckte, überall schwelte Begehrlichkeit, schwelte Habsucht, wurzellos, schlingbereit, allesverschlingend, ihr Brodem flackerte das ganze Deck entlang, wurde im Rucktakt der Ruder mitbefördert; das Schiff war von Gier umflackert. Soll es da dem Dichter obliegen, solchem Übel abzuhelfen?! was vermag schon der

Dichter?! er wird nur dann gehört, wenn er die Welt verherrlicht! nur die Lüge ist sein Ruhm, nicht die Erkenntnis! Und wäre es da denkbar, daß der Äneis eine andere, eine bessere Wirkung vergönnt sein sollte? Ach, man wird sie preisen, weil noch alles, was er geschrieben hatte, gepriesen worden ist, weil auch aus ihr bloß das Genehme herausgelesen werden wird und weil weder die Gefahr, noch die Aussicht bestand, daß Mahnungen gehört werden könnten; ach, es war ihm verwehrt, sich etwas vorzutäuschen oder vortäuschen zu lassen, nur allzugut kannte er dieses Publikum, dem die schwere, die erkenntniserleidende und eigentliche Arbeit des Dichters genau so unbeachtlich ist wie die bitterniserfüllte, bitterschwere der Ruderknechte, dem die eine wie die andere genau als das Nämliche gilt, als gebührender Tribut für den Nutznießer, als Tributgenuß empfangen und hingenommen! Dabei waren es keineswegs nur Schmarotzer, die da um ihn herumfaulenzten und schmatzten, mochte auch der Augustus gar manche in seiner Umgebung dulden müssen, nein, viele von ihnen hatten schon allerlei Verdienstliches und Ersprießliches geleistet, aber von dem, was sie sonst waren, hatten sie mit geradezu genießerischer Selbstentblößung während der Reiseuntätigkeit das meiste abgestreift, und ungebrochen war ihnen bloß ihr blinder Hochmut geblieben. Unten arbeitete Schub um Schub großartig, wild, viehisch, gebändigt, untermenschlich die Rudermasse. Die dort unten verstanden ihn nicht und kümmerten sich nicht um ihn, die hier oben behaupteten, daß sie ihn verehrten, ja, sie glaubten es sogar; indes, wie immer dem auch war, gleichgültig ob sie aus genießerischer Verlogenheit seine Werke zu lieben vermeinten, oder ob sie, nicht minder verlogen, ihm als Freund des Cäsars ihre Ergebenheit bekundeten, gleichgültig ob sie ihn aus Mißverständnis oder aus Streberei umschmeichelten, er, Publius Vergilius Maro, er hatte nichts mit ihnen gemein, obschon das Schicksal ihn in ihren Kreis getrieben hatte, sie ekelten ihn an, und hätte nicht, den Sonnenuntergang vorbegrüßend, die Küstenbrise zu wehen begonnen, hätte sie nicht den Stunk des Gelages und der Küche vom Schiffe weggeblasen, es hätte ihn die Seekrankheit neuerlich angefallen. Er vergewisserte sich, daß das Kästchen mit dem Manuskript der Äneis unberührt neben ihm stand, und in das tiefsinkende westliche Gestirn blinzelnd, zog er den Mantel bis unters Kinn; er fror.

Die erste Vordämmerung überspannte klar den Himmel, überspannte zart die Welt, als man bei Brundisiums schmaler, flußschmaler Einfahrt anlangte; kühler, doch auch milder war es geworden, der Salzhauch mischte sich mit der satteren Luft des Landes, in dessen Pforte, eines nach dem andern die Fahrgeschwindigkeit verlangsamend, die Schiffe nun eindrangen. Auf den Zinnen der Kastelle links und rechts des Kanales war zu des Cäsars Ehren die Besatzung aufgestellt; ihre rauhkehligen Heilrufe flogen auf, die Fahnenträger an den Flügeln der Manipel stießen zu den Rufen knapp und gedrillt das rote Vexillum hoch, ehe dasselbe vor dem Herrscher gesenkt wurde, es war die kräftig nüchterne Begrüßungsveranstaltung, wie sie das Militärreglement vorschrieb, reglementsrichtig in ihrer ärarischen Rauheit, und sie war trotzalledem merkwürdig sanft, so sehr und so überaus klein verflatterten die Rufe in der Größe des Lichtes, so sehr und so überaus herbstlich verwelkte das Fahnenrot, übertönt von dem zum Grau abglühenden Firmamente. Größer als die Erde ist das Licht, größer als der Mensch ist die Erde, und nimmermehr vermag der Mensch zu bestehen, insolange er nicht heimatwärts atmet, heimkehrend zur Erde, irdisch heimkehrend zum Lichte, nur auf der Erde das Licht empfangend, nur durch sie vom Lichte empfangen. Und niemals ist die Erde von innigerer Lichtnähe, das Licht von vertrauterer Erdnähe, als in der anhebenden Dämmerung der beiden Nachtgrenzen. Noch schlummerte die Nacht in den Tiefen der Gewässer, aber mit winzig dunklen lautlosen Wellen begann sie emporzusickern, überall im Spiegel des Himmels, im Spiegel des Meeres, ununterscheidbar das Oben und Unten, tauchten die sammetstummen Wellen des Nachthintergrundes auf, die Wellen der zweiten Unendlichkeit, der gebärend sprießenden Überunendlichkeit, und sachte begannen sie, das Glitzernde mit Stille zu überhauchen. Fast war es, als empfinge die Landschaft nicht mehr ihr Licht von oben. Unterhalb der Befestigungen, herab bis zum steinigen Ufer, waren die Hänge mit spärlichem Gras bewachsen, und so karg es war, das Sprießende war Frieden, war Nachtstille, war Wurzeldunkelheit, war Erddunkelheit, ausgebreitet unter dem scheidenden Lichte. Dann wurde der Bestand zusammenhängender und pflanzenreicher, voller in der Farbe, und sehr bald war auch Buschwerk darein eingesprengt, während auf den Hügelkuppen, droben zwischen den bäuerlichen Steinwallgevierten, sich die ersten Ölbäume zeigten, grau wie das hauchdünne Nebelgestrahle der dichter werdenden Dämmerung. Oh, unbändig wurde da der Wunsch, nach diesen doch so fernen Ufern hin die Hand auszustrecken, in die Dunkelheit der Gebüsche zu greifen, das erdenentsprossene Laub zwischen den Fingern zu spüren, es festzuhalten für immerdar –, in seinen Händen zuckte es, zuckte es vor unzügelbarem Begehren nach dem grünen Blattwerk, nach den geschmeidigen Blattstengeln, nach den scharf-nachgiebigen Blatträndern, nach dem harten lebendigen Blattfleisch, es war eine geradezu sinnliche Sehnsucht, sinnlich zupackend und einfältig wie die männliche Grobknochigkeit seiner Bauernfaust, sinnlich auskostend und empfindungsreich wie deren auffallend schmalfesselige, beinah weibliche Feinnervigkeit: oh, Gras, oh, Laub, oh, Rindenglätte und Rindenrauheit, Lebendigkeit des Sprießens, vielfältige, in sich verzweigte und körperlich gewordene Erddunkelheit! oh Hand, fühlende, tastende, aufnehmende, einschließende Hand, oh, Finger und Fingerspitze, rauh und zart und weich, lebendige Haut, oberste Oberfläche der Seelendunkelheit, aufgeschlossen in den erhobenen Händen! stets hatte er dieses seltsame Pulsieren in seinen Händen gespürt, stets hatte ihn Ahnung um ein seltsames Eigenleben seiner Hände begleitet, eine Ahnung, der es ein für allemal verboten war, die Schwelle des Wissens zu überschreiten, als lauerte trübe Gefahr in solchem Wissen, und wenn er seiner Gewohnheit gemäß, wie er es auch jetzt tat, an dem Siegelring drehte, der feingearbeitet und fast ein wenig unmännlich ob dieser Feinarbeit, auf dem Finger seiner Rechten saß, so war es, als könnte er damit jene trübe Gefahr bannen, als könnte er damit die Sehnsucht der Hände beschwichtigen, ahnend, daß es eine Sehnsucht von Bauernhänden war, von Händen, die nie mehr den Pflug, nie mehr das Saatgut fassen durften und daher das Unfaßbare zu fassen gelernt hatten, von Händen, denen – der Erde beraubt – nichts geblieben war als ihr Eigenleben im unerfaßlichen All, gefährdet und gefährdend, so tief ins Nichts greifend und von seiner Gefährlichkeit ergriffen, daß die Angstahnung, gleichsam über sich selbst gehoben, zu einem übermächtigen Bemühen wurde, die Einheit des menschlichen Lebens festzuhalten, die Einheit menschlicher Sehnsucht zu bewahren, damit sie nicht in eine Vielfalt sehnsüchtig kleiner einzelhafter Teilleben zerfalle, denn unzureichend ist die Sehnsucht der Hände, unzureichend ist die Sehnsucht des Auges, unzureichend die Sehnsucht des Hörens, denn zureichend allein ist die Sehnsucht des Herzens und des Denkens in ihrer Gemeinsamkeit, die sehnsüchtige Ganzheit des unendlichen Innen und Außen, lauschend, schauend, erfassend, atmend in ihrer doppelten Einheit, denn ihr allein ist es vergönnt, die trüb hoffnungslose Blindheit angstvoller Vereinzelung zu überwinden, ist es gestattet, in Entfaltung aus den Wurzeln erkennenden Seins sich dem Wissen um das All anzunähern, und dies war sein Lauschen, sein Atmen, sein Denken, ein einziges Beben des Seins, einverlauscht, einveratmet, eingedacht in das flutende Licht und in des Alls Unendlichkeit, kaum erreichbar ihr Saum dem Begehren der zitternden Hand, betroffen von dem perlmutternen Abgrund, lauschte er dem flutenden Lichte nach; sein Denken war Atmen und Lauschen. Aufgetan und gleitend war das Licht, war das Atembare, so gleitend wie das Flutende, in das die Kiele tauchten, flüssiges Bad des Innen und Außen, flüssiges Bad der Seele, das Atembare fließend aus dem Diesseitigen ins Jenseitige, aus dem Jenseitigen ins Diesseitige, wissensenthüllend, obschon noch nicht das Wissen, dennoch schon ein Ahnen um das Wissen. Vorne am Bug sang ein Musikantensklave; vermutlich hatte die dort versammelte Gesellschaft, deren Lärm in der Stille des Abends erschwiegen war, ihn zu sich beschieden, und nach einer kurzen Pause für das Stimmen der Leier und nach einem kurzen kunstgerechten Zuwarten war es aufgeklungen, wurde es herbeigeweht, das namenlose Lied des namenlosen Knaben, mild strahlend das Lied, mild strahlend [das] Saitenspiel, Menschenwerk beides, aber über den menschlichen Ursprung hinaus menschenentfernt, menschenentlöst, leidenentlöst, Sphärenluft, die sich selber singt. Es wurde dunkler, die Gesichter wurden undeutlicher, die Ufer verblaßten, das Schiff wurde undeutlicher, lediglich die Stimme blieb, sie wurde klarer und beherrschender, als wollte sie das Schiff und den Takt seiner Ruder lenken; das Lied ruhte in sich, den Weg weisend und einmalig, so einmalig und ewigkeitsgültig wie jede Lebenssekunde, so unendlichkeitsgeöffnet wie jede Lebenssekunde, weil es trotz der erdrückenden Masse der Jahrmillionen kaum eine einzige Lebenssekunde gibt, die – wird sie nur wahrhaft festgehalten – nicht den Kreis des Erkennens um die Ganzheit des Seins zu legen vermöchte: hoch über dem strahlenden Liede, hoch über der strahlenden Dämmerung atmete der Himmel, dessen klarherbe ruhige Herbstessüße seit Jahrhunderttausenden sich unverändert wiederholt hatte und noch Jahrhunderttausende sich unverändert wiederholen wird, und seiner Kuppel heller Seidenglanz war von der Stille der Nacht überhaucht.

Doch nicht lange währte die Fahrt zwischen den Ufern, und das Lied erlosch in der allgemeinen Unruhe, die sich an Bord entwickelte, als am Ende des Kanals sich die innere Bucht auftat und die halbkreisförmig um das Becken gelagerte Stadt mit ihrer im Dämmernebel sternhimmelgleich schimmernden Lichtermenge sichtbar wurde. Jäh war es warm geworden. Das Geschwader hielt an, um das Schiff des Cäsars an die Spitze zu lassen, und nun begann, einmalig auch dies unter der weichen Unabänderlichkeit der Herbstdämmerung, ein vorsichtiges Manövrieren, um ohne Fährlichkeit zwischen den allseits verankerten Booten, Seglern, Fischkuttern und Transportschiffen hindurchzulotsen; je weiter man kam, desto schmäler wurde die freie Fahrrinne, desto gedrängter die Masse der Schiffsleiber ringsum, desto dichter das Gewirr der Maste und der Taue und der gerefften Segel, tot in ihrer Starrheit, lebendig in ihrer Ruhe, ein sonderbar finsteres, verkreuztes und verworrenes Wurzelwerk, das düster aus der glänzenden ölig-dunklen Wasserfläche emporwuchs zu des Himmels unbewegter Helle, ein schwarzes Spinnengewebe aus Holz und Hanf, gespenstisch durchzuckt von dem wilden Geflackere der zum Willkomm allerwärts auf den Verdecken johlend geschwungenen Fackeln, gespenstisch durchleuchtet von dem Lichterprunk auf dem Hafenplatze: in der Reihe der Hafenhäuser war Fenster um Fenster erleuchtet, bis hinauf zu den Dachgeschossen, erleuchtet war eine Osteria neben der andern unter den Kolonnaden, quer über den Platz zog sich das fackeltragende Doppelspalier der Soldaten, welche den Weg von der Landungsstelle in die Stadt freizuhalten hatten, fackelbeleuchtet waren die Zollschuppen und Zollämter an den Molen, es war ein funkelnder Riesenraum, vollgestopft mit Menschenleibern, ein funkelnder Riesenbehälter für ein ebenso gewaltiges wie gewalttätiges Warten, erfüllt von einem Rauschen, das Hunderttausende von Füßen schleifend, schlurfend, tretend, scharrend auf dem Steinpflaster erzeugten, eine brodelnde Riesenarena, erfüllt von einem auf- und abschwellenden schwarzen Summen, von einem Tosen der Ungeduld, das aber plötzlich verstummte und in Spannung erstarrte, als das Kaiserschiff, nur noch von einem Dutzend Ruder getrieben, mit sanfter Wendung den Kai erreichte und an der vorbestimmten Stelle – dort erwartet von den Stadtwürdenträgern in der Mitte des Militärischen Fackelkarrees – beinahe lautlos anlegte; da freilich war der Augenblick gekommen, den das dumpf brütende Massentier erwartet hatte, um sein Jubelgeheul ausstoßen zu können, und da brach es los, endlos, erschütternd, sieghaft, ungezügelt, furchteinflößend, großartig, geduckt, sich selbst anbetend in der Person des Einen.

Dies also war die Masse, für die das Imperium geschaffen worden war, für die Gallien hatte erobert werden müssen, für die das Partherreich besiegt, Germanien bekämpft wurde, dies war die Masse, für die der Augustus den Frieden gesichert hatte und die er wieder zu staatlicher Zucht und Ordnung bringen wollte, zum Glauben an die Götter und zur Sittlichkeit. Und dies war die Masse, mit der alle Politik betrieben wurde und auf die auch der Augustus sich zu stützen hatte, soferne er sich zu behaupten wünschte. Dies war das Volk, das römische Volk, dessen Geist und dessen Ehre er, Publius Vergilius Maro, er ein echter Bauernsohn aus Andes bei Mantua, verherrlicht hatte! Dies waren die Italer der Äneis! Ein Schwall, ein ungeheurer Schwall unsäglichen, unaussprechbaren, unerfaßlichen Unheils brodelte in dem Behälter des Platzes, fünfzigtausend, hunderttausend Münder brüllten das Unheil aus sich heraus, ohne darum zu wissen, dennoch gewillt, es in höllischem Gebrüll, Lärm und Geschrei zu ersticken und zu übertäuben. Wußte bloß er darum? oder ahnte es auch der Augustus? Ein Gefühl quälenden Mitleids hatte ihn ergriffen, eines Mitleides, das ebensowohl dem Augustus, als auch den Menschen da galt, dem Herrscher wie den Beherrschten, das Gefühl einer quälenden, schier unerträglichen Verantwortung, und sie glich nicht jener, die der Augustus, wahrlich schwer genug von ihr belastet, auf sich genommen hatte, nein, sie war ganz anders geartet, denn unerreichbar jeder staatlichen Maßnahme, unerreichbar jeder noch so großen, irdischen Gewalt, vielleicht sogar den Göttern unerreichbar war dieses brodelnde unbekannt geheimnisvolle Unheil, und keinerlei Massengeschrei vermochte es zu übertäuben, eher noch die schwache Seelenstimme, welche Gesang heißt und mit des Unheils Ahnung doch auch schon das Heil verkündet, erkenntnisahnend, erkenntnisträchtig jedes wahre Lied. Oh, warum war es ihm nicht erlaubt gewesen, über die Ahnung hinaus zur echten Erkenntnis vorzudringen, zum echten Wissen, von dem allein das Heil zu erwarten sein wird! Warum war ihm das Bleiben verwehrt gewesen, warum hatte er hierher zurückkehren müssen?! Hier war nur Tod und Abertod! Mit entsetzensvoll geöffneten Augen hatte er sich halb aufgerichtet, jetzt fiel er auf das Lager zurück, übermannt von Grauen, von Mitleid, von Jammer, von Verantwortungswillen, von Hilflosigkeit, von Schwäche; nicht Haß war es, nicht Verachtung, nicht Abneigung, niemals noch hatte er sich abgesondert, niemals noch hatte er sich über das Volk erhoben, niemals jedoch auch noch, niemals hatte er sich wahrhaft aufgerafft, des Volkes Unheilsabgrund in seinem ganzen Umfang zu erkennen, niemals, nicht in Rom, nicht in Neapel, nicht in Athen, war ihm das Absinken des Menschen zum Großstadtpöbel derart deutlich sichtbar gemacht worden, niemals noch hatte er die Verkehrung des Menschen ins Gegenmenschliche so deutlich gesehen, die Entfernung vom Wurzelursprung des Seins so deutlich erfahren, das Gierleben der Oberfläche, ihr gefährlich abgelöstes Eigenleben, das trübe schiere Außen, unheilsschwanger, todesschwanger, schwanger eines geheimnisvoll höllischen Endes. Und es mochte sein, daß das Schicksal ihn dies noch hatte lehren wollen, da es ihn heimführte aus den Sphären der Abgelöstheit in den Kessel des grausam aufgewühlten Diesseitigen. Wieder und immer wieder erscholl das Jubelgebrüll, Fackeln wurden geschwungen, Befehle durchhallten das Schiff, dumpf flog ein vom Lande hergeschleudertes Tau auf die Deckplanken, das Unheil lärmte, die Qual lärmte, der Tod lärmte, es lärmte das unheilsträchtige Geheimnis, unentdeckbar, dennoch überall vorhanden: inmitten des Getrappel vieler eiliger Füße lag er still, er hatte das Kästchen mit der Äneis schützend in den Arm genommen, und müde des Lärmes, müde des Fiebers und des Hustens, müde der Reise, müde des Kommenden, hoffte er fast, daß diese Ankunft für ihn die Sterbestunde sein könnte, sicherlich ein verwildertes, verwunderliches, lärmendes Sterben, immerhin zwar ein annehmbares Sterben, obgleich er wußte, daß die Zeit hierfür noch nicht da war. Aber in seinem

Herzen wohnte das Wissen um die Hölle.

Nein, es wurde nicht die Sterbestunde, nein, sie war es nicht, und so verlockend es gewesen wäre, sich mit schwindenden Sinnen dem Gejohle der Menge zu verschließen, dem vulkanischen und unterirdischen, das ohne Unterlaß, als wollte es nimmer enden, trägwellig über den Platz flutete, er durfte der Verlockung nicht nachgeben, überstark war das Verbot, sich zu flüchten, überstark war das Geheiß, jede Sekunde festzuhalten; er klammerte sich an das Bewußtsein, er klammerte sich daran mit der Kraft desjenigen, der das Bedeutsamste seines irdischen Lebens nahen fühlt und voller Angst ist, daß er es versäumen könnte: nichts entging ihm, weder die vorsorglichen Gesten und der leere Zuspruch des glattgesichtigen geschniegelten Hilfsarztes, der auf Befehl des Augustus nun an seiner Seite war, noch die stur befremdeten Gesichter der Träger, die eine Sänfte an Bord gebracht hatten, um ihn, den Kranken und Kraftlosen, wie eine gebrechliche und vornehme Ware abzuholen; er vermerkte alles, er mußte alles festhalten, er vermerkte die mürrischen Knurrtöne, mit denen die vier Männer sich verständigten, als sie die Last auf die Schultern hoben, er vermerkte den angriffswilden bösartigen Schweißgeruch ihrer Körper, aber es entging ihm auch nicht, daß sein Mantel liegen geblieben war und von einem jungen dunkellockigen Menschen, eher einem Knaben, der raschen Zusprunges ihn aufgerafft hatte, ihm nun nachgetragen wurde. Nichts entging ihm, er zwang sich zu großer Wachsamkeit, schon um des Kästchens willen, das er an sich gepreßt hielt; er durfte nicht ins Dämmern geraten, und sich zum Denken anhaltend, fragte er sich, woher der Knabe, dessen helläugiges, fröhliches Gesicht ihm verwunderlich bekannt und vertraut däuchte, wohl aufgetaucht sein mochte, da er ihm während der ganzen Reise nicht aufgefallen war. Jetzt lehnte der Knabe an der Reeling, denn überall gab es Stauungen, und es hieß warten. Drei Brücken waren zum Kai hinüber gelegt worden, die heckseitige nur den Fahrgästen vorbehalten, freilich das plötzlich ungeduldig gewordene Gedränge bei weitem nicht aufnehmend, hingegen die beiden anderen für die Warenentladung bestimmt, und während die hiezu kommandierten Sklaven in langer Schlangenreihe, oftmals wie Hunde paarweise mit Halsringen und Verbindungsketten aneinander gekoppelt, vielfarbiges Volk entwürdigten Blickes, durchwegs mit zerfetzten Hemden oder halbnackt, schweißglänzend im Fackelscheine, auf der mittleren an Deck liefen, um es auf der bugseitigen, den Leib unter der Last der Kisten und Säcke nahezu rechtwinklig abgebogen, wieder zu verlassen, schwangen die beaufsichtigenden Schiffsmeister, von denen auch je einer an den Kopfenden der zwei Entladestege stand, auf gut Glück die kurze Geißel über die vorbeiziehenden Leiber, automatisch und mit der sinnlosen Brutalität uneingeschränkter Macht, ohne eigentlich[en] Zweck, da die Leute ohnehin hasteten, was ihre Lungen nur hergaben, und sich nicht einmal duckten, wenn der Riemenstrang aufklatschte, ja, viele grinsten sogar; ein kleiner schwarzer Syrer, den es beim Erreichen des Decks gerade getroffen hatte, stopfte gleichmütig, des Striemens auf seinem Rücken nicht achtend, die Lappen zurecht, die er dem Halsring unterlegt hatte, damit es ihm nicht die Schlüsselbeine aufscheure, und er feixte zu der emporgehobenen Sänfte hinauf: »Komm' runter, großer König, komm' runter, versuch's auch mal, wie's schmeckt!« –, ein nochmaliges Ausholen der Geißel war die Antwort, indes, da hatte der Kleine einen flinken Satz getan, die Verbindungskette, die bisher lose gependelt hatte, straffte sich jäh, und der Schlag sauste auf die Achsel des durch den Ruck vorwärtsgerissenen Kettengenossen, eines stämmigen, rothaarig filzbärtigen Parthers, der gleichsam erstaunt den Kopf drehte und auf der zugewandten Gesichtshälfte inmitten mißfarbenem Narbengewirres, er war wohl ein Kriegsgefangener, rot und blutig und starrend ein ausgeschossenes, ausgerissenes, ausgestochenes Auge zeigte, starrend und bei aller Blindheit gleichsam erstaunt, denn bevor er noch von der vorwärtsdrängenden, kettenklirrenden Reihe weitergestoßen worden war, hatte es ihm, offenbar weil es schon in einem abging, nochmals um den Kopf gepfiffen und ihm das Ohr mit einem blutigen Riß gespalten. Dies alles hatte nur einen Herzschlag lang gedauert, nichtsdestoweniger lang genug, um den Herzschlag aussetzen zu lassen; schmachvoll war es, hinzublicken bar jeder Möglichkeit des Eingreifens, schmachvoll war es, auch noch solches Geschehen festhalten zu wollen, schmachvoll war der Wunsch, auch dies noch in die Erinnerung einzuschreiben! Erinnerungslos hatte das blinde Auge gestarrt, erinnerungslos hatte der kleine Syrer gefeixt, erinnerungslos, als gäbe es nichts als eine verwüstete, vergewaltigte Gegenwart, als hätte es, da es kein Nachher mehr geben wird, niemals ein Vorher gegeben, als wären die beiden Verketteten niemals Knaben gewesen, spielend in den Gefilden der Jugend, als gäbe es in ihrer Heimat keine Berge, keine Matten, keinen Bach, der des Abends im fernen Tale rauscht –, oh, schmachvoll war es, der eigenen Erinnerung nachzuhängen, sich um sie zu bemühen, und sie zu pflegen! Oh, Erinnerung voll der Weizenfelder, voll des rauschend knisternden, kühlwandigen Waldes, voll der Jugendhaine, augentrunken am Morgen, herzenstrunken am Abend, aufzitterndes Grün und verzitterndes Grau, oh, Wissen um die Herkunft und um die Rückkehr, Gepräge der Erinnerung! Doch gegeißelt der Besiegte, jubelbrüllend die Sieger, steinern der Raum, in dem es geschieht, brennend das Auge, brennend die Blindheit –, für welches unauffindbare Sein galt es da noch, sich wach zu erhalten? für welche Zukunft galt da noch das unsägliche Bemühen um Erinnerung? in welcher Zukunft könnte sie versinken? gab es da überhaupt noch Zukunft?

Die Brückenplanken wippten steif, als die Sänfte im gemessenen Gleichschritt der Beladenen darüber hin getragen wurde; unten schwappte bedächtig das schwarze Wasser, eingeengt zwischen dem schweren Schiffskörper und der schwarzen schweren Kaimauer, das schwerflüssig glatte Element, sich selbst ausatmend, Unrat ausatmend, Tomaten und verfaulte Melonen, alles was da unten herumsuppte, schlaffe Wellen eines schweren süßlichen Todeshauches, Wellen eines verfaulenden Lebens, des einzigen, das zwischen den Steinen bestehen kann, lediglich lebend in der Hoffnung auf die Wiedergeburt aus seiner Verwesung. Die makellos gearbeiteten, vergoldeten und verzierten Tragstangen lagen auf den Schultern von Lasttieren in Menschengestalt, menschlich gefütterten, menschlich schlafenden, menschlich redenden Lasttieren, und in dem makellos gearbeiteten, geschnitzten Sänftensessel, dessen Lehnen mit goldblechernen Sternen geschmückt waren, lag ein makelbehafteter Kranker, in dem die Verwesung wohnte; dies alles war von äußerster Unstimmigkeit, in alldem barg sich das versteckte Unheil, die Starrheit eines Geschehens, das vollkommener ist als der Mensch, obwohl er selber es ist, der die Mauern baut, der schnitzt und hämmert, den Geißelstrang flicht und Ketten schmiedet. Unmöglich, sich davor zu verschließen, unmöglich war es, zu vergessen. Und was immer man vergessen wollte, in stets erneuter Wirklichkeitsgestalt war es wieder da, als neue Augen, als neuer Lärm, als neue Geißelhiebe, als neue Starrheit, jedes für sich seinen Eigenraum beanspruchend, eines das andere in furchtbare Berührung einengend und bezwingend, und doch seltsam und unstimmig miteinander verwoben. Unstimmig in der Berührung der Dinge war auch der Zeitablauf geworden: niemals noch war das Jetzt so eindeutig vom Vorher geschieden gewesen, eine tiefeinschneidende Kluft, durch keinen Steg überbrückbar, hatte dieses Jetzt abgetrennt, hatte es von der Seereise und allem, was vorangegangen, unweigerlich abgetrennt, hatte ihn von dem ganzen vorangegangenen Leben abgeschieden, und doch hätte er, im leisen Schaukeln der Sänfte, kaum anzugeben gewußt, ob die Fahrt noch währte, oder ob man sich bereits an Land befand, so meeresgleich tobte es um ihn. Hier beim Anlegeplatz der Begleitschiffe war die polizeiliche Ordnung weniger straff als dort, wo sich innerhalb der militärischen Absperrung schon der kaiserliche Zug zum Palaste formierte, und das Vorhaben der meisten Fahrgäste, sich dort noch anzuschließen und hiezu mit eiligem Anlauf den Widerstand der gestauten Masse zu überwinden, schien mehr als vergeblich zu sein. Noch viel vergeblicher war solches Beginnen für den Transport der Sänfte; der kaiserliche Diener, der sie und ihre kleine Eskorte von Kofferträgern als Wächter zu begleiten hatte, war zu bejahrt, zu beleibt, zu weichlich und wohl auch zu gutmütig, um sich zu einem gewaltsamen Durchbruchsversuch aufzuraffen, empört schimpfte er bloß auf die Polizei, weil sie solchen Unfug zuließ, wenigstens eine Bedeckung hätte sie ihm beizustellen gehabt, und so wurde man ziemlich ziellos über den Platz gepufft und getrieben, zeitweise bewegungslos eingekeilt im Zickzack hingeschoben, hergestoßen. Der Knabe, den Mantel über die Schulter geworfen, hielt sich knapp neben der Sänfte, und manchmal blinzelte er mit helldurchsichtigen Augen belustigt und verehrungsvoll herauf. Von den Häuserfronten und aus den Gassen strömte brütende Schwüle entgegen, sie kam in breiten queren Wogen angeflutet, immer wieder von den nicht endenwollenden Schreien, Rufen, [dem] Summen, Brausen des atmenden Massentieres zerspellt, dennoch unbewegt; Wasseratem, Pflanzenatem, Stadtatem: ein einziger schwerer Brodem des in Steinquadern eingezwängten Lebens und seiner verfaulenden Scheinlebendigkeit, Humus des Seins, verwesungsnah und unermeßlich aufsteigend aus den überhitzten Steinschächten, aufsteigend zu den kühlsteinernen Sternen, mit denen die innerste, zu tiefmilder Schwärze werdende Himmelsschale sich zu bedecken begann. Aus unerschließbaren Tiefen sprießt das Leben empor, durch das Gestein sich zwängend, sterbend schon auf diesem Wege, sterbend und verwesend und erkaltend in seinem Aufsteigen und Sich-Verflüchtigen, aber aus unerschließbaren Höhen sinkt das Unabänderliche herab, ein sinkender dunkelleuchtender Hauch, zwingend mit seiner Berührung, erstarrend zum Gestein der Tiefe –, und zwischen solchem Strom und Gegenstrom, zwischen Nacht und Gegennacht, rotglühend unten, klarflimmernd oben, in dieser verdoppelten Nächtlichkeit schwebte er auf seiner Sänfte, als wäre sie eine Barke, eintauchend in die Wellenkämme des Pflanzlich-Tierischen, emporgehoben in den Hauch des Unabänderlich-Kühlen, vorwärtsgetragen zu Meeren von so großer Rätselhaftigkeit und Unbekanntheit, daß es wie Rückkehr war, denn Welle um Welle, die großen Flächen, die sein Kiel bereits durchfurcht hatte, Wellen der Erinnerung, Wellen des Meeres, nichts hatte sich zur Bekanntheit enthüllt, bloß das Rätsel war geblieben, es reichte über die Ufer der Vergangenheit, und inmitten des harzigen Fackelqualms, inmitten des brütenden Stadtdunstes, inmitten des wildtierhaften dunkelatmigen Körperbrodems, inmitten des Platzes und seiner Unbekanntheit spürte er des Meeres Geruch und des Meeres großes Sein: hinter ihm liegen die Schiffe, die seltsamen Vögel der Unbekanntheit, noch klingen Kommandoworte von dorther nach, das ruckweise Knarrknirschen einer Holzwinde, ein tiefer singender Beckenschlag, der wie ein letzter Nachhall des ins Meer gesunkenen Tagesgestirns weitertönt, und hinter ihm ist der großflächige Wind der See, ist ihre millionenhaft weißbekrönte Unruhe, das Lächeln Poseidons, stets bereit zu brüllendem Gelächter umzuschlagen, und hinter der See, aber zugleich sie umschließend, sind die meeresbespülten Länder, sie alle, die er durchschritten hat, über deren Gestein, über deren Humus er gegangen ist, teilnehmend am Pflanzlichen und Menschlichen und Tierischen, verwoben dem allen, ohnmächtig vor so viel Unbekanntheit, unfähig sie zu bewältigen, und irrend durch die Städte der Länder, sie liegen alle hinter ihm, um ihn, in ihm, sie sind sein eigen, besonnt und schattentief, rauschend und nächtlich, bekannt und rätselhaft, Athen und Mantua und Neapel und Cremona und Mailand, ach, und Andes –, alles wurde herbeigetragen, es war hier, umbrandet vom Lichterwust des Hafenplatzes, umatmet vom Unatembaren, umgröhlt vom Unverständlichen, so daß er, der Darüberschwebende, umgeben von Wildheit, sachte in eine schwebende Wachheit glitt, die ihm das Ferne mühelos zur Nähe machte; er wußte sein Leben. Strom und Gegenstrom der Nacht, in der sich Vergangenheit und Zukunft kreuzen, feuergetaucht, feuerumflossen die Gegenwart. Je näher man zu den mit feurig freudigen Transparenten überwölbten Gassenmündungen gekommen war, desto dichter war die Menge gestaut, desto mehr wurden die Träger von der Platzmitte abgedrängt; es war nun schlankwegs unmöglich geworden, zu dem Soldatenspalier hinzugelangen. Dabei ging dies, so gewaltsam es war, mit der nämlichen Mühelosigkeit vor sich, mit der die fernste Ferne sich nun plötzlich der Dinggegenwart beigesellt hatte wie eine zweite Beleuchtung, die den Dingen ihre Eigenbedeutung, ihre grausam harte Grellheit, ihr Schattengeflackere beläßt, ja, sogar noch vertieft, jedoch einen zweiten Seinszusammenhang aufdeckt. Und mit der nämlichen mühelosen Selbstverständlichkeit war nun der Knabe plötzlich an der Spitze der Eskorte, ohne daß man recht gewahr geworden, wann dies geschehen war, er hatte dem Nächstbesten die Fackel aus der Hand genommen, und mit dieser bewaffnet, suchte er den Weg freizumachen, wobei er mit fröhlicher Leichtigkeit immerzu die Leute anschrie: »Platz für Vergil!«, »Platz für Euren Dichter!«. Und fast schien er damit Erfolg zu haben, und an diesem Erfolg verschlug nichts, daß viele wohl nur auswichen, weil da einer getragen wurde, der zum Cäsar gehörte, oder weil ihnen die fieberglänzenden Augen in dem gelbdunklen Gesicht unheimlich waren; er scherte sich nicht um den angefremdet gleichgültigen Widerwillen, mit dem die Leute zur Sänfte hinaufschauten, er begegnete dem scheuen Geraune, das bei jeder Stockung im Umkreis vernehmbar wurde, mit spitzbübischer Gelassenheit, und als ein Spaßvogel, ebenso gutgelaunt wie übelwollend, sich bemüßigt fühlte, mit dem halb ernsthaft, halb komisch gemeinten Ausruf »Dem Cäsar sein Zauberer!« die Stimmung zusammenzufassen, da hatte der junge Führer und Mantelträger auch schon die Antwort parat: »Ja, du hast recht; er ist unser Zauberer!« Ein paar Hände mit gestreckten Fingern gegen den bösen Blick flogen auf, und eine weißgeschminkte Hure, der die blonde Perücke ein wenig schief auf dem Schädel saß, kreischte: »Gib mir einen Liebeszauber!« – »Ja, zwischen die Beine«, ergänzte ein gänserichähnlicher und sonnverbrannter, langer Bursche, offenbar ein Matrose, und erwischte die vergnügt-zärtlich Aufquietschende von hinten, »so 'nen Zauber kannste auch von mir gut und gern geliefert bekommen!« – »Platz für den Zauberer!«, kommandierte der Junge, pufte mit dem Ellbogen resolut den Gänserich zur Seite und schwenkte mit einem raschgefaßten Entschluß nach rechts gegen den Platzrand hin ab; willig folgten die Träger, etwas weniger willig der Wächter-Diener, es folgte die Sänfte samt ihrer Eskorte, gleichsam von unsichtbarer Kette nachgezogen. Wohin führte der Knabe? aus welcher Tiefe der Erinnerung war er aufgetaucht? von welcher Vergangenheit, von welcher Zukunft war er bestimmt? aus welch vergangenem, zu welch künftigem Geheimnis wurde er selber getragen? war es nicht nur ein ständiges Schweben in unermeßlicher Gegenwart? Um ihn herum waren die Freßmäuler, die Brüllmäuler, die Gesangsmäuler, die Staunmäuler geöffnet, zahnbesetzt hinter roten und braunen und blassen Lippen, mit Zungen bewehrt, er sah herab auf die moosig-wolligen Rundköpfe der Tragsklaven, sah von seitwärts ihre Kiefer und die finnige Wangenhaut, er wußte von dem Blute, das in ihnen schlug, von dem Speichel, den sie zu schlucken hatten, und er wußte von den Gedanken, die in diesen ungefügen, ungelenken, ungezügelten Freß- und Muskelmaschinen gleichsam verloren, ewiglich unverlierbar, zart und dumpf, durchsichtig und dunkel, sickernd Tropfen um Tropfen, fallen und vergehen, die Tropfen der Seele; er wußte von der Sehnsucht, die selbst in der wüstesten Brunst und Fleischlichkeit nicht erschweigt, die ihnen allen da eingeboren ist, dem Gänserich ebensosehr wie seiner Hure, unaustilgbare Sehnsucht des Menschen, die sich vielleicht ins Bösartige und Feindliche wenden, niemals aber völlig vernichten läßt. Entrückt und doch unaussprechlich nahe, schwebend vor Wachheit und doch ihnen vermengt, sah er die Stumpfheit der samenspritzenden und samentrinkenden, gesichtslosen Leiber, ihre Schwellungen und Härten, er sah und hörte die Verborgenheiten ihrer Abläufe, den wilden stumpfen kriegerischen Jubel ihrer Vereinigungen und das blöd-weise Verwelken ihres

Alterns, und fast war es, als würde ihm solches Wissen ausschließlich durch die Nase zugemittelt werden, eingeatmet mit dem betäubenden Dunst, in dem dies alles eingebettet ist, mit dem vielfältigen Dunst der Menschentiere und ihres täglich zusammengesuchten, täglich sie passierenden Futters. Indes jetzt, da man sich durch die Menge endlich durchgekämpft hatte und mit den spärlicher werdenden Lichtern sie schütterer und schütterer wurde, um sich schließlich ganz zu verlaufen, wurde ihr Geruch von dem glatten glitzernd-fauligen Gestank der Fischmarktstände abgelöst, die hier, nunmehr stillverlassen, den Hafenplatz begrenzten. Mit großer Sicherheit, als werde er von genauer Ortskenntnis gelenkt, steuerte der Knabe darauf zu, um in das Gebiet der Warenspeicher und Werftanlagen einzudringen, das mit seinen düster unbeleuchteten Gebäuden gleich hinter dem Fischmarkt begann und sich weithin ausdehnte. Und da wechselte nochmals der Geruch: man roch das ganze Schaffen des Landes, man roch die ungeheuren Lebensmittelmengen, die hier vorbereitet waren, damit sie sich zur gegebenen Zeit durch die Menschkörper durchzuschlacken hätten, man roch die trockene Süße des Getreides, dessen Feimen vor den schwarzen Silos sich häuften, wartend, daß sie hineingeschaufelt würden, man roch die säuerliche Milde der Öltonnen, der Ölkrüge, der Ölkufen, die beizende Herbheit der Weinlager längs der Kais, man roch die Zimmermannswerkstätten, die Massen der mächtigen, irgendwo im Dunkeln aufgestapelten Eichenstämme, deren Holz niemals altert, man roch des Holzes geschmeidigen Widerstand, und man roch die zubehauenen, hellbraunen gemaserten Blöcke, in denen noch die Axt steckt, und neben den schöngehobelten neuen Schiffsplanken roch man die ausgebrochenen, weißlichgrünen, glitschigmodrigen, muschelbesäten, deren große Haufen des Verbrennens harrten. Ein unendlicher Friede lag in dieser duftgeschwängerten Nächtlichkeit, der Friede eines schaffenden Landes, der Friede der Äcker, der Weinberge, der Wälder, der Ölhaine, der bäuerliche Friede, aus dem er selber hervorgegangen war, der Friede seines steten erdgebundenen, erdzugekehrten, irdischen Heimwehs, der Friede, dem stets sein Gesang gegolten hatte, und als sollte es überall zum Bilde seines Selbst werden, war auch dieser Friede zwischen den Steinen eingezwängt, war gebändigt und mißbraucht zum Ehrgeiz, zum

Nutzen, zur Hetzjagd im Außen, zur Verknechtung, zum Unfrieden. Innen und Außen sind gleich, sind Bild und Gegenbild und sind doch noch nicht die Einheit, die das Wissen ist. Überall war er selber, und wenn er alles festhalten mußte, festhalten konnte, mühelos ihm angehörend, mühelos es besitzend, so war es, weil es von Anbeginn ihm zu eigen gewesen war, weil Erinnern und Festhalten niemals etwas anderes als Erinnern seiner selbst ist, weil es der Wein war, den er selber getrunken, weil es das Öl war, das er selber geschmeckt, weil es das Holz war, das er selber betastet, weil die Gesichter und Ungesichter, samt ihrer Brunst, samt ihrer Gier, samt ihrer Fleischlichkeit, samt ihrer habsüchtigen Kälte, samt ihrem medizinischen und bestialischen Sein und samt ihrer großen nächtlichen Sehnsucht, weil dieser ganze chaotische Humus ihm einverleibt war von Anbeginn an, als seine eigene Fleischlichkeit, als seine eigene Brunst, als seine Gier, als sein eigen Ungesicht, aber auch als seine eigene Sehnsucht: wahrlich, mag er, auch dies von Anbeginn an, noch so abgeschieden gewesen sein, mochte sich seine Sehnsucht noch so sehr gewandelt und sich dem Erkennen zugekehrt haben, so sehr, daß sie zuletzt, schmerzlicher und schmerzlicher geworden, kaum mehr Sehnsucht, ja, kaum mehr Sehnsucht nach der Sehnsucht zu nennen war, ach, in ihrem Begehren nach Erinnerungstiefe strebte sie wie eh und je in den Humus des Seins zurück. Vielleicht sogar in etwas, das rein körperlich war. Er hatte die Finger ineinandergekrampft, er spürte den Ring, der sich hart in Haut und Sehnen drückte, er spürte die Knochen seiner Hand, er spürte sein Blut, er spürte die Erinnerungstiefe seines Körpers, die Schattentiefe der Vergangenheit und ihr gegenwartsnahes, gegenwartserhellendes Leuchten, und er erinnerte sich der Knabenzeit in Andes, er erinnerte sich des Hauses, der Ställe, der Speicher, der Bäume, er erinnerte sich der helläugig und dunkellockig dort schaltenden Mutter, von der das Haus erwärmt gewesen war – oh, sie hieß Maja, und kein anderer Name hätte besser zu ihr gepaßt –, er erinnerte sich des halb knauserigen, halb freigebigen, weißhaarigen Großvaters Magus Polla und des wütenden, markerschütternden, kinderschreckenden Geschreies, das anzustimmen er niemals hatte lassen können, sooft es, ob Kauf oder Verkauf, um die Vieh- und Getreidepreise ging, und er erinnerte sich des Vaters, der erst mit der Heirat zum richtigen

Bauern geworden war und dessen einstmaliger Töpferberuf dem Sohne gering gedäucht hatte, obwohl es sehr schön gewesen war, den abendlichen Erzählungen von der Arbeit an den bauchigen Weinfässern und den edelgeschwungenen Ölkrügen zu lauschen, den Erzählungen von dem formenden Daumen, von den Spachteln und von der surrenden Drehscheibe, schönen Erzählungen, unterbrochen von manchem alten Töpferlied. Dessen erinnerte er sich. Immer steht die Seele am Anfang, selbst das Ende hat für sie die Würde des Beginns; kein Lied geht verloren, das je die Saiten ihrer Leier berührt hat, und in ewig erneuter Bereitschaft bewahrt sie in ihrem Sein jegliches Tönen, in dem sie je aufgeklungen. Und er sog die Luft ein, um den kühlen Geruch der Tonnen zu erhaschen. Die Nagelschuhe der Träger klappten auf Steinboden, knirschten auf Kiesboden, die Fackel des jungen Führers, der sich mitunter umwandte und zu der Sänfte hinauflächelte, glimmte und leuchtete voran, man kam jetzt recht tüchtig ins Marschieren, der im bequemeren Hofdienst beleibt gewordene, ergraute Diener, hinten nachwatschelnd, seufzte vernehmlich, das Gewirr der Magazin- und Silodächer, schwachschräg, flach, spitz ragte zum sterndichten, schwarzen Himmel hinauf, Krane und Gestänge warfen drehende Schatten unter dem vorüberziehenden Licht, man kam an leeren und beladenen Karren vorbei, ein paar Ratten kreuzten den Weg, und nach einem engen Durchlaß zwischen zwei Schuppen stand man plötzlich wieder vor den Stadthäusern, vor dem Eingang einer verwitterten, ziemlich steil ansteigenden, schmalen, wäschebehängten Mietskasernengasse, und das war so überraschend, daß sie allesamt, Herr und Diener, selbst die Tragsklaven nicht ausgeschlossen, lachen mußten, da der Knabe den Marsch anhielt und, sich leicht verbeugend, mit einer stolzen Weisegeste zum Einzug in die Gasse einlud. Nichtsdestoweniger, es war kein rechter Anlaß zur Heiterkeit. Denn hier, in dieser schlechtbeleuchteten Gasse, für deren übliches Alltagsleben, als wären die Bewohner meilenweit vom Kaiserfeste entfernt, der auftauchende Sänftenzug bloß Störung und unliebsames Aufsehen war –, das Geschwätz der aus den Fenstern herausgelehnten Weiber kippte keifend in Schimpfworte um, die Kinder, welche trotz der vorgerückten Stunde rudelweise den flachstufigen Stiegenweg hinauf und herab tollten, liefen den Trägern absichtlich zwischen die Beine, jubelnd, weil die längs der Mauern angepflockten Ziegen gleichfalls nicht ausweichen wollten, und während so das tierisch Vierfüßige und Zweifüßige gleich gellenden Schatten hin- und hereilte, in den finstern Steinnischen sich versteckte und wieder hervorbrach, schnatterte aus den kellerigen dunkelhöhligen Gassenläden all das billige Gefeilsche heraus, mit dem die Bedürfnisse der nächsten Stunden und des nächsten Tages gedeckt werden sollten, und kleinkümmerliche Handwerkerarbeit klopfte, schnarrte, klemperte, von Schatten bedient, für Schatten bestimmt –, hier, wo Haus um Haus bestialischen Fäkaliengestank aus dem geöffneten Tormaul entließ, hier in diesem verwitterten Wohnkanal, durch den er auf hocherhobener Sänfte getragen wurde, so daß er in die ärmlichen Stuben blicken konnte, blicken mußte, getroffen von den wütend und sinnlos ihm ins Gesicht geschleuderten Verwünschungen der Weiber, getroffen vom Gegreine der auf Fetzen und Lappen gebetteten Säuglinge, getroffen vom Qualm der an den rissigen Wänden befestigten Ölfunzeln, getroffen von der Abgestandenheit der Kochstellen und ihren verschmorten alten polentaverschmierten Eisenpfannen, getroffen vom Anblick der da in den Gehäusewinkeln allenthalben herumhockenden, nahezu unbekleideten, mummelnden Greise, hier zwischen den Höhlen des Ungeziefers, hier in dieser äußersten Verkommenheit und elendigsten Verwesung, hier an dieser Stelle bösartig kreißender Geburt und bösartig krepierenden Todes, verwobener Ein- und Ausgang zu engster Verschwisterung, finstere Ahndung das eine wie das andere, namenlos das eine wie das andere im Schattenraum, hier in dieser namenlosesten Nachtlichkeit und Unzucht, hier mußte er zum ersten Male das Gesicht verhüllen: sinnlos war der Hagel der Schimpfworte, der auf ihn niederprasselte, sinnlos, sinnlos, sinnlos, dennoch berechtigt, dennoch Mahnung, dennoch Wahrheit, und jede Schmähung riß ein Stück Überheblichkeit von seiner Seele, so daß sie nackt wurde, so nackt wie die Säuglinge, so nackt wie die Greise auf ihren Lumpen, nackt dahingespült von der Finsternis, nackt vor Erinnerungslosigkeit: Flut der nackten Geschöpflichkeit, die über die atmende Erde ausgebreitet ist und über sie hinwegzieht, breit unter dem atmenden Himmel des Tag- und Nachtwandels, eingeschlossen in die Unveränderlichkeit von Jahrhunderttausenden, der Herdenstrom des Lebens, aufsickernd aus dem Humus des Seins, immer wieder darin einsickernd, die unentrinnbare Verbundenheit alles Kreatürlichen: Zeitberge und Zeittäler, oh, Myriaden Geschöpfe, die darüber hinweggetragen worden waren und darüber hinweggetragen wurden, und keines von ihnen, dessen Seele nicht gemeint hätte, im Zeitlosen zu schweben! keines von ihnen, das nicht meinen würde, abgelöst zu sein von dem Gewühl, abgelöst und abgesondert, das Herz zitternd wie eine durchsichtige Blüte auf unsichtbar gewordenem Geranke! oh, um dieses Wahngebilde der Zeitlosigkeit geht es, und auch sein Leben, emporgeschossen aus dem chaotischen Humus des nächtlich Unbenannten, emporgewachsen im Gestrüpp des Kreatürlichen, emporgewachsen und hindurchgerankt in unzähligen Windungen, da und dort anhaftend, an Unreinem und an Reinem, an Vergänglichem und Unvergänglichem, an Dingen, an Besitz, an Menschen und abermals Menschen, an Worten und an Landschaften, dieses immer wieder verachtete und immer wieder gelebte Leben, es hatte nur dazu dienen sollen, ihn selbst über sich selbst hinauszuheben, über jede Schwelle hinaus, bis dorthin, wo es nur noch Absturz gab –, oh, wie gerecht war es da, daß die keifenden, scheltenden, höhnenden Stimmen der Weiber seinen fruchtlosen Wahn aufdeckten! Die Stimmen der Weiber? nein, es waren alle Stimmen der unabänderlich dahinflutenden Zeit selber, die daran teilnahmen, sie waren das Unabänderliche selber, das Dahinflutende selber, die Zeit selber, und mit der ganzen saugenden Kraft, die der Zeit und nur der Zeit innewohnt, riefen sie ihn mit Schimpfworten, die seinen Namen auslöschten, so daß er, entkleidet des Namens, entkleidet seiner Seele, entkleidet seines Herzens, entkleidet jeglichen Liedes, zurückgerufen aus seiner Zeitlosigkeit, zurückgerufen ins nächtlich Unsagbare und in den Humus des Seins, zu jener bittersten Scham erniedrigt wurde, die der letzte Rest eines verloschenen Gedächtnisses ist: oh, sie wußten, daß auch sein Schiff ihn schicksalshaft zurückgetragen hatte, daß auch er dem Unabänderlichen nicht entronnen war, daß auch sein Schicksalskreis sich nun wieder schließen mußte, eintauchend in dem Strom der ununterscheidbar vorwärtsflutenden Zeit, und sie höhnten ihn, weil der Ort des Eintauchens sich durch nichts von dem des Auftauchens unterscheiden würde: oh, und sie höhnten ihn, als sei er ein unfolgsames Kind gewesen, das sich nun nach Hause zurückstehlen wollte, sie verhöhnten den Weg, auf welchem er zurückgebracht wurde, als sei der ein überflüssiger Umweg gewesen, ja, sogar ein sehr gefährlicher Umweg, ein Unheilsweg, den zu hassen und zu vereiteln ihnen oblag; denn die Stimmen waren voller Wissen, sie alle, die keifenden Stimmen der Weiber, die schweren Stimmen der Mütter, die dunklen Stimmen der Zeit, sie wußten, daß jeder Kreis des Schicksalsweges den Abgrund des Nichts umschließt, sie wußten von den Verirrten, von den Ermatteten, von den Verzweifelten, die den Weg vorzeitig abbrechen und unweigerlich in den Unheilsabgrund der Mitte stürzen müssen, und angstvoll schwang in solchem Wissen der ewige Mutterwunsch mit, es möge jegliches Kind für immer so nackt bleiben, wie es geboren worden ist, eingebettet in den dahinflutenden Zeiten der Erde, eingebettet im Strom der Geschöpflichkeit, sanft emporgehoben und sanft wieder darein verschwindend, gleichsam ohne Schicksal: oh, dies war ihr Hohn und ihr Haß und ihr Wunsch und ihr Wissen –, doch selber Geburt, wußten sie nichts von der Wiedergeburt, und unfähig waren sie, zu erfassen, daß Geburt wie Wiedergeburt nimmermehr geschehen könnten, geschähe neben ihnen nicht das Nichts, stünde nicht das Unheil des Nichts ewiglich und unabänderlich hinter ihnen, ja, daß erst aus diesem unlöslichen Zusammenhalt, aus der schweigend raunenden Verschwisterung von Sein und Nichtsein wesensgroß die Zeitlosigkeit aufzustrahlen beginnt, kein Wahngebilde, keine Überheblichkeit, wohl aber unverhöhnbar das Schicksal des Menschen, die furchtbare Herrlichkeit des menschlichen Loses: oh, es ist das Gottschicksal des Menschen und es ist das Schicksal der Götter, es ist ihrer beider unabänderliche Bestimmung, stets aufs neue den Weg der Wiedergeburt gewiesen zu werden, es ist ihrer beider untilgbare Schicksalshoffnung, nochmals den Kreis auszuschreiten zu dürfen, damit das Nachher zum Vorher werde und jeder Punkt des Weges alle Vergangenheit und alle Zukunft in sich vereinige, stillhaltend im Liede gegenwärtiger Einmaligkeit, in jenem Sekunden-Nichts, von dem das All wie eine einzige zeitlose Erinnerung umfaßt wird: oh, unabänderliches Menschenschicksal des Gottes, herabsteigen zu müssen ins Irdische, ins Böse, ins Sündige, auf daß zuerst im Irdischen sich das Unheil erschöpfe, auf daß zuerst im Irdischen sich der Kreislauf vollende und immer enger sich um die Unerforschlichkeit des Nichts schließe, um den unerforschlichen Seinsgrund Geburt, der einstmals zur Wiedergeburt des Seins sich verwandeln wird, sobald Gott und Mensch hiezu bereit sein werden: oh, unabänderliche Schicksalspflicht des Menschen, dem Gott willig den Weg zu ebnen, zugewendet einer Zeitlosigkeit, von der die irdisch-zeitlichen Stimmen der Weiber nichts wußten und nichts wissen wollten –, doch wehe dem Menschen, welcher dieser Pflicht vergißt, wehe dem Menschen, welcher den Kreis nicht schließt, sondern statt dessen erweitern will, wehe dem Menschen, welcher wähnt, er müsse bloß den Lebensbogen ins Übermäßige spannen, um jene Erinnerungsstärke zu finden, die er als stete Gegenwart göttlicher Kindheit für sich erhofft! wehe ihm! denn wohin immer er auf solch überweiterter Bahn gelangen mag, ob zum Jubel oder zum Rausche, ob zu der Erlebnisgröße der Macht oder der des Ruhmes, nirgends enteilt er dem Hohne der irdischen Stimmen, unabgerundet bleibt der Ring, und jeder Schritt, der in solche Schein-Unendlichkeit, in solche Schein-Zeitlosigkeit, in solche Schein-Absonderung, in solche Schein-Göttlichkeit getan wird, ist bereits Unzucht, ist bereits ein Fallen in den Unheilsabgrund, ins unwiderruflich Böse der Ungeborenheit, ist ein Fallen ins Nichts! Oh, wer verhüllte nicht sein Haupt vor dem drohenden Abgrundsrachen! Wer vermöchte der Drohung standzuhalten! Wehe dem Lachenden! Nun, er lachte nicht. Er hielt sein Haupt verhüllt. Und während er, obwohl auf ebenerem Wege wieder sanfter gewiegt und schon längst dem Hörbereich der höllischen Stiegengasse entronnen, noch immer die keifenden Schimpfreden zu vernehmen meinte, ja, anzunehmen geneigt war, sie wären ihm eigens nachgefolgt, um sich mit dem neuerdings aufkeimenden und anschwellenden Massenlärm vermählen zu können, mit dem Jubellärm, mit dem Machtlärm, mit dem Rauschlärm, mit dem Ruhmeslärm des Kaiserfestes, und während er fühlte, daß es schier unmöglich ist, die Stimmenmasse des Innen und Außen zu bändigen oder gar abzuwehren, wurde mit ebensolcher Unabwehrlichkeit desgleichen auch das Licht wieder so lärmend und grell, daß es scharf durch die noch geschlossenen Lider drang, und er die Augen öffnen mußte, zögernd, widerwillig, in einem Blinzeln, das sich sehr bald zu Entsetzen weitete: unterweltsfeurig strahlte es ihm vom Gassenausgang entgegen, ein magischer

Lichtquell, der alles, was in der Gasse sich bewegte, in ein automatisches Hinströmen zu verwandeln schien, fast war es, als würde die Sänfte nicht mehr getragen werden, sondern hinschwimmen, und mit jedem Schritt, mit jedem Vorwärtsgleiten wurde das Wirken jener geheimnisvollen, unheilsträchtigen, sinnlos-großartigen Anziehungskraft deutlicher verspürbar, wurde immer furchtbarer, immer dringlicher, immer näher, anwachsend, und anwachsend, indes erst in dem Augenblicke sich unmittelbar enthüllend, da die Sänfte, geschoben, gezogen, schwimmend, den Gassenschlund verließ, denn hier wurde mit einem Male, feuerumkränzt, lärmumringt, ohne Lichtschatten und ohne Lautschatten, in schattenloser Gleichförmigkeit blendend, der kaiserliche Palast sichtbar, halb Stadthaus und halb Festung, vulkanisch unterweltlich leuchtend emporgehoben aus der Mitte eines fast kreisrunden Platzes, und dieser Platz war eine einzige Flut zusammengeballter Geschöpflichkeit, eine Flut von Leibern, von Gliedmaßen, von Köpfen, eine Flut glosender Augen und glosender Blicke, die inbrünstig steif, gleichsam jeglichen anderen Inhaltes verlustig, auf das eine, schattenlos glühende Ziel gerichtet waren, eine menschliche Feuerflut, gierig an der Feuerküste zu lecken. So ragte die Burg, umbrandet von ihrer Herdenhaftigkeit, und doch so stark, daß alles Vergangene und alles Zukünftige darein verschlungen war, das Tosen aller Erinnerungstiefen in sich aufnehmend, jedwede Vergangenheit und jedwede Zukunft in seinem Brausen bergend. Oh, Größe der Menschenvielfalt, Weite der Menschensehnsucht! Und schwebend in seiner Wachheit, schwebend emporgetragen über den brüllenden Köpfen, schwebend emporgehoben über den Jubelbrand des tosenden Brundisium, schwebend emporgehalten in den schwebenden Augenblick des Jetzt, erlebte er die grenzenlose Verkürzung des Zeitablaufes im Kreise der Unabänderlichkeit: alles war ihm zu eigen, alles war ihm einverleibt, so sehr wie es ihm von Anbeginn zugehörig gewesen war zur ewigwährenden Gleichzeitigkeit, und es war Troja, das um ihn brannte, es war der niemals verlöschende Weltenbrand, doch er, der über den Bränden schwebte, er war Anchises, blind und sehend zugleich, Kind und Greis gleichzeitig kraft unsäglicher Erinnerung, getragen von den Schultern des Sohnes, er selber Weltengegenwart, getragen von des Atlas Schultern, von den Schultern des Riesen. Und so ging es Schritt für Schritt dem Palaste zu.

Der engere Umkreis des Palastes war von einem Polizeikordon abgesperrt; Mann an Mann, mit quergelegten Lanzen, leisteten die Bewaffneten gegen die anflutende Menge jenen elastischen Widerstand, der sich in dem wellenartigen Zurückfluten bis zum Rande des Platzes auswirkte. Hinter dem Kordon hatte eine Prätorianerkohorte, die hiezu aus Rom hierher designiert worden war, die Ehrenwache bezogen, ernst und breitspurig und großwüchsig, fast furchteinflößend und fast ein wenig lächerlich mit der kriegsmäßigen Aufmachung ihrer Patrouillen und Wachtfeuer, in deren warmhauchenden Schein die vergoldeten Rüstungen glänzten und die hohen Federbüsche sich leise aufplusterten. Auch das Leinen der nicht minder kriegsmäßig aufgeschlagenen Kantinenzelte bewegte sich leise, und viele der Schaulustigen, mit schmeckender Zunge die trokkenen Lippen befeuchtend, behaupteten, daß hier der Freiwein ausgeschenkt werden würde, sobald der Cäsar hiezu das Zeichen geben werde. Am ärgsten freilich ging es vor dem Eingang zu, denn das Doppelspalier, das vom Hafen heraufgeführt hatte, war bereits aufgelöst worden; die Toreinfahrt mit ihrer beidseitigen dichten Fackelreihe glich einem Feuerrachen, und weit eher hätte man sich vor einem Zirkuseingang als vor einem kaiserlichen Gebäude wähnen [können], so arg war das Treiben, so arg der Hader, der da um den Einlaß vonstatten ging, die Schliche der Unbefugten, die mit jedem Mittel versuchten, die Kontrolle zu überlisten, die Empörung der Befugten, die man für Unbefugte hielt oder warten ließ. Hier war nun der alte Diener am Platze, und unter dem Murren aller jener, welche die Kontrollformalitäten über sich ergehen lassen mußten, erhielt die Eskorte sofortigen Eintritt; fast war es das nämliche Gefühl der Erleichterung wie nach Überstehung der Seekrankheit, als man von den schützenden Mauern des Hofes aufgenommen, der scheinbar zwar vor Unordnung barst, in dem aber trotzdem die kaiserliche Dienerschaft, an solche Vorfälle gewöhnt, genaue Disziplin hielt. Ein Hausmeister, versehen mit einer Gästeliste, trat an die Sänfte heran, der begleitende Diener raunte ihm den Namen des Ankömmlings zu, und auf den gleichmütig höflichen Blick, den der Hausmeister zu dem Gast auf der Sänfte hinaufsandte, bestätigte dieser mit dem Stolz, von dem kein Künstler frei ist: »Ja, Publius Vergilius Maro«, allerdings ohne viel Eindruck damit zu machen, vielmehr verbeugte sich der Hausmeister bloß mit unerschütterlichem Gleichmut, strich seine Liste an, und geleitete die Sänfte samt Gefolge in den beinahe stillen, springbrunnenrieselnden zweiten Hof, in dem sich der für die Mitreisenden des Cäsars bestimmte Wohntrakt befand. Hier wurde die Sänfte abgestellt, und da hier auch der Bereich der Haussklaven begann, wurden die fremden Träger entlassen. »Was stehste da noch herum?«, herrschte der Hausmeister den Knaben an, dem der Mantel bereits abgenommen worden war, sich aber nicht von der Stelle rührte und lächelte. Natürlich hatte er nun fortzugehen –, es hatte keinen Sinn, daß er bliebe, mochte er sich auch für die Führung allen Dank verdient haben, denn was sollte er, der müde, einsamkeitsbedürftige Kranke mit dem Jungen anfangen! Und doch, welch sonderbare Angst, allein zu bleiben und er könnte ihn verlieren: »Mein Schreiber«, sagte er, und es war beinahe gegen seinen eigenen Willen gesagt, es war, als hätte etwas Fremdes, vielleicht die Nacht selber, in ihm gesprochen. Der Springbrunnen plätscherte, aus dem Vordergebäude tönte gedämpft das Brausen der Stimmen, dazwischen, einmal näher, einmal entfernter, das Wehen der Musik gleich Schleierstreifen, bestickt mit Zimbelpunkten, und drüben an der Mauer stand, den hartbastenen Stamm undeutlich beleuchtet, in steifer Herbheit schwarzfächerig und abweisend eine Palme, während auf dem Himmelsviereck, das die Stille des Hofschachtes oben abschloß, der rötliche Qualm dahinzog und dazwischen die Sterne sichtbar wurden, der Sterne Atemlicht. Oh, es war die Nacht, endlich die Nacht! Und indem er sich von der Sänfte erhob, rief er den Knaben zu sich: »Nimm dies«, befahl er ihm und gab ihm das Kästchen mit der Äneis, »gib acht darauf.« Und dann, auf seine Schulter gestützt, versuchte [er], die Stiegen emporzuklimmen, freilich um alsbald, kaum daß er ein paar Stufen emporgestiegen war, zu merken, daß er sich überschätzt hatte; er mußte sich von zwei Sklaven hinauftragen lassen, der Knabe folgte mit denen, die sich des Mantels und der Koffer bemächtigt hatten, und der Hausmeister, immer noch die Liste in der Hand, ging voraus. So gelangte man in das dritte Stockwerk der turmartigen nordwestlichen Palastecke und in das luftige Gemach, das dort vorbereitet war; durch die offenen Rundbogenfenster strich ein kühler Hauch, denn man befand sich ein gutes Stück über den

Dächern der Stadt, schräg brannten die Kerzen auf dem vielarmigen blumenbekränzten Kandelaber in der Mitte des Raumes, einseitig an einer jeden von ihnen baute sich, Tropfen um Tropfen, ein rasch dicker werdender zackiger wächserner Steg an, der Wandbrunnen ließ zartkühlenden Wasserfächer über die Marmortreppchen seines Aufbaues herabrieseln, das Bett unter dem Moskitonetz war gerüstet, und auf dem Tisch neben dem Lager waren Speisen und Wein angerichtet. Nichs fehlte, der Lehnsessel stand in dem Erkerfenster und der Leibstuhl in der Zimmerecke, Gepäck wurde griffbequem aufgestapelt, es klappte alles so genau und so geräuschlos, wie ein Kranker es sich nur wünschen konnte, aber wenn er auch diese beinah liebevolle Fürsorge zur Kenntnis nahm, sie machte ihn trotzdem ungeduldig. Hätte man ihn bloß auf dem Schiffe sterben lassen, anstatt ihn noch mit Gastfreundschaft zu plagen! »Stelle das Kästchen neben das Bett hin«, ordnete er an, und dann ließ er sich auf den Sessel beim Fenster nieder; für die Frage des Hausmeisters nach sonstigen Befehlen hatte er bloß ein stummes Kopfschütteln, lediglich darauf wartend, daß der Mann sich mit den Sklaven entfernen werde, und nachdem dies geschehen war, wandte er sich, nicht ohne Unwillen, zu dem Knaben: »Nun, was ist dir? du kannst ja hier nicht bleiben...« Der Knabe lächelte: »Ein wenig noch, nur bis du zur Ruhe gegangen bist.« – »Viele werden dich beneiden daß es dir gelungen ist, dich zum Fest einzuschleichen; nütze es also aus und zögere nicht, mein Dank begleitet dich auch jetzt schon.« Der Knabe setzte wieder sein spitzbübisches Gesicht auf: »Ich wollte nicht zum Fest...ich wollte zu dir.« – »Zu mir, oh Götter, bist du vielleicht einer von jenen, die es darauf angelegt haben, mir Verse vorzulesen?« – »Wie dürfte ich dies wagen?« – »Aber du machst Verse!« Das Spitzbubengesicht drückte ebensowohl ein Ja wie ein Nein aus. Und eigentlich wollte er auch keine Antwort hören. Schräg brannten die Kerzen in dem weichen Lufthauch, der wie eine kühle, zarte und mächtige Sehnsucht dahinflutete, aus der Nacht kommend, in die Nacht sich ergießend; die Silberampel neben dem Ruhelager pendelte leise an ihrer langen Kette, und draußen vor dem Fenster verzitterte und verebbte die Dächer entlang der Dunst der Stadt, löste sich purpurn und violett auf im Dunkelblauen und Schwarzen und Unbegreiflichen und Wogenden.

»Setz dich zu mir«, sagte er schließlich und winkte den Jungen zu sich heran, und als sich dieser zu seinen Füßen hingekauert hatte, schwiegen sie beide. Von fernher brodelte es orkusartig, dumpf, unterkreatürlich, verlockend, es war der Lärm des Getümmels vor dem Palaste, vielleicht auch der Festlärm, und je länger man hinlauschte, desto mehr wurde es zum Glockengeläute aller Menschenherden, wild und satt zugleich, blind und starrend, das nächtlich Dampfende der Kreatur: nichts Irdisches vermag wahrhaft den Schlaf zu verlassen und sich der Nacht zu entledigen, die es in sich trägt und Schatten wirft, nichts Irdisches vermag wahrhaft in den Tag vorzudringen und in seine schattenfreie Erkenntnis, und unabänderlich ist die Nacht in uns, als sei deren Weisheit größer als jegliche Erkenntnis: ja, das waren die Nächte, durch die er selber gewandert war, selber ein Teil der Menschenherde, mochte er sich noch so einsam gefühlt haben, das waren die Nächte, die er durchwacht hatte, voll Angst in die Bewußtlosigkeit des Schlafes zu sinken, voll Angst, zu schattenloser Helligkeit zu erwachen, immer an der Schwellenkippe solch doppelten Abschiedes, an der gefährlichen Schwelle der Zeitlosigkeit: oh ja, das waren die Nächte gewesen, während welcher er gewartet hatte, an der Schwelle des Abschiedes hockend, voll Scheu, Pan zu verlassen, und schließlich zurückgestürzt und aufwärtsgestürzt in die Sphären der Verse, die er niederschrieb und niederschreiben mußte, während draußen und irgendwo, auf dem Platze, in den Gassen, in den Schenken, in Städten und Aberstädten, unhörbar und gerade darum umso deutlicher vernehmbar die Menschen tobten, während in Festräumen und Aberfesträumen sich der Augustus feiern ließ, angelächelt von vielen Gesichtern, selber lächelnd, während in stinkenden Höhlen sich die nackten Greise ihren letzten Rest Wachheit vom Leibe schliefen und die Säuglinge in die dumpfe Wachheit eines künftigen Lebens traumlos hineinträumten, während in den Schiffsbäuchen die angekettete Rotte der Knechte auf den Bänken, auf den Planken wie betäubtes Gewürm [saßen], ja, während all dies in der unermeßlichen Dunkelheit, im unermeßlich Verborgenen, in der unermeßlichen Zeitlosigkeit und Ununterscheidbarkeit des ersten Anfanges und des letzten Endes vor sich ging, in dieser Zeitlosigkeit, die in jeder irdischen Nacht neuausbricht und von der sie nur ein Teil ist, ja, an dieser Kippe von Zeitlosigkeit und Zeit, von Abschied und Wiederkunft, von Herdengemeinschaft und einsamster Einsamkeit, da war Nacht für Nacht, mochte er es ausgenützt haben oder nicht, die Stunde der Dichtung über ihn gekommen. Denn Dichtung ist Gemeinschaft und Einsamkeit zugleich, ist der Zwang, an der Schwelle zu verharren, so unzuchtslos mit allem vermischt, wie es die Herde ist, und doch voller Angst vor der Vermischung, vor dieser Angst, die mit der erwachenden Erkenntnis aufkeimt und mit dem erwachenden Abschied. Er spürte an seinem Knie, unmerklich fast, die Schulter des hingekauerten Knaben, dessen Gesicht im eigenen Schatten versunken war, er sah das wirrdunkle Haar, in dem der Kerzenschein spielte, und er gedachte jener fürchterlichen, glückhaft glücklosen Nacht, in der er dem Drängen der Plotia Hieria nachgegeben und ihr, der Hingekauerten, anstatt sie zu überwältigen und als Weib zu nehmen, Verse vorgelesen hatte –, es war die Ekloge von der Zauberin, jene Ekloge, die er damals über den Wunsch des Asinius Pollio verfertigt hatte, sicherlich in Gedanken an die Plotia, in Sehnsucht und Lustbangigkeit nach ihr und doch wohl auch schon mit dem Willen, sie zu fliehen, wissend, daß es ihm niemals vergönnt sein werde, in die vollkommene Nacht der Gemeinschaft einzukehren, unfähig, die Schwelle zu verlassen, und so war es auch gekommen, denn es war der Abschied gewesen. Und es war jener Abschied gewesen, den später Äneas nochmals erleben sollte, als er Dido mit flüchtenden Schiffen verließ, ins Unwiderrufliche ziehend, für ewig geschieden von den Schatten der Lust und ihrer Nachthöhle unter den Gewittern. So war es in jener Nacht geschehen, in seiner eigenen und in der des Äneas, und immer noch war es nämliche Nacht, auch jetzt, da die draußen tobten, als sei ihr Herdentum von tausend Gewittern geladen, da die Wachfeuer darein aufprasselten, bewegt von der Brise, die lau und gewitterschwül hier durch die Fenster glitt und ihre wehende Hand nun wohl auch schon hinabstreckte, in die Gassen und zum Boden hin, so daß die Federbüsche auf den Helmen sich manchmal aufblähten, jetzt war es immer noch die nämliche Nacht, die nämliche Schattenhöhle, die sie immer gewesen war, und der Nachtgefährte, der sich ihm zugesellt hatte, unbekannter Vergangenheit, unbekannter Zukunft, niedergekauert zu seinen Füßen, war ein Gast im unabänderlich Nächtlichen und Zeitlosen. Denn wir entrinnen nicht der Nacht, mag unsere Mutter auch schon längst tot sein, mag nur mehr hie und da ein Schauer der Kindheit zu uns geweht werden wie ein letzter Hauch vor dem Schweigen, dem der Gewittersturm folgen wird, ach, wir entrinnen nicht unserem Anfang, und alles was in der Nacht sich begibt, ist dunkler Widerschein ihrer größeren Dunkelheit, ob Gatte und Gattin aneinanderruhen, ob Knabe oder Mädchen sich im Arme des Liebhabers bergen, vereint in der Blindheit, gebrochenen Auges ist es die Liebe, es ist der nicht endenwollende Abschied von der Zeitlosigkeit, die nicht endenwollende Rückkehr in das Unabänderliche. Nur die Tage verändern sich, nur [durch] die Tage rinnt die Zeit, und allein die Zeit ist es, die vom Auge wahrgenommen wird; wo es die Zeitlosigkeit schaut, da bricht es. Denn unbeweglich groß ist das Auge der Nacht, brennend im Sternenschein, und nimmt alle irdischen Augen in sich auf, auf daß sie in seiner Starrheit verschwinden. Die Moskitos schwärmten mit ihrem bösartig harten Summen um die mählich sich verkrustenden Kerzen, das Wasser des Wandbrunnens rieselte und das Rieseln war ein Teil eines unsäglichen zeitlosen unbewegten Dahinflutens, es spiegelten unbewegt die Putten in dem Wandfries, aber all diese Unbewegtheit war bloß ein kleiner Ausschnitt der weiträumigen starrbrausenden Stille, die wie fremdester Nachtatem höhlengleich ringsum aufgebaut war, alles Land in seinem Pulsieren umfaßte, Nachtatem über die Olivenhaine, über die Weizenfelder, über die Weinberge dahinwogend, Nachtatem der Erde und der Meere, ihre Ernten tragend und vermengend, und doch kaum ein Außen war, sondern, gleichsam ein bebendes Höhlengebirge, zutiefst im eigensten Innern ruhte, im Herzen und tiefer als das Herz, in der Seele und tiefer als die Seele, im tiefsten Ich; es war Geborgenheit im Fremdesten, vertrauteste Fremdheit, Verlassenheit in unverständlichster Heimat. Oh, lehne dich an mich, kleiner Zwillingsbruder, der du in der Zeitlosigkeit bist, und kehre ein aus deiner Verlassenheit in das dunkle Gewölbe, das in mir errichtet ist, kehre ein in die Vertrautheit, die als Fremdestes in mir pulsiert und an der ich dich teilhaben lassen möchte: vielleicht wird es mir dann nicht mehr fremd sein, und die an dich weitergegebene Heimat wird für mich die Einkehr in den Ursprung bedeuten; oh, mein kleiner Zwillingsbruder, schmiege dich an mich, und wenn du die verlorene Kindheit, wenn du die verlorene Mutter betrauerst, du sollst sie bei mir wiederfinden, da ich dich in meinen Arm und in meinen Schutz nehme. Denn so war diese Nacht, eine schwebende Höhle war sie, traumschwebend aus Innerstem emporgestiegen und allumfassend, so allumseelt in ihrer Unabänderlichkeit war sie und so sehnsuchtsschwebend, und so war das zärtliche Sehnsuchtsversprechen, das in ihm flüsterte freilich so sehnsüchtig, daß er es selber kaum hörte, so voller Bangigkeit, als riefe sein eigenes Herz, trotzdem so befehlshaberisch, als wollte nochmals aller Nachglanz einer längst gelebten Vergangenheit neu aufglänzen, trotzdem so zuversichtlich, als sei alle Verheißung des Endgültigen darein beschlossen, trotzdem so hoffnungsgebrochen, als sei es so überspät geworden, daß das ungeheure Aufgebot, welches Leben heißt, nur noch bestimmt sein könne, im schieren Nichts zu zerfließen: oh Knabe, ich bin ein alter Mann, habe ich auch die Fünfzig kaum noch überschritten, ich fühle jede Brüchigkeit und jede Verweslichkeit in mir, es geht mit mir zu Ende, ich spüre in mir die minengängerische, die unterhöhlende und gefügelockernde Arbeit jedweder Todesgier, und fast bin ich dessen froh; oh, mein Knabe, ich bin an der Schwelle der Nacht gestanden, und die Nächte sind an mir vorbeigerauscht, aber so oft ich den Blick zum Morgen aufgeschlagen habe, war es Trennung und Abschied von der Gemeinschaft, die schuldlos ist und ohne Unzucht ist, weil sie [im] Unabänderlichen und Zeitlosen webt, und in diese Gemeinschaft durfte ich nicht mehr zurückkehren, ich mußte an der Schwelle bleiben, weil schon die erste Trennung den Keim der Unzucht für den Zurückkehrenden in sich trägt –, oh Knabe, der du namenlos aus dem Dunkel gekommen bist, aus der namenlosen und unzuchtsfreien Gemeinschaft der Dunkelheit, der du dich als Nachtgefährte zugesellt hast, ich weiß nicht, ob ich in die Nacht des Anfanges zurückgeworfen werde, damit sie mich als Hölle umfange, oder ob es mir vergönnt sein wird, in einen endgültigen Morgen hinauszutreten, aber mein Schiff ist seit langem zur Flucht gerüstet, zu jener stolzen Flucht, welche Erwachen bedeutet, und ich kann dich nicht rufen, zu spät ist es dazu, ich kann dich nicht zur Rückkehr und nicht zum Aufbruch rufen, ich will deinen Namen nicht wissen, den schattenwerfenden, der weder in der Dunkelheit des vollkommenen Zusammenschlusses, noch in der schattenlosen Vereinzelung unter Apolls vollem Lichte errufbar sein kann und Geltung haben wird, oh, unerrufbar bleibst du mir da wie dort, so unerrufbar, daß jedes Zurückwenden, das dir gälte, zur Unzucht werden würde und dir ein Leid täte! Es war zu spät! Nichts ließ sich mehr errufen, nichts ließ sich zurückrufen, und selbst die, der seine niemals erschweigende Sehnsucht galt, Plotia, war in unerreichbarer Ferne. Denn über allen Bergen und über allen Meeren ist die Nacht, und ihr Fluten, das aus der Tiefe des Herzens kommt, um an den nimmererreichbaren Wänden ihres Gewölbes zu branden, heimflutend ins Herz – oh, aufgebrochene Höhle des Innen und Außen, Aufklaffen der Nacht, oh, aufgebrochener Schlaf des Seins und groß hinziehende Erde! –, ihr Fluten nimmt jegliche Sehnsucht in sich auf, eingedämmert in die schwingende mütterliche Sternwiege ihres Ur-Anfangs, löst sie auf in die unablässige Lebens- und Sterbenshoffnung, in der es keine Zeit und keine Sehnsucht mehr gibt, nur mehr das zeitlose Warten, das Erwarten des Endgültigen. Er hielt die Hände verschränkt, der Daumen der Linken ruhte auf dem Stein des Ringes, er spürte am Knie die Wärme der regungslos bis zur Anlehnungsnähe herangerückten, dennoch nicht angelehnten Knabenschulter, es verlangte ihn, durch diese nachtdunklen, wirren Haare zu streichen, das menschlich Sprießende des weichen knisternden Flors gleichsam zum Abschied durch die Finger gleiten zu lassen, indes er tat keine Bewegung, und schließlich, obwohl es ihm schwer fiel, die Starrheit des Wartens zu unterbrechen, sagte er: »Es ist zu spät.« Der Knabe hob langsam das Gesicht zu ihm empor, so verständnisvoll und fragend, als hätte er ihm etwas vorgelesen, dessen Fortsetzung nun folgen müsse, und er wiederholte: »Es ist zu spät.« Und als der Knabe unverwandt den fragenden Blick auf ihn geheftet hielt, keimte Ungeduld in ihm auf: »Ja, es ist spät... geh' zum Feste.« Er fühlte sich plötzlich alt, das unmittelbar Irdische meldete sich mit dem Gefühl des Nie-mehr, meldete sich mit dem Bedürfnis nach Schlaf und Eindämmern, um von keinem Nie-mehr etwas zu wissen, meldete sich mit einer Schwäche im Unterkiefer, gleichzeitig aber auch mit erneutem Hustenreiz und der Wunsch, unbeobachtet und allein zu bleiben, wurde jählings übermächtig: »Geh'... geh' zum Fest«, brachte er noch heiser hervor, während seine flach aufwärts gedrehte Hand mit kurzen Rucken, gewissermaßen durch die Luft, den zögernden Knaben zur Türe hinschob, »Geh'«, und als er dann tatsächlich allein war, brach der Husten mit solcher Stärke aus ihm hervor, schüttelte ihn derart, daß er lange brauchte, bis er sich endlich zum Bette hinzuschleppen vermochte.

[II]

Dann wurde es langsam besser. Er hätte den Sklaven aus dem Nebenraum rufen können, um den Arzt holen zu lassen, und vielleicht wäre es gut gewesen, da mit dem Husten wieder Blut gekommen war, indes, es hätte ihn zu viel Anstrengung gekostet und er wollte es auch gar nicht: er wollte allein bleiben –, nichts war dringlicher, als allein zu bleiben und zu lauschen, nochmals alles Sein in sich zu versammeln, um lauschen zu können. Die Beine ein wenig hochgezogen, hatte er sich zur Seite gerollt, sein Kopf ruhte auf den Kissen, die Hüfte drückte sich in die Matratze ein, die Knie waren aufeinander geschichtet wie zwei einander fremde Wesen, und in einer sehr großen Entfernung wohnten die Fußknöchel, so wie die Fersen. Wie oft schon hatte er auf die Erscheinungen des Liegens achtgehabt! als Junge – es war in Cremona zur Winterszeit, in dem stillen Peristylhof fegte der Wind über das raschelnde Stroh, mit dem die Beete zugedeckt waren, und ganz von ferneher, vielleicht von einer baumelnden Laterne unter dem Torweg, taktmäßig der schwache Widerschein eines Lichtes wie ein letztes Echo des Zeitablaufes durch die Kammer glitt –, ja, damals war ihm zum ersten Male aufgefallen, daß es am Liegen etwas zu beobachten gab, und mochte er sich später als Erwachsener solch kindischer Beobachtungen auch ein wenig geschämt haben, er stellte sie doch stets von neuem an. Er spürte jeden einzelnen der Stützpunkte, mit denen die Unterlage ihn trug, sie waren wie Wogenkämme, über die sein Schiff mit leichtem Eintauchen hinwegschwamm, hinwegschwebte, während sich dazwischen unermeßlich tiefe Wogentäler auftaten. So war es immer gewesen, wenn auch vielleicht nicht immer so deutlich wie diesmal, und eigentlich wollte er auch diesmal nichts davon wissen, ja, weniger denn je wollte er es zur Kenntnis nehmen: er mußte seine Aufmerksamkeit für Ernsteres und Wichtigeres aufsparen; er hätte den Jungen nicht fortschicken brauchen, ginge es nicht darum, Endgültigeres, ja, das Endgültige schlechthin festzuhalten. Und es war nur verwunderlich, daß sich das Kindische und Nebensächliche nicht gründlicher zurückdrängen ließ, daß es mit seinen Bildern und Aberbildern wie eh [und] je vorhanden war, als sei es wirklichste Wirklichkeit. Bildgesegnet, bildverflucht ist das menschliche Leben, nur in Bildern vermag es sich selbst zu erfassen, unbannbar sind die Bilder, sind mächtiger als wir: war er, der hier lag, fahndend nach wirklichster Wirklichkeit, getragen und eintauchend in unsichtbare Wogen, war er nicht selber das Schiff, aus der Dunkelheit kommend, in die Dunkelheit steuernd, in die Dunkelheit sinkend, war er nicht das unermeßliche Schiff, das zugleich selber die Unermeßlichkeit ist? war er nicht selber der Abgrund aller Wogen, eine gewaltig hingebreitete Unterweltslandschaft der Nacht, unübersehbar in ihren getrennten Regionen und Dämonenherrschaften? wußte er nicht von diesen dämonischen, ins Unendliche hingebreiteten Provinzen, kannte er sie nicht alle? die aufgeackerten, aufgewühlten Bezirke der schmerzenden Lunge, und die des Fiebers, das aus unbekannten rotglühenden Tiefen zur Haut hinaufflutet, und die Bezirke der Eingeweideabgründe, und die fürchterlichen des Geschlechtes, und die der Gliedmaßen in ihren unzügelbaren Eigenleben –, Dämonenbezirke, abgesondert und im Entlegensten angesiedelt, im Unübersehbaren, kaum Erlebbaren, zerfallend und brüchig in ihrer Unübersehbarkeit, er kannte sie alle, und er wußte, daß sie nicht Bilder waren, sondern Wirklichkeit! Bildwirklichkeiten, Wirklichkeitsbilder, abgesondert vom Wahrnehmenden und von dem, was ihm wahrhaft noch zu eigen ist, vom Auge, vom Ohr, von den Sinnen, von seinem atmenden Denken, dennoch in ihrer Unendlichkeit erfaßt und gewußt vom Ich, aber ebendarum wußte er desgleichen von der gewaltigen Flut, die über alles Menschliche und alles Ozeanische hinausreicht, in mächtiger Rückkehr pochend und brandend, Brandung an des Herzens Ufer, die anschlagend das Herz zum Schlagen bringe, er wußte von diesem, seinem gewaltigen Ichbild, in dem all die getrennten weitauseinanderliegenden Dämonensphären eingebettet sind, so zwingend, so unwiderruflich, daß es wie Wirklichkeitssicherheit war, sichere Verheißung der atmenden Welteneinheit, in der alle Tröstung und alle Hoffnung beschlossen ist. Denn prall von Wirklichkeit sind Bilder, weil Wirklichkeit stets nur wieder durch Wirklichkeit versinnbildlicht wird –, Bilder und Aberbilder, Wirklichkeiten und Aberwirklichkeiten, keine wahrhaft wirklich, so lange sie allein steht, doch jede einzelne Sinnbild einer letztwirklichen Unerkennbarkeit, die ihre Gesamtheit ist. Und hatte er in den vielen vergangenen Jahren immer gieriger und neugieriger den Zerfall und die Brüchigkeit verfolgt, die er in seinem Körper arbeiten spürte, hatte er, um dieser verwunderlichen und verwunderten Neugierde willen, gerne das Ungemach der Krankheit und die Schmerzen auf sich genommen, ja, hatte er – und was immer der Mensch tut, wird zum Sinnbild, meistens zum verzerrten, manchmal freilich auch zum reinen und klaren – zutiefst und ungeduldig gewünscht, daß das, was er als Scheineinheit empfand, sich möglichst rasch auflösen möge, damit das Außergewöhnliche erfolge, damit Auflösung zur Erlösung werde, zur neuen Einheit und zum Endgültigen, so war dies das nämliche Vorlauschen, Vorhorchen, Vorfühlen, das ihn allnächtlich seit seiner Knabenzeit ergriffen hatte, und heute geschah es ihm nicht anders wie in jener Zeit, da er, noch unbewußt solchen Geschehens als Kind in Andes, als Knabe in Cremona, auf seinem Bette gelegen hatte, Knie an Knie gepreßt, eingesenkt in das Schiff seines Seins, hingebreitet über Ozeane, hingebreitet über weite Erdflächen, selber Berg, selber Feld, selber Erde, selber Ozean, lauschend in die Nacht des Innen und Außen, vielleicht bereits vorahnend, daß dieses Lauschen einer Erkenntniserfüllung galt, für die sein ganzes Leben gelebt werden sollte, es geschah ihm dasselbe wie damals, das, was ihm seitdem deutlicher und deutlicher werdend stets aufs neue geschehen war, er tat das, was er ein ganzes Leben lang getan hatte, er wußte nun davon: er lauschte dem Sterben.

Er lauschte dem Sterben. Das Bewußtsein davon war ohne Schrecknis über ihn gekommen, höchstens mit jener außergewöhnlichen Klarheit, die von zunehmendem Fieber gebracht wird. Und jetzt, in der Dunkelheit liegend und in diese lauschend, verstand er sein Leben und wie dieses ein unablässiges Lauschen, nach der Sterbensentfaltung gewesen war, die das Sein ist, als Keim bereits in die Kindheit eingesenkt. Was seitdem sich vollzogen hatte, war unter dem Zeichen doppelter Entfaltung gestanden, war ebensowohl Entfaltung des Keimes selber gewesen, als auch, zu jener mitgehörig, Entfaltung des sie belauschenden Bewußtseins, und hatte das Bewußtsein vom Tode für den Knaben kindisch bloß bis zur Vorstellung des

Grabes gereicht, der Erdhöhle, die ihn einstmals aufnehmen sollte, so war diese kindlich-kindische Grabesvorstellung doch von solcher Traumeskraft, daß sie nicht nur zur Verwirklichung gedrängt hatte, zu einer Verwirklichung, die mit der Erbauung der Gruft am Posilipp zum sichtbarsten Ausdruck gelangt war, sondern weit darüber hinaus sich zu der, sein ganzes Leben umspannenden, todesumschatteten Leitvorstellung entwickelt hatte und als diese immer weiter anwuchs, zum Bild der allumfassenden Nachthöhle, die wundersam und sternenschwer und ewigkeitsverheißend den Tod über jedwedes Sein wölbt. Und sie, diese beharrliche Vorstellung mit ihrem wundersamen Todesbild, war es auch gewesen, die alle seine Schritte gelenkt hatte, sie war es gewesen, die ihn so lange, wahrlich überlange, nach seiner eigentlichen Bestimmung hatte fahnden lassen, sie hatte ihn abgehalten, sich in einem der Berufe zu verankern, von denen er sich Erfüllung erhofft hatte, so daß er, von jeder Laufbahn unbefriedigt und jede vorzeitig abbrechend, weder beim Beruf des Arztes, noch bei dem des Mathematikers und Sternkundigen, noch bei dem eines philosophischen Gelehrten und Lehrers hatte verbleiben dürfen: das heischende, das unerfüllte Erkenntnisbild, das große Erkenntnisbild des Todes war unentwegt vor seinen Augen gestanden, und kein Beruf vermochte dem gerecht zu werden, da es keinen gibt, der nicht der Lebenserkenntnis untertan ist, außer jenem einen, zu dem es ihn schließlich getrieben hatte und der Dichtung heißt, dieser seltsamsten aller menschlichen Tätigkeiten, der einzigen, die der Todeserkenntnis dient. Kein Priesteramt, hinter dem nicht der Tod stünde, und wenn der Dienst an den Musen als priesterlich empfunden werden durfte, so liegt es an der seltsamen Todesweihe, die der entzückten Inbrunst jeglichen Kunstwerkes innewohnt –, und war seine Dichtung anfänglich sich dessen wohl kaum bewußt gewesen, ja, hatte sie in ihren ersten Gesängen zweifelsohne den Versuch unternommen, mit der lieblichen Gewalt inniger Liebe zum Sein sich des Dräuenden, dennoch schon Anwesenden zu erwehren, die dichtende Gewalt des Todes hatte sich als die stärkere erwiesen, Schritt für Schritt hatte er sich sein Heimatsrecht erobert, und in der Äneide war das Heimatsrecht zum vollen Herrschaftsrecht geworden, dem Göttersinn folgend, klirrende, blutige, mahnende, unabänderliche Schicksalsherrschaft, trotzdem jene, die allesüberwindend auch sich selbst überwindet und selbst aufhebt. Denn im Tode ist alle Gleichzeitigkeit eingesenkt, alle Gleichzeitigkeit des Lebens und der Dichtung ist in seiner Allesaufhebung für ewig aufgehoben, er ist erfüllt von Tag und Nacht, und sie durchdringen einander, er ist erfüllt von all der Vielfalt, die aus der Einheit hervorgegangen, sich in ihm wieder zur Einheit schließt, erfüllt von der Herdenweisheit des Beginns und der Vereinzelungserkenntnis des Endes, zusammengefaßt alles in einer einzigen Sekunde des Seins, in jener Sekunde, die bereits die des Nicht-Seins ist, denn in unaufhörlichem Wechselspiel mit dem Seinsablauf steht der Tod und unablässig wird der in ihm einmündende, von ihm empfangene und ursprungswärts zurückgewendete Zeitenablauf zur Einheit des Gedächtnisses verwandelt, zum Gedächtnis der Welten und Aberwelten, zum Gedächtnis des Gottes: wer zum Tode hinlauscht, dessen Erinnerung wird zur Gleichzeitigkeitstiefe, und wer in die Erinnerung taucht, dem erklingt der Harfenton jenes Augenblickes, in dem das Irdische sich zum unbekannt Unendlichen öffnen soll, zur Wiedergeburt und zur Auferstehung kraft unendlicher Erinnerung –, Kindheitslandschaft, Lebenslandschaft, Todeslandschaft, sie sind Eines in ihrer unwandelbaren Gleichzeitigkeit, aufahnend die Landschaft der Götter, die Landschaft des Ur-Anfanges und des Ur-Endes, die Gefilde der Väter. Vieles geschieht der Erinnerung zuliebe, um sich dann letztlich doch als ein Lauschen nach dem Tode zu entpuppen, und vieles, das dem Tode gelten will, ist bloß Erinnerung, bange Sehnsuchtserinnerung, die ängstlich behütet wird, auf daß sie nimmermehr verloren gehen möge. So auch und nicht anders verhielt es sich mit der umschatteten, umgrünten Gruft am Posilipp, mit dieser beinahe spielerisch erbauten Heimstätte des Todes, die er nun in all ihrer gärtnerischen Heiterkeit deutlich vor sich sah, ebenso deutlich aber auch die vielen Erinnerungen nun erkennend, die er, ohne sich hierüber Rechenschaft abzulegen, hier hineingebaut gehabt hatte, so daß alles, was von den Kinderaugen im väterlichen Hofe zu Andes erblickt worden war, sich nun in verkleinertem Maßstabe und nur wenig verändert hier wiederfand, die Zufahrtsstraße zum Hoftor hier mit der nämlichen Doppelbiegung als Hauptweg durch den Garten, links davon hier wie dort das nämliche Lorbeergebüsch, rechts der Hügel, allerdings hier mit Zypressen statt mit Ölbäumen bepflanzt, jedoch hinter dem Gebäude, ach, da standen die Ulmen seiner Kinderspiele, und wie als Knabe hätte er mit der Hand über die Hecken hinstreichen können, so deutlich ließ sich alles zurückträumen, so deutlich und für alle Zeiten gültig war es vorwärtsgeträumt gewesen, dem Tode zugeträumt und dem Sterben, dem Ziel alles träumenden Lauschens seit den Kindheitstagen, dem Ziel und dem Quell all seiner Erinnerung –, unablässig wurde es ihm mit seinem unablässigen Lauschen zugeflutet, gedächtnisbreit und wellenbreit, breiter als jeder zufällige oder gar handgreifliche Erinnerungsausschnitt nach der Art des Gruftbildes, unablässig und weich und groß rollte es daher, Welle um Welle des jemals Erschauten, aufstrahlend im Harfenklang immerwährender Unbeschreiblichkeit, und es war, als ergössen sich alle Bäche und Teiche des Einst in diesen Strom, rieselnd zwischen den duftenden Weiden und zwischen den mit bebendem Schilfe begrünten Ufern, liebliche Bilder ohne Ende, sie selber ein von Kinderhand gepflückter Strauß aus Lilien, Levkojen, Mohn, Narzissen und Dotterblumen, das Bild der Kindheit in ewig erwanderter, ewig erdichteter Landschaft, das Bild der Vätergefilde, die er, wohin es ihn auch getrieben hatte, überall hatte suchen müssen, Bild seiner einzigen und niemals verlaßbaren Lebenslandschaft, unbeschreiblich-unbeschreibbares Bild trotz der großen Helligkeit, Schärfe, Besonntheit, Durchsichtigkeit, trotz dieser niemals erlahmenden Klarheit, mit der es ihn begleitete, so unbeschreibbar, daß es, so oft er es auch geschildert hatte, doch nur im Ungesagten aufgeklungen war, immer nur dort, wo die Sprache nicht mehr ausreicht, wo sie über ihre eigenen irdisch-sterblichen Grenzen schlägt und ins Unsagbare dringt, den Wortausdruck verläßt und, nur noch sich selber im Gefüge der Verse singend, in dem atembeklommenen, atemraubenden Sekundenabgrund zwischen den Worten todesahnend, lebensumspannend die Ganzheit des Alls zeigt: oh, in diesen Augenblicken, in denen die Sprache über alle Beschreibungen und alle Mitteilungen hinweg sich selbst aufhebt, in diesen Augenblicken, in denen sie selber in die Gleichzeitigkeit eintaucht, so daß es unentschieden bleiben muß, ob Erinnerung aus der Sprache, oder ob Sprache aus Erinnerung quillt, in diesen Augenblicken war es gewesen, daß die Kindheitslandschaft zu blühen begonnen hatte, sich selbst zurücklassend, über sich selbst und jede Erinnerung hinauswachsend, über jeden Anfang und über jedes Ende, verwandelt zu den schlicht ländlichen Hirtenordnungen eines goldenen Zeitalters, verwandelt zur Landschaft des latinischen Aufbruches, verwandelt zur Wirklichkeit der dahinschreitenden, herrschend-dienenden Götter, sicherlich noch nicht Ur-Anfang, noch nicht Ur-Ordnung, noch nicht Ur-Wirklichkeit, wohl aber deren Sinnbild, sicherlich noch nicht die Stimme, die aus dem Unbekanntesten, aus dem unausdrückbarst Außergewöhnlichen, aus dem unabänderlich Übergöttlichen hertönen soll, wohl aber ihr Sinnbild, wohl aber echogleiche Ahnung ihres Seins und fast ihre Gewißheit –, Sinnbild, das Wirklichkeit ist, Wirklichkeit, die Sinnbild wird im Angesicht des Todes. Es waren die Augenblicke, in deren Harfenklang ahnend die wahre Gestalt des Todes aufschimmerte: wem es gegönnt ist, dem Tod seine echte Gestalt zu verleihen und damit den eigenen Tod zu gestalten, der ist vor dem Rückfall in den Humus der Gestaltlosigkeit gefeit! dies war die Aufgabe, dies war seine Aufgabe! Um ihretwillen hatte er sich von jeder wahren menschlichen Gemeinschaft zurückziehen müssen, um ihretwillen hatte er die Qual eines gehetzten Lebens zu ertragen gehabt, um ihretwillen durfte er dem Sterben keinen Widerstand entgegensetzen, um ihretwillen war er genötigt gewesen, auf jedes friedliche Glück zu verzichten, um ihretwillen hatte er sich von der Plotia, die er niemals vergessen konnte, getrennt und auch heute noch den Knaben fortgeschickt; es war unter dem Zwange eines Befehles geschehen, bei dem es um alles Heil, um das ganze Heil seiner Seele ging, um das Leben schlechthin, erahnt im Harfenklang eines einzigen Augenblickes. Er rückte ein wenig in den Kissen hinauf, um die schmerzende Brust zu entlasten, sehr vorsichtig, damit die hingebreiteten Landschaften seines Ichs, die ihm die Klarheit zu verbürgen schienen, nicht in Unordnung gerieten und sich ineinanderschüttelten, wie dies beim aufgerichteten Menschen der Fall ist, und dann tastete er nach dem Manuskriptkästchen neben sich, über dessen glattpolierte Deckelfläche er beinahe zärtlich die Hand hinfingern ließ: heiß und aufregend war das Gefühl der Arbeit, das zwingende Entdeckergefühl, das große Wanderergefühl des Schaffens in ihm erwacht, und wäre es nicht auch diesmal, wie immer, von der kaum minder großen Wandererangst begleitet worden, von der Angst des im weglosen Dickicht umherirrenden Menschen, der Angst, die allem Schaffen unentrinnbar innewohnt, so hätte das heiß und glückhaft Aufwallende in seiner Brust sogar den todesbereiten mahnenden Schmerz dort übertönt, und nichts hätte ihn abhalten können, sich sofort an die Arbeit zu setzen, nichts, weder die Fieberhitze, noch die Fieberkälte, noch der rasselnd knappe Atem, nichts hätte ihn hindern dürfen, bis zum letzten Atemzug eingedenk zu bleiben, zu welcher Aufgabe er bestimmt war, einer Aufgabe, die sich erst im letzten Augenblick wahrhaft erfüllen sollte. Und so war es ebenso diese Aufgabe wie die beunruhigende Angst, ihr nicht mehr gerecht werden zu können, die ihn still liegen und atmend ins Dunkel lauschen hieß, als wäre von dorther das zu erwarten, das seine Beunruhigung erhärten werde: die Kerzen auf dem Kandelaber erloschen eine nach der andern, nur der Öllampe geduldiges kleines Licht neben dem Lager harrte aus, und wenn es im Lufthauch an seiner leise klingenden Silberkette baumelte, dann gab es ein schmetterlingsweiches, spinnwebiges Schattenpendeln an der Wand: mählich erstarb die Straßenwildheit, es löste sich das wirre ununterscheidbare Getöse auf, einzelne Geräuschgruppen bildeten sich, allerlei Gewieher, Gejaunze, Gequake schied sich daraus, das Geschwirr des Festes schlängelte sich mit hellerem und tieferem Gesumm zwischendurch, man hörte den Gleichschritt abziehender Truppen, offenbar rückte ein Teil der Wache in die Quartiere ein, und der rötliche Widerschein des Lichterglanzes verblaßte; schwarz wurde die Zimmerdecke bis auf den hellen Fleck oberhalb der Lampe, und die Sterne vor dem Fenster standen im Schwarzen. All dies hätte nicht beunruhigend zu sein brauchen, im Gegenteil, eher wäre anzunehmen gewesen, daß das Abflauen des niedrig-verzweifelten Gegröles eine allgemeine Befriedung hätte bedeuten sollen, und es erstaunte ihn sogar selber, daß dies nicht eintraf. Er starrte zum Fenster hin, und die Nacht kreiste in ihrem ungeheuren Raum, von Atlas gedreht, auf der Schulter den Pol, besät mit funkelnden Gestirnen, die ungeheure Nachthöhle, die nichts entläßt; er lauschte den Geräuschen der Nacht, und sie wurden ihm, dem Fiebernden, den es hingestreckt hatte, daß er unter seiner Decke friere und glühe, sie wurden ihm in seiner Überwachheit mit verschärfter Gleichzeitigkeit zur Wahrnehmung gebracht, die Bilder, die Gerüche, die Geräusche des Jetzt zusammen mit denen eines jeden Einst, im zwiefachen Erinnern des Rückwärts und Vorwärts; er bemühte sich, der Unheimlichkeit habhaft zu werden, die er darin verspürte, ohne sie erklären zu können, und er sah sich auf einmal in das Dickicht aller Weltenstimmen versetzt –, das Gestaltlose, dem er zu entrinnen geglaubt hatte, war neuerdings über ihn gekommen, nicht als das Ununterscheidbare des Herdenanfanges, hingegen als das Chaos der Vereinzelung und einer Auflösung, die durch kein Belauschen, durch kein Festhalten je wieder zur Einheit zu fügen war, das dämonische Chaos aller Einzelstimmen, aller Einzeldinge, aller Einzelerkenntnisse, gleichgültig, ob sie der Gegenwart oder der Vergangenheit oder Zukunft angehören sollten, dieses Chaos drang jetzt auf ihn ein, da der brausende Lärm der Straße sich zu einem Dickicht von Einzelstimmen zu verwandeln anhob. Oh, jeder ist vom Stimmengestrüpp umgeben, jeder wandert sein Leben lang darin umher, wandert und ist dennoch an die Stelle gebannt in der Undurchdringlichkeit des Stimmenwaldes, verfangen in dessen Wurzeln, die jenseits aller Zeit und allen Raumes ansetzen, jeder ist von den Stimmen und deren Fangarmen bedroht, von den Stimmen, die einander umschlingend ihn umschlingen, die auseinander herauswachsen, dämonisch in ihrer Selbständigkeit und Vereinzelung, unverständlich und undurchdringlich in ihrer brüllenden Stummheit, feucht vom Schmerzensgestöhn und von der Freudenwildheit einer ganzen Welt, oh, keiner entgeht dem Urgetöse, keinem ist es zu ersparen, da jeder, es wissend oder nicht wissend, selber nichts anderes ist als eine der Stimmen, selber zu ihnen gehört und zu ihrer undurchdringlichen Drohung –, und wenn jene, die da drunten ihr wildverzweifeltes Gegröhle vollführten, die Pöbelmeinung und die Pöbelhoffnung hegten, es gäbe in dem Gestrüpp stets eine ausgezeichnete, eine stärkste, eine außergewöhnliche Stimme, der sie sich bloß anzuschließen brauchten, um in deren Abglanz, im Abglanz des Jubels, des Rausches, der Macht, der cäsarischen Gottähnlichkeit sich mit einem letztatmig wilden, stierhaft nachbrüllenden Anstürmen einen irdischen Weg aus dem Gestrüpp bahnen zu können, aufbrüllend vor Hoffnung, abschweigend vor Enttäuschung, und wenn er auch mit solch tosenden und massentierischen Vergewaltigungsversuchen kaum etwas gemein hatte, sondern still dalag, wartend, daß das Fliehen reife, und wenn er auch, im Gegensatz zu jenen, kaum etwas im Irdischen erhoffte, sondern alles auf jenen letzten erhabensten Augenblick verschob, für den er sich ein ganzes Leben lang, ihn vorbelauschend, mit niemals nachlassender Hingabe vorbereitet hatte, so daß dann die Flucht aus Dickicht nicht mehr Flucht wäre, sondern eine Ordnung und Einheit und Allerkenntnis, die in der Stimmengesamtheit enthalten sein mußten, weil sie in der Welt enthalten sind, Lichtung jeglichen Gestrüpps, so war er doch gleich jenen von der nämlichen allgemeinkreatürlichen Grundhoffnung bewegt, von der Hoffnung auf todesaufhebende Zeitlosigkeit, sogar von der nämlichen Hoffnung auf eine wegbereitende, außergewöhnliche Stimme, mochte er diese auch an den äußersten Rand des Irdischen geschoben haben, und dies erkennend, wußte er, daß er gleichfalls der nämlichen Enttäuschung ausgeliefert war, verirrt wie jene im Stimmendickicht, verdammt wie jene, ohne Ausweg in den Ur-Humus zurückzusinken, ja, daß er diese angstbesessene Enttäuschung nur ebenfalls an den Rand und über den Rand des Irdischen hatte schieben wollen und daß er damit auch nur wieder der nämlichen selbstbetrügerischen Hoffnung gefrönt hatte. Denn nichts vermag die Angst, die aus dem Ur-Dickicht bricht, wahrhaft zu übertönen, undurchdringlich bleibt das Stimmendickicht, das Erkenntnisdickicht, unerreichbar der Stimmenquell des Zeitenanfanges, der unter allen Wurzeltiefen, unter allen Stimmen, unter aller Stummheit liegt, unbefahrbar der Wurzelbrunnen der Wälder, in dem der Sternenplan der Einheit, der Ordnungen und der Sprache aufbewahrt ist, unerschaubar dieses Urbild aller Sinnbilder, denn unendlich und mehr als unendlich ist die Vielfalt der Richtungen im überunendlichen Raume, unendlich ist die Anzahl der Vereinzelungen, unendlich ist die Anzahl der Wege und ihrer Verschlingungen, und selbst die Vielräumigkeit der Sprache und der Erinnerung, ihr Richtungsreichtum und ihre eigene Abgrundsunendlichkeit sind nur ein schwacher, sehr dürftiger, ein in den irdischen Ablauf verwobener Widerschein dessen, das von keinem Denken zu erfassen ist, dessen, das in seinem Atem jeglichen Sphärenraum aufbewahrt und das von jedem noch so kleinen Punkt aufbewahrt wird, sich selbst ein- und ausatmend, sich selbst ein- und ausstrahlend, das mit seinen Strahlen jeglichen Zeitenablauf überholt und jeden Sekundenbruchteil zur Zeitlosigkeit verwandelt: wie war es da möglich, auf irgend einem Wege zu solch unendlichem Kreuzungspunkt aller Wege vorzuschreiten! schon der erste, der allererste Schritt, der in irgendeiner Richtung des Dickichts erfolgte, würde zu seiner Ausführung, und sei sie noch so eilig, ein ganzes Leben und mehr als ein ganzes Leben erfordern, ein unendliches Leben, um eine einzige dürftige Erinnerungssekunde wahrhaft festzuhalten, ein unendliches Leben, um einen einzigen Sekundenblick in den Sprachabgrund zu werfen! Welche Vermessenheit war es doch gewesen, den flüchtigen Lichtschimmer, der dort gleich einem fernen Echo eines noch ferneren Blinkens ahnend zu erhaschen war, als ein Wissen, wenn auch nur als ein Vorwissen um eine Erkenntnis außerhalb der irdischen Erkenntnis zu betrachten! Und welche Vermessenheit, solche Ahnung um unfaßbar Unendliches festhalten zu wollen! Nicht einmal die Musik reicht aus, um Erkenntnis außerhalb der Erkenntnis auszudrücken, so sehr wäre hiezu eine Sprache außerhalb der Sprache vonnöten, eine Sprache, die es dem Auge gestatten müßte, während der Dauer eines einzigen Herzschlages die Erkenntniseinheit mit einem einzigen Sekundenblick zu umfassen, eine noch nicht gefundene Sprache, die jedoch sicherlich nicht aus armseligen Versen bestehen durfte! Ach, es war ihm vergönnt gewesen, den Spaten anzusetzen, und er hatte nicht gemerkt, daß dazu ein ganzes Leben und mehr als ein ganzes Leben *vonnöten* war, ja, daß schon für den Entschluß, den Spaten anzusetzen, ein unendliches Leben zur Verfügung hätte stehen müssen! ach, er hatte gemeint, den Tod mit Hilfe der Sprache und der Erinnerung einholen zu können, und es gibt keine Seele, die nicht von ihm überholt wird, und ungelichtet war das Dickicht geblieben, geschweige denn, daß auch nur das erste Würzelchen freigelegt worden wäre, geschweige denn, daß die Aufgabe, die er für sein Seelenheil sich zu stellen für verpflichtet gehalten hatte, auch nur andeutungsweise gelöst worden wäre –, das geheimnisvolle Unheil hatte ihn gleich dem gröhlenden Pöbel in den Fängen behalten! Hätte er es anders, hätte er es besser machen können? konnte er es noch jetzt ändern? er wußte es nicht, jedoch er wußte, daß er sein Leben vertan hatte, daß alles, was ihm Gewinst gedünkt hatte, verloren war; nichts war geblieben, nichts als sein siecher müdegealterter Leib, verschwunden hingegen und rascher gealtert als er selber war alles, was er für zeitlos erachtet hatte, abgestorben und gealtert waren die hellen, die durchsichtigen hartschimmernden Bilder seiner Lebenslandschaft, abgestorben ihre scheinbar so unbestechliche Herzensfrühe, und die Verse, die er darum gerankt hatte, waren abgefallen und verweht wie braunes Laub, jahrzeitenschöpft, zwar noch erinnert, dennoch schon ein vergessenes Rascheln. Oh, nun wußte er es, wußte, daß er niemals über den ersten Schritt hinausgelangen werde, ja, daß er nicht einmal bis zu ihm gelangt war: vermessen war es gewesen, das Unendliche denken zu wollen, vermessen war schon der erste Schritt zu solchem Vorhaben, vermessen vor Unzulänglichkeit, verfallen der Erstarrung, als [sei] sie eine geheimnisvolle Strafe der Gestirne, verfallen einem lähmenden Unheil, und – oh, Götter – niemals wird die Äneide fertiggestellt werden! Es riß ihn hoch, jählings, bösartig, schmerzhaft, aber er vermochte die Stickigkeit des Raumes, in dem kein Lufthauch sich mehr regte, nicht mehr zu ertragen, er ertrug nicht mehr die eingetretene Stille, in der nichts als das Rieseln des Wandbrunnens noch hörbar war, er ertrug es nicht mehr, dem Sterben lauschen zu müssen, er ertrug es nicht mehr, die hingebreiteten Zonen seines Ichs zu schauen, er ertrug es nicht mehr, und ungeachtet der Schmerzen schleppte er sich zum Fenster hin.

Trotzdem war er, als er lufthungrig sich zum Fenster hinauslehnte, ob der Stille des Platzes beinahe verblüfft: es mußte bereits spät in der Nacht sein, später als er angenommen hatte. Unter ihm gähnte es in brunnengleicher Schwärze, das war der Raum zwischen dem Palast und der hohen Umfassungsmauer, und hinter der Mauer, von ihr verdeckt, knisterte und flack[er]te eines der Wachtfeuer; unsichtbar blieben auch die längs der Mauer patrouillierenden Posten, deren schwerer gelangweilter Tritt rundenmäßig näher kam, um wieder zu verhallen, manchmal begleitet von dem undeutlich über das mattrötlich beleuchtete Steinpflaster hinwischenden Schatten ihrer Gestalten, der mit jedem Aufflackern des Feuers zackig und sonderbar bewegt an den gegenüberliegenden Gebäudewänden hochsprang. Der Dunst, der vordem die ganze Stadt eingehüllt, sich aber unter der Abendbrise gelichtet hatte, war seit deren Erschlaffen aufs neue gestockt, nun zu einer glasig fiebrigen Durchsichtigkeit, zu einer Art dunkler Gallerte, die in der Luft schwebte, heißer geradezu als die Luft und so unatembar, daß es hier beim Fenster kaum besser als drinnen im Zimmer war. Nichtsdestoweniger blieb er; mochte es auch mit dem Atmen nicht besser gehen, es war die Nähe einfachster Pflichterfüllung, auch wenn sie sich bloß auf eine ärarische Maßnahme wie die der Postenablösung beschränkte, immerhin noch besser als das Liegen in dem einsamen Gelaß, und schier sehnsüchtig suchte er den Platz und die in ihn hier einmündende Gasse nach menschlichen Lebewesen ab. Auf die Dächer der Stadt hatte sich grünlich das östliche Mondlicht gelegt, und die Gasse, nicht eine von jenen, die zum Hafen hinabführten, war voller Dunkelheit; nur dort, wo die Häuser niedriger waren, empfing sie einen blassen Widerschein von oben, und auf diese Stellen mit einer ihm selber unverständlichen Gespanntheit sein fieberndes Augenmerk [richtend], gespannter und gespannter werdend, je beklemmender er das verloren-unhörbare, pochende Klingen des müdheißen, fiebrigen, schwarzen Glastes, der auch dort webte, verspürte und erlitt. Es dauerte lange, sehr lange, bis sich etwas zeigte, doch dann wurden, zugleich mit ihren Schritten und Schlurfschritten, drei Gestalten dort wahrnehmbar, drei weiße Flecken, die schwankend und oftmals stehen bleibend, oftmals auch in der Dunkelheit untertauchend, sich näherten. Atemlos vor Spannung, atemlos in dem beklemmenden Dunst, krampfhaft die Finger um den Ring verschränkt, wartete er. Und dann sagte die eine Mannsstimme »Sechs Sesterzen«, und nach einer Weile wurde ein schläfrig-bestimmtes »Fünf« von der andern geantwortet. »Scheiße«, krähte die erste; es folgte etwas Undeutliches, und dann wieder fett und schläfrig »Fünf und nicht ein Denar mehr.« Sie blieben stehen. Bisher war nicht zu ergründen, um was es da ging, indes nun mischte sich die dritte Stimme, die eines Weibes ein, und an ihr merkte man, daß sie wohl alle drei betrunken waren; »Sechs gibst du ihm«, befahl sie, und in dem kreischend umkippenden Befehl schwang zugleich etwas kriecherisch Erbötiges mit. Die Stimme lachte mit einem breiten Gurgeln. »Fisch soll ich kaufen, und Mehl... und Knoblauch...« überschrie sich jetzt die Weibsstimme, und als ob diese Worte eine aufklärerische Kraft besäßen, wurde es merkbar, daß die durchsichtig fiebrige Finsternis, von der die drei nun wieder aufgenommen wurden, schwer mit allen Küchengerüchen der Stadt geschwängert, ölig, satt, geil, bequem und fruchtbar, verprasselt und pfannenstinkend. Erst in der Gassenmündung tauchten die drei neuerlich auf, unsicher vom Mond- und Feuerschein umspült, vielleicht auch unsicher auf ihren Beinen, zuvorderst ein auffallend dürrer Mann, der mit hochgezogener Schulter an einem Stocke hinkte und diesen drohend hob, so oft er stehenbleiben mußte, um die beiden andern nachfolgen zu lassen, in einiger Entfernung hinter ihm das Weib, dick und massig, und schließlich ebenso dick, der größte von ihnen, breit und bauchig, der andere Mann. Und zum Erstaunen des Lauschenden zeigte sich jetzt, daß die krähende Fistelstimme nicht dem dünnen, sondern dem dicken Manne angehörte, denn von diesem wurde die Forderung »Sechs, sag' ich, sechs«, beinahe fistelig wiederholt, und »Fünf« entgegnete das fette, ungute Lachgurgeln des Dünnen, der dazu drohend den Stock schwenkte. »Fünf«, jammerte die Frau, »fünf... und Fleisch wollt ihr haben...«, und sie begann zu japsen. »Hojoh, ja, Schweinefleisch«, bestätigte jubelnd schmatzend der Dünne. Der dicke Mann hatte sich an die Mauer gelehnt und murmelte etwas Unverständliches, das offenbar so nachgiebig war, daß das Weib sich ihm wild zuwandte: »Du, Schlauch, du Weinbauch, sechs muß er zahlen!« Für den dickkehligen Dürren schien es Quell unerschöpflichen Vergnügens zu werden; »Fünf... fünf«, gab er von sich, während sie auf den an die Mauer gelehnten Fettwanst eindrang, und reizte sie damit zu immer ärgerer Wut: »Und morgen soll ich's Essen für Euch herschaffen, ohne Geld soll ich's!«, keifte sie, ohne hiebei den werbenden Unterton zu verlieren, von dem nun nicht festzustellen, welchem der beiden Männer er zugedacht war, ob sie damit den meinte, an dessen Tunica sie zerrte, oder den, der hinter ihr sie mit seinem glucksig klößigem Lachen zur Raserei bringen wollte. Schließlich warf dieser, unvermindert in seiner Heiterkeit, einhaltgebietend ein: »Was willst denn? Mehl kriegst vom Cäsar!« Sie stutzte, und die Atempause gab dem Dicken, der von den Sesterzen nichts mehr wissen wollte, das erwünschte Stichwort, um ein fröhlich quäkendes »Heil dem Augustus!« herauszukrähen. »Halts Maul« war die Antwort der Frau, indes der Patriot nahm es nicht zur Kenntnis: »Mehl vom Cäsar kriegst, hast es selbst gehört... heil dem Cäsar!«, und er machte Anstalt, sich niederzusetzen. Die Frau wurde vollends verzweifelt: »Mehl vom Cäsar? singen und tanzen und ficken, das kann der Cäsar, sonst nichts!« Beseligt wiederholte der Dicke: »Ficken... ficken; der Cäsar fickt, heil dem Cäsar!« Dem andern wurde es zu bunt; vielleicht von der Nähe des Wachkommandos beunruhigt, hatte er sich in Bewegung gesetzt, und da ihm das Paar nicht folgte, herrschte er es an: »Vorwärts ihr beiden!«, allerdings mit geringem Erfolg, denn der Dicke, obstinat entzückt von dem tanzenden und fickenden Cäsar, schien es dem Erhabenen gleichtun zu wollen, und indem er sein Liebeswerben mit Heilrufen auf den Augustus Vater, auf den Augustus Cäsar, auf den Retter Augustus unterstützte, versuchte er mit seinen Händen an die schimpfend und fluchend zurückweichende Frau heranzugelangen, bis ein Stockhieb des Hinkenden diesem Spiel ein Ende bereitete: man hörte nichts, es war, als hätte der Stock in einen Haufen Daunen geschlagen, auch kein Laut des Erschreckens oder des Schmerzes, kein Ächzer und kein Seufzer wurde hörbar, der Dicke war einfach hingeplumpst, wälzte sich noch ein wenig und blieb dann ruhig liegen –, der Mörder scherte sich nicht weiter um ihn, sondern entfernte sich in Richtung des Palasteinganges, und die Frau, die einen Augenblick unschlüssig geblieben war und sich über die Leiche gebeugt hatte, beeilte sich, den Davonhinkenden einzuholen; dies geschah alles derart rasch, derart ferne, eingewoben in dem fiebrig unbeweglichen Glast, daß wohl niemand, also auch er nicht, der gebannt vom Fenster aus das Geschehen verfolgen mußte, dieses durch ein Schreien, durch ein Winken, durch irgend ein Eingreifen hätte verhindern können; doch ehe er noch imstande war, sich dessen wirklich zu besinnen, ja, noch ehe das Mörderpaar dort unten hinter der zinnenbewehrten, scharfvorspringenden Ecke der Umfassungsmauer verschwunden, regte sich der Gefallene, und nachdem es ihm geglückt war, sich in die Bauchlage zu drehen, krabbelte er auf allen Vieren wie ein Tier, wie ein großer plumper Käfer, der ein Beinpaar verloren hat, eilends den Gefährten nach. Schrecknis und Furchtbarkeit umwitterten das Krabbeltier, weit mehr als Komik, und Schrecken wie Furchtbarkeit hielten noch an, als es sich endlich auf die Hinterbeine stellte, um an der Hausmauer sein Wasser abzuschlagen, und dann längs derselben, sie abtastend, weitertaumelte. Wer waren die drei gewesen? waren sie Abgesandte der Hölle, entsandt aus dem Elendsquartier, in dessen Fenster er hatte blicken müssen? war ihm heute nicht schon genug auferlegt worden? hatte er nicht schon genug gesehen? woran mußte er noch erinnert werden? Er lauschte ihnen nach –, das eine oder andere Mal glaubte er noch einen Fetzen ihrer Schimpfreden aufzufangen, ein Aufkeifen des Weibes, ein paar Worte aus der fettigen Stimme des Hinkenden, und hierauf gab es nur mehr Stille, den Schritt des sich wieder nähernden Postens und, noch weiter entfernt, wahrscheinlich aus einer der Hafentavernen, bruchstückweise die Töne eines Matrosenliedes, auch dieses nur ein Aufstammeln des zur Jubelqual verdammten Menschen, jedoch mit all der ahnenden Versöhnlichkeit, die Sprache außerhalb der Sprache besitzt. Und unfaßbar, unhörbar, kaum erahnbar war darüber, war über den heißfieberschwarzen, glastig-durchsichtigen Stadtdunst kühl die Musik der Nacht gewölbt, die stummklingende Silberhöhle, sanft von des Mondes mildhartem Atem leise bestrichen, unbeweglich kreisend, unbeweglich von der Milchstraße durchflutet, der klingende Silberraum, vom Überunerfaßlichen eingeschlossen, aber das Überunfaßliche jedweden Menschentums in sich einschließend. Wer waren die drei gewesen? waren sie vom Zufall gebracht worden? Oh, Musik des Innen und Außen, Zufall des Innen und Außen! Was uns einschließt, ahnen wir als Musik, aber was uns nicht einschließt, ist uns Zufall, und als Musik ahnen wir, was in uns eingeschlossen liegt, und Zufall ist uns, was wir nicht einzuschließen vermögen –, wie sehr Zufall muß uns also der Mensch sein, von dem wir nicht eingeschlossen sind und den wir nicht in uns einschließen, den wir nicht lieben! Und als unsterblich ahnen wir das Überunerfaßliche, das uns umschließt und in unserem tiefsten Ahnen von uns umschlossen wird: sterblich ist aber der Zufall, er ist das Sterbliche. Sterblich ist uns das Zufällige, das der Nebenmensch uns ist, der Nebenmensch in seiner Mannigfaltigkeit, mitsamt seinem Knochengerüst und seinem Schädel, mit seinem Rundschädel, seinem Langschädel, seinem Flachschädel, seinem Turmschädel, bewollt, begrast, beflachst, glatzig, mit seiner Gesichtsvielfalt, mit seiner Haut, der prallen wie der finnigen, der fleischgepolsterten wie der schlaffen, mit seinen Kau- und Sprechkiefern, mit seinen vielfältigen Haut- und Höhlungsgerüchen, mit seinem Lächeln, dem ungeschickten wie dem listigen, dem bleckenden wie dem blöden und, ob so oder so, immer noch menschlichen und rührenden, mit seiner Stimme, der fetten, der rauhen, der schmeichlerischen, der dürren, aber auch mit jener, die im Liede aufschwebt, der Mensch, dieses ganze entsetzliche Wunderwerk aus anatomischem Sein, aus Sprache, aus Ausdruck, aus Erkenntnis, aus Sesterzenrechnerei, aus Begierden, aus Rätselhaftigkeit, oh, dieses Wesen, zerteilt in unendlich viel Einzelglieder, Einzelfähigkeiten, Einzelsphären, zerteilt in Organe, in Lebenszonen, in Substanzen, in Atome, dieses Wesen ist uns so sehr sterblich, daß wir kaum wissen, ob der, welcher als Lebender zufällig vor uns auftaucht, nicht etwa schon längst gestorben oder auch noch nicht einmal geboren ist, und sterblich sind wir uns, soweit wir uns Zufall sind, sterblich inmitten der Unsterblichkeit, sterblich unter der Sternenmusik, sterblich aus Schuld, verirrt im Gestrüpp, verfallen einem gröhlenden Tod, einem Tod wachsender Grausamkeit, dem Tod ohne Unsterblichkeit. Und keinerlei Kreatur ist so sterblich wie das ins Nichts hinabsinkende Geschöpf, dessen Fuß sich der Erde entwöhnt hat und nur noch Steinpflaster berührt, der Mensch, der nicht mehr ackert und nicht mehr säet, für den sich nichts mehr nach dem Ring der Gestirne vollzieht, dem der Wald nichts mehr singt und nichts die grünenden Felder; niemand und nichts ist so sterblich wie der Großstadtpöbel, der durch die Straßen hinwimmelt, hinkrabbelt, hinschleicht und das Gehen verlernt hat, von keiner Musik mehr umschlossen, keine in sich einschließend, die zersplitterte Herde, verlustig ihrer Weisheit, unwillig zur Erkenntnis, anheimgegeben jeglichem Zufall. Neuerdings stieg das Gefühl quälenden Mitleides in ihm auf, das Gefühl quälendster Verantwortung, das ihn angesichts des heulenden Pöbelhaufens bereits bei der Ankunft ergriffen gehabt hatte, allein nun war es auch noch mit der Verantwortung für sein eigenes Leben durchsetzt, und eisig fiebernd, mit einer eisigen Welle von Dunkelheit, durchfuhr es ihn: schnödester Selbstbetrug war es gewesen, sich vorzustellen, es hätte bloßer Erkenntnisdrang ihn aus der ländlichen Gemeinschaft herausgerissen und ihn von Beruf zu Beruf getrieben, vom Beruf des Arztes, den er hatte ergreifen wollen, um des körperlichen Wunders im menschlichen Sein inne zu werden, und darüber hinaus zu den Berufen jedweder Naturerkenntnis, zur astronomischen und zur philosophischen Wissenschaft, auf daß sie ihm das Wunder des Außen und Innen enthüllten, das ihn immer mehr überwältigt hatte, Selbstbetrug trotzalledem, vor allem weil ihm diese Unstetheit zum Beweis für die Unmöglichkeit geworden war, mithilfe der Erkenntnis und der Wissenschaften wieder den Anschluß an die Gemeinschaft finden zu können, hingegen sich vorgaukelnd, daß das Endgültige, das diese Rückkehr in den Ursprung zu bewerkstelligen erlaubte, lediglich von der Dichtung zu erwarten wäre –, oh, welche Selbsttäuschung! denn wer wahrhaft heimkehren will, der vermag dies auf jedem Punkte seines Weges zu bewerkstelligen, denn auf dienende Hilfe kommt es an und auf die dienende Tat, die überall, nicht zuletzt aber von jedem der Wissenschaft und der Erkenntnis gewidmeten Leben zu leisten ist, nimmermehr jedoch kann statt dessen ein Mitleid, das sich zu nichts aufrafft, in die Waagschale geworfen werden, geschweige gar eine bloß erträumte Hilfe, die niemals etwas anderes gewesen war als eine verschwommene und derart überhebliche Vorstellung von der Zauberkraft des Liedes, daß er sich auch heute nicht wundern würde, wenn durch sie zauberisch bewirkt die Ströme ihren Lauf änderten, wenn das wilde Getier des Waldes sanftgebannt sich näherte, wenn das Vieh auf den Triften im Weiden innehielte, sie alle still aufhorchend, um lauschend die Hilfe seines Gesanges zu empfangen; Selbsttäuschung war es gewesen, nackter Selbstbetrug, denn hinter dem angeblichen Verlangen nach der unmittelbaren Erkenntnis vom Tode, diesem Verlangen nach der schieren Unmöglichkeit, die er hatte erringen, festhalten, verkünden wollen, dahinter steckte die schnödeste Feigheit, die Furcht, sich ins Leben einordnen zu müssen, die Sucht, jede echte tätige Hilfeleistung zu vermeiden, die Feigheit einer beharrlich festgehaltenen Überheblichkeit, und sie, das ließ sich jetzt nicht mehr wegleugnen, sie hatte ihn den Unheilsweg geführt, den Weg der Verirrung von der Erde zur Großstadt, vom werktätigen Schaffen zur selbstbetrügerischen Schönrednerei, vom Gesetz des Innen und Außen zum Zufall, von der Gemeinschaft in die Vereinzelung, in die Pöbelhaftigkeit, wo sie am ärgsten ist, ins Literatentum! Das war die Frucht seiner Selbsttäuschung! Seine Dichtung war ein unkeuscher Mantel, den er sich aus der eigenen Nachtzeit gewebt hatte, um sich darin zur Schau zu stellen, und er war zu einem Literaten herabgesunken, nicht besser als all die andern, mochten sie nun Bavius oder Mävius heißen, die er stets so sehr verachtet hatte, weil sie bloß Worte zu machen verstanden und ohne Wissen um das Unbewältigbare des Seins, um dessentwillen Dichtung bestehen darf. Unbewältigt und unbewältigbar war die Nacht vor seinen fiebernden Blicken aufgetan, die Nacht in ihrer Unabänderlichkeit, eine von den Nachtmillionen, dennoch sie alle zusammen in ihrer unabänderlichen Einzigkeit, und ihre Schönheit umschloß die Vielfalt der Sterne zu neuer Einheit, so daß sie namenlos wurden; ferne und unsichtbar standen die dunkelheitsstarrenden Wälder, durchschlängelt von Nachtwegen, ferne und unsichtbar grüßten mit leuchtenden Gipfeln stillüberglänzt die Berge den Mond, ferne und unsichtbar, ein glitzerndes Rauschen, das Meer. Er starrte in die Nacht, und die Sterne wurden ihm unbekannt vor Namenlosigkeit, aber er sah auch nicht mehr die Schönheit, in die sie getaucht waren; stumm lastete es auf ihm, durchsichtig und heiß, die überhitzte Kälte des Weltenraumes. Was um ihn herum war, umschloß ihn nicht mehr; von ihr umgeben, stand er außerhalb der Nachthöhle. Die Fensterbrüstung fühlte sich staubig an, ein lebloses, zufälliges Gebilde, leblos und heiß lag die Hand darauf. Unwiederbringlich ist das Lächeln, in dem wir einstmals eingebettet gewesen sind, unwiederbringlich die Weltenzeit, in der es für die stummen Augen des Kindes nichts Stummes weit und breit gegeben, unwiederbringlich die Umarmung, die uns eingeschlossen hatte, unwiederbringlich die Geborgenheit: alles wird vom Kinde eingeschlossen, da Liebe es einschließt, doch nichts schließt uns mehr ein, sobald wir nichts mehr in uns einschließen, und mögen wir noch so sehr gewachsen sein und noch so sehr wachsen, so sehr, daß unsere Arme sich wie Ströme verzweigen, hingebreitet unser Körper und über Ozeane bis zu den Grenzen der Welt, der Mond in unseren Haaren, wir selber Raum, wir selber die Höhle der Nacht, wir bleiben ausgestoßen, keine Nacht umfängt uns, und kein Morgen wird uns umfangen, da unsere Arme nichts an unser Herz gezogen haben – oh Plotia! dein Lächeln war eine Wiederkehr, in deinen Haaren wohnte die Nacht, sternenübersät, sehnsuchtsverheißend, lichtverheißend, und ich, über sie gebeugt, trunken des glitzernd süßen Nachtatems, bin nicht in sie versunken; du aber bist gegangen und hast mir nichts gelassen, nichts, nur den Ring, der auf deiner Hand war und den du mir an den Finger gesteckt hast. –

–, erst wenn wir lieben, ist der Zufall aufgehoben, erst dann werden wir von dem unsterblichen Kreis eingeschlossen, dessen Gesetz das Wunder ist, erst wenn in unserer innersten Tiefe sich eine Stelle auftut, die nicht uns gehört und, ach, doch so sehr unser eigen ist, daß wir um ihretwillen zur Erde werden, zum Land, zum Berg, zum Ozean, einhüllend die versteckte Kostbarkeit mit dem Schutze unseres unermeßlichen Wachstums, erst dann tut sich uns das auf, was uns einschließt, erst dann wird die Frist zur Zeit, das Ablaufende zur Gleichzeitigkeit. Er jedoch, er hatte niemals geliebt, und was er für Liebe gehalten hatte, das war bloße Sehnsucht gewesen, Heimweh nach jener verlorenen Landschaft, in der einstens auch für ihn Liebe stattgefunden hatte; nur dieser Landschaft hatte sein Dichten gegolten, niemals war ein Lied für Plotia über seine Lippen gekommen, und selbst damals, als er, ergriffen von der Schönheit des Alexis, für diesen zu singen vermeint hatte, es war nicht zum Liebeslied geworden, lediglich Rede von der Liebe in ersehnter Landschaft war es; er hatte niemals geliebt, weil er aus jeglicher Landschaft und zum Großstadtliteraten herabgesunken war, zu einem, dem außer sich selbst nichts wichtig ist und an der Schönheit sich bloß berauscht: Liebe schafft Schönheit, und deswegen hatte er, unfähig zur Liebe, unaufhörlich die Schönheit suchen müssen, ständig nach dieser Musik fahndend, ständig verwundert, wenn sie aufklang, ständig verwundert, daß es sie gab, daß sie wie ein leiser, ewigkeitsgeborener, ewigkeitsentatmeter Hauch über ein Menschenantlitz gebreitet sein konnte, verwelkbar wie weißer Liguster, als sei der Schleier des Sterbens, der über allem Menschlichen liegt, hier ein wenig verdichtet und doch auch durchsichtiger geworden, so eingeschmiegt in die Seele, daß er, eingelauscht in diese Musik des Sterbens, eingelauscht in solche Bereitschaft für das Kommende, eingelauscht in solche Hilflosigkeit, es als Botschaft vom unerreichbaren Wissen um das Sterben genommen hatte, ein Beobachter der Schönheit, keinesfalls ein Liebender, vergessend, daß Liebe nicht auf die Schönheit, sondern in tätiger Hilfe auf den Menschen gerichtet ist. An der Schönheit hatte er sich entzündet, und dort, wo er geglaubt hatte Hilfe zu leisten, wie bei dem Cebes, diesem zärtlichsten und hingebungsvollsten aller Schüler, selbst da hatte er bloß seiner eigenen Literateneitelkeit gefrönt, hatte sich an ihr berauscht, aber den Jüngling zu ihrem Spiegelbild gemacht, hatte ihn ebenfalls zum

Literaten geformt, zu einem Nachredner und Schönredner, der die Fehler des Lehrers übernommen hat, sie vergrößert und zur Schau stellt, gleich ihm großstadtverseucht und voll falscher Sehnsucht nach ländlicher Ruhe und Frieden; so waren sie alle beschaffen, die ihn unglückseligerweise als ihren Meister verehrten, so daß er sich für sie verantwortlich fühlen mußte, und wie ein Verhängnis war es, daß sie, diese Zwanzig- und Dreißigjährigen, schier allesamt genau so lebensschwach waren wie er, der sich mit fünfzig zum Sterben anschickte, sie allesamt von einer Kraftlosigkeit, die den armen Tibull bereits hingestreckt hatte und den freundlichen krankheitsstillen Properz ihm bald nachschicken wird, keinen jedoch zu einem tätig helfenden Wirken innerhalb der Gemeinschaft hatte gelangen lassen, Kraftlosigkeit, die in die Vereinzelung bannt und für die nur noch die Schönheit gilt. Keinerlei Unterschied war zwischen ihm und denen zu verzeichnen, arm und kläglich waren sie allesamt, furchtbares Gelichter neben der Generation, der er altersgemäß eigentlich angehörte und zu der er eigentlich gehören sollte, neben dieser mutigen Generation, die unentwegt, der Augustus an der Spitze, für die Gemeinschaft gearbeitet hat, dieser Pflichtgeneration, der es auf Leistung und nicht auf Literatentum ankam und ebendeshalb zur männlich wahren Größe des lateinischen Stiles aufgestiegen war, freilich zu einer viel zu überragenden Größe, um den armseligen Nachfahren noch als Vorbild dienen zu können; nicht dem Gaius Sallustus, und nicht dem verehrungswürdigen Terentius Varro, nicht dem Asinius Pollio, ja nicht einmal dem Horatius Flaccus, der immerhin dank gewisser Verdienste im Staats- und Heeresdienste auch noch dazu zu zählen war, eiferten sie nach, nein, sie hatten ihn zum Vorbild erkoren, ihn den Unwürdigsten, ihn den Generationslosen, dessen Eitelkeit es nicht wahrhaben wollte, daß die Georgika vor den landschaftlichen Büchern des Varro verblaßten und daß die Äneis zum leeren Geschwätz wurde, verglich man sie mit der wahren Geschichte Roms, wie sie der Sallust geschrieben hatte. Und doch, bei all ihrer Armseligkeit, bei all ihrer Vereinzelung, bei all ihrer Weibischkeit, bei all ihrer Abhängigkeit von ihm, es hatten die Jungen doch noch eher als er den Anschluß an das Echte gefunden, denn ihnen war, ob auch nur im kleinsten Kreise, wenigstens die Liebe gegeben, sie hatten wenigstens geliebt, und so verkümmert und so nichtig die

Liebe zwischen den Mauern und den Stadtsteinen auch dahinsiechen mochte, sie hatten sie wenigstens in dieser Form gefunden, und sie hatten recht, wenn sie sie zum ausschließlichen Gegenstand ihrer Dichtung erhoben, sie hatten recht, sich an sie zu klammern und sie festzuhalten, nicht nur weil sie jung waren, nicht nur weil sie mit solcher Liebesdichtung vielleicht ihre Unmännlichkeit zu bekämpfen trachteten, nicht nur, weil sie spürten, daß er sie irregeführt hatte und daß es besser war, sich an den Catull anzuschließen, sondern weil sie der tiefsten irdischen Vereinzelung verfallen waren und weil es innerhalb des Irdischen nur noch einen einzigen Rückweg zum Du und zum Ursprung gibt, den Weg der Liebe, selbst dann noch Rettung, wenn er in letzter Erniedrigung, wie es jetzt unter so viel abscheuerregendem Aufsehen durch den jungen Ovid geschah, im Lasziven begangen wurde: dies war der Weg, den sie eingeschlagen hatten, und da sie ihn gingen, hatten sie den Nebenmenschen gefunden, hatten sie ein Stück der menschlichen Wundergesetzlichkeit erschlossen und mit ihr ein Stück der großen Wundergesetzlichkeit des Seins, das Unvergängliche, die Schönheit, während er, wahnbesessen in seinem Bemühen, das Unwandelbare von außen an die Zufallsgestalt des Menschen heranzutragen, von der Landschaft her, die den Menschen umgibt, vom Himmel her, der über ihn sich wölbt, von den Verrichtungen her, mit denen er seit Urvätertagen sein Leben fristet, von der Schönheit her, die über sein Sterben herabgesenkt ist, den umgekehrten Weg gewählt hatte und damit hatte scheitern müssen, so sehr, daß unter seinen Händen sogar das Unvergängliche des Außen zum toten Zufall wurde, denn nur wer den Menschen erschließt, dem erschließt sich das All, nur wer den menschlichen Zufall aufhebt, dem wird das Gesetz des Seins zur Unvergänglichkeit, nur für den Liebenden kreisen die Sterne zufallsentbunden als das ewig währende, unsterbliche Wunder, das ihn einschließt. Unfähig war er zur tätigen Hilfe, unfähig war er zur Liebe, unbewegt hatte er Menschenleid betrachtet und niemals war es ihm gelungen, wahrhaft Menschen zu gestalten, Menschen, die aßen und tranken, die liebten und geliebt werden konnten, geschweige denn solche, die durch die Straßen hinkten und fluchten, hilfsbedürftiger als alle anderen, Menschen auch sie, das Menschenwunder in sich bergend; Fabelwesen waren ihm die Menschen, schönheitsumhüllte, als solche hatte er sie gebildet, als Könige, als Helden, als Hirten, an deren Gottähnlichkeit er, dem Pöbel auch hierin gleichend, hatte teilnehmen wollen, und Fabelwesen aus bloßen Worten waren sie, kaum lebend in seinem Gedicht, tot jedoch sobald sie um die nächste Ecke biegen, aufgetaucht aus dem Dunkel des Wortgestrüppes und wieder eingehend in den Zufall, ins Ungeliebte, in den Tod, in die Erstarrung, in die Stummheit, nicht anders wie jene Drei, die nun auf nimmerwiedersehen verschwunden waren. Von keiner irdischen Flamme erweckt, waren die Feuer des Himmels erschwiegen, es schwieg die Mitte, zugedeckt mit den Steinplatten der Städte, sie wurde eins mit den äußersten Grenzen, erkaltetes Nichts des Innen und Außen, und es erstarrte die fließende Gleichzeitigkeit, in der das Ewige ruht: wehe dem Überheblichen, der vom kalten Außen her die Flamme anfachen will, wehe dem, der, verleitet von seinem Wachstum, sich unterfängt, den Blick zu den Grenzen zu wenden und der pochenden flammenden Mitte vergißt, er weiß nicht, ob er vorwärts oder rückwärts blickt, aufwärts oder abwärts, richtungslos ist die Kreisbahn, er aber, er verfällt der Erstarrung, und sein Kopf ist in den Nacken gedreht. Nimmermehr war die Erstarrung zu lösen, und unerschütterlich war die Nacht, kaltglühend ihr schwarzdurchsichtiger goldener Fittich; ringsum lastete steinern das Bewohnte auf der Erde, bemalt vom trockenen Mondlicht, nichts regte sich mehr, nur die Postenschritte wanderten steinern und träge längs der Mauer, auf deren Krone nun der scharfschattige Kamm der Eisenspitzen sichtbar geworden war, während auf dem Boden des Schachtes zwischen Mauer und Haus, aufgehellt nun auch dieser, im trockenen Schatten einiger Sträucher allerlei kaum zu benennendes Gerümpel, Bretterzeug und Gerät, sich zeigte, selber schattenwerfend, dabei aber auf eine so fürchterliche Art feierlich, daß es wie ein einsames und seltsam würdeloses Echo zu der großen Nachtstummheit war, gefahrdrohend, rachedrohend, weil das Nichts sich im Nichts spiegelte, das Durchsichtige im Staube, bestrichen beides von dem unbewegten Fittich, beides von Trauer gelähmt, dennoch zerhetzt und zerrissen in beidem das unhörbare Keuchen des Todes –

– aber cikonische Weiber, die er aus Liebe zur Toten verschmäht, rissen in Stücke den Mann beim Feste der Götter im bacchantischen Taumel, und weit umher in den Feldern zerstreut westen die Glieder. Auch sein Haupt war vom marmornen Nacken gerissen, indes es hatte noch Stimme, und bereits vom öagrischen Hebrus im rollenden Strudel ergriffen, »Eurydike«, rief es mit fliehendem Hauche, »Eurydike, du Arme«, und von den Ufern am Strome »Eurydike« hallt es zurück – –, und echolos war er, toter Widerhall unnennbarer Zerrissenheit, ein blindstarrendes Auge: Schatten zu lösen, war sein Auftrag gewesen, und er hatte Schatten geschaffen, es war ihm ein Eid auferlegt worden, der große Bündniseid der Erde, und der gebrochene Eid war ihm durch keine Nacht zu erneuern; untergegangen war er in einem eidlosen Geschlecht, das bar jeder Bindung über die Steinfliesen des Nichts dahintorkelt, feuerlos wie das Tier, kalt wie die Pflanze, unerweckbar wie der Stein, unerklärlich wie das Unheil, das aus dem Nichts hervorschießt, sobald der Eid nicht unaufhörlich erneuert, sobald die Flamme nicht unaufhörlich geschürt, sobald die Erschütterung nicht unaufhörlich der Erstarrung entgegengesetzt wird. Und bar jeder Erschütterung waren sie, selbst wenn sie mit dem Stock aufeinander losgingen, ohne Hilfe waren sie füreinander, und er – gleich ihnen – hatte niemals Hilfe gebracht, unfähig, jemals Hilfe zu bringen. Auch seine Flamme war im Eidlosen erloschen. Konnte noch Erlösung aus solchem Unheil erwartet werden? War es da noch erlaubt, die Hilfe von den Göttern zu erwarten, daß sie die Erstarrung lösten? oh, auch das unabänderliche Schicksal der Götter ist in der Gleichzeitigkeit begründet, und nichts bleibt ihnen als die Vergeltung, die aus ihrer eigenen Erstarrung erfließt! Echolos der Mensch, echolos die Götter, blindstarrendes Auge oben und unten, erschwiegen die großen Gezeiten des Entflammens und Verlöschens, des Anfangs und des Endes, der feuerlichten Erschütterung und der mildrieselnden Beruhigung: erschwiegen ihre wechselzeitige Zeugung, die das eine zum andern macht, und gelingt es dem Menschen nicht, noch einmal die Steine des Grabes zu rücken und zu sprengen, so versiegen selbst die Flüsse des Schattenabgrunds, erdrückt von des Tartaros Wüstenbergen, die zur unabänderlichen Endgültigkeit emporwachsen. Konnte solches noch verhindert werden? War das Endgültige nicht bereits eingetreten? Erstorben war die Verantwortung und das Mitleid, erstorben sogar die Verantwortung für das eigene Leben, erstorben die Selbsttäuschung, nichts regte sich mehr, tot war der

Schacht, in dem das Ich west, nur das furchtbare, das lautlose Rasseln keuchte in ihm, und er wußte nicht, ob es das seines hohlbeklommenen Atems war oder das seiner hohlgewordenen und gehetzten Traurigkeit, endgültige Atemlosigkeit und endgültige Traurigkeit des Läufers, der hinter dem Ziele erkennt, daß er nicht angelangt ist und nimmermehr anlangen wird. Aber ebendeswegen wußte er nun mit ständig steigender Deutlichkeit um die Selbsttäuschung, in der er sich gewiegt hatte, erkannte er den Selbstbetrug, mit dessen Hilfe er sich hatte vorgaukeln wollen, es hätte sein Wunsch nach immer weiter und immer rascher fortschreitender Auflösung der körperlichen Scheineinheit ausschließlich der Erkenntnis des Sterbens gegolten, auf daß ihm hieraus umso eher die echte Einheit erstünde: nein – nun durchschaute er es –, es war bloße Flucht gewesen, Flucht vor der Starrheit, Flucht vor der Hilfsunfähigkeit, Flucht vor der Eidbrüchigkeit, Flucht vor deren Anblick; lieber als solche Demütigung seiner Überheblichkeit wollte er seinen Körper brüchig, hilflos, erstarrt sehen, lieber wollte er seinen Körper gedemütigt haben, doch das Erwachen hatte ihn ereilt, und da er es nun wußte, wußte er es auch schon nicht mehr, denn sein Wissen war zur Leere gewandelt, sein Wissen war zum zerknirschten Nichts geworden, und niedergezwungen vom Meineide fühlte er sich auf die Knie geschleudert. Nimmermehr vermag der Meineidige aufrecht zu stehen. Und tiefgebückt, als drückte das Unsichtbare, Durchsichtige, Unbewegte wie eine ungeheure Last auf seine Schultern, tastete er sich längs der mondhellen Mauer, auf der sein tiefgebückter Schatten neben ihm herglitt, zu dem Wandbrunnen hin, gleich wie ein Tier vom Wasser angelockt, gleichsam nach einem letzten Trost des Irdischen und Noch-Lebendigen und Noch-Bewegten inmitten erstarrter Trockenheit fahndend, um tiefgebückt wie ein Tier an der silbern-rieselnden Feuchte zu lecken.

Ohne Überlegung, bloß von dem dunklen Wunsche getrieben, sich zu verkriechen und seine Erniedrigung zu verbergen – er hätte nicht zu sagen gewußt, ob vor sich selber oder vor einer Übermächtigkeit, die jenseits allen Dunkels schwebte, dennoch vorhanden war –, hatte er in das Bett zurückgefunden, und erbärmlich in dieses eingeduckt, zugeschnürt die Kehle, trockene Kälte in allen Gliedern hielt er still: es war das Entsetzen. Das Entsetzen saß in ihm, aber es hüllte ihn auch ein, es webte im

Unfühlbaren, im Unhörbaren, im Unsichtbaren, es war das Entsetzen der Anfangserinnerung, die niemals erlischt, mögen sich auch Jahre um Jahre darüber gelagert haben, das Entsetzen des versprengten Herdenstückes, das Entsetzen des Kindes und des Greises. Und obwohl er still lag und nicht um die Breite eines Fingers sich in irgendeiner Richtung bewegte, aber auch das Zimmer um ihn herum sich nicht im geringsten veränderte, er wurde von dem Entsetzen vorwärtsgetragen, einem gläsern unerreichbaren Ziele entgegen, das wie Anfang war, und das Zimmer schwebte mit ihm. Und bald gesellten sich ihm Begleiter, Weggenossen zur kaltbefremdlichen Fahrt. Aus der Zimmerwand, aus Malerei und Tünche lösten sich Acanthusblätter, menschengesichtig geworden und den Stengel zur gekrampften Adlerkralle umgeformt, so flatterten sie neben seinem Bette, gefolgt von zwiegestalteten Szyllen, gefolgt von Schmetterlingen mit langen Peitschenschwänzen, manche so durchsichtig, daß sie bloß wie unsichtbar-stumme Schreckensrufe umherflogen, lauter ungestaltes und ungestaltbares Zeug, Ungeziefer aus dem Orcus, Schutt des Vorentstehens und des Verfalls, dem Nichts entkommen und ins Nichts zurückkehrend, emporgeworfen vom Vulkan der Äonen, vom brodelnden Vulkan des Nichts, vom Zornvulkan der Vorschöpfung. Richtungslos kam es herangesaust, ein sausendes Gedränge, blutig umbänderte Köpfe zerschlängelten Haares, kleinverkümmerte oder unfertige Zentauren, geflügelte und ungeflügelte, krötig und eidechsig und hundspfötig, und dann wurde es wieder leer wie das Weltall, nur noch durchtrabt von einem einsamen Roß oder durchschwebt von einem Mannstorso, dessen flach durchsichtiges Gesicht, bettwärts gekehrt, sich zu einem leeren höhnischen Spiegellachen verzerrte, untertauchend in dem aufs neu einsetzenden Gestaltengedränge, und keines dieser Geschöpfe atmete: zur Furienkammer war das Gemach geworden, hatte für alles Platz, ohne selber zu wachsen, während der Kandelaber in der Mitte sich zum riesigen Baume entfaltet hatte, die Kerzenhalter unmäßig ausgestreckt zu uralt ragendem Gezweig dumpfschattender Ulme, mächtig der Stamm umringelt von der lernäischen Schlange, während im Gelaube, Blatt für Blatt, gleisnerisch die Träume saßen, dichtgedrängt wie Tautropfen; ringsumher brannten die Städte der fernsten Vergangenheit und der fernsten Zukunft, menschenfauchende, menschenzerquälte Städte, namensferne Städte, die er dennoch erkannte, die Städte Ägyptens und Assyriens und Palästinas und Babylons, die Städte der entthronten, ohnmächtig gewordenen Götter, gestürzt die Säulen ihrer Tempel, gesprengt ihre Mauern, zerbrochen ihre Turmhäuser, geborsten das Steinpflaster ihrer Straßen, und inmitten der ewig wiederkehrenden Zerstörung ragte der Städte verfluchteste, ragte das gedemütigte Rom, durch dessen Gassen schnuppernd die Wölfe streiften, ihre Stadt wieder in Besitz zu nehmen; jedoch darüber, die Länder der Gräuel in schweren großen Kreisen erzenen Fittichs überstreichend, gleich blinkenden Stahlgebilden klirrten lautlos die Haßvögel und ihre feiggrimmige jubelwürdige Drohung, mit geöffneten Fängen herabzustoßen, um ihre Krallen in die blutigen Felder des Landmannes und in die blutenden Herzen zu schlagen. Nacht für Nacht brannten die Städte. Nacht für Nacht floh der Schlaf vor ihrem Lichtschein – oh, wer mochte schlafen, wenn Troja brennt! –, Nacht für Nacht hatte ihn das Entsetzen quer durch das Schweigen der gespenstererfüllten Sterbenskrater getragen, und das Entsetzen, niemals abgestumpft, niemals abgeschwächt, hatte sich Nacht für Nacht gemehrt, denn immer deutlicher war er der Furchtbarkeit des unwirklich Wirklichen inne geworden, der unerschütterlich kaltwirkenden Unwirklichkeit, die allen Göttern vorangeht, alle Götter überdauert und der Götter Ohnmacht besiegelt, er war der gelähmt-lähmenden, gewaltlosen Übergewalt der Moira inne geworden, des schlechthin Unerlauschbaren, des unhold und dreileibig Wartenden, in dessen Bildern sich alle Gestalten des Scheintodes abwandeln: wer ein Scheinleben geführt hat, den schleudert das Schicksal in den Scheintod, in das tosende Gestrüpp der gelähmten Stimmen, deren Schreie nur noch gräßlich huschende, fangarmige Schatten sind, in das Unbenennbare, Ununterscheidbare, Ungeformte, aus dem es keinen Weg zur Einheit mehr gibt, in den Hohn, dem der Verirrte ausgesetzt ist, in das leere, vorschöpflich flache Schicksalslachen, das dem Hilflosen gilt. Und Nacht für Nacht kündigt es ihm das Unausbleibliche, Unausweichliche an, den Krampf des Scheintodes, in dem er sargumfangen grabesumfangen liegen wird, hingestreckt zur stillstehenden Fahrt, begleitet von allen Angstfratzen, er einsam, ohne Beistand, ohne Fürbitte, ohne Hilfe, ohne Gnade, ohne Licht, ohne Ewigkeit, umgeben von den unerschütterlichen Steinplatten, die zu keiner Auferstehung sich öffnen. Die Gruft! auch sie war in dem engen Zimmer vorhanden, auch sie war vom Ulmengezweige berührt, auch sie von den Furien umtanzt, auch sie vom Furienhohn umwittert, und sie selber war Hohn, weil sie für die lächerlichste Selbsttäuschung erbaut worden war, für die kindische Traumeshoffnung, es werde die stille Unveränderlichkeit der neapolitanischen Bucht, es werde des Meeres heitere Sonnengröße, des Meeres unermeßliches Heimatglänzen, es [werde] solche Landschaftskraft leise sich des Sterbens annehmen und die niemals gesungene, niemals ersingbare Musik erwecken, die das Leben in den Tod hineinzutragen vermag, lauschend und erlauscht für immer. Indes, es hockten Halbvögel, fischäugige Scheinvögel auf dem Sims des Gebäudes, ihre Schnäbel waren die von Gänsen, ihre Köpfe die von Eulen, ihre Füße aber waren Menschenhände mit Schwimmhäuten, und ihr Flug war für keinerlei Landschaft bestimmt; keinerlei Landschaft tat sich hinter dem Gebäude auf, kein Meer, keine Küste, kein Gefilde, kein Gestein, nur unfaßbare Kahlheit, und das, was ihn, was all die Geschöpfe umgab, was ihn in schwebender Flutung hinwehte und worin sie schwebten, das war weder Luft noch Wasser, das war leerer und kalter Qualm, das war der durchsichtige Hauch aller Angstfeuer, das war das Unatembare, der Glast des Nichts, ein trokkenes Rieseln, verwehend zwischen den Fingern, das Untrinkbare und Unfühlbare, das Element der Gespenster in schauriger Unverbrüchlichkeit. Stärker als die Schöpfung ist die Vor-Schöpfung, unbewältigbar ist sie, da sie ruht und sich verborgen hält, freilich in einer Ruhe ständiger Bereitschaft, ständig lauernd, ständig befähigt, jederzeit wieder hervorzubrechen und sich auszubreiten, sobald die Schöpfungstat, die niemals ruhen darf, nur für einen Herzschlag, nur für einen Atemzug, nur für einen Augenblick erlahmt und aussetzt; immerwährende Auferstehung ist Schöpfung, und Schöpfung ist immerwährende Auferstehung, und Geschöpf ist bloß das, was immer wieder hinabsteigt zu den Flammenwurzeln der Wiedergeburt, unablässig bemüht, daß das Unbesiegte nicht neuerlich aufquelle, das Vor-Einstige, das vormütterlich Ununterscheidbare, unerschaffen das Meer, unerschaffen das Land, die steinerne Stummheit unter deren saugendem Un-Atem, erstarrt und erstarrend, die bebende Flamme erlischt, das Heil der

Schöpfung zurückgewendet ins Unheil der Vorschöpfung. Oh, das Unheil, das Unheil! das lauernd verborgene Unheil! ringsum webt es um ihn in Fratzen und Gestalten, und es hieß Scheintod, wie es vordem Scheinleben geheißen hatte, das ummauerte und versteinte Unheil! Und wehe über alle Ungeschöpflichkeit, die sich dem Kreislauf der Schöpfung entgegenstellt, die sich ihm entzieht und ihn unterbricht, die sich lediglich selbst verewigen will und sich selbst zur Gruft macht; Scheinleben und Scheintod sind Eines, vereint im Unheil, und jedwedes Bauwerk, das von Scheinleben errichtet wird, dient unweigerlich zur Verherrlichung und Aufbewahrung des Unheils, muß unweigerlich zu einer Gruft ohne Wiedergeburt werden, zeitlos dennoch ohne Dauer, ein dem Atem entsunkenes Gebilde, das steinern auf dem Leben lastet. Kein über den Grundstein ausgegossenes Blutopfer reicht hin, den unheilsentstandenen Bau in das Gesetz und in den Schöpfungskreislauf einzufügen, keines vermag den Eid zu erneuern, keine Beschwörung läßt die eisige Schlange zerbersten, unvermögend ist das Opfer, und mag auch der Mensch, entsetzensvoll solches begreifend, gejagt von der Erstarrungsangst, gejagt von der Angst vor der Versteinerung, gejagt und abergejagt Opfer auf Opfer häufen wollen, mag er des Blutes kein Ende finden, den Nebenmenschen erschlagend, um den Scheintod von sich abzuwälzen, des Nachbars Haus in Brand steckend und in Trümmer legend, um den Gott für das eigene Haus durch solchen Brand und solche Steinzertrümmerung erhalten zu können, ja, mag der brüllende Mord, die brüllende Zwietracht sich sogar nach dem Willen der Götter vollziehen, Gott und Mensch sind in der Angst vereint, gemeinsam sind sie dem Schicksal untertan, gemeinsam ist ihnen die Hilflosigkeit vor dem Schicksal, gemeinsam ihre scheinbar freiwillige Unterwerfung vor dem Herrschaftsanspruch der Zwietracht, gemeinsam die furchtbare, die trügerische, auf die Zwietracht gesetzte Hoffnung, geboren aus dem Schicksalswissen des Menschen um die kommende Erstarrung, geboren aus dem Schicksalswissen des Gottes um die kommende Ohnmacht, gemeinsam das Wissen um die Vergeblichkeit der Hoffnung: niedergebrannt die Städte des Erdkreises, gestürzt ihre Mauern, zerrissen und zerborsten ihre Steinquader, blutrauchend der Verwesungsdung auf den verwüsteten Gefilden, und doch umsonst, oh, umsonst und fruchtlos ist die von den Göttern entfesselte menschliche Angstzwietracht, zwecklos bleibt des Menschen brüllend tosendes Rasen, sinnlos sein Opferrausch und sein Siegesjubel, verwirrt bleibt der Götter Ratschluß, es bleibt der irdische Donner wirkungslos, es bleibt die irdische Flamme zündungskalt, und kein vergossenes Blut vermag den Schöpfungstod zu überwinden –, unerweckt bleiben die Feuer des Gottes solange wir uns nicht selber in die letzte Zerknirschung des Nichts werfen, solange wir uns nicht selber in die tiefste Erniedrigung begeben, solange wir uns nicht selber zum Opfer bringen, solange wir nicht unsere eigene Gruft zerstören! Und da ihm dieses inne wurde, als flüsterte eine Stimme aus zweitem Traume in einen ersten hinein, unwirklich-wirklich auch der Götter Walten, da ihm dieses inne wurde, da hörte er aus dem nämlichen Flüstern – oder war es eines aus noch entfernterem Traume? –, daß er alle seine Schriften, alles was er je geschrieben und gedichtet hatte, vernichten, verbrennen, im Nichts aufgehen lassen müsse, alles und auch die Äneide; so hörte er es, doch ehe er es noch hörte, ja ehe er es noch hören wollte, und noch ehe er der Gebanntheit sich entwand, mit der er zu der regungslos hockenden Scheinvogelreihe auf dem Gebäudesims hinstarrte, da floß es wie eine unmerkliche Welle dort über das entfärbte Gefieder hin, eine Welle und noch eine, und plötzlich, gleichsam in einer Gischt von Lautlosigkeit, war der Schwarm aufgeflogen, emporgehoben und ins Unsichtbare zerstäubt, so daß der vertraute Dachkranz für eine Sekunde sichtbar wurde, allerdings nur für diese eine Sekunde, denn in der nächsten krachte das Gebäude in sich zusammen, nicht minder lautlos wie der Flügelschlag der Entflohenen, nicht minder ins unsichtbare Nichts zerstäubt. Und da ihm dieses inne wurde, begann die Lautlosigkeit sich zur Stille zu wandeln: seine eigene Fahrt kam zu Stillstand, die Gespenster glitten an ihm vorbei, sie glitten dorthin, wo die Gruft versunken war, sie sanken ihr nach, eines nach dem andern, und nachdem sich die letzte der Harpyien in dem leerdämmrigen Schattenkrater aufgelöst hatte, da ward auch dieser selber, der wie ein drohendes Gegenauge, dennoch sein eigenes, ihm entgegengestarrt hatte, von der Auflösung ergriffen, die saugende Kraft wurde zu allaufnehmendem Frieden, es ward zum Auge der Nacht, das schwer und groß von Äthertränen grauschwarz, gewichtslos, traumesenthoben auf ihm ruhte, und in der Tiefe ihres Blickes flimmerte wieder die kleine gelbe Flammenspitze des Öllämpchens, schüchtern leuchtend – oh, ein Stern der Nähe – in dem wieder mondlos gewordenen Gelaß. Leise rieselte der Wandbrunnen, das Dunkel wurde zu leiser Feuchtigkeit, und obschon nirgendwo sonst sich etwas regte, es entstummte das Stumme, es entstarrte das Starre, weicher und lebendig wurde aufs neue die Zeit, entlassen der scheintoten Mondsprödigkeit und aufs neue bewegungsgeöffnet, so daß er, desgleichen der Starre entlöst, sich langsam, wenn auch noch mit äußerster Mühseligkeit, wieder aufzurichten vermochte; die Handflächen mit gespreizten Fingern in die Matratze gestemmt, den zwischen den hochgestemmten Schultern etwas eingesunkenen, fieberheißen Kopf vor Anstrengung zitternd ein wenig vorgestreckt, lauschte er ins Leise hinein, und sein Lauschen galt ebensosehr der wiedergekehrten, von keinem Fieber aufzuhebenden Milde des Lebensstromes, als auch der kaum aufgetauchten und kaum mehr erhaschbaren Traumesstimme, jenem flüsternden Traumbefehl, der ihm die Vernichtung seiner Schriften geheißen hatte und den er nun wahrhaft hören wollte: er spürte, wie der Traum durch den aufgelösten Raum rieselte, er spürte, wie hiedurch die äußersten und die innersten Grenzen aufgelöst und verbunden wurden, und das, was sein Lauschen hörte, war in diesem Fluten enthalten, stammte aus der äußersten Finsternis und klang zugleich in seinem innersten Ohre auf, in seinem innersten Herzen, in seiner innersten Seele, aber es war, so leise es raunte, kein Flüstern und es bestand auch nicht aus Worten, sondern es war weit eher ein ungeheueres Dröhnen, freilich eines, das durch derart viele Schichten des Erlebens, der Erinnerung, der Finsternis herdrang, daß es nicht einmal Flüsterstärke erreichte, nein, es war kein Flüstern, sondern es war ein Zusammenklang unzähliger Stimmen, mehr noch, aller Stimmenherden, singend und erzen, unerbittlich, unwiderlegbar, unabänderlich trotz der großen Entfernung, befehlender und befehlender, verlockender und verlockender werdend, je mehr er sich in den Klang hineinlauschte, und bezwungen zur Unterordnung und zur Hoffnung, bezwungen zur Angst um das Werk, das ihm entrissen werden sollte, bezwungen zum Wunsch nach dem Urteilsspruch, unter dessen befehlendem Machtwort solches zu geschehen haben werde, bezwungen zur Vernichtung und Selbstvernichtung um des Lebens willen, entrang es sich ihm endlich in einem Seufzen, in einem Schrei: »Die Äneis verbrennen!«

»Du riefst?!« Im ersten Augenblick war nicht zu unterscheiden, ob die Stimme, welche vertraut und freundlich und zart klang, aus dem Unerahnbaren oder aus dem Irdischen herstammte, keinesfalls war es die Größe der erwarteten Stimme, der herbeigewünschten, indes im nächsten Augenblick erkannte er sie als die des Knaben, erkannte sie mit sonderbarer Selbstverständlichkeit – er wäre auch nicht verwundert gewesen, wenn die wiederbefriedete, wiederbetaute Nacht länderumhüllend die leichte Stimme Plotias wiederherbeigeweht hätte –, und in dieser wiedergefundenen Selbstverständlichkeit des Irdischen, ruhig dahinfließend zwischen den Ufern der Freude und der Enttäuschung, war sogar die körperliche Anwesenheit des Knaben ihm so unverwunderlich, daß er regungslos verharrte und nicht einmal den Kopf nach dem Eingetretenen umwandte. Nichtsdestoweniger fragte er: »Wer bist du? Wie heißest du?« – »Ich bin Lysanias«, antwortete es aus der Gegend der Türe. »Lysanias?«, wiederholte er regungslos in die Dunkelheit hinein, »Lysanias...«, nun doch verwundert; er hatte ja den Namen des Knaben nicht wissen wollen, er hatte ihn fortgeschickt, es war unter einem höheren Befehl geschehen, wohl weil es um wichtigere Entscheidungen gegangen war, und nun, da die Entscheidung gefallen, nun, da es außer Zweifel stand, daß die Äneis vernichtet werden mußte, da konnte er den Gast erst recht nicht brauchen: »Warum kommst du? habe ich dich nicht fortgeschickt?« – »Ich bin ja auch gegangen«, lautete, schon etwas näher, die unverkennbar spitzbübisch belustigte Verteidigung, »ich habe bloß vor deiner Türe gewacht; das hast du nicht verboten.« Nein, das hatte er ihm freilich nicht verboten, und trotzdem, weit über die drollig-jungenhafte Ausflucht hinaus, gab es da eine schier unerklärliche Unstimmigkeit: gleichsam zur Vergewisserung des irdischen Beistandes, das Zimmer sich einzuprägen, sah er sich um, blickte zur Türe, deren Umrisse kaum wahrzunehmen waren, blickte zum Fenster, in dessen Gewände noch der Mond lag, und er begriff nicht, daß hier, wenige Schritte von ihm entfernt, ein hilfsbereit liebendes Herz hatte schlagen können, während dort die drei fürchterlichen Gestalten über die Gasse gekrochen waren; unbegreiflich waren ihm die räumlichen und menschlichen Abstände geworden, er begriff die Gleichzeitigkeit nicht mehr. Überraschend kam hiezu Bestätigung aus dem Munde des Jungen: »Du riefst mich nicht früher.« Hätte er ihn gerufen, wenn er den Namen gewußt hätte? er wies es ab: »Ich habe auch jetzt nicht nach dir gerufen«, aber leiser setzte er hinzu, »...Lysanias.« Der Knabe, aus dem Dunkel des Hintergrundes in den stillen Lichtkreis der Öllampe gelangt, hob auf die Nennung seines Namens hin das seltsam versonnene Jungengesicht, und es wurde zu zutraulichem Lächeln: »Darf ich dir den Wein mischen?«, fragte er und hantierte bereits beim Anrichtetisch. »Nein... keinen Wein«; das war so rasch gesagt gewesen, so sehr gegen seinen Willen und gegen sein dürstendes Fieberbegehren, so sehr unter einem Befehl, über den er keinen Bescheid sich geben konnte, der jedoch sicherlich mit der Äneis zusammenhing, daß er darob erschrak und zu grübeln begann: fast war es wie eine Wiederkehr des Entsetzens, dem er kaum entronnen gewesen war. Und aufs neue kam überraschender Bescheid von dem Knaben; mit beiden Händen den Mischkrug abwägend, den er angesichts der Ablehnung soeben hatte sinken lassen, meinte er beruhigt und beruhigend: »Für das Trankopfer bleibt noch mehr als genug darin.« Oh, für das Opfer! ja, um dieses Opfer ging es! Sich selbst ins Nichts zu stürzen, mußte er die Äneis den Göttern darbringen, Opfernder und Opfergabe, Vater und Kind zugleich, selber zum Gebet geworden, eingekehrt in die vollkommene Wachsamkeit des Vaters und zugleich in die vollkommene Ausgelöschtheit der Schatten: rein der Opfernde, rein die Opfergabe, rein der Opferplatz, eines das andere in sich beschließend, und darum durfte er, dem solches auferlegt war, den Wein vorher nicht berühren, damit dieser nicht gräßlich, den eigenen Ursprung entweihend, sich zu gräßlichem Blute rückverwandle, darum durfte die keusche Handlung nicht hier in dem furienverseuchten Zimmer vollzogen werden, sondern spendend den lauteren Wein, opfernd in salziger Flut unter den Strahlen des aufgehenden Tagesgestirnes, am Meeresstrande, perlmutternd aufzitternd die Schale des frühmorgendlichen Himmels, so sollte es geschehen, verzehrt das Gedicht in der bebenden Flamme –, allein, genügte dies? waren dies nicht leere Vorkehrungen? konnte sein Opfer überhaupt angenommen werden? durfte er überhaupt zu solch väterlichem Priesteramt antreten? war ihm die elfenbeinerne

Pforte nicht überhaupt verschlossen? erhaben unendlich ist die Reihe der Väter, und in erhabener Unzugänglichkeit schattenumschart thront der Ur-Ahn, von dem aller Segen ausgeht; nur wer in dienender Wachsamkeit niemals erlahmend dem Vergangenen und dem Kommenden gedient hat und dient, der wird in die Väterreihe aufgenommen, der wird begnadet, hinabzusteigen und die Weihe zu empfangen, denn Opfer und Begnadung gehen auseinander hervor, sie sind einander verschränkt, sie sind Eines! Durfte da er, der Verirrte, der kaum noch der Vorhölle des Scheintodes entlassen war, unabgebüßt seine Verderbnis, noch lange nicht entsühnt trotz aller Pein, durfte er da überhaupt noch auf die Keuschheit solcher Begnadung hoffen? Durfte er, der Unerwachte, der Unerweckbare, noch hoffen?! Und zum dritten Male kam Antwort von dem Knaben, der nunmehr mit gefülltem Becher, ein freundlich besorgter Mundschenk, vor dem Lager stand: »Es ist nur ein Schlaftrunk.« Erst war es Schrecken, war neuerliche Annäherung des Entsetzens: »Ein Schlaftrunk? ...nein, den brauche ich nicht, ich habe genug geschlafen... zu viel...« Und nun kam die Antwort, freundlich und unbefangen: »Niemand hat so viel wie du gewacht, mein Vater.« Mild und beruhigend waren diese Worte, leise wie der Atem der Nacht, in die sie fielen, sanft und wohltuend war die Vateranrede, schmeichelnd, vielleicht sogar Verlockung und Verführung, gleichsam eine Erlaubnis, sich des Mißtrauens gegen die eigene Berufung zu entledigen, Erlaubnis zur Heimkehr: indes, war es nicht nur wieder Aufforderung zur Selbsttäuschung? jetzt war er wach, und hinter dem Mißtrauen gegen seine Berufung zum Opfer zeigte sich mit verstärkter Deutlichkeit, unabweislich und unbesänftigbar, das Spielerische seines ganzen Lebens, dieses Spiel mit Worten und Geschehnissen, das stets einer glatten Schönheit gedient hatte und das ihn auch jetzt noch, trotz aller Wachheit, gefangen hielt, da er sogar für ein so dringliches Vorhaben, wie es die Vernichtung der Äneis war, erst die Morgenstunde abwarten wollte, um einen geschmackvollen Rahmen für das Ereignis zu schaffen, wahrhaft ein unkeusches Spiel, aber darüber hinaus sah er das ganze schlafwandlerische Spiel, in dessen blut- und morderfüllter Unkeuschheit sich die Welt bewegt, befohlen von den Göttern, sie selber hiezu befohlen, Gott und Mensch von der nämlichen Erwachensangst getrieben, jenes Spiel, an das sich auch der Dichter klammert, indem er es besingt –, oh, dies waren keine Fieberträume, dies war die nackte Wirklichkeit, unabweisliche Wirklichkeit, und er sagte: »Nein, Lysanias, der Dichter gehört nicht zu den Wachenden... es wacht der Augustus, da er über Rom wacht, ihn nenne Vater.« Der Knabe schüttelte den Kopf, ein Strähn des dunklen Haares fiel über die Stirne: »Du gabst den Dingen ihre Namen... und Rom ist in deinem Gedicht...« Rom in der Äneis? um welche Namen ging es da? welche sind von der Äneis gefunden worden? konnte, durfte, sollte er dem Knaben kundtun, daß die Äneis verbrannt werden mußte, daß ihr dieses Los beschieden war, weil sie die eigentlichste Aufgabe der Dichtung, die Aufgabe der wahren Namensfindung nicht erfüllt hatte? daß sie nichts war als ein unkeuscher Mantel, gewebt aus der eigenen Nacktheit? und selbst wenn hie und da einer ihrer Verse geglückt wäre, daß es gelänge, durch ihn einen Blick in den hellen Wahrheitsabgrund zu tun, wie wenig bedeutete solch vereinzelte Ahnung angesichts des Unbewältigten, des Unbewältigbaren, angesichts des Niemals-Erstarrenden, in dessen Tiefenlicht unberührt und keusch das Wort der Dinge schwebt! Oh, Keuschheit der Namen auf dem Grunde der Dinge! Namenlos ist der Mutter das Kind, und sie sucht, es vor jeglichem Namen zu bewahren, nicht nur voll Angst vor dem unheilbringenden falschen Namen, nicht nur fürchtend, daß der richtige im Opfer eingeschlossen ist und das Opfer einschließt, sondern auch ahnend, daß der richtige Namen, in dem sich die unendliche Ahnenreihe väterlich aufbewahrt, bloß von demjenigen gehoben wird, der selber namenlos hinabgestiegen ist, um in der Wurzelsphäre aller Wesenheit mit der Weihe väterlicher Priesterschaft ausgestattet zu werden: oh, zwiefache Heimat des Menschen, zwiefache Heimat des Wortes, zwiefacher Abgrund aller Wesenheit und zwiefache Wurzel des Gebetes, das dem wahren Namen der Dinge innewohnt und seine Keuschheit ist –, oh, Namen der Menschen, Namen der Gefilde, Namen der Landschaften, der Städte und alles Geschaffenen, Heimatnamen und Trost in der Bedrängnis, sie sind mit der Heiligkeit des Wortes auferstanden, sie sind vom wahrhaft Wachenden gefunden, ihr Erwecker ist der Gründer. Nein, hier hatte die Äneis nichts mehr zu schaffen, sie war unnütz, sie verhinderte bloß seine eigene Erweckung, und er war dem Schicksal dankbar, daß es ihm noch die Zeit vergönnte, das Unnütze fortzuräumen. Aber so sehr es ihn drängte, daß dies ohne Verzug geschähe, so ungeduldig er auch deshalb das Morgengrauen erwartete, er wollte die Verse noch einmal hören, ach, dies war unverzeihlich, und so bat er: »Gib mir das Manuskriptkästchen.« – »Und... du nimmst nicht einen einzigen kleinen Schluck?« – »Nein, mein Ganymed, stelle den Becher nur wieder auf den Tisch... hingegen magst du mir ein Stück aus der Äneis vorlesen, und möglicherweise...« – er mußte lächeln, weil es sich möglicherweise wirklich so verhielt –, »...möglicherweise wird dies meinem Schlaf recht förderlich sein.« Der Junge war ein bißchen verlegen, ein bißchen betreten, ein bißchen ratlos, und doch beglückt: »Die Äneis?« – »Gewiß, kleiner großer Sohn... gib sie nur her.« Freilich, als er das Kästchen auf den Knien hatte und die Manuskriptrollen heraushob, da zitterten auch seine Hände ein wenig; im schwachen Lichtschimmer des Ölflämmchens durchflog er die Seiten, mehr fühlend als lesend, eine nach der andern: »Krieg, nichts als Krieg«, murmelte er, »was sollen wir lesen?« – »Alles, mein Vater«, sagte der Junge, der wieder zutraulich geworden war. »Alles, Lysanias? ich dachte, du wärest um meinen Schlaf besorgt... aber wir wollen uns von den Orten erzählen lassen, auf denen heute unser Rom gebaut ist, und wie sie ihre Namen erhalten haben...« – »Deine Namen.« – »Nein, göttliche Namen, geschaffen mit den Dingen... und vor den Göttern... doch wenn du von ihnen lesen willst, so mußt du dir ein Licht herschaffen...« Der Knabe kletterte auf einen Stuhl, holte einen Kerzenstumpf von [dem] Kandelaber, entzündete ihn an der Öllampe, befestigte ihn mit dem abtropfenden Wachs auf einem der Teller, und den Stuhl zum Tisch rückend, so daß der Lichtstumpen das ausgebreitete Blatt beschien, begann er, über dieses gebeugt, die angegebene Gedichtstelle vorzulesen, erst schüchtern und leise, dann lauter werdend, und die Verse glitten in die Nacht und in das nächtlich murmelnde Wasserrieseln des Brunnens:

Aber Äneas bewegte die freundlichen Blicke um alles,
Angeregt von den Orten, staunend und froh jeglichen Dinges
Forscht er umher und vernimmt die Denkmal' alter Ge-
    schlechter.
–––Jetzt Euander der Fürst, der romanischen Feste Er-

bauer:
Hier bewohnten die Forst' einheimische Faune und Nymphen
Aber auch Waldmänner, die baummarkerzeugten, kernholzgeborenen,
Zuchtlos und ungezähmt; sie wußten nicht, Stiere zu jochen,
Wußten nicht für die Not, wußten nicht Habe zu sparen,
Nein, Zufallsgepflücktes und rauhgier'ge Jagd gab ihnen Nahrung,
Und erst als Saturnus, fliehend die Waffen des Zeus,
Verbannt aus genommener Herrschaft, vom ätherischen Himmel herabkam,
Da bracht' er Bildung, Sitt' und Gesetz zu dem wilden Geschlecht
Bergschweifend ungebärdiger Horden, und er nannte Latium
Dies Land, das ihn mit bergendem Schoße sichernd umfangen hat.
Dann unter dem König blühte die Zeit des goldenen Segens,
Hochgepriesen, lenkte er in friedsamer Ruhe die Völker,
Bis das entartende, gemach sich entfärbende Alter folgte,
Überraset von Krieg und gieriger Sucht des Erwerbes.
Jetzt kamen Ausonen und starker Sikanen Geschlechter,
Und oft wurden die Namen vertauscht des saturnischen Erdreichs.
Es erschien in der Königsreihe rauh und riesenhaft Thybris,
Dem wir Italer den Strom gleichnamig Thybris nun nennen,
Während Albula der eigene Name veraltend dahinschwand.
Ich aber, der verbannt ward zu der Meere äußerstem Ende,
Zwang allherrschendes Glück und unabwendbares Schicksal
Zu dieser Wohnstatt zurück, wie der Mutternymphe Carmentis
Strenges Gebot es befahl und das göttliche Wort des Apoll.
——— Nachdem er solches erzählt, zeigt er fortgehend den Altar,
Auch den alternden Bau des Carmentalischen Tores,
So benannt von den Romanern zum Ruhm der Nymphe Carmentis,
Jener Verkünderin, von der die Größe der Äneiden
Und ein herrliches Pallanteum erstmalig geweissagt,

Zeigte weiterschreitend den mächtigen Hain, Freiort geheißen
Vom feurigen Romulus, und frostig am Fels das Lupercal,
So benannt von des lykäischen Pan parrhasischer Sitte;
Hierauf zeigt er den Wald des heiligen Argiletum,
Zeigt ihm ferner den Ort, wo sein Gastfreund Argus den Tod fand,
Führt ihn schließlich zum tarpejischen Sitz und zum Capitole,
Golden anjetzt, vormals von wildernden Hecken umstarret,
Doch schon damals umwittert von erzitterndem Glauben
Des Landvolks, das Wälder und Felsen erschauernd verehrt.
——— Schau, sprach er, hier auf dem buschigen Hügel wohnet ein Gott
Im Haine (welcher Gott ist verborgen!); Jupiter selber
Glaubten die Arkader zu sehen, umnachtet die Ägis,
Sooft er mit schüttelnder Rechten stürmische Wetter erregte.
Und dort, mit zersprengten Mauern, sind noch zwei Städte zu schaun,
Trümmer und Schutt, Denkmale gepriesener Männer von alters,
Auch zwei Burgen, Saturnia diese, von Saturnus erbaut,
Janiculum jene, von Janus, dem Vater, errichtet.
——— So im Wechselgespräch wanderten sie zu dem Obdach
Des armen Euander, sahn auf dem Weg über den romanischen Markt
Ringsum brüllendes Hornvieh und im Raum prachtvoller Carinen,
Und angelangt bei dem Hause, sprach er: diese Schwelle betrat einst
Herkules, kommend vom Sieg; dies war der Palast, der ihn aufnahm.
Oh, veracht' nicht mangelnden Prunk, mein Gast, es ist der Gott selber,
Dem du dich wert zeigst, und nicht hochfahrend begegne der Armut.
So sprechend, lädt er den großen Äneas ins engumschlossne Haus
Und beschirmt vom Dache beut er das gehobene Lager,
Weichschwellend von Laub und vom Fell der lybischen Bärin.

Aufwärts steigt da die Nacht und umhüllt braunschwingig das Erdreich.

Die vorlesende Stimme war leiser und leiser geworden, dann war sie völlig verebbt. Geschah es, um vermeintlichen Schlaf zu schonen? oder war er wirklich schon eingeschlafen gewesen, so daß der Knabe sich mittlerweile entfernt hatte? Geschlossenen Auges wartete er, daß die Stimme sich wieder erheben werde, allein sie blieb stumm.

[Handschriftlicher Teil aus
dem Gefängnis in Bad Aussee]

In seinem Ohr klangen die letzten Verse nach, sie veränderten sich dabei ein wenig, gewissermaßen sich verdichtend, sie verdichteten zu etwas, das beinahe sinnliches Bild [war], freilich ohne richtiges Bild zu sein, genau so wie der mondeshelle Fensterausschnitt zwar noch als Bild hinter den geschlossenen Lidern haftete, und doch schon in Form und Licht beinahe ins Klangmäßige spielte: aber im Bilde wie im Klang, im Auge wie im Ohre, schwang zu seltsamer Einheit gepaart die Stimme und das Lächeln des Knaben, als wäre etwas darin, das – unsinnlich-sinnenhaft – für immerdar aufbewahrt werden sollte. Und je länger er dieser unsinnlichen-sinnenhaften Erscheinung nachlauschte, desto mehr wurde er von ihr erfüllt, freilich auch erkennend, daß hinter ihr Unabsehbares sich verbarg, vor dem sie wie [eine] Verschlußplatte, vielleicht aber wie eine Eingangspforte stand. War nicht auch jene große und mächtige Stimme, die er vordem gehört hatte, ohne sie hören zu können, dahinter verborgen? Alle Stimmen der Erinnerung, alle Stimmen der Vergangenheit und der Zukunft, alle Stimmen des Innen und Außen waren dort versammelt, mußten dort versammelt sein, und es durfte daher auch jene große und einzige nicht fehlen, jene eine, die alle andern Stimmen in sich einschließt, nur sich selber nicht. Oh, war es die Stimme des Sterbens? die Stimme, die das ganze Leben in sich einschließt und doch schon außerhalb des Lebens steht? oder war es jene große Stimme des Schweigens, die vor jeglichem Geborensein webt und aus deren fortwährender Entfaltung alle Stimmen des Lebens aufsprießen? Er lauschte, er lauschte mit aller Innigkeit und aller Kraft, deren er fähig war, aber weder die dröhnende Stimme des Ur-Anfanges, noch die des Ur-Endes, weder die Allumfassung des Ununterscheidbaren, noch die des Alleserkennens ließ sich vernehmen, sondern immer noch war es das lächelnde Bild der Knabenstimme, das allein vorhanden war, verhüllend und enthüllend, ein irdischer Nachhall. Und da war es ihm, als formten sich Worte in seinem Munde und als sagte er: »Warum bist du zurückgekommen? ich will dich nicht mehr hören.« Hatte er es wirklich laut gesagt? und war der Junge noch im Zimmer? es kam eine Antwort, doch nicht sofort, sondern erst nach [einer] Pause, die wie das Stimmen einer Leier war, und dann klang es ganz ferne, gleichsam vom Meere her, mondeserfüllt und leisglitzernd: »Stoße mich nicht fort.« – »Doch«, erwiderte er, »du verstellst mir den Weg, ich will die andere Stimme hören.« – »Ich bin dein Weg«, sagte es hierauf, »ich bin das Mitklingen, das zu dir gehört für ewiglich und über jeden Tod hinaus.« Das war voll süßer Verlockung, war voller Einfachheit und voller Traum, ein Traumrufen, auf daß er sich noch einmal zurückwende, die Süße des eigenen Echos zu vernehmen, Echo aus dem Kindheitsland, nochmals die alte Versuchung, diesmal in der Gestalt des Lysanias. Und die leise, fernnahe, leidenentlösende Knabenstimme fuhr fort: »Ewig ist der Widerhall deines Gedichtes.« Da sagte er: »Nein, ich will den Widerhall meiner Stimme nicht mehr hören – – – ich erwarte die Stimme, die außerhalb der meinen ist.« – »Du kannst das Mitklingen der Herzen nicht mehr zum Schweigen bringen; es ist bei dir wie dein Schatten.« – »Ich aber will nicht mehr ich sein; ich will im tiefsten Nichts und in der tiefsten Einsamkeit meines Herzens verschwinden, und darum muß auch mein Gedicht mir vorausgehen.« Es erfolgte keine Antwort, allein es wehte wie Traum aus dem Unsichtbaren, und schließlich hörte er: »Hoffnung will Mithoffnung, und auch die Einsamkeit deines Herzens ist Hoffnung.« – »Ja«, gab er zu, »doch es ist Hoffnung auf die Stimme, welche mir Beistand sein wird in der Einsamkeit meines Sterbens... wird sie mir versagt, so bin ich ohne Zuspruch und ohne Trost.« Wieder dauerte es lange, bis die Entgegnung kam: »Niemals kannst du mehr einsam sein, denn was aus dir geklungen hat, war größer als du selber, war größer als deine Einsamkeit, und du kannst es auch nicht mehr vernichten; oh, Vergil, in dem Gesang deiner Einsamkeit sind alle Stimmen der Welt, sie sind bei dir samt ihrem Widerklang, und sie haben für immerdar deine Einsamkeit durchbrochen –, deine Stimme war die Stimme des Gottes.« Süß und verheißungsvoll klang es, leidenentlösend und hoffnungsfroh, und dennoch war es trügerische Hoffnung! ach, es war der Selbstbetrug seines Lebens, freilich unhaltbar geworden, freilich in sich zusammengefallen, und das war wie eine bittere Gnade –, er versuchte, all das Geschriebene und Gedichtete, das sein Leben erfüllt hatte, sich zu vergegenwärtigen, und da wurde ihm inne, daß nichts mehr davon zu erhaschen war, ja, waren die letzten Verse, die er aus dem Munde des Knaben gehört hatte, noch als undeutlich verschwommenes Bild vorhanden, es ließ sich von dem übrigen überhaupt nichts mehr finden; all das Geschaffene, all das Gelebte, die große Daseinsverflossenheit mit all ihrem Inhalt war weggewischt[?], er fand keine Jahre und keine Tage und keine Zeit, nichts von dem, was ihm bekannt war, er sah nur ein gläsernes Gewirr, irdisch zwar noch, doch schon im Zeitlosen und im Zeitlosen ausgedehnt, ein gläsern fiebrig singendes Formengewirr, und je mehr sein Gedächtnis nach der Äneis fahndete, desto rascher und spurloser löste sie sich, Gesang um Gesang, in dieser Durchsichtigkeit auf: oh, die Äneis, was immer er in ihr besungen hatte, Meerfahrt und Sonnenufer, Krieg und Waffenlärm, Götterlos und die Gezeiten der Gestirne, der ganze Kreis, den er durchlebt und durchdichtet hatte, verlor das inhaltlich Erinnerungsfähige, wurde zur reinen Form, aufgesaugt von deren Tönen, eingekehrt in deren kristallinische Reinheit, in deren kristallinische Abgeschlossenheit, Echo ihrer selbst gleich der zur Musik erwachten Seele in ihrem Kristallgehäuse. Oh, so war die Sprache, so war die Seele, sie beide reine in sich geschlossene Form, sie beide, jede für sich, in sich beschlossen, dennoch einander spiegelnd, vielleicht aber auch Spiegel jener Übergröße[?], von der sie beide eingeschlossen waren, singender Spiegel jener Heimatstimme, deren Klang er erwartete, damit sie die Abgeschlossenheit sprenge und das Sterben nicht ohne Zuspruch, nicht ohne Beistand, nicht ohne Verheißung bleibe. »Ich bin allein«, sagte er, »niemand ist für mich gestorben, niemand stirbt mit mir... noch bin ich ohne Beistand.« – »Noch nicht, und doch schon«, erwiderte es so traumleise, daß es kaum mehr die Stimme des Jünglings war, sondern weit eher die Nacht selber, die Stimme des silbernen Raumes, der die Nachteinsamkeit ist, des unendlich oft gesehenen, niemals erfaßten Nachtraumes, dessen Wände er unendlich oft abgetastet hatte und der nun zur Stimme geworden war. »Noch nicht und doch schon«, hold und herrisch, verführerisch und verpflichtend, nackt und tiefverborgen, das unmittelbar aufklingende Wort wie das unmittelbar aufklingende Leben, die Einheit von Sprache und Menschentum, aufklingend, dennoch schon wieder verklungen, ein Abschiednehmen, zugleich aber auch die Aufhebung der Grenze, die Öffnung der Türe zu dem unermeßlichen Stimmenraum, der hinter diesen letzten irdischen Worten sich nunmehr auftat. Oder waren es noch irdische Stimmen, in deren Raum er nun eintrat? waren es schon die überirdischen? Denn so verwirrend [das] dingliche Gestrüpp und das Stimmendickicht war, in das er da Eingang gefunden hatte, es hatte die Helligkeit und die Durchsichtigkeit womöglich noch zugenommen, nichts erinnerte mehr an das einstige Dinggetöse, Stimmgetöse, an das Tierische und Menschliche, das darin geheult hatte, und er hatte es auch vergessen: nichts wahrhaft Dingliches war es, was er sah und doch nicht sah, nichts wahrhaft Stimmliches war das, was er hörte und doch nicht hörte, sondern er befand sich in einem Bereich unfaßbarer Wesenheiten, in dem statt der Dinge bloß ihre Namen galten, ihre Anzahlen, ihre Ordnungen, ihre Gemeinschaften, gleichsam bloß die Erkenntnisse, welche von den Dingen und den Dingbeziehungen ausgesagt werden können, oder noch weniger, es war nicht einmal mehr das Inhaltliche dieser Aussagen, es war ihre reine Form, war es so sehr, daß wohl aus ihr die kristallinische Helligkeit hervorbrach, die kaum noch Helligkeit war, weit eher Farblosigkeit und Durchsichtigkeit, undurchdringliches Gefunkel ohne Ursprung. Und dies war auch die eigentliche Undurchdringlichkeit dieses Kristallgestrüppes, eine Ausweglosigkeit, in der die Angst vor dem Verirrtsein webte, es war eine schicksalsmäßige Ausweglosigkeit, die unentrinnbare Ausweglosigkeit des Schicksals, die Ausweglosigkeit der Unerschaffenheit. Denn das Schicksal ist vor aller Schöpfung vorhanden, es schwebt heimat- und wurzellos im Unbestimmten, es ist weder überirdisch, noch irdisch, es gehört weder der Mutter noch dem Vater an, es ist die reine Form schlechthin, in der sich alles vollzieht, sogar das Wirken der Götter, und es drängt daher immer wieder ins Vorschöpferische zurück, ins Erstarrte, ins Vor-Erstarrte, und damit ins Ungute, ja muß dorthin drängen, weil das Gute erst durch die Schöpfung in die Welt gebracht wird. Über allen andern Wesenheiten steht diese Form des Schicksals, das Schicksal als Form, sie ist die einzige Wesenheit, die wahrhaft jeglicher Schöpfung vorausgegangen und von jeglicher Schöpfung abgelöst ist, während all die andern, die er in verwirrender Vereinzelung hier vor sich sah, [die] ungeachtet ihrer undinglich-kristallinischen Durchsichtigkeit an die schon stattgefundene dingliche Schöpfung gebunden waren, hervorgegangen aus der ersten Schöpfungsgrundlage, so das Benennbare der Dinge aus dem Ununterscheidbaren, so die Durchsichtigkeit des Lichtes aus dem Nächtlichen, so die Gestalt aus dem Ungestalteten schlechthin, so die Sprache aus dem Ur-Schweigen, die Musik aus dem Ur-Getöse, so die Erkenntnis aus der nächtlichen Weisheit des Urbeginnes, so das Menschliche aus der Herdennacht des Vorgeborenseins, dies alles, Wahrheit und Sein, entsprossen kraft väterlichen Namensaufrufes aus dem mütterlichen Schoß erster Stummheit, entfaltet zu immer weiterer Vereinzelung, zu Wiederzusammenschluß, zu neuen Ordnungen, Erkenntnis aus Erkenntnis gebärend, und trotzdem war es die Schicksalsform als solche, von der die Formen all dieser ungezählten Wesensvereinzelungen ihre Prägung erfahren hatten, es war fast, als griffe eben in ihnen und mit ihnen das Schicksalhafte in die Schöpfung ein, nicht nur, weil sie ebenso undinglich sind, ebenso reine Beziehungsform waren wie das Schicksal selber, und nicht nur, weil auch sie sich im Schweben befinden, wenn auch in einem Schweben zwischen den großen Einheiten der Schöpfung, zwischen der Einheit der Ur-Nacht und der Einheit des Ur-Lichtes, sondern noch weit mehr, weil in ihnen die eigentliche Schöpfungsaufgabe des Menschen gegeben ist, den mit diesen Einheiten, diesen Wahrheiten, diesen Erkenntnissen, diesen Ordnungen und ihrer fortschreitenden Entfaltung zu neuen gültigeren Gebilden nur durch fortschreitende Verwurzelung in die Doppeleinheit des Anfangs und Endes, des Oben und Unten, des Irdischen und Überirdischen, sich der Mensch in die Schöpfung einfügt und an ihrer Aufrechthaltung beteiligt ist, weil er nur hiedurch über das Weltliche hinauszugelangen vermag, das Weltliche zur Welt verwandelnd, die erstarrende Insichabgeschlossenheit der Wesenheiten erweiternd zur Erkenntnis des Einschließenden, in dessen Innerstem es lebt, und weil es solcherart das Menschliche an sich eint[?] in seiner großen Schwäche, die zum Angriffspunkt des Schicksals wird: wahrlich, hier ist der Punkt, von dem aus die ungeheure Götteranstrengung der Schöpfung immer wieder zerbrochen und zersprengt wird, und als wären die Götter schon zu müde, die Menschen aber noch nicht genügend erstarkt – oh, werden sie es jemals sein? – um Widerstand zu leisten, an dieser Schwäche greift das Schicksal mit seiner vorschöpferischen, vorgöttlichen, vormenschlichen Kraft an, den Menschen wie die Götter überwältigend, sie zu einer Genügsamkeit im Weltlichen zwingend, die über den jeweils erreichten Schöpfungsstand nicht mehr hinauszudringen vermag, so daß die weitere Schöpfungsentfaltung geformt wird, jedoch die Wesenheitsfülle der Schöpfungserkenntnis stets aufs neue im Weltlichen erstarrt –, Wahrheit wird erstarrend zur Halbwahrheit, Erkenntnis zur Halberkenntnis, Ordnung zur Halberkenntnis, und was lebendig gewachsen war, das Erkenntnisgezweige, Ast dem Aste entsprossen, wird wieder ins Vereinzelte aufgelöst, ins Scheinselbständige, in ein Gewühl von Scheineinheiten und von ineinander verschlungenen Vorformen, die wurzellos dahinschweben, wurzellos auch dann noch, wenn sie sich in fruchtloser Bemühung zum mütterlichen Ursprung zurückzuwenden trachten oder in unerlaubter Überheblichkeit zur letzten Vatererkenntnis übersteigen wollen, denn nur in jener Doppelwurzelung, die Weisheit und Erkenntnis zur Einheit macht, vermögen sie Leben zu erhalten; was bleibt, ist nackte, erstarrte Schicksalsform, ist nackte Abgesondertheit vom Schöpferischen und vom Guten, ist Wirksamkeit im Unguten, im Bösen, im Unheil, ist des Schicksals Spiegelbild, aufleuchtend in jeder einzelnen all dieser Wesenheiten! Oh, dies war das verborgene Unheil, das er geahnt hatte, das doppelte Unheil der Zuerstwerdung und der Verselbständigung, dies war die eigentliche Dämonie der Vereinzelung! So sah er in die Fülle der Wesenheiten und ihrer *Stimmen* hinein, in die Lichtstarrheit ihres Schwebens, so sah er das Schicksal, unheilsträchtig und sie alle beherrschend, sie alle ihm untertan und zum Werkzeug des Bösen geworden –, ärger als die Furienwelt des Orcus, durch die es ihn getragen hatte, zeigte sich solche Sicht, und sie war so hoffnungslos, so leidenserfüllt, daß er die Stimme des Knaben zurücksehnte, damit noch einmal, ein einziges Mal, die irdische Hoffnung erklänge. Doch sie kam nicht mehr, und er konnte den Knaben nicht rufen, er durfte sich nach ihm nicht mehr *umwenden*, er hatte den Namen vergessen: unentrinnbar war das Unheil, unabänderlich das Böse, er durfte den Blick nicht abwenden, er mußte sich dem Hoffnungslosen hingeben, als wäre dieses noch die einzige Heilshoffnung. War dem wirklich so? war es wirklich befohlen, das Unheil bis zur letzten Neige auszuschöpfen, damit daraus das Heil erstehe? mußte die Menschheit wirklich den Fluch aller schicksalshaften Vereinzelung auf sich nehmen, damit sie zum Heil zurückfinde? Ja, fast war es so, fast war es, als müßte die Schöpfung erst alle ihre Möglichkeiten, die nicht nur die des Guten, sondern auch die des Bösen sind, mit aller Selbsterniedrigung ausschöpfen, als müßte sie das Unheil bis zur letzten Tiefe ausloten, ja, fast war es, als müßte sie erst durch ihre gänzliche Zersplitterung in Vereinzelungen und damit durch einen vollständigen Rückweg ins Nichts sich selbst aufheben, damit sie in ihrer Sterbestunde, in ihrer Weltsterbestunde zur neuerlichen Schöpfung gelange, zu jenem wiederverkündbaren Heil gelange, dessen Stimme alle Stimmvereinzelungen aufs neue sammelt und dessen Ordnung nicht mehr der Vereinzelung anheimfällt, sondern für ewig bestehen wird. Und wenn er die Auflösung seines Körpers, da der geteilt in vielerlei Einzelregionen im Dunkeln lag, wenn er die körperliche Einheit um einer höheren Einheit willen auflösen, vernichten und überwinden wollte, um desto rascher in dieser zur Erkenntnis des endgültigen Heiles zu gelangen, so war er damit vielleicht nur ein Bild der Welt, oder es war die Welt ein Bild seiner Seele, die der Stimme des Heiles entgegenlauschte, hinlauschend zur wundersamen Einheit des Alls und der verkündenden Sprache; noch war die tiefste Zerknirschung nicht erreicht, doch schon war [sie] zu ahnen, und dann, war solch letzter Augenblick der Sterbensentfaltung eingetreten und überschritten, dann durfte auch der Verworfenste, dann [durfte] auch er wieder am Neuaufbau der Schöpfung teilnehmen: die Wiederüberwindung des Schicksals. »Noch nicht und doch schon« –, er begriff nun, was die Stimme damit gemeint hatte, jene lindernde, leidentlösende Knabenstimme, tröstlich und vertröstend, freilich noch nicht jene, die er erwartete und die sich vordem in der Tiefe seines Ohres, in der Tiefe seiner Seele, in der Tiefe seines Herzens angekündigt hatte, ohne daß er sie zu hören vermocht hätte. Freilich, [konnte] sie überhaupt vernehmbar sein? gibt es überhaupt eine Sprache, die von der Erkenntnis hinter dem Tode, von der Einheit des Ur-Anfanges und des Ur-Endes zu künden vermag? das Wunder der Sprache, das er an sich selbst erlebt hatte, es reichte so wenig aus, daß ihm die Pflicht auferlegt war, die Äneide zu verbrennen –, es mußte eine Sprache hinter jeglicher Sprache sein, der es vergönnt sein durfte, zu den Wurzelabgründen des Wortes hinabzusteigen, es mußte eine Sprache hinter der Musik sein, eine noch nicht gefundene Sprache, die es gestattet, die Erkenntniseinheit während der Dauer eines einzigen Herzschlages zu umfasse[n], eine über alles sinnlich Wahrnehmbare hinausstrebende Sprache, und – es wurde ihm in einem tiefen Erschrecken klar, während er in die reinen Formgegebenheiten der ihn umgebenden Wesenheitsfülle blickte – dies konnte bloß die Sprache einer erlösenden Tat, die Sprache der Tat schlechthin sein! Oh, es war ja gar nicht anders denkbar: nur die Tat, deren Sprache die eigene Aufopferung, die eige[ne] Todesbereitschaft ist, vermag die Erkenntnis des Todes zu eröffnen! Nimmermehr ist der Mensch als solcher hiezu fähig: um ihn herum webte das Gewühl der Wesenheiten, vom Schicksal beherrscht, gebannt ins Menschliche und Weltliche, menschliche Erfindungen, Erkenntnisse, menschliche Leistungen, menschliche Maßnahmen, sie allesamt, selbst die edelsten und gottähnlichsten von ihnen, Werkzeug des Unheils und des Bösen –, wie konnte also aus ihrer Mitte die erlösende Tat erstehen! irdisch und weltlich ist die menschliche Todesbereitschaft, durchtränkt von Ichsucht, von Ruhmsucht, von Haß, und auch die seine machte wohl keine Ausnahme. Mußte also nicht ein neuer Gott auferstehen, der mit der Stimme des Ur-Endes und des Ur-Anfanges sich und die Tat der neue[n] Schöpfung vollziehen wird? oder wird er einen neuen Heros entsenden, das Heil zu bringen, das Heil zu verkünden, einen Göttersohn, der das Schöpfungsrecht des Gottes und die Schöpfungspflicht des Menschen wieder in sich vereinigt? einen wahren Heilsbringer, dem die Aufgabe auferlegt ist, ins Unsägliche des Wurzelabgrundes hinabzutauchen, auf daß mit der wiedergewonnenen Einheit sich das Unheil zur wahren Wirklichkeit und zum Heile wende?! »Noch nicht und doch schon –: sollte dies das letzte Wort der Menschensprache gewesen sein, das zu hören ihm vergönnt war? es war, als stünde er auf einem hohen Berg und als sähe [er] über das Gewühl der Wesenheiten hinweg weit hinein ins Unbekannte, ins Verheißene, ins Unerreichbare, als sähe er bis an die Grenzen des Schicksals. Aber auch dieses Sehen und Schauen war mehr als eine bloße Weitsicht, mochte sie auch alles Wesensgestaltete umfassen: es war zugleich ein Hören und mehr als ein Hören, denn in dem schattenlos hellen Klangraum, der sich um ihn dehnt, richtungslos vor Zeitlosigkeit, unbegreiflich im unendlich sich erneuernden Kristallgleichgewicht, in diesen unendlich sich spiegelnden und wiederspiegelnden Gleichgewichtsordnungen waren die Farben aller Stimmen enthalten, das erzene Dröhnen des Meeres ebensosehr wie das silberne Säuseln des Herbstes, der Beckenschlag der Sterne ebensosehr wie der Flötenton des Mondes, *und* da hob es an, ein Erschauen und Erlauschen zugleich, in der Tiefe seines Auges und in der Tiefe seines Ohres, in der Tiefe seiner Seele und seines Herzens, in der Tiefe der furchtbarsten Glückseligkeit seines Ichs, da hörte, nein, da sah er die Stimme, in deren Wortschatten die Ruhe ist, *und* sie war die Stimme aller Vielfalt und die der Einheit, die Stimme der Zeitlosigkeit und die der ewigen Dauer, sie war Erz und Flötenton und sie war Donnern und die Übermacht des Schweigens in einem einzigen Laut, in einer einzigen Blendung, da sie sich offenbarte, nicht in einem Worte, wohl aber im Klangbild eines Tuns: »Es wird die Liebe; öffne die Augen.« –

Ob er es verstanden oder nicht verstanden hatte, das wußte er nicht. Doch sein Wissen war mehr als Verständnis, es war ein Wissen um eine Entstarrung, die der Welt verkündet ward und die er zu fühlen begann, Entstarrung der Versteinung, des Kristalls, des Lichtes, Entstarrung der Nacht, die plötzlich sanft wurde, so daß er die Augen zu öffnen vermochte, wie ihm geheißen worden war. Und das Irdische, das bereits im Zeitlosen erstarrt gewesen war, wurde wieder zur Zeit, strömte zurück aus dem Unräumlichen in den Raum und wurde zur strömenden Nacht, blind geheimnisvoll, schattenträchtig, lieblich und groß in ihrer Natürlichkeit. Leise pendelte die Waage der Zeit, leise klirrten ihre Ketten in der Sanftheit des leise dahinströmenden, wiedererwachten Lebens. Das Ölflämmchen neben dem Bette war verloschen, gleichsam aufgesogen von der dunklen Sanftheit, als hätte diese die kleine harte Lichtspitze nicht mehr geduldet, und obwohl noch kein Schimmer des Morgens sich zeigte, es war doch schon, als begänne die Nacht selber zu verlöschen; er fühlte es, denn dies war die Stunde, in der das Fieber zu weichen pflegte. Draußen machten die Wachen noch immer ihre Runden um den Palast, und mit einem Male kam es rumpelnd und ächzend einhergefahren: es war der erste der Bauernkarren, die nun in zunehmend engerer Reihe einander folgten, die Lebensmittel für den Morgenmarkt zu bringen; die Räder rumpelten in den Pflastergleisen, knirschten schneidend, so oft ihre Felgen an den Randsteinen streiften, die Geschirre der Gespanne klickten, manchmal brummte schnaubenden Atems einer der Zugochsen, und in jedem dieser Töne war die schöne Wirklichkeit der Erde, nach der er sich gesehnt hatte, nach der er sich sehnte und die trotz allem immer noch sein war. Und in der Ruhe, der er nun teilhaftig wurde, war es beinahe wie Rechtfertigung seines dichterischen Tuns, das sich bemüht hatte, das Wirkliche festzuhalten, das Wirkliche, das Schöpfung ist und bleiben soll in Schöpfung und Aberschöpfung. Denn das Wirkliche ist noch nicht das Erweckte, ist noch nicht das Erwachte, es hat noch nicht den ihm vom Vater verliehenen Namen, mit dem es zur Schöpfung wird, es geht dahin mit dem kreatürlichen Atem des Anfangs, der noch nicht Teilhaftigkeit am Bleibenden ist, weil erst im Gedächtnis Teilhaftigkeit erlangt wird.

IV. Die Heimfahrt des Vergil
(Ausschnitt: Die Elegien)

1. Die Prosa-Vorformen der Elegien 1-6

[1.]
Gesetz und Zeit, auseinander geboren, einander aufhebend und stets aufs neue gebärend, einander spiegelnd und nur darin erschaubar, Kette der Bilder und Gegenbilder, zeitloser und zeitloser werdend, sie spiegeln im letzten Echo ihres Zusammenklanges den zeitlosen Raum der Seele, und wenn auch das Sinnbildhafte nie zu überschreiten ist, wenn es auch nie zum Urbild selber umschlägt, seine Bildwirklichkeit wird selber zu einem Teil der Seele, wird zu ihrer Wohnstatt, wird zu ihrem zeitlosen Jetzt.

[2.]
Denn wer die erste Pforte des Schreckens hinter sich gelassen hat, wer emporgerichtet aus dem liegenden Lauschen eingezogen ist in den Vorhof der neuen Unbekanntheit, dessen Barke gleitet nur noch mit eingezogenen Rudern dahin, leise und erwartungslos im Zufallsenthobenen, und er lauscht nicht mehr nach vorwärts und nach rückwärts, er lauscht weder dem Leben, noch dem Sterben, er ist in der geschenkten Zeit, enthoben dem Zufall, enthoben der Ungeduld des suchenden Wartens, ein für allemal enthoben der Ungeduld des Erkennens: denn er ist hinausgehalten in das Jetzt schlechthin, in jenes große Jetzt, das des Menschen unveräußerlichster Besitzstand ist und seine Seele sich selbst und den drohend-geöffneten Nichts-Abgrund überschweben läßt, er ist hinausgehalten in das ewigwährende Jetzt der Frage schlechthin und ebendamit in das ewigwährende Jetzt des Wissens, das jeder Frage vorangeht, göttlich dem Menschen von Anbeginn an als das Vor-Wissen verliehen, um dessentwillen er stets aufs neue die Erkenntnis befragen muß und stets aufs neue von ihr befragt wird, weil keine irdische Erkenntniswahrheit an die Wirklichkeitsweite des Vor-Wissens heranreicht und dieses trotzdem nur in der irdischen Beantwortung verwirklicht werden kann, freilich auch, dem Befehl der Seele gemäß, im Irdischen verwirklicht werden muß, Wirklich-

keit zur Wahrheit umgestaltend, Wahrheit zur Wirklichkeit im Wechselspiel der verdoppelten Weltgestaltung, und er ist hineingehalten in dieses wirklichkeitssuchende Wahrheitsheil seiner Seele, seiner zur Frage gespannten Seele, die sich, gespannt zwischen ihre Wissenssicherheit und ihre Erkenntnisfähigkeit, unaufhörlich zu ihrer weltgestaltend-fragenden Erkenntnisaufgabe befiehlt, die eigene Unendlichkeit am unendlichen Auftrag bestätigend, aufgerufen vom Urwissen um die einheitsstiftende Zufallslosigkeit in allem Sein und hingerufen zu der wissensverwirklichenden Erkenntnis vom Walten des zufallsentblößten Gesetzes in allem Kreatürlichen und Außerkreatürlichen, vereinigt beides, Ausgangspunkt und Ziel, im Sein der Menschenseele schlechthin, den Menschen zum Menschen machend, der wissende Erkenntnisgrund seines Tuns, seines Wollens, seines Denkens, seines Suchens, seines Träumens, aufgetan der unendlichen Zufallslosigkeit im Wirklichen, aufgetan diesem umfassendsten und gewaltigsten und ehernsanft wahrhaftigsten Wirklichkeitssinnbild seines Selbst, in dessen stetes Jetzt er hineingehalten ist und in das er heimkehrt für immerdar.

[3.]

...so sehr der Mensch jedweder Furchtbarkeit des Irrtums verhaftet bleibt, er ist selbst in der Unentrinnbarkeit des Irrtums nach wie vor der Erkenntnisaufgabe untertan, er ist nach wie vor auf der steten Suche nach der Zufallslosigkeit des Seins, er wird im Irrtum zum Suchenden, der er ist, und dieser unverlierbare Wissensgrund der Erkenntnis, auf den er sein gesamtes Tun und Lassen aufgebaut hat, gelangt ihm zu Bewußtsein, enthüllend und enthüllt, wenn die schweren Torflügel des Schreckens sich hinter ihm geschlossen haben, wenn es durchsichtig um ihn wird, so durchsichtig, daß das Bisherige von ihm abfällt, ohne ihn zu verlassen, umgeformt zum unvergänglichen Besitzstand seiner Seele, so überaus durchsichtig, daß Einkerkerung und Befreiung, in Eins verfließend, nicht mehr von einander zu unterscheiden sind, jenseitsgroß die Unvergänglichkeit des Innen und Außen, so über alle Maßen durchsichtig, daß in der abgeschlossen-oberen Sphäre, nur dem Blick erreichbar, nur der Zeit erreichbar, widergespiegelt in beiden, gespiegelt in dem geöffneten, von ehernsanfter Hand aufwärtsgerichteten Menschenantlitz, sternenumwoben, schicksalsumwoben das verheißene Geschenk der Nichtvergeblichkeit aufleuchtet, tröstlich gleich dem Atem, der von dorther in die Brust zurückkehren soll, tröstlich verkündend, daß nichts umsonst gewesen, daß das um der Erkenntnis willen Getane nicht umsonst getan worden ist, Hoffnung im Nichtvollendeten und Nichtvollendbaren, und daneben, ganz schüchtern, die Hoffnung auf Fertigstellung der Äneis. Hoffnungshallendes Echo der Verheißung im Irdischen, rückhallend in der irdischen Zuversicht; empfangsbereit ist der Sterbliche, umgeben von irdischem Sein. Kühlstaubig rann das Mondlicht durch die Nachthitze, durchtränkte sie, ohne sie zu mindern, ohne sich ihr mitteilen zu können, blindkühles Echo des steinernen Himmelsblinkens, gemalt in die hitzige Finsternis. Oh, des Menschen Zuversicht, welche sich daran klammert, daß nichts umsonst geschehen ist, daß nichts umsonst geschieht, obwohl es bloß Enttäuschung gibt und kein Weg aus dem Dickicht herausführt, oh, Zuversicht, welche weiß, daß selbst dort, wo es zum Unheil ausschlägt, der Erkenntnisgewinn des Erlebten gewachsen ist, bleibend der Erkenntniszuwachs in der Welt, und bleibend die erkenntniswachsende Pflichtgebotenheit, bleibend in ihr das kühlhelle Echo der Zufallslosigkeit im menschlichen Handeln, pflichtgetragen die erste Aufhellung des Herdenschlafes; oh, Zuversicht voller Zuversicht, freilich noch nicht Erfüllung der verheißenen Nichtvergeblichkeit –, wird diese noch Bestätigung finden?

[4.]
…die neue Einheit, und es war die Schönheit, es war ihre verzauberte Zaubereinheit, die Einheit der schöngewordenen Welt, es war die fernedurchtränkte, fernedurchtränkende, schweigende Einswerdung der Welt im Unveränderlichen, raumgroß, raumschön, raumstarr durch die Zeiten hindurchgetragen, zeitüberdauernd, todüberdauernd, wenn auch nicht zeitaufhebend, wenn auch nicht todaufhebend, das Unsterbliche innerhalb der Zeit, eingesenkt in Schönheit, eingesenkt in das schweigende Sternsingen, verwandelt und verwandelnd, der Vorhof der Wirklichkeit zum Vorhof der Unwirklichkeit geworden.

[5.]

...denn nur derjenige, hinter dem sich das schwere Tor des Schreckens geschlossen hat, nur derjenige, der in der geschenkten Zeit ist, derjenige, der nicht mehr nach vorwärts, nicht mehr nach rückwärts lauscht, vielleicht sogar nur noch derjenige, der auch sein Schauen verringert hat, nicht mehr nach vorwärts, nicht mehr nach rückwärts schauend, vermag die Schönheit zu sehen, oh, mehr noch, sein Schauen ist zur Schönheit hingezwungen, sie wird ihm zur trauerenthüllten Zufluchtstätte seiner Traurigkeit, da er, hineingehalten in den Raum des Vorwissens, hineingehalten in den Raum der Frage, hineingehalten in den zeitdahingetragenen Raum schlechthin, sich der Raumgrenze ringsum und in sich bewußt wird, da ihm die Verwirklichungsgrenze inne wird, die zur unmittelbarsten Nähe umgestülpte Grenze der übergroßen Ferne, in der alles zum Gleichgewicht erstarrt, Wissenssicherheit und Erkenntnisfähigkeit einander gleichgewichtig die Waage halten, das Wissen seinen Denkvorsprung, das Erkennen seinen Wirklichkeitsüberschuß verlierend, so daß die starrflutenden Gezeiten des Erfaßbaren und des Denkbaren, die welthebenden Gezeiten der Frage und Antwort, des Erfragbaren und Beantwortbaren ineinander verschwimmen, stillstehend die Flutwaage des Innen und Außen.

[6.]

...denn Vorrecht der Götter und der Menschen ist das Lachen, urferne stammt es von dem Gotte, der sich selbst erkannt hat, stumm-ahnend stammt es aus seinem Vorwissen um seine eigene Vernichtbarkeit und um die Vernichtbarkeit des Geschaffenen, in dem er als mitgeschaffener und mitschaffender Teil sein Dasein lebt, geworden zur Selbsterkenntnis, die jenseits der Welterkenntnis sich zum Vorwissen zurückgewandt hat, es stammt das Lachen – Göttergeburt und Menschengeburt, Göttertod und Menschentod für ewig miteinander verstrickt – aus dem Wissen um die Ungöttlichkeit der Götter, es stammt aus jener trüb unruhigen, beunruhigend durchsichtigen Zone, die dämonisch zwischen dem Jenseitigen und dem Diesseitigen gespannt ist, damit in ihr Gott und Mensch einander begegnen, und ist es Zeus, der das Lachen im Rund der Göttermänner anstimmt, so ist es der Mensch, der das Lachen des Gottes erweckt, gleichwie das Lachen des Menschen vom Gebaren des Tieres erweckt wird, im unaufhörlichen Kreislauf des spaßigernsten Wiedererkennens, der Gott sich im Menschen, der Mensch sich im Tiere wiederfindend, das Tier vom Menschen zum Gotte erhoben, der Gott durch das Tier in den Menschen zurückkehrend, Gott und Mensch trauernd vereint, trotzdem vom Lachen übermannt, weil es das Spiel der urplötzlichen Vermischung aller Sphären ist, von dessen Schicksalsregel sie erfaßt worden sind, das Spiel der urplötzlich enthüllten sphärischen Ur-Nachbarschaft, ein Götterspiel, schönheitsvernichtend-ordnungsaufhebend, das Schöpfung und Geschöpflichkeit verquickt und beide dem Zufall preisgibt, Gräuel und Zorn der wissenden Muttergöttin, Spaß und Wagnis des erkenntnisbefreiten, erkenntnisverachtenden Gottes, lachensüberdröhnt, weil dieser Spaß der jähen Sphärenvereinigung, ohne daß hiezu Erkenntnis oder Frage oder sonst irgendeine Leistung vonnöten gewesen wäre, sich als Selbstpreisgabe vollzieht, als fröhlich leichtsinnige Preisgabe an den Zufall, an die Zeit, an das unvermutet Vorgewußte, vorgewußt Unvermutete, ans lustvoll Unvermittelte des Vorwissens und, seis drum, auch an den Tod, Spaß aus dem Unerforschlichen, Spaß, der so groß ist, daß mit der spaßigen Zerschlagung der letzten Gesetzlichkeitsreste, mit dem spaßigen Zusammenbruch der Ordnungen, der Grenzen und der Brücken, mit dem Zusammenbruch der Erstarrungsräume und der Schönheit, urgültig und endgültig eine Umkehrung ins grenzenlos Erkenntnislose, namenlos Sprachlose, brückenlos Raumlose erfolgt, ineinanderstürzend die Trennungen, ineinanderstürzend das Vorwissen des Gottes mit dem des Menschen, zusammenstürzend ihre gemeinsame Schöpfung, dahingegen aufbrechend die zur unmittelbaren Nähe umgestülpte Äonenferne der Vorschöpfung, aufbrechend das Vorschöpfungsbild in einer Unerinnerung, die nicht einmal dem Vorwissen des Gottes zugänglich ist, aufbrechend zu einer Ununterscheidbarkeit, in der Wirkliches und Unwirkliches, Lebendes und Lebloses, Sinnvolles und Gräßliches zu nämlicher Ungedachtheit vergattet sind, aufbrechend das unerahnbare Nirgendwo, in dem die Sterne auf dem Grunde der Gewässer fluten und nichts so weit auseinanderliegen könnte, daß es sich nicht als ineinanderverschachtelt zeigte, witzig vor Auseinandergestülptheit und Ineinandergestülptheit, zufällig in-

einandergeraten und zufällig auseinander hervorgesprossen die
ununterscheidbaren Zufallswesenheiten des Zeitenablaufes,
Götterherden, Menschenherden, Tierherden, Pflanzenherden,
Sternherden ineinander verhaust, aufgebrochen das Nirgendwo
des Gelächters, aufgebrochen die Weltenumstülpung schlechthin, als hätte es niemals jenen Eid der Schöpfung gegeben, mit
dem Gott und Mensch sich gegenseitig zur Erkenntnis und
wirklichkeitsschaffenden Ordnung verpflichtet hatten, oh, es ist
das Lachen des Verrates, das Lachen der unbeschwert mühelosen Treulosigkeit, es ist das Unverpflichtete und Ungute der
Vorschöpfung, das der Weltenschönheit von Anbeginn eingeboren ist, aufscheinend in ihrem heiter hintergründigen Lächeln, so lange sie als Schönheit besteht, aufscheinend in der
wisserisch vorschöpferischen Erbarmungslosigkeit, mit der die
Schönheit selbst das Gräßlichste zur mitleidsbaren, mitleidserstarrenden Ferne verklärt, aufscheinend in der witzig furchtbaren Oberfläche der Raumlosigkeit, zu der sich die Schönheit
umstülpt, sobald das Hintergründige aus ihr hervorbricht, der
Schönheit eingeboren und immer wieder aus ihr herausgeboren, aus ihr herausgestürzt das Lachen, die Sprache der Vorschöpfung.

2. Die Elegien 7-11 (›Schicksals-Elegien‹)

[7.]
Schicksal, du gehst allen Göttern voran,
Warst vor-vorbereitet vor jeglicher Schöpfung,
Des Ur-Anfangs Nacktheit bist du, treu nur
Dir selber, allesdurchdringende Form und kalt.
Schöpfung und Schöpfer in einem,
Geschehen und Wissen und Deutung zugleich,
Durchdringt deine Blöße den Gott und den Menschen
Befiehlt das Erschaffne.
Und weil du's befahlst, entlöste der Gott sich
Dem eigenen Unsein und wurde zum Vater,
Rufend die Namen des Lichts aus der Stummheit
Aus dem Schoß der ur-urnächtlichen Mutter,
Ununterschiedliches ins Benennbare rufend
Zur Gestalt das Gestaltlose.

Ur-Schweigen ward da zur Sprache, Musik das Ur-Getöse;
Doch im Traume, oh Schicksal, nimmst du dir's
Wieder zurück, schweigst es zurück in die Nacktheit
Furchtbar allesverbergend in deiner Entblößung,
Und als kristallene Flocke senkt sich der Gott
Strahlenzerlöst in das leere Gewölbe des Traumes.

[8.]

Traumdurchtränkendes traumkaltes Schicksal, du
Offenbarst dich im Traume, machst ihn zur Größe
Des Einst, in dem die Wirklichkeit ruht, machst ihn
Zu der Schöpfung Gefäß, wirkend durch dich, und durch dich
Zeitlos; denn du kennst kein Vorher und Nachher,
Wirklichkeit, die du bist. –
Strömend schwebt dein Geschehn, oh Ur-Form, schwebt
Verzweigt und wesenheitsträchtig zwischen den Blitzgewölken
Stummgewaltiger Einheit, zwischen der Nacht und dem Licht
Der von dir zur Schöpfung befohlenen Schöpfung; du aber
Verwandelst dich mit den verschlungenen Strömen
Deines Schwebens aus dem einen ins andere, lichtwärts
Willst du strömen – gelingt's dir? –, und wo
Die Ströme sich kreuzen, entfaltest du Ruhendes,
Ding und Namen weltlicher Wahrheit, ineinandergeeint,
Aufgerufen zur Einheit, auf daß sie dich spiegeln,
Schicksalsgeprägt die Ur-Form des Seins
Die Urform der Wahrheit.
Traumform entsteht aus Traumform, verkreuzt und entfaltet,
Im Traum bist du ich, bist meine Erkenntnis, bist
Geboren mit mir als ungeborener Engel
Jenseits des Zufalls, leuchtende Allgestalt
Von Wesen und Ordnung erkennenden Werdens,
Gestalt meiner selbst, mein Wissen.
Götterenthobenes göttervernichtendes Schicksal,
Endlose Wirklichkeit, endlos bin ich mit dir,
Ein Sterblicher, göttervernichtend im Traume, da ich
In dir mich geschehend, entschwebend in seiner Strahlung
Kindheitsumschlossen selber der Götterraum bin.

[9.]

Unentrinnbares! bin ich zu dir aufgestiegen oder

In deine Tiefe gefallen?
Abgrund der Form,
Abgrund des Oben und Unten, Abgrund des Traums!
Keiner vermag im Traume zu lachen, doch auch
Keiner zu sterben –, siehe, so überaus nahe
Ist das Lachen dem Tode, siehe, so ferne
Sind beide dem Schicksal, dem vor lauterer Form
Kein Sterben das Lachen gelehrt hat –
Schicksal, dein Selbstbetrug.
Ich aber, Sterblicher, ich todesgewohnt
Vom Tode zum Lachen gezwungen, ich lehne mich auf
Und glaube dir nicht. Traumblind und traumwissend
Weiß ich dein Sterben, weiß um die Grenze, die dir
Gesetzt ist, Grenze des Traumes, die du verneinst.
Weißt du es selber? willst du es selber?
Stockt dein Geschehn auf deinen Befehl? Oder läßt es
Ein Größeres stocken? Steht hinter dir, stärker als du,
Unentrinnbarer, unerschaubarer noch
Ein anderes Schicksal und weiter und weiter
Schicksal an Schicksal, Leerform an Leerform gereiht,
Das nimmererreichbare Nichts, der gebärende Tod,
Dem nur noch der Zufall entspricht?
Zum Zufall wird alles Gesetz, zum Fall in den Abgrund,
Zum Zufall auch du, und in deinem Bereich
Wütet, dich mitreißend, der Zufall des Endes;
Jäh stockt das Wachstum, und das Erkenntnisgezweige,
Ast dem Aste entsprossen, jählings zerfällt es
Zu vernichteter Sprache, vereinzelt im Ding
Vereinzelt im Wort, zerfallen die Ordnung,
Zerfallen die Wahrheit, Gemeinschaft und Einheit
Erstarrt in der Halbheit, erstarrt im Gestrüppe
Scheinwirklichen Seins.
Unvollkommenes bringst du hervor, duldest den Zufall,
Mußt das Unheil erdulden, die Halbheit, den Trug, und
Unverwirklicht du selber, nimmermehr endlos die
Erstarrende Form, Schicksal des Schicksals, stirbst du
Des Unheils, im Kristall noch mit mir.

[10.]

Form, wenn selbst Urform, sterblich dem Sterblichen

Sterblich dem Gotte, in Unwirklichkeit sterbend,
Sterblich ob des Gewühles scheinbarer Einheit,
Unrettbare! mag auch das Halbe zur Ganzheit sich lügen,
Mag es sich auch zurückflüchten wollen in den Schoß
Mütterlich einstiger Ur-Nacht, mag es sogar sich selber
Zum Aufruf setzen und selber die Ganzheit
Sich anmaßen, die Würde des rufenden Vaters,
Nichts rettet dich, Schicksal, vor dem Heimfall ans Nichts,
Vom eigenen Schicksal berauscht, wendest leer du dich um,
Und die Welten, unausschreitbar unaufhaltsam ihr leerer
Kreislauf in Schönheit, sind deiner trunken,
Sind trunken des Todes.
Denn Schöpfung ist mehr als Form, Schöpfung ist Unterscheidung,
Ist Scheidung des Bösen vom Guten, oh, allein die Schiedkraft
Ist wahrhaft unsterblich.
Hast du, da Form du nur bist, den Gott und den Menschen
Zur Wahrheit gerufen, auf daß sie statt deiner
Unterscheidungsbetraut für immer die Weltform erfüllen?
Hast hiefür du mich verpflichtet und in die Schöpfung gefügt?
Unzulänglich bist du und Werkzeug des Bösen,
Du selber das Unheil, durch nichts hältst du's auf;
Oh, das Göttliche ist ermattet, und das Menschliche gar
Blieb unerstarkt –, beides dein Werk, ist Zufall mit dir
In dem größeren Schicksal, und der Gerufene,
Gleich dir nur noch Form und verlustig des Namens, ist
Unerreichbar, er wendet sich nicht, keinen Ruf
Hört er mehr im vergehenden Traum.

[11.]

Wann, oh, wann? wann war formenbefreite Schöpfung,
Sie, oh, wann ohne Schicksal? oh, sie war, und
Traumlos war sie, nicht Wachen, nicht Schlaf,
War ein Augenblick nur, ein Gesang, einmalig
Die Stimme, unerrufbar ein lächelnder Ruf,
Einstmals war der Knabe;
Einst war die Schöpfung, einst wird sie sein,
Zufallsenthoben das Wunder.

V. Der Tod des Vergil
(Ausschnitt: Die Elegien)

I. Die Elegien 1-6

[1.]

Gesetz und Zeit,
auseinander geboren,
einander aufhebend und stets aufs neu sich gebärend,
einander spiegelnd und nur hiedurch erschaubar,
Ketten der Bilder und Gegenbilder
die Zeit umschließend, das Urbild umschließend,
keines von beiden jemals zur Gänze erfassend und dennoch
zeitloser und zeitloser werdend,
bis im letzten Echo ihres Zusammenklanges,
bis in einem letzten Sinnbild
sich das des Todes mit dem alles Lebens vereinigt,
die Bildwirklichkeit der Seele,
ihre Wohnstatt, ihr zeitloses Jetzt und daher
das in ihr verwirklichte Gesetz,
ihre Notwendigkeit.

[2.]

denn wer die erste Pforte des Schreckens hinter sich gelassen hat,
der ist in den Vorhof der Wirklichkeit eingezogen,
da seine Erkenntnis, sich selbst entdeckend und wie zum ersten Male
auf sich selbst gerichtet,
das Notwendige im All, das Notwendige jeglichen Geschehens als
das Notwendige der eigenen Seele zu begreifen anhebt;
denn der, dem solches widerfährt,
der ist hinausgehalten in die Einheit des Seins,
in das reine Jetzt, das dem All und dem Menschen gemeinsam ist,
seiner Seele unveräußerlichster Besitzstand,
kraft welchem sie schwebt, schwebend vor Notwendigkeit,
überschwebend den drohend geöffneten Nichts-Abgrund,

überschwebend die Blindheit des Menschen;
denn er ist hinausgehalten in das ewigwährende Jetzt der Frage,
in das ewigwährende Jetzt nicht-wissenden Wissens, in des
  Menschen göttliches Vor-Wissen,
nicht-wissend weil es fragt und fragen muß,
wissend weil es jeder Frage vorangeht,
göttlich dem Menschen und nur ihm von Anbeginn verliehen
als seine innerste menschliche Notwendigkeit,
um derentwillen
er stets aufs neu die Erkenntnis zu befragen hat und
stets aufs neu von ihr befragt wird,
antwortsbang der Mensch, antwortsbang die Erkenntnis,
erkenntnisgebunden der Mensch, menschheitsgebunden die
  Erkenntnis,
sie beide ineinandergebunden und antwortsbang,
überwältigt von der Gotteswirklichkeit des Vor-Wissens,
von der Wirklichkeitsweite der wissenden Frage, die
von keiner irdischen Antwort, von keiner irdischen Erkenntniswahrheit
je zu erreichen ist und doch nur hier
im Irdischen beantwortet werden kann, beantwortet werden
  muß,
im Irdischen verwirklicht
als das Wechselspiel der verdoppelten Weltgestaltung,
Wirklichkeit zur Wahrheit umgestaltet, Wahrheit zur Wirklichkeit,
gemäß dem Befehl, dem die Seele untertan ist,
ihre Notwendigkeit;
denn die zur Frage gespannte Seele
ist hineingehalten in ihr Wahrheitsheil, das
erkenntnisbefohlen, fragebefohlen, gestaltungsbefohlen,
gespannt zwischen Wissenssicherheit und Erkenntnisfähigkeit,
die Wirklichkeit sucht,
und solcherart
aufgerufen vom Ur-Wissen, aufgerufen von dieser wissenden
  Frage,
die um des Seins einheitsstiftende Zufallslosigkeit weiß,
hingerufen darob zum erkenntnisgeborenen Wissen,
hingerufen zu seiner Verwirklichung,
hingerufen zur Erkenntnis des Gesetzes, des zufallsentblößten,

ist die Seele in stetem Aufbruch begriffen,
aufbruchsbereit und aufbrechend zur eigenen Wesenheit hin,
zu ihrer Kreatürlichkeit und Außerkreatürlichkeit,
zufallsentblößt beides in der Erkenntnis des Gesetzes,
ihr Ausgangspunkt und ihr Ziel sphärenvereinigt,
den Menschen zum Menschen machend;
denn in den wissenden Erkenntnisgrund seiner Seele
ist der Mensch hineingehalten,
in den Erkenntnisgrund
seines Tuns und Suchens, seines Wollens und Denkens, seines Träumens,
und er ist aufgetan der unendlichen Zufallslosigkeit im Wirklichen,
diesem umfassendsten und gewaltigsten,
ehernsanft wahrhaftigsten Wirklichkeitssinnbild seines Selbst,
in das er heimkehren will und heimkehrt
für immerdar,
hineingehalten in das Jetzt seines eigenen Sinnbildes,
auf daß es ihm zur steten Wirklichkeit werde;
denn es ist das Trotzdem seines Aufrufs,
in das der Mensch hineingehalten ist,
das Trotzdem des Eingekerkerten,
das Trotzdem seiner unverlöschlichen Freiheit
und seines unverlöschlichen Erkenntniswillens,
so unbeugsam,
daß er größer als die irdische Unzulänglichkeit wird,
über sich hinauswachsend
das titanische Trotzdem des Menschentums;
wahrlich, in seine Erkenntnisaufgabe ist der Mensch hineingehalten,
und nichts vermag ihn davon abzubringen,
auch nicht die Unentrinnbarkeit des Irrtums,
verschwindend dessen Zufälligkeit vor der
zufallsenthobenen Aufgabe;

[3.]

denn nur im Irrtum, nur durch den Irrtum,
in den er unentrinnbar hineingehalten ist,
wird der Mensch zum Suchenden
der er ist,

der suchende Mensch;
denn der Mensch braucht die Erkenntnis der Vergeblichkeit,
er muß ihren Schrecken, den Schrecken jeden Irrtums
auf sich nehmen und, ihn erkennend,
bis zur Neige auskosten,
er muß des Schreckens inne werden,
nicht aus Selbstqual, wohl aber
weil nur in solch erkennendem Innewerden
der Schrecken zu überwinden ist,
weil nur dann es möglich wird,
durch des Schreckens hörnerne Pforte hindurch
ins Sein zu gelangen;
darum ist der Mensch hineingehalten in den Raum aller Unsicherheit,
hineingehalten, als trüge kein Schiff ihn mehr,
obwohl er dahinschwebt auf schwebender Barke;
darum ist er hineingehalten in die Räume und Aber-Räume
seines Innewerdens,
in die Räume seines innewerdenden Ichs,
Schicksal der menschlichen Seele,
aber derjenige, hinter dem
die schweren Torflügel des Schreckens sich geschlossen haben,
der hat den Vorhof der Wirklichkeit erreicht, und
das nicht-erkannt Fließende, über das er schwebend dahingleitet,
das Nicht-Erkennen, es wird ihm zum Wissensgrund,
da es das fließende Wachstum seiner Seele ist,
das unvollendbar Unvollendete des eigenen Selbst,
dennoch als Einheit sich entfaltend,
sobald das Ich seiner selbst inne wird,
unvergänglich vor Wachstum die fließende Einheit des Alls
ihm inne geworden, von ihm gesehen
in einer Gleichzeitigkeit, die kraft ihres Jetzt
all die Räume, in die er gehalten ist, zu einem einzigen macht,
zum ein-einzigen Raum des Ursprunges,
und gleich diesem
das Ich in sich birgt, um doch vom Ich gehalten zu werden,
von der Seele umfangen wird und doch die Seele umfängt,
in der Zeit ruhend und die Zeiten bestimmend,
dem Gesetz der Erkenntnis verhaftet und die Erkenntnis schaf-

fend,
mitschwebend in ihrem fließenden Wachsen,
mitschwebend in ihrem schwebend wachsenden Werden, das allein
der Wirklichkeitsursprung ist,
so jenseitsgroß die Ineinanderverstrahlung des Innen und Außen,
daß Schweben und Gehaltenwerden, daß Befreiung und Einkerkerung
zu ununterscheidbar gemeinsamer Durchsichtigkeit verfließen,
oh, so unvergänglich notwendig,
oh, so über alle Maßen durchsichtig,
daß in der abgeschlossen-oberen Sphäre,
allein dem Blick erreichbar, allein der Zeit erreichbar,
gewußt in beiden,
widerspiegelt in beiden, gespiegelt in dem geöffneten
und von ehern-sanfter Hand himmelswärts gerichteten Menschenantlitz
schicksalsumwoben
sternenumwoben
das verheißene Geschenk der Nichtvergeblichkeit aufleuchtet,
zufallsbefreit geschenkte Zeit für immerdar,
erkenntnisoffen der Trost im Irdischen –,

[4.]

Denn
an der entrücktesten Grenze strahlt die Schönheit auf,
aus entrücktester Ferne strahlt sie in den Menschen
erkenntnisentrückt, frageentrückt,
mühelos
nur noch dem Blick erfaßbar,
die von der Schönheit gestiftete Einheit der Welt,
gegründet auf dem schönen Gleichgewicht der Überferne,
die alle Punkte des Raumes durchdringt, mit Ferne sie sättigend
und – schier dämonisch – nicht nur das Widersprechendste
in Gleichrangigkeit und Bedeutungsgleichheit auflöst,
sondern – noch dämonischer – an jedem Punkt auch
die Raumesferne mit Zeitenferne erfüllt,
stillstehend die Flutwaage der Zeit an jedem Punkt,
nochmals ihr saturnischer Stillstand,

nicht Aufhebung der Zeit, wohl aber ihr ewigwährendes Jetzt,
das Jetzt der Schönheit, als dürfte in ihrem Anblick
der Mensch, obwohl aufgerichtet und aufwärtswachsend, wieder zurücksinken
in sein dämmerig liegendes Lauschen,
neuerlich hinerstreckt zwischen den Tiefen des Oben und Unten,
neuerlich einswerdend mit dem lauschenden Blick, den er aussendet,
als erlaubte die Tiefe ein neuerliches Teilhaftigwerden, das
frei von Erkenntnis und Frage
urzeitlich und vor-urzeitlich auf Erkenntnis und Frage verzichten darf,
verzichtend auf die Unterscheidung von Gut und Böse,
entfliehend der menschlichen Erkenntnispflicht,
fliehend in eine neuerliche und darum falsche Unschuld, auf daß
das Verwerfliche und das Pflichtgebotene, das Unheil und das Heil,
das Grausame und das Gütige, das Leben und der Tod,
das Unverständliche und das Verständliche
zu einer einzigen unterscheidungslosen Gemeinsamkeit werden mögen,
umschlossen von dem einheitsstiftenden Band der Schönheit,
mühelos einverstrahlt in den sie umfassenden Blick,
und ebendarum ist es wie Verzauberung, und verzaubert-verzaubernd,
dämonisch allesaufnehmend ist die Schönheit,
alleseinschließend ihr saturnisches Gleichgewicht,
ebendarum aber auch ein Rückfall ins Vor-Göttliche,
ebendarum Erinnerung des Menschen an etwas, das noch vor seinem Vor-Wissen stattgehabt hat,
Erinnerung an eine vor-göttliche Werdezeit der Schöpfung
Erinnerung an eine unterscheidungslos dämmerhafte Zwischenschöpfung
bar des Eides, bar des Wachstums, bar der Erneuerung,
dennoch Erinnerung und als solche fromm, wenngleich eidlose, wachstumslose, erneuerungslose Frömmigkeit,
die dämonische Frömmigkeit der Schönheitsentrückung
in die Entrücktheit äußerster Grenzen,

doch ohne den Willen, die Grenze zu überschreiten,
rückgewendet zum Vor-Anfang,
das Vor-Göttliche göttlichen Ancheins,
die Schönheit;

[5.]

also in trauernder Traurigkeit,
also enthüllt sich dem Menschen die Schönheit,
enthüllt sich ihm in ihrer Insichgeschlossenheit, welche die
des Sinnbildes und des Gleichgewichtes ist,
verzaubernd schwebend in dem Gegenüber
von schönheitsschauendem Ich und schönheitserfüllter Welt,
ein jedes der beiden im eigenen Raum, ein jedes der beiden in sich begrenzt,
ein jedes insichgeschlossen im eigenen Gleichgewicht, und ebendeshalb beides
im Gleichgewicht zueinander, ebendeshalb in einem gemeinsamen Raum;
es enthüllt sich darin dem Menschen
die Insichgeschlossenheit der schönen Irdischkeit,
die Insichgeschlossenheit des zeitgetragenen, zeiterstarrten
Raumes, des schwebend hingebreiteten, des zauberhaft schönen, der sich an keiner Frage mehr erneuert, an keiner Erkenntnis mehr erweitert,
die unerneuerbar-unerweiterbar stete Raumesganzheit, gehalten vom Gleichgewicht
der in ihr wirkenden Schönheit, und diese insichgeschlossene Ganzheit des Raumes offenbart sich in jedem seiner Teile,
in jedem seiner Punkte, als sei ein jeder seine innerste Grenze,
offenbart sich in jeder einzelnen Gestalt, in jedem Ding, in jedem Menschenwerk,
in jedem als das Sinnbild seiner eigenen Raumhaftigkeit,
als deren innerste Grenze, an der jede Wesenheit sich selbst aufhebt,
das raumaufhebende Sinnbild, die raumaufhebende Schönheit, raumaufhebend
kraft der Einheit, die sie zwischen innerer und äußerer Grenze herstellt,
kraft der Insichgeschlossenheit des unendlich Begrenzten,
die begrenzte Unendlichkeit, die Trauer des Menschen;

also enthüllt sich ihm die Schönheit als ein Geschehen der Grenze,
und die Grenze, die äußere wie die innere,
sei sie die des fernsten Horizontes, sei sie die eines einzigen Punktes,
ist zwischen dem Unendlichen und dem Endlichen gespannt
im Entrücktesten, trotzdem immer noch im Irdischen, immer noch in der irdischen Zeit, ja sie begrenzt die Zeit und bewirkt deren Verweilen,
ihr in sich ruhendes Verweilen an der Raumesgrenze,
doch sie hebt die Zeit nicht auf,
ist bloßes Sinnbild, irdisches Sinnbild der Zeitaufhebung,
bloßes Sinnbild der Todesaufhebung, nimmermehr diese selber,
Grenze des Menschlichen, das noch nicht über sich hinausgelangt ist
und sohin auch Grenze des Unmenschlichen;
es enthüllt sich dem Menschen das Geschehen der Schönheit
als das, was es ist, als das, was die Schönheit ist,
als das Unendliche im Endlichen,
als die irdische Scheinunendlichkeit
und darum Spiel,
als das Unendlichkeitsspiel des irdischen Menschen in seiner Irdischkeit,
als das Sinnbildspiel an der äußersten irdischen Grenze,
Schönheit, das Spiel an sich,
das Spiel, das der Mensch mit seinem eigenen Sinnbild spielt, um damit
sinnbildhaft – anders glückt's nicht – der Einsamkeitsangst zu entgehen,
die schöne Selbsttäuschung aufs neu und aufs neu wiederholt,
die Flucht in die Schönheit, das Fluchtspiel;
da enthüllt sich dem Menschen die Starrheit der verschönten Welt,
ihre Unfähigkeit zu jeglichem Wachstum, die Begrenzung ihrer Vollkommenheit,
die bloß in der Wiederholung unvergänglich wird und
um solcher Schein-Vollkommenheit willen stets aufs neue gesucht werden muß,
es enthüllt sich ihm das Spiel der schönheitsdienenden Kunst,

ihre Verzweiflung, ihr verzweifelter Versuch,
aus vergänglichem Sein das Unvergängliche zu schaffen,
aus Worten, aus Tönen, aus Steinen, aus Farben,
auf daß der gestaltete Raum
die Zeiten überdauere
als schönheitstragendes Mal für kommende Geschlechter, die Kunst
raumbauend in jedem Bilde,
das Unsterbliche im Raum, nicht im Menschen
und darum wachstumslos,
gebunden an nur wiederholbare, wachstumslose Vollkommenheit, die niemals sich selbst erreicht, wachsend verzweifelt je vollkommener sie wird,
verkerkert der ewigen Wiederkehr zu ihrem Ausgang in sich selber
und darum hart,
hart gegen menschliches Leid, weil es ihr nicht mehr bedeutet
als vergängliches Sein, nicht mehr als Wort, Gestein, Getön oder Farbe,
benützt zur Schönheitssuche und Schönheitsentdeckung
in steter Wiederholung;
und es enthüllt sich dem Menschen die Schönheit als Grausamkeit,
als die wachsende Grausamkeit des ungezügelten Spieles, das
im Sinnbild Unendlichkeitsgenuß verspricht,
erkenntnisverachtenden, genießerischen Genuß
irdischer Schein-Unendlichkeit
und darob unbedenklich Leid und Tod zuzufügen vermag,
da es im grenzentrückten Gebiet der Schönheit geschieht,
nur dem Blick noch erreichbar, nur der Zeit noch erreichbar,
  aber nicht mehr der Menschlichkeit und der menschlichen Pflicht;
so enthüllt sich dem Menschen die Schönheit als Gesetz ohne Erkenntnis,
die Verworfenheit einer Schönheit, die sich selbst zum Gesetz gesetzt hat
um ihrer selbst willen
insichbeschlossen, unerneuerbar, unerweiterbar, unentwickelbar,
der Genuß als Spielgesetz der Schönheit

genießerisch, wollüstig, unkeusch, unveränderbar
das schönheitsdurchtränkte, schönheitsdurchtränkende Spiel,
  das selber schönheitsverspielt
an der Wirklichkeitsgrenze abläuft und
die Zeit vertreibend, doch nicht sie aufhebend,
den Zufall ausspielend, doch ihn nicht beherrschend,
endlos wiederholbar, endlos fortsetzbar, dennoch
von vorneherein zum Abbruch bestimmt,
weil nur das Menschliche göttlich ist;
und so enthüllt sich dem Menschen der Schönheitsrausch
als das von vorneherein verlorene Spiel, verloren
trotz der Unvergänglichkeit des Gleichgewichtes, in dem es
  statthat,
trotz der Notwendigkeit, in der es immer wiederholt werden
  muß,
verloren, weil die Unvermeidlichkeit der Wiederholung zugleich auch
die Unvermeidlichkeit des Verlustes ist,
unvermeidlich einander verhaftet
der Rausch der Wiederholung und der des Spieles,
beide der Dauer untertan,
beide dämmerhaft,
wachstumslos sie beide, freilich in wachsender Grausamkeit,
indes das wahre Wachstum,
das Wissenswachstum des erkennenden Menschen
unbegrenzt von Dauer und frei von Wiederholung sich in der
  Zeit entfaltet,
entfaltend die Zeit zur Zeitlosigkeit, so daß
sie, die jede Dauer verzehrt, mit wachsender Wirklichkeit
Grenze um Grenze, innerste wie äußerste, aufreißt und über-
  schreitet,
Sinnbild um Sinnbild hinter sich zurücklassend, und mag auch
der Schönheit letzte Sinnbildhaftigkeit nicht dadurch zerstört
  werden,
unangetastet die Notwendigkeit ihres letzten Ebenmaßes,
es wird, nicht minder notwendig, das Irdische ihres Spieles entlarvt,
entlarvt die Unzulänglichkeit des irdischen Sinnbildes,
es wird der Schönheit Trauer und Verzweiflung aufgedeckt,
aufgedeckt der ernüchterte Schönheitsrausch,

erkenntnisverlustig und verloren in Erkenntnislosigkeit
das ernüchterte Ich,
seine Armut –,

[6.]

denn
Vorrecht der Götter und der Menschen ist das Lachen,
urferne stammt es von dem Gott, der sich selbst erkannt hat,
stumm-ahnend stammt es aus seinem Vorwissen,
aus seinem Vorwissen um die eigene Vernichtbarkeit,
aus seinem Vorwissen um die Vernichtbarkeit des Geschaffenen, in dem
er als mitgeschaffener und mitschaffender Teil sein Dasein lebt,
wachsend kraft Welterkenntnis zur Selbsterkenntnis und über diese hinaus
rückgewendet zum Vorwissen,
aus der das Lachen stammt;
oh, Göttergeburt und Menschengeburt, oh, Göttertod und Menschentod,
oh, ihrer beider Anfang und Ende für ewig miteinander verstrickt,
oh, es stammt das Lachen aus dem Wissen um die Ungöttlichkeit der Götter,
aus diesem dem Gott und dem Menschen gemeinsamen Wissen,
es stammt aus jener unruhigen, beunruhigend durchsichtigen
Zone der Gemeinsamkeit,
die dämonisch zwischen dem Jenseitigen und dem Diesseitigen gespannt ist,
damit in ihr, in solch dämmerhafter Dämonenzone
Gott und Mensch einander begegnen können, begegnen mögen,
und ist es Zeus, der das Lachen im Kreise der Göttermänner
anstimmt, so ist es der Mensch, der das Lachen der Götter erweckt,
gleichwie
in unaufhörlichem Kreislauf spaßig-ernsten Wiedererkennens
das Lachen des Menschen vom Gebaren des Tieres erweckt wird,
gleichwie

der Gott sich im Menschen, der Mensch sich im Tiere wiederfindet,
so daß das Tier vom Menschen zum Gott erhoben wird,
der Gott aber durch das Tier in den Menschen zurückkehrt,
Gott und Mensch trauernd vereint, trotzdem vom Lachen übermannt, weil es
das Spiel der urplötzlichen Vermischung aller Sphären ist, von dessen
Schicksalsregel
sie erfaßt worden sind,
das Spiel der urplötzlich enthüllten Ur-Nachbarschaft,
das große Spiel des Sphären-Durcheinanders,
ein Götterspiel, das schönheitsvernichtend und ordnungsaufhebend
Schöpfungs-Gottheit und Geschöpflichkeit unheimlich miteinander verquickt
und beides lustig dem Zufall preisgibt,
Greuel und Zorn der wissenden Muttergöttin,
Spaß und Wagnis des erkenntnisbefreiten, erkenntnisverachtenden Gottes,
lachensüberströmt,
weil solcher Spaß jähester Sphärenvereinigung, ohne daß hiezu
auch nur die leiseste Spur von Erkenntnis oder von Frage
oder sonst irgendeiner Leistung vonnöten gewesen wäre, sich
als Selbstpreisgabe vollzieht, als fröhlich leichtsinnige
Preisgabe
an den Zufall, an die Zeit,
an das unvermutet Vorgewußte, vorgewußt Unvermutete,
ans lustvoll Unvermittelte des Vorwissens und,
sei's drum,
auch an den Tod;
Spaß aus dem Unerforschlichen, Spaß, der so groß ist, daß mit
der spaßigen Zerschlagung der letzten Gesetzlichkeitsreste,
mit dem spaßigen Zusammenbruch der Ordnungen, der Grenzen und der Brücken,
mit dem Zusammenbruch der Raumerstarrungen und deren Schönheit,
daß mit dem Zusammenbruch des Schönheitsraumes
urgültig und endgültig die Umkehrung erfolgt,
die Umkehrung

ins grenzenlos Erkenntnislose, namenlos Sprachlose, brückenlos Raumlose,
ineinanderstürzend die Trennungen,
ineinanderstürzend das Vorwissen des Gottes mit dem des
   Menschen,
zusammenstürzend ihre gemeinsame Schöpfung, und dagegen
aufbrechend die zur unmittelbaren Nähe umgestülpte Äonenferne,
aufbrechend die Äonenferne der Vorschöpfung,
aufbrechend das Vorschöpfungsbild in einer Unerinnerung, die
   nicht
einmal dem Vorwissen des Gottes zugänglich ist,
aufbrechend zu einer Ununterscheidbarkeit, in der
Wirkliches und Unwirkliches,
Lebendes und Lebloses,
Sinnvolles und Gräßliches
zu nämlicher Ungedachtheit vergattet sind,
aufbrechend das unerahnbare Nirgendwo, in dem
die Sterne auf dem Grund der Gewässer fluten
und nichts so weit auseinanderliegen könnte,
daß es sich nicht als ineinanderverschachtelt zeigte,
witzig vor Auseinandergestülptheit und Ineinandergestülptheit, zufällig ineinandergeraten und zufällig auseinander hervorgesprossen,
witzig
die ununterscheidbaren Zufallswesenheiten des Zeitenablaufs,
Götterherden, Menschenherden, Tierherden, Pflanzenherden,
   Sternherden
ineinander verhaust;
aufgebrochen das Nirgendwo des Gelächters,
lachend aufgebrochen die Weltenumstülpung schlechthin,
als hätte es niemals jenen Eid der Schöpfung gegeben,
den Eid, mit dem Gott und Mensch sich gegenseitig verpflichtet
   haben,
verpflichtet zur Erkenntnis und wirklichkeitsschaffenden Ordnung,
verpflichtet zur Hilfe, welche die Pflicht zur Pflicht ist;
oh, es ist das Lachen des Verrates,
das Lachen der unbeschwert mühelosen Treulosigkeit,
es ist das Ungute und Unverpflichtete der Vorschöpfung,

dies ist es,
das ungute Erbe, der gelächter-verhaltene Zersprengungskeim,
der aller Weltenschöpfung von Anbeginn eingeboren ist, un-
 ausrottbar, aufscheinend bereits in der lächelnd heitern Hinter-
 gründigkeit, mit der
sie sich vorschöpferisch-lieblich als Anmut kundtut,
aufscheinend in dem vorschöpferisch-erbarmungslosen Wissen, mit dem
selbst das Gräßliche schönheitsverspielt
zur mitleidsbaren, mitleidserstarrenden Ferne verklärt wird,
und darüber hinaus, über jedwede Ferne hinaus, äußerste und
 innerste vereint,
aufscheinend in des raumlosen Un-Raumes witzig furchtbarer
 Oberfläche, zu der
die Schönheit, ist die Zeitengrenze erreicht, sich umstülpt, auf-
 stülpend
ihren innersten, hintergründigsten Hintergrund,
die ihr eingeborene und immer wieder aus ihr herausgeborene
 ungestaltbar ungestaltete Unerschaffenheit,
aus ihr herausgeboren, aus ihr herausgestülpt, aus ihr herausgestürzt
das Lachen,
die Sprache der Vorschöpfung –,

2. Die Elegien 7-11 (›Schicksals-Elegien‹)

[7.]

Schicksal, du gehst allen Göttern voran,
Warst vor-vorbereitet vor jeglicher Schöpfung,
Des Ur-Anfangs Nacktheit bist du, treu nur
Dir selber, allesdurchdringende Form und kalt.
Schöpfung und Schöpfer in einem,
Geschehen und Wissen und Deutung zugleich,
Durchdringt deine Blöße den Gott und den Menschen,
Befiehlst das Erschaffene.
Und da du's befahlst, entlöste der Gott sich
Dem eigenen Unsein und wurde zum Vater,
Rufend die Namen des Lichts aus der Stummheit,
Aus dem Schoß der ur-urnächtlichen Mutter,
Ununterschiedliches ins Benennbare rufend,

Zur Gestalt des Gestaltlosen.
Ur-Schweigen ward da zu Sprache, und singend das Urgetöse
Singen die Sphären dein Wort.
Doch im Traume, oh Schicksal, nimmst du dir's
Wieder zurück, schweigst es zurück in die Nacktheit
Furchtbar allesverbergend in deiner Entblößung,
Und als kristallene Flocke senkt sich der Gott
Strahlenzerlöst in das leere Gewölbe des Traumes.

[8.]

Traumdurchtränkendes, traumkaltes Schicksal, du
Offenbarst dich im Traume, machst ihn zur Größe
Des Einst, in dem die Wirklichkeit ruht, machst ihn
Zu der Schöpfung Gefäß, wirkend durch dich, und mit dir
Zeitlos; denn du kennst kein Vorher und Nachher,
Wirklichkeit, die du bist. –
Strömend schwebt dein Geschehn, o Ur-Form, schwebt
Verzweigt und wesenheitsträchtig zwischen den Blitzgewölken
Stummgewaltiger Einheit, zwischen der Nacht und dem Licht
Der von dir zur Schöpfung befohlenen Schöpfung; du aber
Verwandelst dich mit den verschlungenen Strömen
Deines Schwebens aus dem einen ins andere; lichtwärts
Willst du strömen – gelingt's dir? – doch wo
Deines Strömens Vielfalt sich zielhaft verkreuzt,
Strom am Strome bedingt, hier nur entfaltest du Ruhendes,
Ding und Namen weltlicher Wahrheit, ineinandergeeint,
Aufgerufen zur Einheit, auf daß sie dich spiegeln;
Schicksalsgeprägt die Ur-Form des Seins,
Die Urform der Wahrheit.
Traumform entsteht aus Traumform, verkreuzt und entfaltet,
Im Traum bist du ich, bist meine Erkenntnis, bist
Geboren mit mir als ungeborener Engel
Jenseits des Zufalls, leuchtende Allgestalt
Von Wesen und Ordnung erkennenden Werdens,
Gestalt meiner selbst, mein Wissen.
Götterenthobenes, göttervernichtendes Schicksal,
Endlose Wirklichkeit, endlos bin ich mit dir,
Ein Sterblicher, göttervernichtend im Traume, da ich
In dir mich begebend, entschwebend in deiner Strahlung
Kindheitsumschlossen selber der Götterraum bin.

[9.]

Unentrinnbares! bin ich zu dir aufgestiegen oder
In deine Tiefe gestürzt?
Abgrund der Form,
Abgrund des Oben und Unten, Abgrund des Traumes!
Keiner vermag im Traume zu lachen, doch auch
Keiner zu sterben; siehe, so überaus nahe
Ist das Lachen dem Tode, siehe, so ferne
Sind beide dem Schicksal, das vor lauterer Form
Kein Tod das Lachen gelehrt hat –
Schicksal, dein Selbstbetrug.
Ich aber, Sterblicher, ich, todesgewohnt,
Vom Tode zum Lachen gezwungen, ich lehne mich auf
Und glaube dir nicht. Traumblind und traumwissend
Weiß ich dein Sterben, weiß um die Grenze, die dir
Gesetzt ist, Grenze des Traumes, die du verneinst.
Weißt du es selber? willst du es selber?
Stockt dein Geschehn auf deinen Befehl? oder gehorcht es
Noch stärkerem Willen? Steht hinter dir, größer als du,
Unentrinnbarer, unerschaubarer noch
Ein anderes Schicksal und weiter und weiter
Schicksal an Schicksal, Leerform an Leerform gereiht,
Das nimmererreichbare Nichts, der gebärende Tod,
Dem nur noch der Zufall entspricht?
Zum Zufall wird alles Gesetz, zum Fall in den Abgrund,
Zum Zufall auch du, oh Schicksal, mitgerissen
Vom Zufall des Endes, rasend in deinem Bereich;
Jäh stockt das Wachstum, und das Erkenntnisgezweige,
Ast dem Aste entsprossen, jählings zerfällt es
Zu vernichteter Sprache, vereinzelt im Ding,
Vereinzelt im Wort, zerfallen die Ordnung,
Zerfallen die Wahrheit, Gemeinschaft und Einheit
Erstarrt in der Halbheit, erstarrt im Gestrüppe
Scheinwirklichen Seins.
Unvollkommenes bringst du hervor, duldest den Zufall,
Mußt das Unheil erdulden, die Halbheit, den Trug, und
Unverwirklicht du selber, nimmermehr endlos die
Erstarrende Form, Schicksal des Schicksals, stirbst du
Des Unheils, im Kristall noch mit mir.

[10.]

Form, wenn selbst Urform, sterblich dem Sterblichen,
Sterblich dem Gotte, in Unwirklichkeit sterbend,
Sterblich ob des Gewühles scheinbarer Einheit.
Unrettbare! mag auch das Halbe zur Ganzheit sich lügen,
Mag es sich auch zurückflüchten wollen in den Schoß
Mütterlich einstiger Urnacht, mag es sogar sich selber
Zum Aufruf setzen und selber die Ganzheit
Sich anmaßen, die Würde des rufenden Vaters,
Nichts rettet dich, Schicksal, vor dem Heimfall ans Nichts;
Vom eigenen Schicksal berauscht, wendest leer du dich um,
Und die Welten, unausschreitbar, unaufhaltsam ihr leerer
Kreislauf in Schönheit, sind deiner trunken,
Sind trunken des Todes,
Denn Schöpfung ist mehr als Form, Schöpfung ist Unterscheidung,
Ist Scheidung des Bösen vom Guten, oh, allein die Schiedkraft
Ist wahrhaft unsterblich.
Hast du, da Form du nur bist, den Gott und den Menschen
Zur Wahrheit gerufen, auf daß sie statt deiner
Unterscheidungsbetraut für immer die Weltform erfüllen:
Hast du hierfür mich verpflichtet und in die Schöpfung gefügt?
Unzulänglich bist du und Werkzeug des Bösen.
Unheilerschaffend bist du, bist selber das Unheil, dem du erliegst;
Oh, das Göttliche ist ermattet, und das Menschliche gar
Blieb unerstarkt – beides, dein Werk, ist Zufall mit dir
In dem größeren Schicksal, und der Gerufene,
Gleich dir nur noch Form und verlustig des Namens, ist
Unerreichbar, er wendet sich nicht, keinen Ruf
Hört er mehr im vergehenden Traum.

[11.]

Wann, oh wann?
Wann war formenbefreite Schöpfung,
Sie, oh wann, ohne Schicksal? oh, sie war, und
Traumlos war sie, war nicht Wachen, nicht Schlaf,
War ein Augenblick nur, ein Gesang, einmalig
Die Stimme, unerrufbar ein lächelnder Ruf –

Einstmals war der Knabe;
Einst war die Schöpfung, einst wird sie sein,
Zufallsenthoben das Wunder.

Briefliche Kommentare

I. Zur Entstehung

AN DANIEL BRODY *Alt-Aussee,*
15. November 1937

Wie also stellst Du Dir vor, daß ich den *Vergil*[1] von heute auf morgen mit dem vorgeschriebenen Schlußpunkt versehen soll?! ein Buch, das nur aus seiner konzentriertesten Konzentration heraus lebt (und leben wird)!

1 Broch arbeitete damals an der zweiten Fassung des *Vergil*.

AN FRANK THIESS *Alt-Aussee,*
26. November 1937

Damit ich überhaupt wieder ins Romanschreiben gerate, habe ich nun eine große Erzählung eingeschaltet, von der ich mir allerdings – zumindest solange ich daran schreibe – einiges erhoffe.

AN JOSEPH BUNZEL *Alt-Aussee,*
15. Februar 1938

Vorderhand hänge ich ja noch am Seil. Wie weit es schon aufgeplissen ist, vermag ich natürlich nicht zu sagen, aber da Sie nach der Resolution[1] fragen: hier ist die Aufspleißung bereits vollzogen, denn daß da heute nichts mehr zu machen ist, das ist klar. Ja, noch vor drei Jahren. Und wahrscheinlich wird auch dem *Vergil*[2] solches Zuspätkommen blühen. Ich suche es zu verhüten (warum?), und so pumpe ich tatsächlich letzte Kräfte aus mir heraus, was angesichts dieser Schreibtischtätigkeit und des Papierresultates zwar eine befremdliche, dennoch richtige Behauptung ist. Und so kann ich bloß jedermann und so auch Ihnen nur empfehlen, die Hände von diesem fürchterlichsten aller Gewerbe zu lassen.

1 *Völkerbund-Resolution.*
2 Broch arbeitete damals an der dritten Fassung des *Vergil* (»Erzählung vom Tode«).

AN STEFAN ZWEIG *Alt-Aussee,*
[Frühjahr 1938]

Ich habe, lieber Freund, gestern nach dem Theater die *Ungeduld des Herzens*[1] zu lesen begonnen. […] Ich hätte gerne etwas Negatives gesagt, um Ihre Aufrichtigkeit gegenüber dem *Vergil* anzustacheln, aber ich kann in meinem Innern bloß ein großes Ja finden.

1 Stefan Zweig, *Ungeduld des Herzens. Roman* (1938)

AN JOSEPH BUNZEL *Alt-Aussee,*
10. März 1938

Soferne Sie irgendeinen philosophischen Freund hätten, so fragen Sie ihn doch über wichtige Vergil-Literatur aus; ich halte mich für verpflichtet, nun das sehr vernachlässigte Quellenstudium noch nachträglich zu verbreitern.

AN JOSEPH BUNZEL *St. Andrews/Schottland,*
12. September 1938

Hoffentlich […] kommt noch eine Zeit, in der ich Ihnen in Ruhe schreiben kann, in der der *Vergil*[1] zu Ende gebracht sein wird, in der man nicht ausschließlich an den Krieg wird denken müssen.

1 Broch stellte damals die dritte Fassung des *Vergil* fertig.

AN WILLA MUIR *New York City,*
3. Dezember 1938

Jedenfalls würde ich Dich nun bitten, mir *sämtliche* bei Euch eingetroffene Manuskripte nun zuzusenden, denn vielleicht werde ich schon gleichzeitig mit dem *Vergil* an dem Roman[1] arbeiten, um diese Dichterei raschestens hinter mich zu bringen und um Luft für die Seuchenbekämpfung[2] zu gewinnen.

1 *Die Verzauberung.*
2 *Massenpsychologie.*

AN STEPHEN HUDSON *New York City,*
9. Dezember 1938

Natürlich muß ich zuerst einmal meine beiden[1] Bücher fertig haben, und eben darum arbeite ich mit solcher Intensität an ihnen, gewiß nicht freudvoll, da sie mir angesichts der Weltsituation und meiner persönlichen Sorgen so vollkommen überflüssig erscheinen, immerhin aber wissend, daß sie innerhalb der so überflüssig gewordenen Literaturkategorie ihren Rang behaupten werden. Ich glaube sogar behaupten zu dürfen, daß innerhalb der Literatur mein *Vergil* nicht viel weniger Aufsehen und Eindruck machen wird als der Joycesche *Ulysses* –, doch was bedeutet dies in einer Welt, in der das Entsetzen regiert? nichts und aber nichts. Und eben diese Geringschätzung für das Literarische läßt mich auch zögern, Ihnen diesen *Vergil* zuzueignen[2], obwohl ich kein anderes Mittel habe, um Ihnen meine Dankbarkeit, Liebe und Freundschaft sinnfällig auszudrücken; lieber würde ich Ihnen die (wahrscheinlich wirklich wichtige) *Theorie der Humanität*[3] widmen, welche diesen beiden Büchern folgen soll, aber da es bis dahin sehr lange währen wird, werde ich Sie doch bitten müssen, die Widmung des *Vergil* anzunehmen und mir dadurch etwas mehr Freude zu dieser Arbeit zu schenken. Ich hoffe, mit dem *Vergil* in etwa vier Wochen fertig zu sein.

1 *Die Verzauberung, Der Tod des Vergil.*
2 Broch widmete den *Vergil* Stephen Hudson.
3 Es handelt sich – in Fortführung der *Völkerbund-Resolution* – um ein politisches Buch, das Broch nicht mehr fertigstellte.

AN VOLKMAR VON ZÜHLSDORFF   *Princeton,*
                                        15. Februar 1939

Ich wollte nur, ich könnte mit meinen Rückzahlungen an die Guild[1] bald beginnen; ich wünsche mir dies aus Egoismus, denn Voraussetzung ist, halbwegs selber gesettlet zu sein, aber vielleicht geschieht sogar auch dieses, wenn auch kaum mit Hilfe des *Vergil*[2], dessen Korrekturen sich überdies fürchterlich anlassen.

---

1 Broch hatte damals ein Darlehen von der »American Guild for German Cultural Freedom« erhalten. Sekretär der »Guild« war V. v. Zühlsdorff.
2 Broch arbeitete damals an der vierten Fassung des *Vergil (Die Heimfahrt des Vergil).*

AN STEFAN ZWEIG   *Killingworth/Connecticut,*
                                        22. April 1939

Der alexandrinische Brand hat überdies zweifelsohne etwas Verlockendes in sich; denn sonst würde man sich nicht so sehr tummeln, noch rasch die Bücher abzuschließen, damit sie ja noch rechtzeitig vor dem Brande eingereiht werden können. Wenigstens geht es mir mit dem *Vergil* so, der nun doch seinem definitiven Ende zugeht und – wie ich hoffe – hie und da bis zur Unendlichkeitsgrenze des Ausdrückbaren reicht. Es wird recht anständig und sehr unübersetzbar.

AN TRUDE GEIRINGER   *New Haven,*
                                          4. Mai 1939

Ich muß noch außerdem mit dem *Vergil* zum Rande kommen, und so komme ich selber dabei zu Rande. Als Beweis anbei vier Seiten[1] aus dem Ms. Vielleicht oder richtiger wahrscheinlich wird es Dir nicht sehr imponieren, indes wenn Du bedenkst, daß Rilke an seinen 10 *Duineser* fast zwei Jahre gearbeitet hat, also rund zwei Monate pro Elegie, während ich 4 in drei Wochen zustandegebracht habe, also in einem Zehntel der Zeit, so wirst

Du es vielleicht mit mir als Rekord werten. Im übrigen meine ich, daß diese vier sich, sobald sie endgültig ausgeputzt sein werden, ruhig neben die *Duineser* stellen können.

1 Es handelt sich um die »Schicksals-Elegien«, die Broch damals für die vierte Fassung des *Vergil* schrieb.

AN RENÉ A. SPITZ   *16. Juli 1939*

Aber um im Römischen zu bleiben und bei dem mir augenblicklich sehr innig vertrauten, doch darob nicht minder langweiligen Vergil: aus der *Aeneis* (V. 815)[1] stammt, was nicht viele wissen, das unus pro multis, und wahrscheinlich sind Sie nicht der einzige Fall, dem es so schwer gemacht wird. Allerdings auch kein Trost, der sich sehen lassen kann.

Die von Ihnen gerügte Domination des *Vergils* über meinen sonstigen Agenden hat übrigens einen praktischen Grund: nicht nur, daß ich mich finanziell auf die Beine stellen muß, ich muß auch für die Auffrischung meines sogenannten Ruhmes bemüht sein, der ohnehin in diesem Lande erstaunlich lange vorgehalten hat, indes nachgerade den Charakter eines überzogenen Kredites annimmt. Und da ich nun einmal als Dichter abgestempelt bin und derartige Abstempelungen gerade in Amerika kaum abänderbar sind, muß ich zweifelsohne dieses Fundament unterbauen, das allein imstande ist, mir eine öffentliche Wirkungsmöglichkeit auch auf anderen Gebieten zu garantieren. Täte ich es nicht, ich fiele in die Unbekanntheit zurück, in eine Unbekanntheit, die mir auch den Eintritt in jedes andere Fachgebiet unendlich erschweren würde.

1 »unum pro multis dabitur caput«.

AN RUTH NORDEN   *Saratoga Springs/N. Y.,*
                                                                              24. Juli 1939

Ich arbeite wie verrückt, aber eben nur wie eine verrückte Schnecke. Nächstens folgt wieder eine Partie des *Vergil,* doch es ist ausgeschlossen, ihn hier[1] fertig zu bringen.

1 Broch wohnte damals zwei Monate lang in der Künstlerkolonie »Yaddo« in Saratoga Springs/ N. Y.

AN STEFAN ZWEIG *Saratoga Springs/N. Y., 27. Juli 1939*

Organisatorisch habe ich hingegen noch nicht viel unternommen, da ich endlich den *Vergil* fertig bringen muß; gewissermaßen damit er noch zum Brand der alexandrinischen Bibliothek zurecht komme; etwas anderes scheinen wir ja nicht mehr zu tun.

AN RUTH NORDEN *Princeton, 3. September 1939*

Von der Kriegstatsache sehr gelähmt, war ich auch schreibgelähmt. Wie man weiterarbeiten soll, ist mir unvorstellbar. Ich habe mich jetzt drei Tage mit dem *Vergil* abgequält, zu dessen Fertigstellung so wenig fehlt, daß er doch unbedingt beendet werden sollte, aber alle Bemühungen waren bisher vergeblich.

AN DIE JOHN SIMON GUGGENHEIM MEMORIAL
FOUNDATION *Princeton, 2. Oktober 1939*

»*The Death of Virgil*«, *a novel, approximately 120.000 words*

Virgil, standing on the threshold between two ages, exemplified the ethic poet par excellence; he summed up antiquity, as he anticipated Christianity. As age overtook him he was more and more overwhelmed by the antithesis of creative form and pure cognition, until, near the end of his days, he had determined to destroy the *Aeneid*. Just before his death Augustus persuaded him to desist from this decision.

My book describes Virgil's last nigth on earth. I have tried to capture that fleeting moment of life which is the moment of death. The work follows untrodden paths of thought and concept, unfolding a four-dimensional sequence of lyrical images designed to create a synthesis of that border region in which the rational and the irrational, reality and unreality blend into one.

An Robert Neumann   *28. November 1939*

Mein *Vergil* ist fertig. Wird er noch gedruckt werden? fast erscheint es mir unstatthaft. Doch ich bin diesbetreffend fatalistisch. Ansonsten durchaus nicht: im Gegenteil, recht kampfesmutig.

An Ruth Norden   *12. Dezember 1939*

Der *Vergil* ist noch nicht tot, aber er hat wenigstens sein letztes Wort gesprochen; soeben ist dies geschehen, und daß diese Redseligkeit endlich abgestoppt ist, wirkt sich als eine ungeheure Erleichterung aus. Leider habe ich die letzten Seiten aus Ungeduld bereits gehudelt, aber dies ist leicht auszubessern.

An Daniel Brody   *Princeton,*
                                                                      14. Januar 1940

Ich glaube mit Recht sagen zu dürfen, daß der *Vergil*[1] ein Werk ist, welches unbedingt der deutschen Sprache erhalten werden muß, u. z. umsomehr als es von einem Juden stammt. Hier ist, entgegen allem Antisemitismus, der Beweis für die Bereicherung eigentlichsten Deutschtums von jüdischer Seite wieder erbracht worden – das erste Mal geschah dies durch Kafka –, und wenn man ein wenig pathetisch das Wort »Kulturtat« verwenden will, so sei es hier gestattet: das Buch ist Kulturtat, es ist eine alte Dichtung, und die Herausgabe wird gleichfalls Kulturtat sein. [...]
  Dieser Brief geht per Luftpost. In gewohnter Weise folgt daneben eine Kopie per Schiff, und dieser zweiten lege ich nicht nur auch noch [die] Parie meines letzten Briefes bei, sondern auch den *Ur-Ur-Vergil*[2], dessen Manuskript Du Dir seinerzeit gewünscht hattest.

1 Broch schloß damals die vierte Fassung des *Vergil* mit dem Titel *Die Heimfahrt des Vergil* ab.
2 Es handelt sich um das Typoskript der Erstfassung »Die Heimkehr des Vergil«.

An Thomas Mann *New York City,*
16. Januar 1940

Nun sitze ich bei den letzten Vergil-Seiten oder richtiger Zeilen.

An Werner Richter *Princeton,*
15. Februar 1940

Der *Vergil* ist soeben fertig geworden, und er reicht an Unverständlichkeit, allerdings, wie ich hoffe, auch mit einigem anderen, weitgehend, wenn auch mit einem gewissen Respektabstand, an Joyce heran. Also das Richtige für diese Zeit.

An Stefan Zweig *Princeton,*
19. Februar 1940

Vergil, who is finished and would be now just the basis for a really good book. The 160.000 words, which it contains now, had to be transformed either in 500.000 or in 50.000 words, but the one as the other would need about three years, and in these times I would find it rather immoral to spend such a time to a work of intensive poetry, not to speak of the impossibility of poetic concentration, being overwhelmed by so many other themes and more urgent interests.

An Willa Muir *Princeton,*
17. März 1940

Vergil is finished. Of course, the book ist not *really* finished at all; to satisfy my own criticisms, I would need about three additional years – you see, compared with Joyce who worked 17 years to accomplish *Finnegans Wake* I am speedy. But I leave it as it stands now, for, I feel, in these times you have no right to dwell for ever on a work which – in spite of the truth it may contain – is much too far away from the actual misery of this world. It would be immoral, or at least not far from immoral.

From the practical point of view, too, I had to finish the book: I have the impression that the credit given to me in this country is already overdrawn, and that it is high time to fill up my account. Well, then, I guess, *Vergil* has the qualities to do so. You know I do not overestimate the importance of literature, and today less than ever; but within its realm I am quite sure that this *Vergil* is approaching to a new border of human expression, to a new border of the soul or of the world (for all these things mean the same).

AN DANIEL BRODY *Princeton,*
20. März 1940

Anbei also endlich das Werk. Es ist noch immer ein Rohmanuskript wenn ich auch von der dreijährigen Weiterarbeit absehe, so will ich doch die nächsten Wochen dazu verwenden, um einiges hineinzuarbeiten und die noch bestehenden Tippfehler auszubessern. Und ich hoffe auch bei dieser Gelegenheit endlich den definitiven Titel zu finden. Vorderhand kann ich folgende zur Auswahl stellen:
Erzählung vom Tode[1]
Feuer, Erde, Wasser, Luft[2]
Schicksal des Schicksals[3]

Bitte denke auch drüber nach, schließlich dürfte es wahrscheinlich auf ein Vergil- oder Dante-Zitat hinauslaufen.

1 Vgl. Titel der dritten Fassung.
2 Vgl. die Kapitelüberschriften der letzten Fassung.
3 Vgl. die »Schicksals-Elegien«.

AN WERNER RICHTER *Cleveland/Ohio,*
4. April 1940

Der Tod des Vergil besteht aus 600 Seiten[1] philosophischer Lyrik über die letzten 24 Stunden des Dichters. Also eine irgendwie Joycesche Angelegenheit, wenn auch Joyce bloß in der Unverständlichkeit verwandt.

Hätte ich noch zwei oder drei Jahre Zeit zum weitern Ausbau vor mir, so könnte ich ein »wirkliches« Buch daraus machen; (– Joyce benötigte 17 Jahre –), aber der Aufwand wäre in der heutigen Zeit schlechthin unmoralisch. Das Manuskript ist nun bei Dani, der in der Schweiz drucken will. Schwierig ist die Frage der Übersetzung, denn wie lassen sich schon 600 Seiten Lyrik übersetzen.

1 Tatsächlich bestand der *Vergil* aus 315 Seiten plus Einschubseiten. Das Typoskript war allerdings einzeilig geschrieben, und als zweizeilig geschriebenes Verlagsmanuskript hätte es etwa 600 Seiten umfaßt.

AN BENNO W. HUEBSCH *New York City,*
7. August 1940

Bezüglich der Komplettheit des Manuskriptes liegt ein kleines Mißverständnis vor: ich sagte Ihnen, daß der Roman zwar in seiner vorletzten Fassung (– ich schreibe jedes Buch etwa vier Mal –) beendet sei, nicht aber in der letzten[1], die ich Ihnen übergeben habe; hier fehlt noch etwa ein Viertel.

Zur Veröffentlichungsfrage möchte ich etwas Prinzipielles sagen:

Ich glaube nicht, daß mit irgend einem Buch von mir ein großer Publikumserfolg zu erzielen sein wird; dies ist ebensowohl mein Mangel, wie mein Vorzug. Aber ich *weiß*, daß insbesondere der *Vergil* einen unverlierbaren Platz in der Literaturgeschichte einnehmen wird.

1 Broch arbeitete damals an der letzten Fassung mit dem Titel *Der Tod des Vergil.*

AN TRUDE GEIRINGER *31. Oktober 1940*

Ich freue mich, daß Dir der *Vergil* gefällt. Den symphonischen Aufbau hat außer Dir bisher nur ein Leser, ein engl. Freund, spontan erkannt!

AN TRUDE GEIRINGER   4. November 1940

Der zerebrale ›*Vergil*‹. Es hat mich eine ungeheuere Anstrengung gekostet, um durch die zerebrale Schicht durchzustoßen, und ich meine, daß es manchmal gelungen ist. Der Leser ist der Prof. Oskar Oeser[1] aus St. Andrews gewesen, ein Südafrikaner, der im Vorjahr auch hier zu Gastlecturen gewesen ist. [...] Er hat etwa zwei Drittel des Buches – mehr war damals noch nicht vorhanden – in einer Nacht durchgelesen. u. z. mit voller Erkenntnis des symphonischen Aufbaues in allen Details. Das hat mich natürlich gefreut.

1 Broch hatte ihn im Sommer 1938 während seines Exilaufenthaltes bei den Muirs in Schottland kennengelernt.

AN KURT WOLFF   Princeton,
                                              11. September 1942

Inzwischen freue ich mich, daß Sie den *Vergil*[1] lesen und so weit bejahen.

1 Broch nahm damals Kontakt auf zu Kurt Wolff, der den *Vergil*-Roman 1945 in seinem Pantheon-Verlag in New York publizierte.

AN THORNTON WILDER   Princeton,
                                                6. März 1943

All in all, I don't think the publishing will occur until the spring of 1944. [...] Anyway I hope I have achieved something with it, and friends who have read the manuscript and who, I hope, have not been too polite, (for instance Mann[1], Zweig[2] and others) expressed their belief in this achievement.

1 Vgl. Thomas Mann, »*Der Tod des Vergil*«, in: *das silberboot*, 2. Jg., Nr. 1 (1946), S. 163.
2 Stefan Zweig hatte 1940 ein Verlagsgutachten über den *Vergil* geschrieben, nachdem er die vierte Fassung gelesen hatte; uv. Yale University Library (YUL).

AN HANS SAHL *Princeton,*
18. März 1943

Ich plage mich jetzt entsetzlich mit ein paar Gedichten[1], die noch in den *Vergil* hineinzukommen haben; einige Prosastellen sind derart langweilig-unverständlich, daß ihre Umarbeitung in Gedichtform absolut notwendig war: es gibt eben Dinge, deren Langweile nur im Gedicht erträglich wird – einer der Grundlegitimationen dieser Kunstgattung –, aber die Ausführung ist voller Tücken, und da daneben der Massenwahn wartet […], so versetzt mich diese Unterbrechung […] in schuldbewußte Panik.

1 »Elegien« (1-6).

AN FRIEDRICH TORBERG *Princeton,*
10. April 1943

Statt dessen ging ich an den *Vergil,* und zwar mit der Absicht absolutester Ehrlichkeit und der Vermeidung eines jeglichen »Faltenwurfes«, – ich sprach Ihnen einmal davon auf dem Schwarzenbergplatz. Und ich glaube auch, daß ich diese Ehrlichkeit durchgehalten habe; zumindest führte sie zu einer neuen Entdeckung, nämlich zu der meines unbewußten Bemühens um die größtmögliche Annäherung an die Todeserkenntnis. Daß mir dies, trotz aller Radikalität, nicht geglückt ist, versteht sich von selbst, weil eben niemand hinter den Tod schauen kann. Aber es sind mir dennoch einige Erkenntnisse aufgegangen, zum Beispiel über die Gültigkeit der alten und offenbar ewigen Todessymbole, denn die haben sich kraft bloßer Konzentration auf das Sterbensphänomen allesamt von selber eingestellt. Aber niemand kann seine Generation überspringen, und so bleibt der *Vergil* – den deshalb zu verkleinern eine blöde und unehrliche Bescheidenheit wäre – eine Ausklangs- und Enderscheinung der alten Epoche, vielleicht (gleich Joyce, neben den ich mich in gebührenden Abstand und dies mit ehrlicher Bescheidenheit stelle) in die Zukunft weisend, das gelobte Land schauend, aber über die bloße Ahnung nicht hinauskommend. Im übrigen war auch Vergil bloß ein Vorausahner, kaum ein Prophet.

AN HERMANN ULLSTEIN *Princeton,*
1. Juli 1943

Diese Romanarbeit[1] habe ich unterbrochen, als die Hitlerbedrohung in Österreich akut wurde; es wurde mir dringlich, an ein für mich wesentlichstes und wichtigstes Buch zu gehen, nämlich an eine Auseinandersetzung mit dem Todesproblem als solchem. *Der Tod des Vergil* – dies ist der Titel – ist kein Roman im eigentlichen Sinn; am ehesten läßt er sich noch mit den Joyceschen Bestrebungen vergleichen, da auch hier nach neuen Realitäts- und Ausdrucksschichten gefahndet wird. Das Buch wurde in Amerika beendet, und die (meisterhafte) Übersetzung dürfte im Herbst fertiggestellt sein. Die Verlagsrechte habe ich Kurt Wolff zugesagt.

1 An der *Verzauberung*.

AN EINEN NICHT FESTZUSTELLENDEN
ADRESSATEN *Princeton, 16. August 1943*

Es ist mir also um die nackte Todeserkenntnis gegangen, und weil es sich um Dichtung handelte, habe ich mir hiezu einen sterbenden Dichter gewählt, u. zw. einen, der unter ähnlichen Lebensumständen wie wir gelebt hat. Dabei galt es, das gesamte dem Tode zugekehrte Sein zu erfassen, also ebensowohl das körperliche, wie das emotionale, wie das erkenntnismäßige. Dieselbe Aufgabe glaubte ich lösen zu können, indem ich mich in einer Art Selbsthypnose mit äußerster Konzentration auf das Todeserlebnis zu fixieren trachtete. Dies ist bis zu einem gewissen Grad gelungen, u. zw. hat sich mir dies in den Bildern bewiesen, welche traumhaft-automatisch aufgestiegen sind und sich hinterher als die bekannten uralten Todessymbole entpuppt haben. Ich weiß heute ganz genau, wo das Buch echte Todeserkenntnisse vermittelt, wo es tatsächlich »nackt« ist, aber ich weiß auch, wo die hypnotische Konzentration abgerissen ist, um wieder dem Literarisch-Pathetischen Platz zu machen. Wäre sie nicht abgerissen, so wäre ich wahrscheinlich ganz konkret gestorben, zwar im Besitz einer echten Todeserkenntnis (ungleich dem Selbstmord), doch ohne die Möglichkeit, sie niederzuschreiben. Und dagegen hat sich eben offenbar doch noch zu viel in mir gesträubt; außerdem bin ich ja punkto Todeserkenntnis bloß ein Dilettant: vermutlich gehört zu solcher Selbsthypnose der ganze Apparat einer ausgebildeten Yogatechnik, die es freilich ihrerseits verbietet, ihre Ergebnisse literarisch auszuschlachten. Unter diesem Gesichtswinkel ist das Buch ein Zwitter, und ich weiß daher nicht, ob es Ihnen das, was Sie von ihm erwarten, wird bringen können.

AN ALDOUS HUXLEY
*Princeton,
28. September 1943*

Your statement[1] about me is an over-statement, and, as always when I find that somebody (whose personality is important to me) thinks too well of me and the things I am doing, I am ashamed. You take my goals for achievements – that's your over-statement –, but I am astonished and deeply pleased that you have found out so correctly from my former books what I now tried to achieve with the *Death of Virgil*. But that you are paving the way for this book in the same generous manner, as you did it for the *Sleepwalkers,* is a good omen.

Of course, the *Virgil* would need – I don't know if I told you this in my former letters – at least three to five years additional work, and I would use it for a big house cleaning, eliminating most of the »common« novelistic elements which I feel as a concession to the reader's (and my own) laziness. But in our times this kind of overcleanliness has for me a touch of amorality, the amorality of time wasting, and I hope, therefore, that my mass psychology will bring, instead of this, the necessary cleanliness of thought. [...]

I have plenty of reasons to be deeply obliged to you, my dear Aldous Huxley, and I want you to be assured of my profound gratitude. Please accept also Kurt Wolff's thanks, who – needless to say – is delighted with your statement.

1 Huxleys Lob für den *Tod des Vergil* wurde für den Verlagsprospekt der deutschen und englischen Ausgabe geschrieben und verwendet.

AN HANS SAHL *Princeton,*
11. November 1943

Der *Vergil* ist nämlich sicherlich kein »psychoanalytischer Pointillismus«; er hat weder mit Analyse noch mit Pointillismus etwas zu tun (oder höchstens nur nebenbei). Sonderbarerweise habe ich nämlich den genau gleichen Ausdruck auf Joyce angewandt (bei dem er auch nur teilweise zutrifft), und der *Vergil* wurde in einem geradezu bewußten Gegensatz zu dieser Methode geschrieben. Joyce hat – wenigstens im *Ulysses* – die Seelenwirklichkeit tatsächlich aus lauter unzusammenhängenden Einzelpunkten aufgebaut, allerdings umrahmt und gehalten von einer strengen Stil-Systematik, und hat es nicht für notwendig erachtet, die unzusammenhängenden Punkte, welche also wie in jeder Seele, alles Kontradiktorische darstellen, Gut sowohl wie Böse, Schwarz wie Weiß, Orgie wie Askese etc. etc. miteinander zu verbinden, sondern hat die Einheit einfach der Gesamtarchitektonik überlassen. Ich sehe darin einen logischen Fehler: wenn schon innerer Monolog, so darf niemals vergessen werden, daß es ein Ich gibt, daß der innere Monolog eben von diesem Ich herrührt (nicht von einem behavioristisch beobachtenden Betrachter), und daß das Ich sich stets als eine logische Entität empfindet, d. h. als eine, in der auch das Kontradiktorischeste sich logisch auseinander entwickelt; bloß in klinischen Fällen des Persönlichkeitszerfalls ist diese Einheitslinie zerrissen, doch beim normalen Menschen – und ich bleibe dabei, daß dieser und nur dieser der Vorwurf des Kunstwerks sein kann – gibt es, wie wir, die wir uns für normal halten, jederzeit erfahren, keinerlei Unterbrechung. Wie aber kann das Kontradiktorische logisch aneinander gebunden sein? bestimmt nicht in der normalen Logik, zumindest nicht in der aristotelischen, wohl aber in einer höherdimensionalen, und von dieser Logik hat im dreidimensionalen Raum der Mensch bloß als Träumer eine Ahnung: hier ist der psychologische Zusammenhang zwischen Traum und Kunst, vor allem zwischen Traum und Lyrik, und diese »lyrische Logik« habe ich im *Vergil* aufzuspüren getrachtet. Wenn ich immer sage, daß das Buch nicht fertiggestellt sei, so meine ich eben diese lyrisch-logische Aufdeckungsarbeit, und wenn Sie jetzt von Pointillismus sprechen, so ist es mir ein Beweis für diesen Mangel: nur meine ich, daß trotz dieses Mangels der Unterschied zwischen echtem Pointillismus und meiner Methode doch schon ziemlich sichtbar ist. Völlig verkehrt ist es jedoch, von »analytischer Vokabulatur« zu sprechen; davon ist darin wahrscheinlich nichts enthalten, es sei denn, daß man allerhand analytisch auslegen könnte, was man aber bei jeder Seele und jeder richtigen Seelendarstellung tun kann.

Ich stimme Ihnen vollauf bei, daß Analyse nicht das Um und Auf der Psychologie ist (– darüber werden Sie hoffentlich in meiner Massenpsychologie manches finden, was Ihnen sympathisch sein wird –), so wenig, wie Soziologie lediglich aus Marxismus aufgebaut werden darf. Weder das eine noch das andere hat den Anspruch auf »Weltanschauung«; wenn schon dieses ominöse Wort verwendet werden soll, so doch nur im Hinblick auf seine ethische und metaphysische Meinung. Zu dieser aber ist der Dichter verpflichtet, wenn er in dieser Welt irgend eine Lebensberechtigung haben will. Es macht mich glücklich, daß Sie, wie Sie diesmal schreiben, gerade dieses Bemühen aus dem *Vergil* herausgelesen haben. [...]

Was wir Persönlichkeitsreichtum nennen (oder die Goetheische »Bildung«), ist ja nichts anderes als die Aufnahme des Objektiven in die Ich-Sphäre, während beim narzistisch verengten Menschen diese Sphäre gänzlich vom Ich ausgefüllt ist. Dieses Regime habe ich mir Jahre, eigentlich Dezennien hindurch auferlegt, und ich glaube, daß es seine Früchte getragen hat. Solche Konstatierung läßt sich zwar noch immer als Eitelkeit auslegen, aber Paradoxien lassen sich an Grenzfällen immer aufstellen, und in Wahrheit steckt eine konstante und konsequente Eitelkeitsbekämpfung darin, ja, eine, die Zustimmung zur Arbeit eher verhütet als erregt. Und auch dies trägt seine Früchte, denn dadurch wird selbst das unbewußte Schielen zum Publikum schon während der Arbeit verhütet, und man bringt den Mut zur Unverständlichkeit auf. Anders wäre der *Vergil* nicht zustande gekommen. Andererseits wird eben hiedurch – auch dies war für die Arbeit am *Vergil* notwendig – jede falsche »Demut«, zu der Sie ja gleichfalls (auch diesmal wieder) neigen, ein für allemal aufgehoben.

AN RUTH NORDEN *Princeton,*
14. November 1943

In diesen letzten 14 Tagen habe ich die Arbeit nicht um einen Strich vorwärts gebracht; alles mußte in den Papierkorb gehen, um nochmals begonnen zu werden. Dabei wird es hochanständig, nur daß ich bereits so müde und zugrund-gehetzt bin, daß ich heute z. B. kaum mehr diesen Brief zu schreiben vermag.

AN RUTH NORDEN *Princeton,*
26. Nov. 1943

Kurt Wolff will die beiden *Vergil*-Manuskripte bis Ende Dezember in Händen haben. Wie ich das schaffen soll, weiß ich nicht. Denn nicht nur, daß der deutsche Text noch immer nicht zur Gänze durchkorrigiert ist, und nicht nur, daß etwa 20 Seiten völlig umgeschrieben werden müssen (selbstverständlich die allerschwierigsten), es muß genau das nämliche auch noch mit dem Englischen geschehn. Also unübersehbar.

AN TRUDE GEIRINGER *Princeton,*
18. Dezember 1943

Das *Vergil*-MS soll im Jänner fertig sein, und nicht nur daß die Korrektur mitsamt ihren vielen Abänderungen ungeheuer mühevoll und zeitraubend ist, ich darf darob den *Massenwahn*, der nicht minder wichtig ist, nicht unterbrechen, umsoweniger, als ich sonst den Faden verliere.

IN EINEM UNDATIERTEN LEBENSLAUF *[1943]*

The last of these books [*The Death of Virgil*] was written, so to speak, as a literary will. I started it in 1936, at a time when it already could be forseen how greatly everyman's life was threatened by the ever increasing menace of the Nazis. Developments confirmed my presentiments, my work on Vergil was interrupted by the »Anschluß«, and only in this country I was able to continue and finish it.

AN KURT WOLFF [*Princeton, Ende 1943*]

D. T. V. ist ein Buch des Todes, aber eben deshalb auch eines des Lebens. Vergil hat in einer Zeit gelebt, die vielfach mit der unseren verglichen werden kann, in einer Zeit, die erfüllt war von Blut und Grauen und Sterben, eben deshalb aber auch eine Zeit des Umbruches und des Anbruches war, eine Zeit, in der sich das Künftige ankündigte. Das Phänomen des Todes steht also im Mittelpunkt dieses Lebensbuches, und selten noch hat sich ein Werk – mit Ausnahme der großen religiösen – so nahe an das Phänomen des Sterbens herangewagt. Da es aber solches tut, umfaßt es auch die Ganzheit der Lebensphänomene, sowohl die des Dichters Vergil wie – getragen von seiner Zeitlosigkeit – unsere eigenen.

AN RUTH NORDEN *Princeton, 15. Januar 1944*

Ich [sitze] noch immer in wachsender Verzweiflung und hoffnungslos über diesem hoffnungslosen *Vergil*-MS; ich glaubte, damit in ein paar Tagen fertig sein zu können, doch je tiefer ich in die Korrekturen hineinsteige, desto mehr sehe ich, daß eigentlich das ganze Buch frisch geschrieben werden müßte. Ich trachte zu retten, was zu retten ist, sehr vorsichtig natürlich, da ich ja sonst auch die engl. Übersetzung völlig umschmeißen würde, doch gerade diese Vorsicht ist entsetzlich zeitraubend. Ich kann das MS schon gar nicht mehr sehen, muß aber doch damit fertig werden, da Kurt Wolff ja doch noch im Frühjahr damit herauskommen will. Dabei darf bekanntlich in den Fahnen nichts mehr verändert werden, weil die Kosten zu groß wären, und ich erschrecke jetzt schon vor dem Druckbild, in dem man erst wirklich alle Fehler entdeckt.

AN DANIEL BRODY *Princeton,*
5. Mai 1944

Zu alldem gehört freilich, daß ich am Leben bleibe. Die Druckfertigstellung des *Vergil*-MS hat mich völlig fertig gemacht; bei der letzten, also vorletzten Revision, zeigten sich noch einige Mängel, doch bei der Gefügtheit des ganzen Buches gibt es keine isolierten Mängel, und so mußte das Gesamtgewebe nochmals »durchgenäht« werden. Auf seiner jetzigen Ebene ist es nun perfekt (wenn man es zwar auch in weiterer dreijähriger Arbeit auf eine nächste Ebene hätte heben können), und es ist schon ein außerordentliches Buch. Nur habe ich dies mit einer täglich 17stündigen Arbeit durch 4 Monate bezahlen müssen, und Du kannst Dir vorstellen, wie mich das heruntergebracht hat. Leider gibt es kein Ausspannen, denn ich muß diese der *Massenpsychologie* weggenommenen vier Monate nun bis zum Jahresende einbringen, und das heißt Fortsetzung des 17-Stunden-Tages. Täte ich es nicht, ich würde meinen eventuellen Stufen-Hinauffall gefährden.

AN RUTH NORDEN *Princeton,*
8. Mai 1944

Die sogenannte »produktive« *Vergil*-Korrektur ist beendet. Jetzt bleibt noch eine Menge technischer Nacharbeit. Auch diese muß durchgehetzt werden, umsomehr als die Manuskript-Gleichstellung der Übersetzung keine Kleinigkeit ist, und dies alles ist daher nach wie vor höchst zeitraubend, doch natürlich lange nicht mehr so anstrengend, wie es die bisherige Arbeit gewesen ist.

AN JOSEPH BUNZEL *Princeton,*
12. Mai 1944

Mit dem *Vergil* hast Du recht, und ich hab mich geirrt. Es war zu Pfingsten 1936.[1] Ich werde es im Buch richtigstellen.

1 Bunzel hatte Broch darauf aufmerksam gemacht, daß die Entstehungszeit, wie der Pantheon Verlag sie im Prospekt zum *Vergil* angegeben hatte, nicht stimme. In diesem Prospekt heißt es: *The Death of Virgil* is a product of this most dramatic period of the life of its author. The book was begun in March 1937 under the shadow of political catastrophe in Germany and Austria, was continued during the flight of the author, and was finished in New York, May 1941.

AN KURT WOLFF *Princeton,*
12. Juni 1944

Ich habe für den *Vergil* nicht weniger als 6 Monate verwandt, folgend einer Notwendigkeit, die nicht zuletzt von der neuen Absatz-Einrichtung etc. bedingt war, einer für mich sehr bittern Notwendigkeit, da sie eine Unterbrechung meiner massenpsychologischen Arbeit bedeutet hat; Sie wissen, daß mir diese Arbeit – die ja einen unmittelbaren, wenn auch noch so kleinen Beitrag zur künftigen Weltgestaltung bringen will – innerlich höchst wichtig ist. [...] Das deutsche Druck-MS ist, wie Sie wissen, seit drei Wochen fertig.

AN DANIEL BRODY *Princeton,*
7. August 1944

Das MS ist nun endlich definitiv fertig. Ich glaube, daß es recht perfekt geworden ist. Aber es war eine fürchterliche Arbeit, und die Vernachlässigung der *Massenpsychologie* ist mir zu einem Quell schwerster Panik geworden; an die argen Konsequenzen, die sich daraus ergeben können, wage ich kaum zu denken. Dabei bräuchte ich dringend einen Urlaub, denn ich bin bereits in einer Weise heruntergerannt, daß ich kaum mehr weiß, wie mich wieder hinaufrennen.

AN THOMAS MANN *Princeton,*
18. Dezember 1944

Aber gerade am *Vergil* habe ich die Grenzen meiner Möglichkeiten erkannt und gelernt: die Revision für den Druck hat statt der dafür vorgesehenen acht Wochen volle acht Monate in Anspruch genommen, und wenn auch alles, was da geschehen ist, als richtig und objektbedingt gewertet werden darf, dahinter stand doch das Gefühl einer Verirrtheit ins Unabsehbare, also in ein Gebiet, in dem das Gleichgewicht zwischen Ausdruck und Welt aufgehoben ist und das Getane sich an nichts mehr zu legitimieren vermag.

AN WERNER RICHTER *Princeton,*
20. Februar 1945

Die neuerliche *Vergil*-Revision hat mir den Hals [...] gebrochen. Vorgestern bin ich fertig geworden. [...] Ich bin gleichfalls fertig.

AN BERTHOLD VIERTEL *Princeton,*
21. Februar 1945

Ich war wieder nahezu zwei Monate mit Korrekturen beschäftigt, u. z. an die 18 Stunden täglich, da der Setzer auf jede Seite gewartet hat, und ich ihn niemals einholen konnte.

AN HANS SAHL *Princeton,*
22. Februar 1945

Die Sache war für mich noch verschärft, als mir der Drucker das *Vergil*-MS wegen Unleserlichkeiten etc. zurückgab –, ich habe innerhalb dieser letzten zwei Monate fast das halbe Buch selber abgeschrieben, weil ich mich auf niemand mehr verlassen wollte, und diese Abschreiberei hatte außerdem den Segens-Fluch und Fluch-Segen letzter Textfehler-Entdeckungen. Da es aber in dem Buch nichts Isoliertes gibt, so zog jede Korrektur strumpfmaschengleich eine ganze Reihe anderer nach sich. Sie wissen, daß es da nur ein einziges Gebot gibt, nämlich sich dem Objekt zu beugen, auch wenn man weiß, daß der Effekt von niemandem bemerkt wird. Für mich war es überdies ein schwerer gesundheitlicher Schock.

AN JOSEPH BUNZEL *New Haven, 20. Juli 1949*

Nebenbei: Die Yale University will alle meine MS, Notizbücher, Tagebücher, Klosettpapiere etc. für künftige Doktoranden haben. Du wirst also nach meinem w[erten] Ableben das Unikat des *Ur-Ur[-Vergil]* etc. hoffentlich teuer verkaufen können, um so mehr als ich bestätigen kann und werde, daß die handschriftlichen Teile[1] im Gefängnis Bad Aussee geschrieben worden sind.

1 Vgl. S. 160–169 dieser Ausgabe.

II. Zur Wirkung

AN TRUDE GEIRINGER *Princeton,*
25. März 1945

Der *Vergil* ist gedruckt. Leider kommt er unter ungünstigen Umständen heraus. Huxley, auf den ich für die Promotierung sehr gerechnet hatte, ist schwer erkrankt; Thornton Wilder ist in Europa, Canby in Australien, und auf Auden ist kein rechter Verlaß, da er absent minded ist. Und die andern Leute, die imstande sind, das Buch zu verstehen, sind nicht berühmt genug, um die front pages zu bekommen. An und für sich ist mir natürlich der sogenannte Erfolg recht wurscht, aber ich bräuchte ihn aus praktischen Gründen: denn da ich ein wissenschaftlicher outsider bin, ist es notwendig, daß ich meine Respektabilität als Wissenschaftler aus andern Quellen speise: wenn hier einer prominent ist, so kann er nämlich alles –, es genügt ein Filmstar zu sein, um allerwärts als Autorität zu gelten. Außerdem möchte ich natürlich den Erfolg für Kurt Wolff und vor allem für die Untermeyerin haben, deren Eitelkeit für vierjährige Fron belohnt werden müßte.

AN ALDOUS HUXLEY *Princeton,*
10. Mai 1945

Als ich den *Vergil* beendet hatte, ging ich daran, die Schäden, die er in mir angerichtet hat, nach Tunlichkeit auszubessern; dazu gehörte auch die Wiederauffüllung meiner Lektüre-Lükken. Eines der ersten Bücher, die ich las, war *Time Must have a Stop*,[1] und ich war darob sehr froh, nicht nur weil es ein großartiges Werk ist, sondern auch weil es mir eine überraschende Bestätigung für den *Vergil* lieferte: in Ihrem Kapitel XIII, aber natürlich daher auch in vielen andern Stellen, ist genau das gleiche Erfahrungsmaterial wie im *Vergil* verarbeitet, und wenn zwei Menschen auf verschiedenen (im letzten Grunde freilich identischen) Wegen zu einem gemeinsamen Resultat gelangen, so darf wohl daraus geschlossen werden, daß sie wahrscheinlich auf eine echte Realität gestoßen sind.

Hätte ich mich nicht gescheut, Sie mit dem *Vergil*, für den Sie so viel und viel zu viel schon getan haben, noch weiter zu langweilen, so hätte ich Ihnen meine Entdeckung sofort mitgeteilt. Umso bestürzter war ich, als mein Verleger[2] mir mitteilte, daß er Sie um eine Besprechung des Buches gebeten hätte, und nun war ich erst recht behindert Ihnen zu schreiben. Aber ich sagte mir, daß Sie nach Einsichtnahme in das Buch entweder von den Parallelismen zu einer Studie angeregt werden würden, die mir selbstverständlich äußerst wichtig und wertvoll gewesen wäre, oder aber daß Sie, der Sie Ihre Zeit wahrlich für Dringenderes brauchen, das Ansuchen einfach ablehnen würden.

Weder das eine noch das andere ist eingetroffen. Sie haben in einer mehr als generösen Weise sofort der Bitte Kurt Wolffs willfahren, aber aus Ihrer Besprechung[3] habe ich den Eindruck empfangen, daß nicht das Buch als solches Sie hiezu angeregt hat, geschweige denn jene Parallelstellen, die sein eigentliches Kernstück repräsentieren, sondern daß Sie dem Autor der *Sleepwalkers* eine Freundlichkeit, allerdings eine sehr große Freundlichkeit hatten erweisen wollen. Das ist beunruhigend, und gerade angesichts Ihrer freundschaftlichen Haltung glaube ich, Ihnen einige Erklärungen zu Ihren Einwendungen zu schulden, obwohl ich Ihnen eine weitere Befassung mit dem *Vergil*-Thema so gerne erspart hätte. Doch ich werde trachten, mich tunlichst kurz zu fassen.

Lassen Sie mich mit einem konkreten Beispiel, nämlich gleich mit einem Ihrer Einwände beginnen, nicht um der Polemik willen, sondern pour fixer les idées.

Sie bemängeln meine langen Sätze mit ihren endlosen adjektivischen Repetitionen, und Sie wollen sie bloß gelten lassen, wenn sie von narrativen oder sonstwie »normalen« Passagen unterbrochen werden, da sie in ihrer jetzigen Form die Lesbarkeit beeinträchtigen.

Diese langen Sätze mit all ihren Eigentümlichkeiten waren nicht ausgeklügelt; sie waren schlicht eine Notwendigkeit. Der *Vergil* ist aus Zufallsanfängen gewachsen; ich bin damit in eine Zeit echter Todesbedrohung (durch die Nazi) geraten, und ich habe ihn daher ausschließlich für mich – teilweise sogar im Gefängnis – gewissermaßen als private Todesvorbereitung, sicherlich also nicht für Publikationszwecke geschrieben. Es war ein Versuch, mich imaginativ möglichst an das Todeserlebnis heranzutreiben, und da dies in äußerster psychischer Konzentration vor sich ging, hatte ich das von ihr diktierte Material, einschließlich der Form und demnach auch der des langen Satzes einfach zu akzeptieren.

Gewiß, jetzt wird das Buch publiziert, und es ist nicht mehr für mich allein geschrieben. Ich hatte also mein Material dem Gebot der Lesbarkeit anzupassen. Dies ist freilich ein sehr weiter Begriff, und er ist sicherlich nicht von der üblichen Romanform diktiert; die ist oft genug schon durchbrochen und – nicht zuletzt von Ihnen – erweitert worden. Sie haben den *Vergil* als lyrische Philosophie bezeichnet, und das verträgt sich schon an und für sich schlecht mit der üblichen Romanform; jedenfalls hatte ich nicht die Absicht, mich irgendwie an diese zu halten.

Gleichgültig ob Gedicht oder Epik, ob Malerei oder Musik, die künstlerische Aufgabe besteht immer in der Umsetzung eines ursprünglich lyrisch-subjektiven Materials in ein »architektonisches« Gebilde, das kraft seiner Gleichgewichtsstruktur fähig ist, das ursprüngliche Material topologisch, jedoch ohne Verzerrungen zum Ausdruck zu bringen: das Kunstwerk spricht stets eine topologische Sprache, selbst wo es wie in der Dichtung die Alltagssprache verwendet; nur hiedurch ist es ihm möglich, das Unaussprechbare auszudrücken, nämlich in der Spannung zwischen den Zeilen und Worten, zwischen den Farbflecken auf der Leinwand, zwischen den musikalischen Tönen.

Für mich galt es, mein Material, mein Erkenntnismaterial dem Leser zu übermitteln. Ich mußte den Leser nachleben lassen, wie man sich der Erkenntnis des Todes durch Zerknirschung und Selbstauslöschung annähert (mag man sie auch als noch Lebender niemals erreichen). Mit bloß rationalen Mitteilungen ist dies nicht zu bewerkstelligen, vielmehr mußte der Leser dazu gebracht werden, genau den gleichen Prozeß, den ich durchgemacht habe, nun seinerseits genau so durchzugehen. Und da mir meine Erkenntnis in der Form endloser Litaneien zugekommen ist, waren ebendieselben Litaneien dem Leser aufzuerlegen. Durch ihre Zerhackung hätte ich solchen Zweck niemals erreichen können. Die architektonische Aufgabe lag also anderswo: einesteils in der Konstruktion der Litaneien selber, andernteils in der Auswägung ihrer übermächtigen Maße durch ebensolche kompakte Massen anderer Konstruktion, so durch die Gespräche, welche für ein »normales« Buch auch viel zu lang wären, etc.

Ob man diesen Vorgang eine Ausweitung der Romanform oder deren Durchbrechung nennen will, ist nebensächlich; ich habe mir niemals darüber den Kopf zerbrochen, empfinde aber das Buch sicherlich nicht als »Roman«, sondern einfach als etwas, das in Notwendigkeit aus seiner Problemkonstellation entstanden ist und diese, eben infolge solcher Notwendigkeit, hoffentlich halbwegs adäquat darstellt.

Hinterher habe ich gewisse technische Prinzipien entdeckt, denen ich beim Aufbau des Buches – im allgemeinen mehr oder minder unbewußt, denn darin besteht eben ihre Notwendigkeit – gefolgt bin. Da sie zum Verständnis des Buches einiges beitragen können, hat sie Mrs. Untermeyer in ihre translators note (welche in der am 1. Juni erscheinenden definitiven Ausgabe angefügt sein wird, also Ihrem Exemplar noch nicht beigebunden war) untergebracht. Es mag sein, daß sie Sie interessiert, und so lege ich sie bei.

Die langen Sätze können als »Radikalismus« ausgelegt werden, und ich wünschte, daß sie so radikal wären: Kunstwerke sind immer nur durch radikale Forcierung ihrer Grundprinzipien entstanden. Und die Welt hat immer noch solche Radikalität schließlich akzeptiert; ich kenne keinen Künstler (einschließlich Sie selbst), bei dem das nicht zugetroffen wäre.

Eben darum ist mir der *Vergil* eigentlich noch nicht radikal genug. Ich meine damit weniger einen formalen Radikalismus als einen der Gesamtanlage, die freilich wieder auf das Formale zurückwirkt.

Denn – und damit stehe ich vielleicht in einem gewissen Gegensatz zu Ihnen – ich bin überzeugt, daß Rationales und Intellektuelles immer weniger in der Kunst zu suchen haben. Eine Zeit, in der das Unendliche sich bereits mathematisieren läßt (gleichwie es in der Scholastik theologisiert worden ist), eine Zeit, die über Seelenmechanik fast so viel weiß wie einstens die Kirche, usw., eine solche Zeit hat einen scharfen Schnitt zwischen Rationalität und Irrationalität gemacht, und was diskursiv ausgedrückt werden kann, gehört in den wissenschaftlichen, nicht in den dichterischen Bereich.

Diese Überzeugung hat sich mir während der Arbeit am *Vergil* zunehmend verstärkt, und ich war daher bemüht, rationale Elemente immer mehr zu eliminieren. Hätte ich noch drei weitere Jahre darangesetzt, so wäre mir dies vermutlich gelungen.

Wenn Sie also bemängeln, daß die Gespräche zwischen Vergil und seinen verschiedenen Freunden nicht dem Bildungsgrad entsprechen, den sie historisch wahrscheinlich hatten, so würde ich im Gegenteil verlangen, daß alles Intellektuelle daraus ausgemerzt werden sollte. Die Gespräche waren ein Experiment, u. z. eines, das mir wegen seiner Schwierigkeit nicht geglückt ist: das Thema ist klar – das Recht zur Vernichtung der *Aeneis* –, aber ich wollte die Argumente hiezu aus dem tiefsten Unbewußten der handelnden Personen hervorholen, wollte also sozusagen ihre Seelen selber sprechen lassen, ohne jedoch dabei den Charakter eines platonischen Dialogs zu zerstören, und das ist an nur ganz wenigen Stellen gelungen.

Sie mögen fragen, warum ich nicht auf dieser vorgezeichneten Linie weitergearbeitet habe. Es war kein leichter Entschluß, und ohne moralische Gründe – die einzig gültigen – hätte ich ihn nicht gefaßt.

Ich glaube nämlich, daß in dieser Zeit der ivory tower unmoralisch geworden ist; siebzehn Jahre an ein esoterisches Werk zu verwenden, wie Joyce es getan hat, ist heute unerlaubt, besonders wenn man in der Lage ist, etwas Sozialeres zu unternehmen.

Hätte ich an dem *Vergil* weitergearbeitet, so wäre er vollkommen esoterisch geworden. Die topologische Sprache des Kunstwerkes kann nämlich – trotz und ebenso infolge ihrer radikalen Ehrlichkeit – gänzlich unverständlich werden. Es ist möglich, daß das Buch heute noch manchem etwas zu sagen hat: auch wenn ich meiner Problematik mich bloß angenähert und sie nicht gelöst habe, so kann das Aufweisen einer Problematik, wird sie wirklich nacherlebt, allein schon eine aufhellende Wirkung haben. Hätte ich weitergearbeitet, so wäre ich wahrscheinlich selber ein kleines Stück näher zu den Lösungsmöglichkeiten gelangt, doch der Kreis derjenigen, die daran hätten teilhaben können, wäre noch kleiner geworden. Das ist bei der von mir geforderten Ausscheidung alles Rationellen und Diskursiven aus dem Kunstwerk nur eine selbstverständliche Konsequenz.

Zudem ist diese Verweisung des Rationalen in den wissenschaftlichen Bereich auch eine persönliche Angelegenheit für mich. Denn in meiner Massen-Psychologie behandle ich letztlich die nämliche Problematik wie im *Vergil*: auch hier frage ich nach den Prozessen, welche den Menschen zu Verlust und Wiedergewinnung seiner vérités fondamentales, kurzum seiner religiösen Haltungen führen. Und da ich in dieser theoretischen Arbeit zu Resultaten gelange, von denen zu hoffen ist, daß durch sie nicht nur abstrakte, sondern sogar einige praktische Wirkung (in der Wiederhumanisierung der Welt, einschließlich Deutschlands) erzielt werden könnte, halte ich sie für wichtiger als bloß künstlerische Vervollkommnungen, aus denen ich allein Nutzen ziehe. (Abgesehen davon, daß man aus jeder ehrlichen Arbeit Nutzen fürs eigene Seelenheil zieht.)

Und so habe ich es vorgezogen, den *Vergil* in seiner jetzigen Gestalt herauszugeben.

Diese – im Grunde ablehnende – Einstellung zur Kunst hat sich mir bereits vor vielen Jahren aufgedrängt. Sie war mir – wie konnte es anders sein? – zum Problem geworden, und so wurde ich zu Vergil geführt, in dessen Vernichtungswillen hinsichtlich der *Aeneis* ich eine ähnliche Ablehnung vermutete. Diese Vermutung erscheint umso berechtigter als das letzte vorchristliche Jahrhundert eine Fragekonstellation hervorgebracht hat, die der unseren in mehr als einer Beziehung nahesteht.

Vergil war ein »Vor-Christenmensch«. Das geht aus seinem ganzen Werk, nicht nur aus der Ekloge IV hervor (– Kennen Sie übrigens Haeckers Schrift[4], die dieses Thema behandelt? –) und in solcher Eigenschaft, die in ihrer geistigen Bedeutsamkeit sicherlich seine literarische übertrifft, ist er für Jahrhunderte, ja Jahrtausende zur legendenhaften Gestalt geworden, fast zu einem inoffiziellen Heiligen, mit dem sogar die Kirche sich abgefunden hat.

All das weist auf eine metaphysische Substanz dieses Geistes hin, die mich m. E. sehr wohl legitimiert hat, ihn zum Träger der »Erleuchtung« zu machen, freilich erst – und darauf kommt es an – nach vorhergegangener »Zerknirschung« und einer Selbstauslöschung, die sein ganzes Leben umfaßt, so daß er, im christlichen Sinn, der Gnade würdig werden kann, mag er sie auch, infolge mangelnder Taufe, niemals erfahren haben.

Er war noch nicht der Prophet, der die neue Wahrheit ausspricht, aber er gehörte zu jenen, die notwendig sind, damit der Prophet komme; ohne Wegbereiter, ohne Vorarbeit gibt es keinen Propheten. Er war ein Vor-Prophet, und als solcher hat er sich wahrscheinlich selber empfunden. Und darum darf seine Einsamkeit angenommen werden. Mögen auch Augustus und seine andern Freunde das ganze Wissensgut ihrer Zeit besessen haben, wie Sie wohl mit Recht hervorheben, die prophetische oder vor-prophetische Ahnung war keinem von ihnen verliehen (und keiner von ihnen konnte zur Legendengestalt werden.) Dies, scheint mir, ist mit einer der Gründe, der mich berechtigt, Vergil scharf von seiner Umgebung zu separieren, und ihm ihr Unverständnis entgegenzusetzen.

Vorarbeit für das Kommende: das ist der einzige Trost, den Vergil – der Vergil meines Buches – in seiner Verzweiflung über die Unzulänglichkeit und die menschliche Unwürdigkeit seines Dichterberufes zu finden vermag. Denn es wird ihm klar, daß der Kunst und nur der Kunst die Gabe verliehen ist, das Noch-Unaussprechbare und doch schon Vorhandene erahnen zu lassen. »Noch nicht und doch schon« sagt ihm der Knabe Lysanias.

Wenn ich die letzten Absätze von *Time Must have a Stop* lese, so lassen sie mir keinen Zweifel, daß auch Sie Ihre Arbeit unter das Zeichen »Noch nicht und doch schon« gestellt haben, daß Vorbereitungsarbeit und nichts anderes auch Ihre Absicht ist. Denn wenn der Mensch nicht zur Erweckungs-Sehnsucht erweckt wird, wird die Stimme der Erweckung niemals erklingen; zumindest wird er sie nicht hören können.

Brauche ich nach dieser langen Ausführung nochmals hervorheben, daß dies und nichts anderes auch das Ziel des *Vergil* ist? daß es auch in ihm einzig und allein um die vérités fondamentales und deren Neubegründung in der Menschenseele geht? Ich glaube wohl nicht, und ich brauche wohl auch nicht weiter erklären, warum es mich so tief beunruhigt, daß Sie den *Vergil* nicht unter diesem Gesichtswinkel sehen, sondern ihn in die gleiche Kategorie wie die *Sleepwalkers,* also in die des usuellen Romans stellen und ausschließlich von hier aus beurteilt haben:

wenn ich mich nicht einmal Ihnen, also einem Mann, dem ich durch identische Absichten und sogar durch identische Erkenntnisse verbunden bin, verständlich machen konnte, es wäre siebenjährige Arbeit zwecklos gewesen. Und doch fühle ich mich dieser Arbeit, zumindest in ihrer Richtung und ihren Absichten, durchaus sicher.

Es mag sein, daß Sie, der Sie das amerikanische Publikum besser als ich kennen, jeden Hinweis auf die eigentlichen Hintergründe meines Buches absichtlich weggelassen haben, um ihm einen Publikumserfolg zu sichern. In diesem Fall muß ich Sie ob dieser langwierigen Erörterungen ganz besonders um Entschuldigung bitten. Sie sind ja jedenfalls ungebührlich lang geworden, selbst wenn man als Milderungsgrund Ihre Einwände anführen darf, die beantwortet werden wollten. Aber vor allem nehmen Sie meinen Dank für all Ihre gute Freundschaft, einen sehr von Herzen kommenden Dank.

1 Aldous Huxley, *Time Must have a Stop* (1944).
2 Kurt Wolff.
3 Aldous Huxley, »Why Virgil Offered a Sacrifice: Historial Narrative in a Massive and Elaborate Work of Art«, in: *New York Harald Tribune Books* (8. 7. 45), S. 5.
4 Theodor Haecker, *Vergil, Vater des Abendlands* (1931).

AN ROBERT NEUMANN   *22. Juli 1945*

Der *Vergil* ist kein Roman und ist überhaupt nichts, was sich in eine der bestehenden Kategorien (auch nicht in die Joycesche) einreihen läßt; er muß also auch verlegerisch separat behandelt werden. [...] Das Buch müßte also in seiner ganzen Aufmachung, [seinem] Format etc. und sogar mit abweichender Titelseite als ein Eigenindividuum herausgebracht werden.

AN YVAN GOLL   *Princeton,*
                              25. August 1945

Ich bin sehr gerührt, daß Sie sich trotz körperlicher Beschwerden mit dem *Vergil* befaßt haben, nicht minder gerührt ob der freundschaftlichen Bejahung, die Sie ihm angedeihen lassen.

Und einen schöneren Vergleich als den mit Joyce hätte ich mir nicht wünschen können.

Trotzdem darf ich den Vergleich nicht gelten lassen. Er wäre – das glaube ich selber – vielleicht gültig geworden, wenn ich noch weitere drei oder vier Jahre an das Buch gewandt hätte. Dann hätte es, in seiner Art, vielleicht jene Perfektion erreicht, die sich mit der Joyceschen irgendwie hätte vergleichen lassen.

Das Buch ist also in einem tiefern Sinn unbeendet. Hätte ich es beendet, so wäre es freilich – mit der Ausmerzung aller Naturalismus-Reste, die noch darin sind, – wesentlich »unverständlicher«, kurzum recht esoterisch geworden. Doch dies war nicht der eigentliche Grund seiner Nicht-Beendung. Vielmehr ist der Entschluß hiezu, wahrlich kein leichter Entschluß, auf die spezifischen Bedingungen unserer Zeit zurückzuführen.

An Albert Einstein *Princeton,*
6. September 1945

Ich lege die *Vergil*-Kritik bei, die Waldinger[1] für den *Aufbau* geschrieben hat; sie wird Sie vielleicht interessieren, und ich weiß, daß ich ihm mit der Übersendung eine besondere Freude mache.

1 Ernst Waldinger, »*Der Tod des Vergil*«, in: *Aufbau* (N. Y.), 11. Jg., Nr. 43 (26. 10. 1945), S. 11.

An Yvan Goll *Princeton,*
23. September 1945

Zum ivory tower: ich habe an die sieben Jahre an dem *Vergil* gearbeitet, und während dieser Zeit ist nicht nur außen, sondern auch in mir einiges geschehen; so ist mir z. B. während der Arbeit mehr und mehr klar geworden, daß ich am »Geschichtel-Schreiben« weniger und weniger interessiert wurde, und daß ich, wollte ich diesem innern Zwang folgen, alles Romanhafte aus dem Buch zu eliminieren hätte, um es zu einem einzigen (und eben ziemlich unverständlichen) Lyrismus zu machen. Ich halte das für eine durchaus gesunde und an sich durchaus undekadente Entwicklung (obwohl es Symptom unseres Kulturendes ist), doch um so etwas durchzuführen hätte ich die drei Jahre gebraucht, die ich mir nicht erlaubt habe. U. a. weil ich meine *Massenpsychologie* für wichtiger halte.

AN WERNER RICHTER   *Princeton,*
                                                    2. Oktober 1945

Die Sache mit dem Schluß ist ja so, daß ich mich immer weiter über den Abgrund gebeugt habe, um dann doch nicht hineinzuplumpsen: das ist der große Mangel des Buches; nur ein wirklich Gestorbener hätte es schreiben dürfen, aber Tote schreiben selten. Aber bei all meiner Über-den-Fensterrand-Beugerei glaube ich doch etwas gefördert zu haben, nämlich eine Annäherung: welche Speisen hat man mit ins Grab zu nehmen, und welche verderben einem den Appetit aufs Sterben? Das ist eigentlich der ganze Sinn des Buches (und vielleicht auch meines wie jedermanns Lebens). Vergil wollte die *Äneis* verbrennen: d. h. Dichten ist appetitverderbend.

AN ROBERT NEUMANN   *Princeton,*
                                                   22. Oktober 1945

Dank für Ihre so schöne und warme Bejahung des *Vergil;* Sie können sich vorstellen, wie sehr ich mich mit ihr gefreut habe.
 Doch Dank auch für die Kritik, die ich mir – wiewohl ich weiß, daß Ihre Zeit geschont zu werden hat – freilich noch ausgedehnter gewünscht hätte. Und wenn man auch im allgemeinen Kritik hinzunehmen hat, ohne gegen sie zu polemisieren, da ja der Kritiker zumeist recht hat, so doch ein Wort der Erklärung hiezu: wäre der *Vergil* ein landläufiger Roman, so hätte ich, gleich Ihnen, Dialoge vermieden, denn ich hasse romanhaft verkleidete Essays; doch der *Vergil* ist kein Roman, und ich stand vor dem Problem, zwischen die dunkelgewichtigen Teile Nr. 2 und 4 einen Teil von ähnlichem stilistischen Gewicht aber anderer Färbung einzusetzen, ein Problem, für das sich der platonische Dialog als schier *einzige* Lösung empfahl. Damit ergab

sich die – für mich sehr reizvolle – Frage, ob es möglich sei, eine neue Form des platonischen Dialogs zu schaffen, also eine, die keine Imitation des klassischen sein soll (wenn auch infolge meines Stoffes an die Antike gebunden), sondern von unserer Sicht aus bestimmt wird. Formal bin ich an diese Aufgabe herangegangen, indem ich die beiden Diskutanten, die sich ja im Geistigen überhaupt nicht verstehen, unausgesetzt aneinander vorbeireden und trotzdem um die *Äneis* kämpfen lasse; hingegen mußte inhaltlich-psychologisch gezeigt werden, wie dieser Kampf auf dem Boden eines tieferen homosexuellen Einverständnisses vor sich geht. Ich gebe gerne zu, daß ich dieser überaus komplizierten Aufgabe nur mangelhaft gerecht geworden bin; das Buch hätte wahrscheinlich noch eine Arbeit von Jahren erfordert, wenn es halbwegs in Vollkommenheitsnähe hätte gebracht werden sollen. Doch eben diese Jahre durfte ich nicht mehr daransetzen – zu der Auspuzung des Gipsstaubes hat es eben nicht mehr gelangt.

Das Aufgebot an Arbeit, Intensität und Konzentration, das in dem Buch trotz seiner relativen Unfertigkeit steckt, brauche ich Ihnen ja nicht zu schildern; das werden Sie schon selber entdeckt haben. Sie werden aber jetzt auch verstehen, warum ich mich entschlossen habe, das Dichten aufzugeben: ohne diese Über-Intensität macht es mir keine Freud, und mit ihr bring ich mich um, und das ist, besonders in meinem Alter, wo man keine Zeit mehr vor sich hat, allzu ungesund.

AN FRIEDRICH TORBERG *Princeton, 11. Januar 1946*

Und da Sie den *Vergil* lesen, möchte ich noch etwas zur Präzision sagen, nämlich: gezaubert kann nur mit äußerster Präzision werden; Magie muß haargenau sitzen, sonst wird der ausübende Medizinmann von ihr zerrissen, und dies gilt (wie überhaupt für die Kunst) ganz besonders auch für die Dichtung, die sich sofort in Kitsch verwandelt, wenn an die Stelle der Präzision die Beiläufigkeit, also Geschicklichkeit tritt. Wenn ich etwas für den *Vergil* zu beanspruchen glauben darf, so ist es seine Präzision.

AN YVAN GOLL　　　　　　　　　　　　　*17. Januar 1946*

Der *Vergil* ist mir Objekt des Vergessens und eines wohlberechtigten Hasses geworden, weil er mich von der Wissenschaftsarbeit so lange abgehalten hat. Im übrigen kriecht sein Verkauf langsam aufwärts; er wird erstaunlicherweise 5000 Exemplare erreichen. Die britische und die spanische Ausgabe sind verkauft, und die dänische scheint zu folgen. Dabei haben die großen und die literarischen Magazine hier noch keine Notiz – das dauert seine Zeit – von ihm genommen. Daß Sie *Chimera*[1] dafür mobilisieren, *freut* mich! Ich kenne keinen der von Ihnen genannten Kritiker, hoffe aber, daß es auch Angriffe auf das Buch geben wird. *Dank* für das Vorhaben!!

1 Vgl. Paul Rosenfeld, »*The Death of Virgil:* Some Comments on the Book by Hermann Broch«, in: *Chimera*, 3. Jg., Nr. 3 (Frühjahr 1945), S. 47-55.

AN MAX KRELL　　　　　　　　　　　　　　　*Princeton,*
　　　　　　　　　　　　　　　　　　　　23. Januar 1946

Daß man aber diese zehn Jahre überlebt hat, ist ein echtes Wunder. Mit unendlicher Dankbarkeit für das geschenkte Leben wache ich alltäglich auf. Der Tod war uns unsäglich nahe. Und unter dieser Todesbedrohung ist auch der *Vergil* zustande gekommen; es war meine privateste Auseinandersetzung mit dem Sterbenmüssen – fast eine natürliche Funktion meiner Lage, wenn auch eine übersteigert natürliche, denn ohne schärfste Konzentration hätte ich es nicht geschafft. Dabei ist mir eine recht bedrückende Erkenntnis gekommen: als ich später das Buch druckfertig machte, also es zu »formen« begann, habe ich mir das ursprüngliche Erlebnis, das mir aufs äußerste wichtig gewesen ist, einfach wegkorrigiert, im wahrsten Wortsinn weggefeilt; wo das Kunstwerk mit seiner spezifischen Objektivierung anfängt, wird der eigentliche, der lebendige Erkenntniskern zerstört. Mehr und mehr werde ich – gleich Vergil selber – zum Bilderstürmer.

Doch zum Kunstwerklichen gleich etwas Polemisches: ich halte meine Methode für keine Fortsetzung der Joyceschen. Ich glaube, daß Joyce der größte Prosakünstler unserer Zeit ist – wenn ich eine Seite von ihm lese, schäme ich mich meines Unterfangens, gleichfalls schreiben zu wollen –, aber ich betrachte ihn trotzdem für ein Ende, nicht für einen Anfang. Er ist nicht nur unnachahmlich, er ist auch unfortsetzbar; kurzum, er ist genau das, was er ist, nämlich das Ende einer Kulturepoche. Wenn es wieder Kunst geben wird – die nächsten Generationen werden wohl überhaupt ohne Kunst ihr Auslangen finden –, dann wird sie von ganz anderer Seite her und in ganz anderer, für uns noch unerahnbarer Form auftreten, sicherlich aber nicht in jener, die sich heute Roman nennt, obwohl sie es auch schon nicht mehr ist. Auch im *Vergil* sehe ich trotz seiner rein lyrischen Grundhaltung *kein* zukunftweisendes Phänomen – nicht nur Malerei und Skulptur, auch alle schriftstellerischen Bemühungen haben heute, soweit sie Kunst sein wollen, von vornherein musealen Charakter, und es will mir scheinen, daß es sogar mit der Musik desgleichen bald soweit sein wird. Ich glaube, daß noch niemals in der Geschichte der Menschheit sich etwas derartiges mit solcher Kraßheit schon ereignet hat. Und so haben wir auch hierfür dankbar zu sein; wir sind überall Zeugen des Außerordentlichen.

Es ist dies mit einer der Gründe, die mich dazu gebracht haben, nun nur mehr wissenschaftlich zu arbeiten. Ich bin jetzt schon seit Jahren ausschließlich mit massenpsychologischen Untersuchungen (hier an der Universität) beschäftigt.

AN HERMANN WEIGAND

*Princeton,
12. Februar 1946*

Kurt Wolff zeigte mir, hocherfreut er selber, zu meiner Freude Ihre *Vergil*-Analyse,[1] und da sie auf dem deutschen Text basiert ist, darf ich Ihnen wohl deutsch schreiben: es ist – leider – noch immer wesentlich leichter für mich.

In erster Linie haben Kurt Wolff und ich – das ist mehr als selbstverständlich – Ihnen herzlich zu danken: eine schärfere, wesentlichere, lehrreichere, schönere Durchleuchtung des Buches läßt sich kaum vorstellen; fast bin ich ein wenig beschämt, daß Sie so viel Arbeit daran gewandt haben. Doch da die Arbeit bereits geleistet und so meisterlich ausgefallen ist, wäre nichts wünschenswerter als ihre Publizierung: wir hoffen beide sehr, daß Sie sie drucken lassen werden. Für die *Vergil*-Leser wäre es eine unübertreffliche Anleitung.

Gerade aber weil wir diese Publizierung so sehr erhoffen, möchte ich einige zusätzliche Feststellunen machen; ich fühle mich zu ihnen befugt, weil sie nicht künstlerischer, sondern persönlicher Natur sind, und weil sie Fragen beantworten, die Sie im Zuge der Analyse aufwerfen.

Vor allem möchte ich Ihnen die Geschichte meines Zusammentreffens mit Vergil erzählen, denn Sie beschäftigen sich mehrmals mit der Wahl meines Themas. Nun, das war überhaupt keine Wahl, sondern reiner Zufall. Zu Pfingsten 1935[2] wurde ich nämlich aufgefordert, die Pfingstfeier des Wiener Rundfunks mit einer Vorlesung aus meinen Dichtungen einzuleiten. Ich bin prinzipiell gegen Dichter-Vorlesungen, besonders gegen solche übers Radio, denn ich weiß nur allzugut, wie sie jedermann langweilen (und in meinem Fall auch noch überdies den Vortragenden selber). Also ging ich zum literarischen Rundfunk-Direktor, der bezeichnenderweise Dr. Nüchtern hieß, und schlug ihm vor, er möge mich über etwas Interessanteres lesen lassen, z. B. über ein geschichtsphilosophisches Thema »Literatur am Ende einer Kultur«. Indes damit hatte ich kein Glück: »Nein«, sagte Dr. Nüchtern, »das geht nicht; damit kämen Sie in die Wissenschafts-Abteilung, und das würde uns Buchhaltungs-Schwierigkeiten verursachen. Sie müssen unbedingt etwas Poetisches lesen.« Und da ich einsah, daß die Buchhaltung ein oberster Gott ist – wahrlich das Fatum unserer Zeit –, so versprach ich ihm mein Thema »Kultur-Ende und Literatur« in einer Kurzgeschichte unterzubringen. Ich dachte also nach, wie sich solche Aufgabe am ehesten lösen ließe, und es bedurfte nicht vielen Nachdenkens, um sich der Parallelen zwischen dem ersten vorchristlichen Jahrhundert und dem unseren zu erinnern – Bürgerkrieg, Diktatur und ein Absterben der alten religiösen Formen; ja selbst zum Emigrationsphänomen gab es eine bezeichnende Parallele, u.zw. in Tomi, dem Fischerdorf am Schwarzen Meer. Ferner wußte ich um die Legende, nach welcher Vergil die *Äneis* hatte verbrennen wollen, und durfte daher – unter Akzeptierung der Legende – annehmen, daß ein Geist wie der Vergilsche nicht durch nichtige Gründe zu solcher Verzweiflungsabsicht getrieben worden ist, sondern daß der gesamte historische und metaphysische Gehalt der Epoche da mitgewirkt hat. Diese Erwägungen vor Augen, war meine Entscheidung sehr rasch getroffen.

Ebenso rasch wurde mir freilich auch bewußt, daß Vergil nicht in Tomi gestorben ist. Aber es wäre sinnlos gewesen, wegen dieser Äußerlichkeit zu Ovid hinüberzuwechseln, und so blieb es bei Vergil. Hingegen hat Dante beim Entwurf des Plans überhaupt keine Rolle gespielt; nicht nur, daß es sich bloß um eine Kurzgeschichte für Radio-Zwecke gehandelt hat, ich hasse »literarische« Motive und Motivationen; wer sich einen Dante zum Paten für seine Arbeit bestellt, begeht eine ausgeklügelte, literarische Feierlichkeit, die ihn von vorneherein jeder Echtheit beraubt. Man kann die großen Geister des Einst nicht absichtsvoll »aufrufen«: wenn sie kommen, so kommen sie durch die Hintertür hereingeschlichen, entsandt vom »Zufall«, von jenem Zufall, der mit dem »Wunder« so nahe verwandt ist, daß man ihn mit aller Berechtigung als Quelle jeglicher »Echtheit« betrachten kann. Daß mir Vergil aus Zufall aufgetaucht ist, hat für mich etwas Beruhigendes, als sei mir damit bestätigt, daß ich nicht bloße »Literatur« erzeugt habe.

Die erste Niederschrift[3], die Radio-Kurzgeschichte, war also eine recht rudimentäre Angelegenheit von etwa 20 Seiten. Doch es war nur natürlich, daß mir schon während dieser ersten Niederschrift der Reichtum des Themas aufgegangen ist. Das war so stark und zwingend, daß ich die Arbeit an einem fast fertiggestellten Roman[4] sofort unterbrach: ich erweiterte die Ursprungs-Fassung zu beiläufig 80 Seiten,[5] und da sich das gleichfalls als unzulängliches Format zur Bewältigung der schier unerschöpflichen Motivenmasse erwies, gab es nur noch einen Entschluß, nämlich sich an diese – ohne Setzung irgend eines Zeitlimits – heranzuwagen und den Versuch ihrer Verarbeitung aufzunehmen.

Hiezu kam noch ein weiteres Motiv. Die Todesbedrohung durch das Nazitum nahm zunehmend konkretere Formen an; darüber konnte man sich nicht mehr hinwegtäuschen. Gewiß, sie war (1936) für uns in Österreich noch nicht unmittelbar gegeben, und deshalb schob ich, der ich durch Familienverhältnisse gebunden war, meine Flucht auch immer wieder hinaus, vielleicht auch dem verlockenden Reiz unterliegend, den jede Gefahr in sich birgt. Doch jedenfalls war es ein Zustand, der mich zwingender und zwingender zu Todesvorbereitung, zu sozusagen privater Todesvorbereitung nötigte. Zu einer solchen entwickelte sich die Arbeit am *Vergil,* und eben hiedurch hat das Buch, wie Sie ganz richtig bemerkten, seinen durch die historische Gestalt und das Werk des Vergil gesteckten Rahmen vollkommen gesprengt. Es war nicht mehr das Sterben des Vergil, es wurde die Imagination des eigenen Sterbens.

Diese Jahre (einschließlich meiner Gefängniszeit) waren eine konstante, intensivste Konzentration auf das Sterbenserlebnis.[6] Daß ich zugleich ein »Buch« schrieb, wurde nebensächlich. Das »Schreiben« hatte lediglich als Vehikel des Festhaltens zu dienen, als Klarifikationsmittel, war also ein völlig privater Akt, der mit der Überzeugung eines »Kunstwerkes« oder gar mit seiner Veröffentlichung nicht das geringste mehr zu schaffen hatte, ganz abgesehen davon, daß ich schon aus äußerlichen Gründen (Hitler) keine Veröffentlichungsmöglichkeit mehr sah. Und neben dieser Ausschaltung aller nach außen gerichteten Absichten erfolgte genau so zwangsläufig die Ausschaltung alles dessen, was ich je von außen her in mich aufgenommen hatte, also die radikale Ausschaltung alles »Angelernten«. Die Konzentration auf einen einzigen Punkt erlaubte keine Verwendung von »Bildungsmaterial«. Daß sich trotzdem aus dem Unbewußten die verschiedensten Todessymbole aus alt-religiösen Bereichen eingestellt haben, wurde mir zu einer fast glückhaften Überraschung, denn es war damit nicht nur ihr eigener Wahrheitsgehalt, sondern auch der meiner Vorstellungen bekräftigt. Sogar die rücklaufende Schöpfung in Teil IV des Buches war kein konstruierter Trick; vielmehr hat auch sie sich völlig zwangsläufig mir aufgedrängt, u. zw. in Gestalt von Bildern, die, obwohl anfangs noch ungeordnet, doch schon die Richtung ihrer Ordnung in sich trugen –, ich hatte sie zu akzeptieren.

Aus Zwangsläufigkeit entsteht Plausibilität, und Plausibilität ist »Erkenntnis«. Gewiß, es war vor allem eine subjektive Plausibilität und Erkenntnis – Todes-Erkenntnis –, die ich da gewonnen hatte, und es konnte nur eine subjektive sein, da das Mystische in seinem Ansatz, auch wenn es Erkenntnis-Ansatz ist, immer als persönliches, ja privates Erlebnis auftritt. Der Prophet allerdings ist imstande und infolgedessen auch berechtigt, sein seherisches Erlebnis unmittelbar als objektive Wahrheit an den Nebenmenschen heranzubringen – doch ist derjenige, dessen Erlebnis an prophetische Größe nicht heranreicht, zu ähnlicher Objektivierung und Verkündigung befähigt, berechtigt oder gar verpflichtet?

Das ist ein spezifisches Vergil-Problem (nicht des historischen, sondern meines Vergil.) Denn der Nicht-Prophet wird zum Künstler, also zu dem am Rande der Prophetie angesiedelten Menschen, dessen mystisches Erlebnis zu unkomplett ist, um unmittelbar religiös geäußert werden zu können, und das trotzdem geäußert werden will. Obwohl also die Kunst – soferne sie echte Kunst ist – eines mystischen Initial-Erlebnisses niemals entraten kann, ist sie doch »Ersatz«: sie ist nicht wie die prophetische direkte Mitteilung, sondern ein komplizierter Ausdrucksapparat, der Symbole verwendet, oder richtiger Symbole erzeugt, indem er gewisse Ausdruckseinheiten in Gleichgewichtsfunktionen bringt und ihnen eben hiedurch »Plausibilität« verleiht. Diamanten aber werden durch Schleifen kleiner, möge auch hiedurch ihre Luxus-Verwertbarkeit größer werden und ihr Verkaufswert steigen. Kurzum, der Künstler geht durch die Schleifarbeit ganz unweigerlich seines eigentlichen ursprünglichen Erkenntnis-Fundes verlustig. Das ist zwar nur eine Metapher, zugleich aber auch eine Erfahrung: die dreijährige Schleifarbeit am *Vergil* hat mir das Erlebnis der Todes-Erkenntnis, deren Ahnung ich besessen hatte, weitgehend verwischt, obzwar (oder weil) es nun vielleicht anderen zugänglich gemacht worden ist. Das Unbehagen einer Blasphemie schimmert da durch – das habe ich auch im *Vergil* auszudrücken versucht –, und unzweifelhaft verstärkt sich dieser blasphemische Charakter der Kunst je stärker und echter das mystische Initialerlebnis gewesen ist. Und gerade in einer Zeit wie der unsern (und fiktionshaft in der des Vergil), die infolge ihrer nackten Kraßheit überhaupt nur das Unmittelbarste duldet, allem andern aber den Bestand verweigert, wird die Inadäquatheit des künstlerischen Ausdrucks vollends sichtbar.

Mit vollem Recht werfen Sie daher die Frage auf, warum ich mit dem *Vergil,* der doch künstlerischer Ausdruck sein will, überhaupt an die Öffentlichkeit gegangen bin, anstatt ihn zu verbrennen oder zumindest zu verstecken. Künstlereitelkeit, Künstlerehrgeiz? Vielleicht, doch vor allem als ein Zurückschrecken vor dem Nicht-Begleich einer eingegangenen künstlerischen Schuld: ich bin mit dem unfertigen *Vergil* herübergekommen und habe von so vielen Menschen und Institutionen

Vertrauen wie werktätige Hilfe für seine Fertigstellung empfangen, daß ich mein Versprechen einhalten mußte. Und dies umsomehr, als ich das nämliche Vertrauen für die politopsychologische Arbeit in Anspruch nehme, an der ich jetzt bin, und die mir wesentlich wichtiger als der *Vergil* ist, weil ich hoffe, daß sie vielleicht einen kleinen Beitrag liefern wird, eine Wiederholung des von uns erlebten Weltgrauens zu verhüten.

Freilich ließe sich einwenden, daß ein sacrificium mentalis sich durch nichts rechtfertigen läßt, und daß ich mir, trotz meiner sechzig Jahre, die Mittel für die wissenschaftliche Arbeit durch Brillenschleifen oder Tellerwaschen, aber nicht durch den *Vergil* hätte verdienen müssen. Das mag richtig sein. Aber wenn man, so wie ich, überzeugt ist, daß die Kunst in der gegenwärtigen Welt nicht mehr jenen würdevollen Platz innehat, der ihr einstens zugekommen ist (und wohl einstens wieder zukommen wird), so wäre es eine beinahe lächerliche Geste gewesen, ein pathetisches »Zu viel«, wenn ich solche Einschätzung vermittels des Credos einer notwendig öffentlichen Bücherverbrennung zur Schau gestellt und bekräftigt hätte; es hätte nur nach Originalitätshascherei ausgesehen. Ich habe verzichtet, das Buch wahrhaft künstlerisch zu vollenden, weil ich in dieser Schreckenszeit nicht noch ein paar Jahre an ein Werk setzen durfte, das mit jedem weiteren Schritt zunehmend esoterischer geworden wäre, und ich glaube, damit meine dichterische Laufbahn endgültig abgeschlossen zu haben: es scheint mir, daß ich für mein Gewissen nicht mehr tun konnte. Das war nämlich gar kein so leichter Entschluß. Denn wer einmal ins Künstlerische geraten ist – und außerdem das Handwerk (wie ich von mir zu behaupten wage) gründlich gelernt hat –, der muß für solchen Abschied schon einigen Mut aufbringen. Es ist ein ziemlich schmerzlicher Abschied. Zudem ist es nicht ganz einfach, sich mit Sechzig nochmals beruflich umzustellen; bliebe ich ein »Erzähler«, so würde sich mein Leben jedenfalls leichter und erfolgssicherer gestalten.

Und damit – es war ein langer Umweg – komme ich endlich zu Ihrer Mutmaßung, mir hätte beim Schreiben des *Vergil* eine Identifikation mit Dante vorgeschwebt. Ich meine behaupten zu können, daß meine Einstellung zum *Vergil*, wie ich sie da geschildert habe, äußerst un-dantesk ist. Wenn mir je eine Parallele mit Dante in den Sinn gekommen ist, so höchstens durch die Vorstellung eines Florentiner Rundfunks, der ihn vielleicht auch zu einem Pfingstvortrag aufgefordert hat, so daß in der weiteren Folge auch bei ihm sich *Vergil* – durch eine Hintertür des dichterischen Geschehens – zufallsmäßig eingeschlichen haben mag.

Verzeihen Sie, verehrter Herr Professor, daß ich so weit ausgeholt habe – es ließ sich (wie beim *Vergil* selber) eben kaum kürzer sagen. Und (wie beim *Vergil* selber) habe ich darob ein schlechtes Gewissen, umsomehr als ich Ihnen zur Ergänzung Ihrer technisch-stilistischen Bemerkungen anbei ein kleines paper[7] überreichen möchte, das ich für jene Leser angefertigt hatte, die – im Gegensatz zu Ihnen – von den langen Sätzen befremdet gewesen sind. Da es meine letzte Kopie ist, wäre ich für *registered* Rücksendung sehr verbunden.

1 Hermann J. Weigand, »Broch's *Death of Vergil:* Program Notes«, in: *Publications of the Modern Language Association of America*, 62. Jg., Nr. 2 (Juni 1947), S. 525-554.
2 Offenbar liegt hier eine Verwechslung vor. Am 31. Mai 1933 bzw. am 2. Juni 1933 erwähnt Broch in Briefen an Edith Ludovyk-Gyömroi bzw. an Daniel Brody, daß er eine Radiorede zu Pfingsten geschrieben habe, die philosophischer Natur sei und nun nicht gehalten werden könne, weil sie zwar in die wissenschaftliche, nicht aber in die für sie vorgesehene literarische Sektion des Wiener Rundfunks passe. Es handelt sich dabei um die Radiorede »Die Kunst am Ende einer Kultur«, die sich unter dem redaktionellen Titel »Kulturgut« uv. in YUL befindet.
3 Broch las den ersten Teil der »Heimkehr des Vergil« am 17. 3. 1937 im Wiener Rundfunk. Daß Broch diese erste Fassung nicht zurückzuziehen brauchte, sondern tatsächlich im Rundfunk gelesen hat, geht auch aus Brodys Brief an Broch vom 10. 7. 1949 hervor.
4 *Die Verzauberung*.
5 Zweite Fassung des *Vergil*, titellos, entstanden 1937.
6 Vgl. die erste Fassung der »Schicksals-Elegien« in dem Fragment der dritten Fassung.
7 Hermann Broch, »*Der Tod des Vergil*. Betrachtungen Hermann Brochs zum Stil seines Werkes«, in: *Hamburger Akademische Rundschau*, 2. Jg. 9./10. Heft (März-April 1948), S. 496-501.

AN WERNER VORDTRIEDE *Princeton,*
1. Juli 1946

Ich brauche Ihnen wohl nicht zu sagen, wie sehr mich Ihre schöne *Vergil*-Kritik in der Rundschau[1] gefreut hat.

An und für sich wird man ja mit zunehmendem Alter gegen Lob und Tadel unempfindlich; man ist der eigenen Arbeit gegenüber skeptischer geworden, zugleich aber auch – denn das geht Hand in Hand – ihrer sicherer, und weder das eine noch das andere läßt sich von außen her verstärken oder vermindern: das Getane ist wie es ist; es ist von einem abgeschieden, fast wie ein Fremdes, jedenfalls Gleichgültiges, und nur das Nochnicht-Getane bleibt noch lebenswichtig, ja als einzige Realität. Ich habe das Gefühl, daß Sie das, gerade das aus dem *Vergil* herausgehört haben, und ebendarum sind mir Ihre Worte wichtig und wertvoll. Seien Sie bedankt.

1 Werner Vordtriede. »*Der Tod des Vergil*«, in: *Die Neue Rundschau*, 57. Jg. N. F., Bd. 1. Nr. 4 (April 1946) S. 373-375.

An Den Rhein-Verlag *Princeton,*
11. August 1946

Der deutsche *Vergil* wird auf Druckfehler untersucht, und glücklicherweise finden sich nur sehr wenige; Pantheon hat da sehr sorgsam gearbeitet. Sobald diese Nachkorrektur beendet ist, gebe ich Dr. Brody den Band, damit er ihn auch seinerseits durchsehe und sodann an Sie weiterleite. In der Punktuation jedoch wurde überhaupt kaum ein Fehler gefunden: die etwas abweichende Komma-Behandlung ist das Ergebnis einer eingehenden Besprechung mit Kahler und Kurt Wolff, die beide das Gefühl hatten, daß die gehobene lyrische Sprache des Buches die normale Punktuation nicht vertrüge; die jetzige Form ist keineswegs willkürlich, sondern ganz systematisch durchgängig aufgebaut und durchgeführt. Bei der geringen Anzahl der Druckfehler wäre m. E. die photostatische Herstellung recht empfehlenswert; das ist auch etwas egoistisch gedacht, denn ich schrecke vor einer nochmaligen Korrektur von Druckbogen zurück. [...]

Ich [würde] unbedingt vorschlagen, einen andern Umschlag als den auf amerikanischen Geschmack zugeschnittenen Pantheons zu verwenden. In Luzern befindet sich jetzt, wird mir soeben mitgeteilt, eine Ausstellung der *Ambrosiana* mit drei Vergil-Ausgaben: die lateinische Handschrift aus dem Besitz

Petrarcas mit einer Frontispizminiatur von Simone Martini, eine lateinische Inkunabel, und eine Handschrift aus dem 4. Jahrh. (wahrscheinlich die »Vaticana«) mit den Miniaturen nach späthellenistischen Vorlagen. Es will mir scheinen, als ob etwas davon das Richtige für die Ausstattung des Bandes wäre. Sollten Sie jedoch der Ansicht sein, daß das zu historisch wäre, und daß der Band »modern« ausgestattet werden müßte, so würde ich es mir etwa in der Art Chiricos[1] vorstellen, nicht aber in der Halbmodernität Pantheons.

1 Giorgio de Chirico (geb. 1888), surrealistischer Maler, begründete mit Carlo Carrà gemeinsam die »pittura metafisica«. Auch in einem Brief an Kurt Wolff vom 31. 12. 1946 schlägt Broch für die Illustration des Buchumschlags Chirico vor.

AN DANIEL BRODY *Princeton,*
20. Februar 1947

Wenn du Kerényi[1] siehst, so übermittle ihm bitte meine besten Grüße und sage ihm bitte, wie sehr ich mich über seine Zustimmung zum *Vergil* seinerzeit gefreut habe. Ich wollte es ihm ja damals schreiben, habe das aber unterlassen müssen, um die Korrespondenzflut wenigstens einigermaßen einzudämmen.

1 Karl Kerényi (geb. 1897), Mythologe. Vgl. auch Kerényis Brief an Broch vom 21. 10. 1947 (in GW8, S. 277).

AN WALDO FRANK[1]; *Princeton,*
20. Juni 1947

Diesen Prozeß wollte ich auch im *Vergil* symbolisieren – der ja überhaupt allerlei darstellen sollte –, u. z. an dem besonders krassen Fall, in welcher die Auflösung der alten Realität bis zur völligen Selbstvernichtung, zur »Nichtung«, zur Zerknirschung an sich geführt hat. Es ist der paradigmatische Fall der »Krise« sowohl im persönlichen wie kulturellen Leben wie überall sonstwo, und wie sie immer wieder zu beobachten ist. Selbstverständlich wird der *Vergil* dieser Aufgabe nicht gerecht: man kann das Künftige nur andeuten, aber nicht schildern; nicht einmal echte Prophetie kann mehr leisten, geschweige denn wenn einer zu den zwölf allerkleinsten Propheten gehört, also über das Utopische, das noch lange nicht das Prophetische ist, keinesfalls hinauszureichen vermag. Es geschieht das, was eigentlich nicht geschehen darf, nämlich daß der Künstler, der die Krise darstellen will, selber von ihr erfaßt worden ist, also sie statt im Werk, das er vorhat, am Werksprozeß, also an sich selber darstellt; das soll nicht geschehen, ist aber in der Situation, in der wir uns befinden, unvermeidlich.

1 Waldo Frank; »The Novel as Poem: *The Death of Virgil*«, in: *New Republic*, Bd. 113, Nr. 8 (20. 8. 1945), S. 226-228.

AN DANIEL BRODY   Princeton,
                               5. September 1947

Weigand. Eine technisch reinliche und als solche ausgezeichnete Arbeit. Sicherlich – da hast Du recht – keine Literatur-Reklame, kann jedoch trotzdem hiefür in Verlagsprospekten verwendet werden, nämlich durch Hinweis auf die akademische Anerkennung der Bedeutung des Werkes; Weigand hat darüber nicht nur geschrieben, sondern auch ein ganzes Seminar darüber abgehalten, und ebenso ist es auch schon an andern Universitäten geschehen. Ich habe Exemplare an Weismann, München *(Fähre)* und Schönwiese *(Silberboot)* geschickt und ihnen geschrieben, daß ich Dir das Verfügungsrecht gegeben habe.

AN EGON VIETTA   Princeton,
                               14. September 1947

Ich danke Ihnen für die Generosität Ihrer Anerkennung. Solche Generosität habe ich, hat das Buch bisher noch nicht erfahren, denn bisher gab es bloß drei Anerkennungstypen: erstens den rein technisch-philologischen wie den Weigands, dessen Aufsatz ich Ihnen geschickt habe, und den ich natürlich voll akzeptiere, zweitens den kleinerer Kritiker-Literaten, die mit dem Buch nichts Rechtes anzufangen wissen, und drittens den von

Leuten, die ich zwar meinerseits voll respektiere, die aber ihrerseits über einen süß-sauren Respekt nicht hinauskommen, offenbar weil sie in dem Buch eine etwas unheimliche Gefährdung ihrer eigenen Einstellung und Tätigkeit wittern. Glauben Sie mir, es ist nicht Arroganz, die mich das sagen läßt: das Buch ist mir bereits viel zu ferne, als daß ich es richtig einschätzen könnte; ich weiß, daß es ein unfertiges Buch ist, daß ich noch drei Jahre Arbeit hätte daran setzen müssen, daß ich es vielleicht überhaupt nicht hätte veröffentlichen dürfen; doch ich weiß auch, daß ich auf keinerlei Darstellungs- und damit auf keinerlei Publikums-Konventionen Rücksicht genommen habe. Es mag sein, daß manche jener andern dies gleichfalls erkannt haben; Sie allein jedoch hatten die Generosität es auszusprechen.

Wenn ich von Nicht-Veröffentlichung spreche, so hat das einen für mich sehr guten Grund. Sie erwähnen die »Gültigkeit« des Buches. Nun, das Buch *ist* gültig *gewesen*, u. z. so lange ich an keine Veröffentlichung gedacht habe, also vor meiner Auswanderung und das Jahr nachher. Denn unter der Hitler-Bedrohung, die einem ja den Tod recht nahe gerückt hat – einige der Passagen waren im Gefängnis geschrieben – war ich nicht nur sicher, nichts mehr veröffentlichen zu können, sondern wollte mich, solange es noch möglich war, privat mit dem Todeserlebnis vertraut machen; das braucht jeder, dem die Religionstradition nicht den traditionellen Trost spenden kann. Ich erreichte dies durch schärfste Konzentration auf das Todeserlebnis, durch ein richtiges Hineinarbeiten in traumhafte Trancezustände und ein fast automatisches Niederschreiben. Solange ich das tat, *war* das Niedergeschriebene für mich gültig; es war mir wirklich vergönnt, hinter den Vorhang zu blicken. Das, was später zum letzten Teil wurde, war ein richtiger Nachttraum, fast eine Vision, völlig ungeordnet, kaum durchschaubar, trotzdem ein Wissen. Und sonderbarerweise hatten sich die alten Symbole des Todes, Nachen, Fackel, Pferd usw. ganz automatisch eingestellt. Aber als ich mich daran machte, aus diesen Aufzeichnungen ein Buch zu machen, da schwand mir dieses ganze starke Erlebnis hinweg; das Kunstwerk, wenn es ein solches wurde, hat das Erlebnis erschlagen. Das war gewissermaßen meine Sünde, freilich eine fast erzwungene, da ich ja all den Menschen und Organisationen, die mir hier Vertrauen entgegenbrachten und mir geholfen haben, ein Stück Produktion habe geben müssen.

So grotesk es klingt, das Buch war also für mich persönlich ein Verlust, ein Erlebnisverlust. Aber wahrscheinlich war auch das richtig. Wahrscheinlich haben diese Dinge nochmals und auf anderer Stufe erlebt zu werden, wahrscheinlich immer wieder, und wahrscheinlich müßte man hiefür sehr alt werden, wie wir ja überhaupt die Gebühr auf hohes Alter hätten: leider wird erst in zwei Generationen das Durchschnittsalter auf 150 hinaufgebracht werden.

AN WERNER KRAFT *Princeton,*
3. November 1948

Als ich den *Vergil* druckfertig machen mußte, war dies schon eine Unterbrechung meiner eigentlichen Arbeit: ich hatte bereits meine Untersuchungen über Massenpsychologie begonnen, eine dreibändige Angelegenheit mit einem Nachtragsband über Theorie der Demokratie. [...]

Daß ich den *Vergil* druckfertig machte, war also fast ein Verbrechen, nicht nur gegenüber meiner andern Arbeit und meiner äußern Position, sondern auch dem Buch gegenüber. Bevor er nämlich ein Buch wurde, war er etwas »Wirkliches«, war er Lebensgewinn; hinterher näherte er sich der »Literatur« an. [...]

Ihre so gütige Befassung[1] mit dem *Vergil* (– warum übrigens nicht Ficken? man muß immer das stärkste und direkteste Wort wählen, und m. E. gibt es kein anderes –) aber eigentlich habe ich zu dem Buch schon das Wesentliche gesagt: es hätte keines werden dürfen.

1 Werner Kraft, »Hermann Brochs Tod des Vergil«, in: *Eckart-Jahrbuch*, 27. Jg. (1958), S. 325-345.

AN ELISABETH LANGGÄSSER *Princeton,*
11. November 1948

Daß Sie den *Vergil* so hochschätzen, ist freilich eine Freude für mich. Und doch habe ich immer das Gefühl, mich gegen solche

Bejahung zur Wehr setzen zu müssen. Nicht etwa aus Bescheidenheit: Wenn man sich so plagt, wie ich es tue – und der *Vergil* war noch etwas ganz anderes als Plage –, da ist man nicht mehr bescheiden, sondern weiß um die Qualität des Erzeugten; ich weiß, daß ich nicht bloße Literatur erzeuge. Aber ich weiß auch, daß es eine Schwäche und ein Kompromiß (bestenfalls eine notwendige Durchzugsstation) gewesen ist, in der literarischen Form geblieben zu sein, und eben das bringt mich in eine geradezu schuldbewußte Abwehr gegen jegliche Zustimmung.

AN HANNAH ARENDT *Princeton,*
21. Februar 1949

Vordtriede[1] mit Dank retour; ich habe auch so ein Exemplar. Es ist schön und eine Ehre, daß er mich zitiert, aber es ist die Geschichte vom Engel in Smežow, die mir kürzlich, als ich anderweitig zitiert wurde, eingefallen ist:
  In Smežow lebt ein Jid, und dem erscheint eines Nachts ein Engel Gottes. Am Morgen rennt er natürlich zum Rebbe mit der Geschichte, aber der Rebbe regt sich darüber nicht auf. Schreit er: »Rebbe, wos is? gloobt Ihr mir nit? Es war ä Engel.« – »Glooben tu ich der schon.« – »Aber ä Engel, Rebbe, ä scheiner groisser Engel.« – »Jo.« – »Rebbe, ä Engel von Gott.« – »Jo.« – »No Rebbe is dos nix?« – »Ae Powele vün ä Engel, wenn se ihn schicken af Smežow.«

[1] Werner Vordtriede, »*Der Tod des Vergil*«, s. o.

AN DANIEL BRODY *New Haven,*
23. November 1949

Apropos *Vergil:* der Komponist Leonhard Bernstein hat soeben angerufen; er will mich sehen, weil er das Buch als Grundlage einer Symphonie (Wasser, Erde, Feuer, Aether) nehmen will. Daß das Buch musikalisch gebaut ist, wissen wir eh, aber leider wird das kein Geld eintragen.

AN WALTER EBEL[1] *New Haven,*
6. Februar 1950

Das Verhältnis, das ich zu meinen Büchern habe, ist beiläufig das der Henne zu dem von ihr ausgebrüteten Entlein: die große Verwunderung über die Schwimmfähigkeit des Ausgebrüteten, gepaart mit dem Gefühl völligen Fremdseins. Nicht anders ist es mir mit dem *Vergil* ergangen; ich freue mich, daß er schwimmt, freue mich besonders, daß er zu Ihnen geschwommen ist, weiß aber bloß im Rationalen, daß ich ihn geschrieben habe.

Manchmal frage ich mich, ob dieses Buch wirklich imstande ist, den jungen Menschen dieser Zeit wirklich Substantielles zu geben, d. h. etwas, das mehr ist als ein metaphysisches Narkotikum. Für mich war es freilich eine zwingende metaphysische Notwendigkeit, meine sozusagen private Auseinandersetzung mit dem Tod, der mir ja vor meiner Ausreise nahe genug gewesen ist, aber nicht nur, daß die Umformung dieses Erlebnisses zu einem Buch es zu einem Stück Literatur reduziert hat (also eigentlich eine Blasphemie war, die mir noch immer schlechtes Gewissen macht) – die persönliche Notwendigkeit ist noch lange keine allgemeingültige, und gerade angesichts der Jugend ist mir das Prekäre der ganzen heutigen Literatur- und Kunstproduktion aufgegangen.

---

[1] Der Germanist Ebel hielt im Sommersemester 1950 an der Pädagogischen Hochschule Potsdam ein Seminar über den *Vergil* ab.

AN THILO KOCH *New Haven,*
16. Februar 1950

Ich bewundere ungemein die geradezu pädagogische Eindringlichkeit, mit der Sie ein sicherlich nicht leicht zugängliches Buch, wie es der *Vergil* schließlich ist, dem Verständnis eines breiten Publikums nahegebracht haben.[1] Wenn Sie mir diese Aufgabe gestellt hätten, ich hätte sie nicht zu lösen vermocht. Und wie gut Ihnen die Lösung geglückt ist, zeigt sich an einer ganzen Reihe von Zuschriften, die ich aus Ihrem Hörerkreis erhalten habe, sicherlich ehrliche Zustimmungen, denn jene, welche anläßlich früherer deutscher Sendungen eintrafen, waren fast durchwegs mit dem Ersuchen um Lebensmittelpakete verbunden (so daß sie kleine Finanzkatastrophen für mich bedeuteten) während sie diesmal allesamt »platonisch« waren, reine ästhetische Bejahung ohne Nebeninteressen.

1 Thilo Koch war seinerzeit Redakteur beim Nordwestdeutschen Rundfunk in Hamburg. Koch hatte am 20. November 1949 (Totensonntag) einige Ausschnitte aus dem *Vergil* mit Kommentar gesendet. Er schrieb auch einen Essay über Broch mit dem Titel: »Briefe Hermann Brochs«, in: *Dichter wider Willen,* hrsg. v. Erich Kahler, (Rhein-Verlag: Zürich, 1958), S. 57-79.

Beiträge aus der Forschung

Götz Wienold
Die Organisation eines Romans:
Der Tod des Vergil

I

Hermann Broch führt im *Tod des Vergil*[1] den römischen Dichter durch den letzten Tag seines Lebens von der Ankunft des aus Griechenland Heimkehrenden in Brundisium bis in den Tod hinein und über den Tod hinaus.[2] Das Ich, das die Vergänglichkeit übersteht, setzt die Perspektive der Wahrnehmung dieses letzten Tages in der Bewußtseinsorganisation des Sterbenden. Radikalität und Konsequenz dieser Perspektive sind in der Literatur vor Broch unbekannt.

Gustav Aschenbach ahnt das Nahen des Todes in symbolischen Figuren, erfährt den Überschritt im Übergang des Psychopompos Tadzio in den verfließenden Horizont, der Beobachter steht außerhalb.[3] Richard Beer-Hofmann zeigt in *Der Tod Georgs* (1900), was ein Mensch am Tode eines anderen erfährt, wie dieser Tod im Leben anderer als Erlebnis einer mystischen Verbundenheit der Lebenden jenseits des Todes wirkt, der Tod Georgs selbst wird nicht Gegenstand.[4] Franz Werfels *Der Tod eines Kleinbürgers* (1927) ist die schauerliche Agonie im schon aufgelösten Leib des einstmaligen Portiers Fiala, das angespannte Weiterflackern eines Willens gegen den von der Krankheit längst diktierten Tod über klinische Endzustände hinaus; im Bewußtsein Fialas erscheint dem Leser das Sich-Wehren gegen das Sterben, nicht der Tod selbst, der kommentierende Gesichtspunkt des Autors bleibt außerhalb der Todeserfahrung des Subjekts. Wolfgang Koeppens Gegenentwurf zum *Tod in Venedig: Der Tod in Rom* (1954) entwickelt die schuldhaften Verflechtungen von Lebenden und Toten am Beispiel eines unrühmlichen bösen Todes. Wieder ist es nicht die Todeserfahrung des Sterbenden, die Objekt wird, sondern der Tod in der Verwirrung des Lebens.[5] Erst Samuel Becketts *Malone meurt* (1955), zehn Jahre nach Veröffentlichung des *Tod des Vergil,* spricht vom Tod aus dem Erleben des Subjekts. Der Vorgang des Sterbens wird dabei im Verlust der Umwelt abgebildet. Schritt für Schritt wird der Erfahrungs- und Bewegungsraum des Krüppels Malone beschränkt, er kann bestimmte Ge-

genstände nicht mehr erreichen, immer weniger gehört dem ans Bett Gefesselten, er verliert schließlich seine letzte Hilfe, seine Krücken. Der Tod wird einzig im Abbröckeln der Geschichte von Macmann, die Malone erzählt, faßbar, im Abbröckeln der Rede des erzählenden Ichs. Das Ich verliert sich in den Tod hinein. Die Erfahrung des Todes selbst bleibt unbekannt: wer da beobachtet, niederschreibt, bleibt unklar.[6] Allein im *Tod des Vergil* ist das Ich des Sterbenden Erfahrungssubstrat und Beobachtungssubjekt zugleich.

Dieses Ich formt, wie die folgenden Untersuchungen zeigen sollen, die Einheit der Erzählperspektive, bestimmt die zeitliche Konstitution des Romans, und letztlich sind Element- und Gruppenbildung ohne diese originäre Instanz nicht verständlich. Im *Tod des Vergil* waren die äußerste Erregung und die aus tiefem Innern aufsteigende Vorahnung des sich auf den Tod vorbereitenden Sterbenden, die Aufsprengung der Bewußtseinsoberfläche in den Vorerfahrungen des Todes und die alles überstehende, alles tragende Konstanz des erfahrenden Ichs in ästhetische Form zu bringen. Broch verband dabei strenge Komposition von außer bei Joyce im Roman unbekanntem Grade mit fast ungeheuerlicher sprachlicher Ausschweifung.

Man mache sich die Komplexität des Themas bewußt. Das Sterben Vergils ist ja nicht ein beliebiger Romanvorwurf, es ist ein abendländisches Thema von hoher und gefährdeter Ambition. Im Gegensatz zum Ein-Tages-Roman *Ulysses*, wo aus dem x-beliebigen Alltag des x-beliebigen Leopold Bloom sich eine enzyklopädische Diskussion des zeitgenössischen Menschen entwickelt[7], oder auch zu jenem Alltag, der Mrs. Dalloways literarischer Ein-Tag ist, ist Vergils letzter Tag Weltall-Tag. Das Universum wird zur Szene des Geistes. Die Einheit des Ich reflektiert die Totalität der Welt, das ist eine von Brochs romantheoretischen Prämissen.[8] Die zeitgenössische Kunstproblematik, die Broch an Vergil in zeitlicher Vertiefung exemplifiziert, öffnet den Blick auf die gegenwärtige Epoche. Dazu tritt der geschichtliche Blick. *Der Tod des Vergil* ist kein historischer Roman, aber er hat eine geschichtliche, eine welthistorische Perspektive. Die zugehörige Theorie hat Broch in seiner *Massenpsychologie*[9] formuliert. Damit gewinnt das exemplarische, bedeutende Ich auch Allgemeinheit. Man könnte zeigen, daß Brochs erkenntnistheoretische Überlegungen im Roman reflektiert sind.[10] Es geht hier darum, die Grundlagen dieser Komplexität aufzudecken. Erst nach solchen und ähnlichen weiterführenden Untersuchungen wird man erfolgreich die Frage stellen können, was es mit der weit ausholenden Konstruktion dieses Romans, mit dem immer wieder neuen Umkreisen gleicher Themen in diesem Roman auf sich hat.

Die Analyse der textlichen Organisation eines Romans muß die Grundzüge beschreiben, die sowohl die Gruppenbildung im Kleinen und vom Kleineren zum Größeren als auch die Gesamtanlage des Werkes bestimmen. Es gibt, soweit ich sehe, keine literarkritische Theorie, die eine eindeutige Beschreibung eines literarischen Werkes nach seinen Elementen und deren Organisation erlaubt. Diesem Aufsatz liegt eine Beschreibungshypothese zugrunde, die Einheiten in Elemente aufteilt, hierarchische Ebenen der Elementenbildung und Einheitskonstitution und auch mehrdimensionale Verknüpfungen von Elementen und Ebenen annimmt. Da es als durchaus fraglich gelten darf, ob man das für alle oder auch nur viele literarische Texte tun kann, ist dies zugleich eine Hypothese über die spezifische Organisation dieses Romans *Der Tod des Vergil*. Die Beschreibung verfolgt die Strukturbildung von Wort zu Satz, von Satz zu Absatz, über Abschnitt und Kapitel bis zum Textgesamt. Dabei soll nicht nur der lineare Ablauf des Textes erfaßt werden, sondern die Verkettung aller Textdimensionen und Textschichten zum literarischen Text. Das wird am Ende zu einer besser fundierten, weil materiell und analytisch genaueren These über die ästhetische Gestalt des *Tod des Vergil* führen. Später mögen sich dann Fragen nach der Gattung und der Stellung dieses Romans unter anderen hervorragenden Beispielen seiner Gattung in unserem Jahrhundert anschließen.

Unter dem Titel »Organisation eines Romans« soll im Idealfall also alles das, was im Text vorhanden ist, in seinem Zustand als Bestandteil dieses bestimmten individuellen Textes beschrieben werden. Das kann natürlich nur beispielhaft und auf der Ebene der höheren Einheiten nur als Skizze vorgeführt werden. Vollständigkeit der Analyse ist nur im Grundriß angestrebt. Im Grunde erforderte die Aufgabe, den *Tod des Vergil* Satz für Satz und jeden Satz in Beziehung zu allen übrigen Sätzen und ihrer Gesamtheit zu kommentieren. Dazu kann hier nur die Anleitung gegeben werden, den großen Rest kann man wohl nur beim Immerwiederlesen aufholen.

II

Grundfigur der Brochschen Sätze im *Tod des Vergil* ist Bewegung, Hin- und Herbewegung, Auffang der Bewegung, Halt, Ausschwingen und neues Fließen, so wie das Schiff das Grundbild des Romans ist.

> Stahlblau und leicht, bewegt von einem leisen, kaum merklichen Gegenwind, waren die Wellen des Adriatischen Meeres dem kaiserlichen Geschwader entgegengeströmt, als dieses, die mählich anrückenden Flachhügel der kalabrischen Flachküste zur Linken, dem Hafen Brundisium zusteuerte, und jetzt, da die sonnige, dennoch so todesahnende Einsamkeit der See sich ins friedvoll Freudige menschlicher Tätigkeit wandelte, da die Fluten, sanft überglänzt von der Nähe menschlichen Seins und Hausens, sich mit vielerlei Schiffen bevölkerten, mit solchen, die gleicherweise dem Hafen zustrebten, mit solchen, die aus ihm ausgelaufen waren, jetzt, da die braunsegeligen Fischerboote bereits überall die kleinen Schutzmolen all der vielen Dörfer und Ansiedlungen längs der weißbespülten Ufer verließen, um zum abendlichen Fang auszuziehen, da war das Wasser beinahe spiegelglatt geworden; perlmuttern war darüber die Muschel des Himmels geöffnet, es wurde Abend, und man roch das Holzfeuer der Herdstätten, sooft die Töne des Lebens, ein Hämmern oder ein Ruf von dort hergeweht und herangetragen wurden. (9)

Es sei gestattet, diese Schönheit von Satz, der den Roman eröffnet, ein wenig zu analysieren. Das Semikolon teilt ihn in zwei ungleiche Hälften: *A* und *B*, beide wieder durch *und* untergliedert, *A* dabei mannigfach von Nebensätzen und Partizipialkonstruktionen durchbrochen. Er steht in räumlicher und zeitlicher Spannung. Räumlich steuern den Ablauf des Satzes die Bewegung der Flotte zur Küste und die Gegenströmung von Meer, Wind und entgegenkommenden Schiffen. Zeitlich blickt er auf einen gerade vergangenen Augenblick zurück, um ihn noch einmal ins Bewußtsein zu heben (Plusquamperfekt) und dem gegenwärtigen Augenblick entgegenzustellen (Präteritum), einem Augenblick, der in sich selbst in Spannung und Bewegung lebt: »da die sonnige, dennoch so todesahnende Einsamkeit der See sich ins friedvoll Freudige menschlicher Tätigkeit wandelte.« Dieser Augenblick der Wandlung ist das *Jetzt*, durch das wiederholte Aufgreifen des *jetzt* und *da* immer wieder auf seine volle Höhe und Bestimmtheit gehoben. Der Ausgleich im Sich-Widerstrebenden hält ihn. Die »todesahnende Einsamkeit der See« gibt dem Leben des Hafens Raum, die strömenden und entgegenströmenden Wellen dagegen sind zur Ruhe gekommen: »da war das Wasser spiegelglatt geworden.« Der Leser wird die weiteren Spezifikationen und Distinktionen bemerken, die *und*-Verbindungen, Reihungen, Konjunktionen und Disjunktionen, die sich von *Stahlblau und leicht* bis zum *hergeweht und herangetragen* am Ende der zweiten Satzhälfte durchhalten. Der Leser wird die syntaktische Grundspannung spüren, wie er in die Auf- und Abbewegung des Satzes hineingesogen wird, wenn dem adverbialen Beginn zunächst eine Partizipialkonstruktion, dann erst das hierdurch Bestimmte folgen, das *und jetzt* dann den zweiten Teil der ersten Hälfte *(A)* angekündigt, aber ihn in einschiebenden Wiederholungen: »da ... da ... jetzt, da ... da ...« zugleich aufhält, wie diese aber, zurückgehalten zwar, doch auf das anhaltende Ende der ersten Hälfte, den zweiten Hauptsatz zulaufen: »da war das Wasser beinahe spiegelglatt geworden;«. Das Semikolon ist Zeichen syntaktischer Retardation, eines kadenzhaften Ausschwingens, *beinahe* ist semantischer Rückhalt vor der endlichen Befriedung der Spannungen; bewegt – Gegenwind – entgegengeströmt – mählich anrückend – zusteuerte – wandelte – Einsamkeit bevölkerte – zustrebten – ausgelaufen – verließen, um ... auszuziehen. Die Satzhälften *A* und *B* stehen nicht in strengem Gegensatz; syntaktisch stellt sie zwar das Semikolon einander entgegen, aber – darin wieder ein übergreifendes Moment der Spannung – die Bewegungen, Gegenläufe des Bildes verfließen ineinander. Die zweite Satzhälfte *B* läßt die zeitlichen und räumlich-horizontalen Spannungen zwar nicht sich auflösen, aber sich aufheben in der entspannenden Öffnung der Erde nach oben: die Wandlung geht fort (»es wurde Abend«). Doch der Fortgang von Augenblick zu Augenblick wird nicht mehr als je besonderer wahrgenommen, sondern verallgemeinert zum *sooft*, das mehr als einen Vorgang zusammengreift und damit die Betrachtung für eine Weile dem Fluß enthebt. Die horizontale Bewegung hält im dauernden Heranstreichen von Geruch und Geräusch an, aber sie ist einläufig geworden, sie führt auf den Betrachter auf dem Schiffe zu, der sich im *heran-* und *her-* (»hergeweht und herangetragen«) andeutet. Die Möglichkeit des versöhnenden Blickes nach oben hinwiederum wird schon in der ersten Hälfte ahnbar: »sanft überglänzt von der Nähe menschlichen Seins und Hausens.« Und auch dieser Blick ist im Wandel begriffen von der Entgegensetzung von Sonne und »todesahnender See« über den Glanz der Nähe zur sich jetzt im Augenblick nicht weiter verändernden Öffnung der Muschel des Himmels: »war... geöffnet.« Im Anfang besteht der Widerspruch von Plusquamperfekt (»waren... entgegengeströmt«) und Präteritum (»zusteuerte«, »wandelte«), der sich im Weiterschub zeitlicher und räumlicher Bewegung einen Augenblick im Plusquamperfekt der *beinahe*-Retardierung aufzuheben scheint: »da war das Wasser beinahe spiegelglatt geworden.«[11] Doch in der Verschiebung in den andauernden Augenblick des *sooft* wird das Wandeln des *werden* selbst zu einem langsamen Dahindauern des Präteritums: »es wurde Abend«, nun nicht mehr im zeitlichen Widerspruch, sondern im währenden Einklang mit dem Plusquamperfekt des »war... geöffnet«, das, seines *worden* beraubt, nicht zum gegenwärtigen Zeitpunkt Abgelaufenes bezeichnet, sondern perfektivisches Zumstillstandgebrachtsein. Der Satz rundet sich, bleibt, wie er als Absatz für sich steht. Das Textmaterial dieses Satzes befindet sich in vollständiger Artikulation, syntaktische Linien und Fügungen, Formwerte und Satzstellenwerte, semantische Wiederholung und Wortabtauschung, Bildführung und Bildelementgruppierung, Zeitverschiebungen und Raumspannungen, Duktus, Kadenz und Perspektive sind von Grund aufeinander abgestimmt, das Vorhandene und Verwandte ist zu einem erfüllten ästhetischen Zustand organisiert. Das wirkt bis in die klanglichen und rhythmischen Kleinstfügungen hinein: Vokalwiederholung und Vokalabtausch, Aufhellung und Abtönung im Klang, wechselnde Kontrastfolgen und melodische Linien, Alliterationen und Konsonantennachklänge unbetonter Silben wiederholen als phonetische Mikrosyntax den Großbau, gleich wie die Folgen drei- und viersilbiger, selten mehr als viersilbiger Prosatakte, die auf zweisilbige auflaufen und in Fermaten und

Pausen zum Halten kommen, syntaktisch häufig den Substantiv-Adjektiv- oder Genitivverbindungen, die sich, einander umspielend, durch den Satz ziehen, parallel laufen oder sie in Phasenverschiebung von metrischer Ordnung und Wortgruppensyntax überlagern. Der Satz ist Vorbild einer Sprachkunst, die, wenigstens für die nachschauende Analyse, ihre Elemente und Elementverbindungen beinahe bis zum Exzeß auszukalkulieren scheint, und doch nicht im Konstruierten steckenbleibt, sondern glatt, geschlossen, einstimmig-vielstimmig, eine Gestalt schönen Scheins erzeugt. Man darf sogar sagen: die Bewegungen und Spannungen dieser Sprachkunst reflektieren und steigern sich von der mikrosyntaktischen Zelle fort über die Großspannung von Konstruktion und Schönheit, die hier die ästhetische Bemühung als solche ausmacht, bis hinein in die unendliche Öffnung des Kunstwerks zum Aufnehmenden. Das ist nicht leere Spekulation. Denn – und erst jetzt kommen die Überlegungen zu diesem Satz an ihr Ziel – die Absicht dieser Kunst, die Vollkommenheit der schönen Figur, mit der sie sich zu Beginn selbst zur Gestalt bringt, ist Vorwurf ihres Unterfangens in diesem Buch: die Erlaubtheit der Kunst, die Erlaubtheit von Fiktion und Schein zu einer Zeit, die tätige Hilfe, Opfer, Tat, Liebe am dringendsten braucht, ist Gegenstand der Selbstklärung Vergils. Die perspektivischen Linien, die, am Ende des Eingangssatzes einläufig geworden, sich verengern und aufeinander zustreben, treffen im nächsten Absatz beim vom Tode gezeichneten Vergil zusammen, führen dann in Körperfühlen, Seelen- und Geistesverfaßtheit des kranken Dichters hinein, in die ihn plagende Frage, warum er noch immer nicht den Weg gefunden habe, die Dichtung abzuschließen und aufzugeben, um Heilung und Hilfe in der Erkenntnis zu finden, die Philosophie und Wissenschaft bieten:

So lag er da, er, der Dichter der Äneis, er, Publius Vergilius Maro, er lag da mit herabgemindertem Bewußtsein, beinahe beschämt ob seiner Hilflosigkeit, beinahe erbost ob solchen Schicksals, und er starrte in das perlmutterne Rund der Himmelsschale: warum nur hatte er dem Drängen des Augustus nachgegeben? Warum nur hatte er Athen verlassen? hingeschwunden war nun die Hoffnung, es werde der heilig heitere Himmel Homers hold die Fertigstellung der Äneis begünstigen, hingeschwunden jegliche Hoffnung auf das unermeßlich Neue, das hernach hätte anheben sollen, die Hoffnung auf ein kunstabgewandtes, dichtungsfreies Leben der Philosophie und der Wissenschaft in der Stadt Platons, hingeschwunden die Hoffnung, das ionische Land je noch betreten zu dürfen, oh, hingeschwunden war die Hoffnung auf das Wunder der Erkenntnis und auf die Heilung in der Erkenntnis. (10)

Wie für den Leser des Beginns in der fortschreitenden Analyse sich die Grundspannung des Werkes enthüllt, so bricht bei dem bereits in der Perspektive des Eingangssatzes wahrnehmbaren Blick in die versöhnende Schönheit der runden Himmelsschale für Vergil die Problematik seines Lebens erneut auf; kurz vor seinem Tode ist sie noch immer nicht zu Ende gebracht. Noch ruht er im friedlichen Bild des Abendlichts, Gegensatz und Gleichheit im Gegenüber und Einklang der Dämmerung erscheinen, von der es einige Seiten später heißt:

> Größer als die Erde ist das Licht, größer als der Mensch ist die Erde, und nimmermehr vermag der Mensch zu bestehen, insolange er nicht heimwärts atmet, heimkehrend zur Erde, irdisch heimkehrend zum Lichte, auf der Erde irdisch das Licht empfangend, nur durch sie vom Lichte empfangen, Erde, die zum Lichte wird. Und niemals ist die Erde von innigerer Lichtnähe, das Licht von vertrauterer Erdnähe als in der anhebenden Dämmerung der beiden Nachtgrenzen. (16)

Das kosmische Bild von Himmel und Erde begleitet Vergil auf seinem ganzen Weg, ihre atmosphärische Gestimmtheit reflektiert ständig die innere Verfassung des Dichters. Dies gilt besonders für die psychischen Erlebnisse des zweiten Teils, wo der Abstieg ins Ich sich in der Ausweitung des Raums ins All spiegelt: »Er war eingeschlossen vom Raum des irdischen Atmens, doch ausgeschlossen aus dem Raum der Sphären, aus dem Raum des wahrhaften Atmens« (137).

> Unerschütterlich verharrte die Nacht, kaltglühend ihr schwarzdurchsichtiger goldener Fittich, gespannt über das Menschenbehauste ringsum, das steinern auf der Erderstarrung lastete, bemalt von trockenem Mondlicht, und das Erstarrte trank das Licht der Gestirne tief in sich hinein, war

bis in seine tiefsten Feuertiefen zu dursichtigem Stein verwandelt, ward zum durchsichtigen Steinschatten in den geöffneten Kristallschächten der Erde... (171f.)

Daß nur der wahrhaften Dichtung die Übereinstimmung mit dem kosmischen Raum zuteil wird, zeigt sich in der Auseinandersetzung mit Plotius und Lucius:

> Ach, mag der Literat in seiner Schwäche sich auch vorgaukeln, daß die Kindheitslandschaft, nach der er vielleicht sich sehnt, die Unendlichkeit saturnischen Gefildes sei und daß er von hier aus die Tiefen des Himmels und der Erde belauschen werde, seine ihm wahrhaft eigentümliche Landschaft ist die der schieren Flachheit, und er belauscht nichts, am allerwenigsten den Tod. (278)

Der Schluß der Rückschöpfung im vierten Teil spiegelt noch einmal das Bild der Dämmerung des Anfangs:

> Ohne Dauer und ohne Zeit vollzog es sich, veränderungslos, freilich noch immer nicht endgültig, noch immer als etwas Erschautes und Erspürtes, zugleich aber schon darüber hinaus, jenseits von Nacht und Unnacht, und während es sich so vollzog, spürte er, daß alles Feste und Behaltbare sich auflöste, daß der Boden ihm unter den Füßen entsank, entsinkend ins Unermeßliche, entsinkend in Vergessen, in des Vergessens Unendlichkeit, in seine erinnerungslos erinnerte Unendlichkeitsdurchflutung, die das Abbild mit dem Urbild zur Einheit paart und flutend die Erddunkelheit ins Flüssige zurückverwandelt –, Himmelsspiegel und Meeresspiegel zu einem einzigen Sein verschmolzen, Erde, die zum Lichte wird. (527f.)

Dann entstehen schließlich, nachdem Broch im Tode Vergils den Schöpfungsbericht der *Genesis* hat rückwärts ablaufen lassen, nach dem »Befehl zur Umwendung« ein neuer Himmel und eine neue Erde (530f.).

Das ist nur ein kleiner Ausschnitt aus einer der Ketten von Bildern und Symbolen, die sich durch den ganzen Roman, in immer neuen Konstellationen und Variationen aneinandergereiht, hindurchziehen, um den wechselnden Bewußtseinsstand Vergils darzustellen und das Material, dessen Gesamtbewegung die Todesüberwindung des Dichters verfolgen soll, im Fluß zu halten. Denn das einmalige Bild vermag das Diesseits, die Todesgebanntheit des Menschen nicht zu überschreiten, nur in Annäherung an das Unendliche, in der Fügung von Bild an Bild kann es gelingen, das Unendliche im Endlichen abzubilden. Hierher gehören Vergils Meditationen über das Sinnbild (236f.).

Im lichten Bild des Anfangssatzes ist der Tod gleichzeitig vorhanden, das Abbild einer Schönheit genügt nicht, es ist unvermeidlich zu Wiederholung und Verlust verurteilt (136). Nur die Kunst, die das Ganze, die das Unendliche, die Wirklichkeit erkennt, überwindet den Tod, überwindet die Angst, hebt den Menschen aus der Bannung in den Zeitkreis. Ähnlich wären Stellen anzuführen, da Vergil erkennt, daß die Sprache nicht genügt, auch die Dichtung nicht, um dem Menschen die Erkenntnis der Wirklichkeit und seiner selbst – um solch gnostisches[12] Unternehmen handelt es sich bei Vergils Selbstprüfung vor dem Tod – zu schaffen, das vermögen allein Opfer und Liebe. Auch das Sprachproblem wird in dem kosmischen Bild, das von Beginn an den Raum des Romans und den Gedankenraum Vergils bestimmt, abgebildet:

...gestaltenstarr und stumm, tiefeingesenkt in die Wölbung des Himmels, lauerte der lachenumwitterte Meineid, doch in dem unantastbaren Sternengesang, die Erde mit Schweigen schwängernd, vom irdischen Schweigen geschwängert, im groß-schimmernden Weiterbestand der Welt, im Sichtbaren wie im Unsichtbaren und in der zum Liede verklingenden Schönheit, lauerte bebendgespannt und ausbruchsbereit, kitzel-gewaltsam und atemerstickend, lauerte gewitterig das schönheitsverschwisterte Lachen, die zersprengungssüchtig lauernde Verlockung des Innen und Außen, sie umfing ihn und saß in ihm, entsetzenausdrückend, entsetzenvermittelnd, die Sprache der Vorschöpfung, die Sprache einer Unüberbrückbarkeit, für die es niemals etwas zu überbrücken gegeben hatte, namenlos der Raum, in dem sie wirkte, namenlos die Sterne, die darüber standen, namenlos, beziehungslos, ausdruckslos die Einsamkeit im Sprachraum der Sphärenvermischung, dem unausweichlichen Auflösungsraum jeglicher Schönheit, und im Anblick der Schönheit, doch bereits hineingehalten in den neuen Raum, entsetzensfiebernd der Raum, entsetzensfiebernd er selber, wurde ihm inne, daß sich kein Zugang zur Wirklichkeit mehr bot, kein Zurück mehr und keine Erneuerung, nur noch wirklichkeitsvernichtendes Gelächter... (143)

Die Schönheit des Beginns ist aus dem Raum geschwunden, keine »überbrückende«, die Schöpfung öffnende Sprache gewährt sich, Erkenntnis (»Zugang zur Wirklichkeit«) und »Erneuerung« des Menschen sind verschlossen.

Wenn Vergil im ersten Kapitel aus dem Dämmerungsbild heraus vom Tage in die Nacht geht, schreitet er Schritt für Schritt hinab in die Unterwelt der Gewissenserklärung und Bewußtseinsforschung[13], wo er, dem Gebot der Stimme folgend, beschließt, zum Zeichen wahrhafter Zerknirschung, die *Aeneis* als Opfer zu verbrennen, bis ihn dann der Engel zur Erde zurückführt, er in der Auseinandersetzung mit Augustus diesem die *Aeneis* als Zeichen der Liebe überläßt, auf das Verbrennungsopfer verzichtet und er nun endgültig aufsteigen darf in die Aufhebung alles Endlichen im Tode »jenseits der Sprache« (533). Schönheitsmühen und Erkenntnismühen um die Sprache mit der Sprache finden erst »jenseits der Sprache«, jenseits der Schöpfung – im Gegensatz zur »Sprache der Vorschöpfung« (143) – ihr gültiges Ende. Wie Anfang und Ende des Romans aufeinander bezogen sind, deutet sich schon an. Die Spannungs- und Gegensatzstrukturierung des Eingangssatzes bis hinein in seine ästhetische Konstitution, die sich der Reflexion in ihrer Symbol-, Kunst-, Erkenntnis- und Todesproblematik enthüllt hat, ist zu Beginn beim ersten Lesen freilich nicht durchschaubar, geht langsam teilhaft auf, ist aber vordeutendes Vorbild für Vorwurf, Absicht, Sinn dieses Romans. Als Satzform, die zum Kreis oder zur Kugel strebt, stellt der erste Satz die Bemühung um Einheit dar, die den Tod überwinden soll, bildet abstrakt die Zeitsymbole des Romans ab: Kreis und Schlange.

Natürlich wird man nicht alles rückdeutend aus dem ersten Satz ableiten wollen, z. B. nicht die geschichtliche Problematik. Man wird aber sagen dürfen: wie der Anfangssatz sich als Kleingebilde sein Material zu strenger Artikulation organisiert, so ist er streng artikulierter Teil der übergreifenden Organisation des gesamten Textes. Die Perspektive in den Prozeß der Todeserkenntnis des Dichters Vergil als der Erörterung der Situation seiner und unserer Zeitgenossenschaft ist in ihm eröffnet.

Ähnlich ließen sich weite Strecken des Romans Satz für Satz kommentieren. Die Strenge findet natürlich irgendwo ein Ende. Der Brochsche Langsatz und seine Funktion sind in der Literatur häufig genug beschrieben worden.[14] Für die jetzige Argumentation braucht man nur festzuhalten, daß die sich dehnenden Konstruktionen mit ihren Wiederholungen, Umspielungen, vielfältigen Kombinationen und Variationen, Gegensatzbildungen und Gleichläufen Kernpunkt jener gedanklichen und künstlerischen Bemühung um Einheit sind, die Vergils Todeserkenntnis darstellt.[15] Wie für den ersten Satz scheint für sehr viele zu gelten, daß sie aus konstrastierenden oder parallelen Zweierverhältnissen und diese übergreifenden oder aus ihnen entwickelten Dreierverhältnissen gebaut sind.[16]

III

Die Sätze verbinden sich zu Absätzen, wenn nicht ein Satz für sich einen Absatz formt, die Absätze zu den im Druck durch freie Zeilen und Kapitälchen abgehobenen Abschnitten, die Abschnitte zu den Kapiteln, wobei das letzte Kapitel, der Tod, nur ein Abschnitt ist. Am Beispiel des ersten Kapitels: »Wasser – Die Ankunft« sei etwas von den größeren Bauformen gezeigt, ohne daß, was eigentlich notwendig wäre, alle wichtigen Elemente reflektiert werden könnten. Der zweite Absatz, aus zwei Sätzen bestehend, wiederholt die Teilungsfigur des ersten einsätzigen Absatzes, wieder steht eine lange syntaktische Folge gegen eine kürzere, die die längere aber inhaltlich überragt. Die schon beschriebenen zusammenstrebenden Linien der Perspektive führen nun in den Bewußtseinszustand des seekranken Vergils ein, der nächste Absatz erläutert in einem ersten Ansatz die innere Bewegung Vergils. Von der Krankheitsbeobachtung und von Reflexionen auf das ihn Umgebende ausgehend, zeigt er den mit dem in seiner Dichtung Erreichten nicht erfüllten, jetzt mit dem Tode bedrohten Dichter und führt am Ende (15) wieder in die Registrierung der Krankheitsgefühle zurück. Diese Figur ist grundlegend für den Bau längerer Absätze: Beobachtung von Umgebung, Landschaft, Körper, Reflexion darauf, Bedenken des Ich in der diesen Szenen ausgelieferten Situation, Versuch, in das Geheimnis des eigenen Lebens und der Aufgabe des Ichs einzudringen, Gewahrwerden des Ungenügens oder Erfahren einer Beruhigung, und wieder Abgleiten, Absinken zum Ausgang, gewandelt oder nicht gewandelt, jedenfalls soweit wie möglich vorgestoßen.[17] Die materiale Organisation solcher Absatzbewegungen vollzieht sich wesentlich im assoziativen Durchspielen von Motivkombinationen, die den Zusammenhalt des Absatzes verbürgen, zugleich Beziehungen zu anderen Absätzen herstellen, rückdeutend das dort Durchdachte reflektieren und dem augenblicklichen Geschehen verbinden, vordeutend Perspektiven weisen. Die Absatzform ist so ofthin zyklisch; aber in der Zeit und im Reflexionsablauf vorgeschoben, tendiert sie zur Spirale. Das immer wieder erneute Ablaufen desselben im Kreis der Zeit soll überwunden werden im Ausschwingen in eine Spirale[18], die schließlich aus jeglicher Bewegung hinaus zu einem Ende führt. Die Aufbrechung des Zyklus durch den Aufschwung in einer Spirale zu einer neuen Ebene, die Entrinnen aus dem Gebanntsein in die Wiederkehr gewährt, ist die Grundfigur des Romans.[19]

Der nächste Absatz des ersten Romanabschnitts, ein kurzer, spielt zum ersten Mal auf das Orpheus-Thema der verbotenen Umwendung an (15), erst am Ende der Rückschöpfung wird das Verbot aufgehoben (530).[20] Der folgende Absatz führt erneut in die Reflexion, die Stimmung der »Vordämmerung« wird ausgedeutet (15), die Sehnsucht aus dem »Fluß der Dinge« in die »Unendlichkeit« (19). Damit greift dieser fünfte Absatz auf den ersten und dritten zurück. Die drei folgenden Absätze stehen den ersten fünf entgegen, die Bewegung der Fahrt ist zu Ende, die Flotte hat gehalten, die Nacht ist angebrochen; aus der Ruhe der Dämmerung bricht der Lärm der Massen, die den Cäsar jubelnd begrüßen, und das grausamentsetzliche Los der Sklaven, die aus den Schiffen Waren und Gepäck ausladen. Zugleich bringen diese Absätze aber auch die Bekanntschaft mit dem Bauernjungen, der sich später Lysanias nennt und jetzt Vergil führen wird. Lysanias erinnert Vergil an seine Jugend und steht so im Gegensatz zu den jugendlosen, erinnerungslosen Sklaven: »für welche Zukunft galt da noch das unsägliche Bemühen um Erinnerung?« (29). Die Zeitbewegung der Erinnerung, des Festhaltens und Aufbewahrens vom Plusquamperfekt ins Präteritum, wie sie am Beginn im Schönheitsbild sich vollzieht, ist dem Dichter an der Situation seiner Zeit fraglich geworden. Das ist die Frage nach der Zukunft, die der Erinnerung des Vergangenen wert ist (28f.). So führt das Ende des achten Absatzes, das Ende des ersten Abschnittes, zurück zum Beginn und hebt ihn in den Zweifel, den grundsätzlichen Zweifel des Buches. Die abgebrochene Bewegung wird jetzt wieder aufgenommen, auch darin Rückgang und Verwandlung, der Sänftenzug Vergils beginnt.

Nach der Absatzbildung des ersten Abschnittes nun zur Abschnittbildung des ersten Kapitels. Der Sänftenzug bildet den Mittelpunkt des Kapitels. In drei Stößen – drei Abschnitten – führt er zur Gastwohnung Vergils im Turm des kaiserlichen Palasts (29-42, 42-50, 50-60). In deren Zentrum wiederum steht der Zug durch die »Elendsgasse« mit den kreischenden Weiberstimmen, die Vergil dem Wahn entzerren und dem Gelächter preisgeben. Eine langsam gleitende, verhaltene Bewegung zu Beginn: die Ankunft des Schiffes, dann in dreimaligem Vorstoßen der Zug durch die Unheilstiefe bis zur Ankunft auf neuer Höhe im Turmgemach. Neue Ruhe tritt in den Schlußabschnitten 5 und 6 ein, zum ersten Male heißt es: »Du bist Vergil«, von Lysanias gesprochen (65, 66). Von ferne hört der Dichter das tobende Massenfest, das die Ankunft des Cäsars feiert; ein neuer Krankheitsanfall, der wieder die Todesangst des Beginns heraufbeschwört, erfaßt ihn, aber es wendet sich noch einmal »zum Leben« (78): »Aber langsam wurde es besser – langsam zwar und sehr mühselig und sehr bedrängt – es wurde wieder zu Atem, zu Ruhe, zu Schweigen« (78). Die »Kadenzen« der Kapitel führen immer wieder in einen Ruhezustand, Schweigen (I), Schlaf (II), das murmelnde Verhauchen des Sterbenden (III); die Kapitelenden bezeichnen jeweils einen gewissen Einschnitt in der Bewußtseinsbewegung. Am Ende des vierten steht sprachlose Endgültigkeit. Das erste Kapitel führt von Ruhelage zu Ruhelage, zurück zu Krankheitsanfall und Bett, von einem oberen Punkt über die Tiefe zu einem neuen hohen Punkt, vom Licht über die Dämmerung in die Nacht. Zyklisches verbindet sich mit Progression. Vergil ist inmitten von Gegensätzen gespannt, die augenblickshafte Versöhnung des Beginns geht verloren, so ist er der Selbstprüfung ausgesetzt. Zwischen Oben und Unten, Vergangenheit und

Zukunft, Pflanzlich-Tierischem und Göttlich-Ewigem, Licht und Nacht, Ferne und Nähe (33) sucht der Mensch seine Bestimmung. Auch der Schluß des Kapitels ist in der Spannung zwischen Plusquamperfekt und Präteritum, die durch das Kapitel als Erinnerungs-, und Festhaltensbewegung hindurchgeht, formuliert. »Er hatte sich, mühselig genug, von dem Lehnsessel zum Bett hinübergeschleppt, hatte sich hineinfallen lassen und war regungslos liegen geblieben... Aber langsam wurde es besser – langsam zwar, und sehr mühselig und sehr bedrängt – es wurde wieder zu Atem, zu Ruhe, zu Schweigen« (78). Wenn man einmal die Rolle des Tempusgebrauchs erkannt hat, kann man im »es wurde wieder« die Rundung als Nachklang zum »es wurde« im »es wurde Abend« des Eingangssatzes vernehmen.

IV

Die Bewegung des ersten Kapitels: Zug durch die Tiefe und Rückkehr ist Vorzeichen für den Prozeß der psychischen Wandlung im zweiten Kapitel. Durch die Schichten des Schreckens und Entsetzens (159), des Pöbelhaften (159) stürzt Vergil ins Namenlose hinab (161). Die Ordnung des Weltalls wird unzugänglich:

> Erloschen waren die Sphärenordnungen des Seins, es schwieg ihr stummklingender Silberraum, eingeschlossen und entfremdet vom Überunerfaßlichen, als Fremdheit das Überunerfaßliche jedweden Menschentums in sich einschließend, und Mond und Milchstraße und Gestirne, sie hatten keinen Namen mehr, unbekannt waren sie ihm im Unzugänglichen, in ihrer Abgeschiedenheit, die unüberbrückbar-unüberrufbar war und trotzdem auf ihm lastete, niederzwingend und drohend, durchsichtig und heiß, die überhitzte Kälte des Weltenraumes... (161)

Hier findet Vergil den Weg zur »Zerknirschung« (179, 193), zum Entschluß, die *Aeneis* zu verbrennen, wird dann »auf den Gipfel eines außerordentlich hohen Berges gestellt«, um – wie Moses[21] – die Landschaft eines Zukünftigen zu sehen, die zu betreten ihm selbst verwehrt ist (240). Dann kehrt er zurück, die Bewußtseinsoberfläche ist wieder erreicht, die Umgebung seines Turmzimmers gewinnt wieder Realität. So kehrt auch dieses Kapitel zu seinem Beginn zurück. Es hebt an: »Er lag und lauschte...« (81). Hier im letzten Abschnitt heißt es: »Er lag. Er lag, er ruhte, er durfte wieder ruhen« (245). Das Kapitel ist also zyklisch angelegt und wiederholt in weiterer Amplitude der Tiefenwanderung den Zyklus des ersten Kapitels. Wie Lysanias gesagt hatte: »Du bist Vergil«, sagt jetzt der Engel, der auch der Lysanias sein kann (251, 252f.): »Tritt ein zur Schöpfung, die einstmals war und wieder ist; du aber sei Vergil geheißen, deine Zeit ist da!« (253) Und auch dieses Kapitel endet in seinem letzten Satz in der Verbindung von Plusquamperfekt und Präteritum. Zwar hat im Zyklus Progression stattgefunden, zwar wird der Eintritt zur Schöpfung, aus der Vergil sich ausgeschlossen fühlte, die wirkliche Versöhnung ihm verheißen, doch ist der Ausbruch aus dem Zeitkreis nicht gelungen. In seinen Visionen hat Vergil in der Tiefe »die zum Kreise geschlossene Schlange der Zeit« (186) gesehen, er hat nicht die Kraft, »eideserneuernd die eisige Schlange zerbersten zu lassen« (191).

Das letzte Kapitel greift auf das erste, den Anfang zurück und führt so das ganze Buch zu einem zyklischen Ende, die Neuschöpfung bringt eine neue Welt herauf, deren Schönheit im Eingangssatz im Abglanz leuchtete; die Vereinigung von Licht und Erde, die sich in der Vordämmerung des ersten Kapitels gleichnishaft vollzog, wird Wirklichkeit in der Rückschöpfung, in die Vergil eingeht: »Himmelsspiegel und Meeresspiegel zu einem einzigen Sein verschmolzen, Erde, die zum Lichte wird« (528). Die Fahrt mit dem Schiff und die Landung in Brundisium wiederholen sich in der Fahrt und Landung des Schiffes, das Vergil in den Tod fährt. Anklänge an den Beginn sind sozusagen zitathaft eingefügt. Lysanias, der den Sänftenzug anführte, steht jetzt am Bug des Schiffes. Die irdische Wirklichkeit enthüllt sich im mystischen Erlebnis der Wirklichkeit des Todes als Gleichnis. Damit ist der bloße Zyklus aber auch aufgehoben, der in Zweifel gestellten scheinenden Schönheit ist, indem ihr wahre Gleichnishaftigkeit zukommt, Recht widerfahren. Der Absturz in die Tiefe im zweiten Kapitel, selbst im ersten Kapitel vorgebildet, ist Vorbild des endgültigen Absturzes des Todes, der aber gleichzeitig ein »Aufstieg« ist; der Gegensatz von unten und oben wird wie alle Gegensätze, in denen Vergil lebte und sich selbst erfuhr, aufgehoben. Das läßt sich auch an folgendem zeigen. Motivmaterial des zweiten Kapitels begegnet im vierten Kapitel wieder, aber nun in seiner Bedeutung verwandelt.

II	IV
Was um ihn herum war, versinnbildlichte nichts mehr, war Nicht-Sinnbild, war das Unspiegelbare, das Nichtsmehr-Spiegelnde an sich... (175) [die Stimme] war vorleuchtender Spiegel für die endgültig große, unsäglich erwartete Auslöschung... (212)	Wundersam volleuchtend hatte [die Decke des Himmels] sich plötzlich geöffnet, war wie ein einziger Stern groß im Himmelsrund, war wie ein einziges Auge, in dem das seine sich spiegelte, und war zugleich oben und unten... (529)

Vor der Zerknirschung gibt es keine Spiegelung (175), nach der Zerknirschung gibt es im zweiten Kapitel ein Vorleuchten einer Spiegelung (212), am Ende der Rückschöpfung (529) ist alles eine einzige Spiegelung geworden. Zum ersten Mal klingt das Motiv aber bereits im gleichnishaften »beinahe spiegelglatt« des Anfangssatzes an (9). Ähnliches wäre zum »Kristall« zu sagen (172, 227, 229, 529). Die Stimme des Knaben Lysanias ist im zweiten Kapitel nur Vorzeichen: »sie war vorleuchtender Spiegel, für die endgültige große, unsäglich erwartete Auslöschung, sie war Vor-Verkündigung für eine Stimme, die das Wort im Wortlosen sein wird...« (212). Sie verkündigt die Stimme des göttlichen Geistes voraus, die in der Neuschöpfung nach dem Schöpfungsrücklauf aufbricht (532 f.). Nach der Zerknirschung im zweiten Kapitel tut sich der Himmel neu auf: »und in dem wiederaufgetanen, wiedergewölbten Himmel kreisten aufs neue die Sterne, kreisten im Gesetz ihres Seins...« (229); doch dies ist nur Vorbild des neuen Himmels der Neuschöpfung (530). Schon im zweiten Kapitel tritt Vergil in seinen Visionen ins All ein: »es reichte die Kleinheit des Gemaches für alle Weltgröße aus« (184), aber das ist nur Vorschein des endgültigen Eintritts ins All im Prozeß der Rückverwandlung Vergils in der Rückschöpfung. Die Ulme, die das Turmgemach erfüllt (184), erscheint im Schlußkapitel als weltenausfüllender Baum (525). Das Nichts ist reines Grausen im zweiten Kapitel: »das Tiergesicht entblößte sich zum Grauen der Eigenschaftslosigkeit, gespeist vom Nichts in der Mitte« (186). Am Ende der Rückschöpfung ist das Nichts letzter Einheitspunkt, aus dem das Neue hervorbricht, eine Einheit.

> die nicht mehr Kristall war, sondern nur noch dunkelste Strahlung, nicht mehr irgendeine Eigenschaft, auch nicht mehr die des Kristalls, sondern das Eigenschaftslose selber, der randlose Weltenabgrund, die Geburtsstätte aller Eigenschaft; die Mitte des Sternes hatte sich aufgetan, die Mitte des Ringes; das gebärende Nichts, aufgetan für den Blick des Blicklosen – die sehende Blindheit.
> *Da durfte er sich umwenden, da kam ihm der Befehl zur Umwendung, da wendete es ihn um.*
> Unendlich verwandelte sich da vor seinem nochmals sehenden Auge nochmals das Nichts und ward zu Seiendem und Gewesenem... (530)

Dies kann geschehen, weil das Gesetz der Zeit erfüllt ist:

II	IV
in ihrem [der Grauenblöße] tiefstem Grunde, in ihrer tiefsten Brunnentiefe lag die zum Kreise geschlossene Schlange der Zeit, eisig das rieselnde Nichts umschließend. (185f.)	in des Brunnens tiefster Tiefe lag regenbogenfarbig, dennoch eisig durchsichtig zum Zeitkreis geschlossen die Schlange selber, die Schlange geringelt um das Nichts der Mitte. (518)
keinerlei Beschwörung reicht hin, eideserneuernd die eisige Schlange zerbersten zu lassen; stärker als die Schöpfung bleibt die Vorschöpfung, scheintot bleibt die Ungeschöpflichkeit, die den Kreislauf der Schöpfung durchbricht... (191)	und es zerbarst die eisige Schlange, es zerbarst die Schlange der Zeit. (520)

Jetzt kann die Schöpfung sich für den Neubeginn der Verwandlung auflösen. Verwandelt ist Vergil, er darf sich jetzt umwenden, das Orpheusverbot ist aufgehoben.[22] Die Friedensvision der vierten Ekloge Vergils, die sich am Schluß des zweiten

Kapitels andeutet (252f.), erfüllt sich, der Heilbringer, der im dritten Kapitel als Vollzug der Vision der Ekloge dem Kaiser angekündigt wird (392), erscheint, der Knabe im Arm der Mutter, das Bild der vierten Ekloge und der christlichen Madonna (530f.). »Da schauderte ihn, und groß war dieses Schaudern, fast gütig vor Endgültigkeit, denn der Ring hatte sich geschlossen, und das Ende war der Anfang« (532).

Die kleineren zyklischen Bewegungen der Kapitel I und II sind im vollen Zyklus aufgehoben. Dreimal schließt sich am Ende der Kreis: der im zweiten Kapitel unvollendete Kreis, der nur Vorschein war, der Kreis des Buches und der Kreislauf der Welt. Die Genesis ist zurückgelaufen, die Welt in ihren Anfang zurückgekehrt, um, wie in alten Mythologemen, neu zu entstehen. So vollzieht sich auch Vergils Bewegung auf den Tod zu in drei Kreisen: die Unentschiedenheit zwischen Leben und Tod am Ende des ersten Kapitels wendet sich noch einmal zum Leben, den Abstieg des zweiten Kapitels empfindet Vergil als Abstieg zum »Scheintod«, erst der dritte Kreis, Aufstieg und Abstieg zugleich, führt in den Tod, zur Erkenntnis und Todesüberwindung, wenn das Orpheusverbot aufgehoben wird. Der erste Aufstieg und Abstieg führen durch die Tiefe der Menschenwelt der Stadt Brundisium, der zweite durch die Tiefen des Ichs und der Welt, der dritte durch den Abgrund der Schöpfung. Auch das dritte Kapitel kennt, für sich genommen, den Durchgang durch einen Tiefpunkt, durch die Sonnenfinsternis und das Erdbeben im Gespräch zwischen Vergil und Augustus. Doch ist dieser Durchgang eingeschlossen in den Weg durch den wirklichen Tod.

Die Aufhebung von Spannungen und Bewegungen, Läufen und Gegenläufen in einem Dritten ist die Grundform, die sich aus der Analyse des ersten Satzes ergab, sie ist auch die Grundform des Romans. Diese Aufhebung läßt sich auch als Überführung von Zyklen in Spiralen ansprechen; so hat Albert Fuchs einmal in einem Vortrag ohne nähere Bestimmung des Einzelnen das Prinzip des Romans angedeutet.[23] Es ist aber ein Prinzip, das von Grund auf durch Satz-, Absatz-, Abschnitt-, Kapitelbildung den Roman organisiert. Die Spirale schwingt sich schließlich ins Unendliche des göttlichen Wortes »jenseits der Sprache« aus, ein Rücklauf in den Beginn wie in der zyklischen Figur von *Finnegans Wake* ist nicht möglich.[24]

V

Wie kommt all dies zuwege? Wie überwindet Vergil den Tod? Der Weg ist die gnostische Erkenntnis der Einheit und Unvergänglichkeit des Ich, wenn es befreit und losgelöst von aller Weltlichkeit ist, die Erkenntnis seiner Gottähnlichkeit und Gottvorbildlichkeit im Zeichen des Opfers und der Liebe. Diese Ich-Einheit ist der tiefste und grundlegende formsetzende Faktor im Roman.[25]

Die Erzählprobleme des *Tod des Vergil* sind in der Broch-Literatur häufig diskutiert worden, ob seine Technik eher als innerer Monolog oder als erlebte Rede zu klassifizieren sei, ob Bewußtseinsanalyse durch den Erzähler oder Eindringen des Autors im Kommentar vorliege, usw.[26] Wenn man einzelne Stellen herausgreift, können sie unter Umständen als erzählerische Verfahren der erlebten Rede, des inneren Monologs, der Bewußtseinsanalyse beschrieben werden. Im Kontext des Werkes genügt das nicht. Der ganze Roman ist in einer einheitlichen Perspektive konzipiert, die sich Satz für Satz, Absatz für Absatz, Abschnitt für Abschnitt, Kapitel für Kapitel in Raum und Zeit verschiebt und nur an den Ruhepunkten der Kapiteleinschnitte unterbrochen wird. Alles wird von dieser Perspektive affiziert, Personen und Objekte verwandeln sich in ihrer Anschauung, sind in ihrer Existenz von ihr abhängig. Oft ist nicht zu entscheiden, ob eine Person, ein Vorfall oder eine Rede im Rahmen der fiktiven Intentionalität als real gelten kann oder nur Imagination des Vergil ist. Alles, was erscheint, ist fortgesetzter Interpretation in der Perspektive des erfahrenden Ichs ausgesetzt, reflektierendem Kommentar oder bildhafter Deutung. Das gilt auch für das dritte Kapitel mit seinen vielen Dialogen, wie eine eingehendere Interpretation zeigen könnte. Der Romanbeginn ist nicht als objektiver Erzähleinsatz zu verstehen, sondern steht in seiner Darstellung und Bedeutung in der Perspektive Vergils, wie oben zu zeigen versucht wurde. Das psychische Geschehen des Romans läuft in mehreren Schichten ab, die Darstellung der Bewußtseinsbewegungen reicht von dumpfen halbbewußten Körpergefühlen durch die hochbewußten Sphären der Reflexion und Imagination bis in die Bereiche jenseits eines individuellen, raumzeitlich festgelegten Bewußtseins, die vom Bewußtsein häufig selbst nicht mehr recht erfahren werden, sondern als Stimmen oder als *es* auftreten. Manchmal spricht das Ich frei sich selbst aus, ungehindert vom fiktiven *er* und epischen Präteritum. Am besten ist das bisher von Erich Kahler und Fritz Martini dargelegt worden.[27] Martini ist allerdings der Ansicht, daß in gewissen Partien »sentenziös-essayistisch-direkten Sprechens« »der Autor deduzierend hörbar wird.«[28] Der Essaycharakter ist nicht zu leugnen; aber auch diese – meist präsentischen – Partien sind in den fortlaufenden Bewußtseinskommentar eingefügt, sind ein Teil von ihm. Das sei an einem Beispiel gezeigt (441 f.). Zu Beginn ein Teil im Präteritum, räsonnierende Überlegung zu Geschehendem und Geschehenem:

> Nein, das Unsichtbare, das dort am andern Ufer war, das war kein Nichts, nein, bei all seiner Unsichtbarkeit, es war wirkliches Sein, es war wie eh und je Octavian, wie eh und je Plotia, nur daß sie, höchst seltsam, ihre Namen und ihre leibliche Gestalt restlos abgestreift hatten.

Dann spricht verallgemeinernd die erste Person im Präsens über das Überlegen und Erkennen selbst:

> Oh tief, sehr tief in uns, unerreichbar unserem körperlichen Verfall, unbeschädigt vom Hinschwinden unserer Sinne, gefeit vor jeglicher Veränderung, gefeit in unausdenkbar fernen Regionen unseres Selbst, unseres Herzens, unserer Seele, weset das Erkennen, sich selber unerschaubar, unerrufbar, unaufsuchbar, unerkennbar, und es sucht das Gegen-Erkennen in der fremden Seele, in dem fremden Herzen, in der fremden Unsichtbarkeitstiefe, es sucht sein eigenes Spiegelbild im fremden Gegen-Erkennen, versucht es dort aufzurufen, auf daß es ihm erschaubar werde, bleibend für alle Ewigkeit, ewig die Brücke, ewig die hinübergespannte Kette, ewig die Begegnung, ewig durch alle Verwandlungen hindurch, denn allein in der Begegnung ruht die Sinn-Erfülltheit des Wortes, die Sinn-Erfüllung der Welt, erkanntes Erkennen im Echo:

Direkt nach diesem Doppelpunkt geht die Erzählung wieder in die präteritale Erzählform der dritten Person ein:

ungeachtet der geschlossenen Lider sichtbar, sinnerfüllt sichtbar lag draußen das Unermeßliche, entrückt, hauchgolden, weingolden, im unbewegt zitternden Glast des Sonnenmittags über den braunroten, schwarzstreifigen, schmutzigmorschen Dächern der Stadt...

Die durchgehende Überlegung und die motivische Verknüpfung erlauben es nicht, hier einen Wechsel in der Perspektive anzunehmen. Wilhelm Emrich behauptet sogar, daß im Schlußkapitel »der Dichter gleichsam in das Innere Gottes eintritt, fingiert, mitanwesend zu sein bei den sechs Schöpfungstagen Gottes.« Und das sei »Hybris«.[29] Die Formulierung stimmt schon deshalb nicht, weil es sich nicht um die Genesis selbst, sondern um eine *Reversion* des *Genesis*-Berichts handelt. Aber wichtiger: es ist ein aufnehmender Beobachter im Roman anwesend, Vergil, oder was vom sterbenden Vergil überdauert, sein Selbst. In seinem Aufsatz »James Joyce und die Gegenwart« (1932/6) hat Broch behauptet, daß ähnlich wie die moderne Physik den Beobachter beim Experiment mit in ihre Überlegung einbegreift, der moderne Roman, manifestiert in Joyces Werk, das beobachtende Subjekt mitabbilde.[30] Auf seine eigenen Romane hat Broch diese Überlegungen nicht angewandt, aber in den Essays vom »Zerfall der Werte« in den *Schlafwandlern* wird die erkenntnistheoretische Bedeutung des Beobachters in der Wissenschaft erörtert.[31] Theodore Ziolkowski hat für den *Versucher,* die *Schuldlosen* und die *Schlafwandler* eine solche beobachtende einheitsetzende Instanz angenommen.[32] Im *Tod des Vergil* läßt sich ein beobachtender Faktor unter anderem in der metaphorischen Darstellung von Bewußtseinsvorgängen fassen. Broch hat die Darstellung des Bewußtseins in der Technik (oder den Techniken) des *stream of consciousness* transzendiert, er stellt Bewußtsein nicht in einer Weise dar, die man metaphorisch als *Strom* bezeichnen könnte, sondern hat diese Vorstellung in Syntax und interpretierendes Bild übersetzt. Das ist die erzähltechnische Aufgabe der Schiffsmetaphorik.[33] Das Bild der Fahrt auf dem Schiff drängt sich immer wieder ins sich selbst kommentierende Bewußtsein. Vorgänge in ihm selbst werden durch dieses Bild beschrieben:

> In dieser verdoppelten Nächtlichkeit schwebte er auf seiner
> Sänfte, als wäre sie eine Barke, eintauchend in die Wellen-
> kämme des Pflanzlich-Tierischen, emporgehoben in den
> Hauch des Unabhänderlich-Kühlen, vorwärtsgetragen zu
> Meeren von so großer Rätselhaftigkeit und Unbekanntheit,
> daß es wie Rückkehr war; denn Welle um Welle, die großen
> Flächen, die sein Kiel bereits durchfurcht hatte, Wellenflä-
> chen der Erinnerung, Wellenflächen der Meere, sie waren
> nicht durchsichtig geworden... (32)

Erinnerung, Bewußtseinsvorgänge, sie werden als Art von Strom, Welle erlebt, aber dieses Erlebnis kann transzendiert werden und wird dann als Metaphorik der Beschreibung erkannt. Wenn Broch dichterisch den Tod aus der Perspektive des Sterbenden, der ihn erfährt und überwinden soll, darstellen will, muß er dessen Selbst (Ich) von seinem Bewußtseinsstrom abstrahieren lassen; das Strömende wird dann selber zum Bewußtseinsinhalt und als solcher in Bildlichkeit und Rhythmus objektiviert. Wenn diese Überlegungen schlüssig sind, dann heißt das, daß ein Bewußtseinsfaktor im Vergil-Ich als organisierendes Zentrum des Romans angenommen werden muß. Nur so, scheint es, kann sinnvoll erklärt werden, wie in der Bewußtseinsformulierung Vergils, in der er, von sich selbst in der *er*-Form distanziert, sich darstellt, nicht nur ständig dasselbe Wort- und Motivmaterial wiederkehrt, sondern ganze Satzabschnitte wörtlich wieder auftreten; das Bewußtsein will sich sich selbst verdeutlichen, es zitiert sich selbst. Von hier aus wird man wahrscheinlich die Zitate aus Vergils Werken im Roman behandeln müssen.[34] Vergil erfährt sich selber, sein Leben im Bilde: »Bild sich selber war er, der hier lag, und hinsteuernd zu wirklichster Wirklichkeit, getragen von unsichtbaren Wogen, eintauchend in sie, war das Bild des Schiffes sein eigenes Bild, aus der Dunkelheit kommend, in die Dunkelheit ziehend, in die Dunkelheit sinkend, er war selber das unermeßliche Schiff...« (83). Vergil oder ein Faktor in ihm ist sich deutlich des Bildcharakters bewußt und kann sich davon abheben.[35] Oder es heißt: »das Zimmer schwebte mit ihm, unverändert und dabei fahrtartig verformt« (182). »Der Cäsar war über den schwankenden Boden hin- und hergeschritten, er hatte bei jeder Wellensenkung kehrtgemacht, so daß er immerzu aufwärts schritt...«

(368). (Dieser Satz bezieht sich auf das Gespräch im Turmgemach.) Die Perspektive, die mit solcher Metaphorik Bewußtseins-, Wahrnehmungsvorgänge u. ä. interpretiert, liegt hinter diesen Vorgängen.

Ähnlich wie mit der Problematik der Erzähltechnik verhält es sich mit der Problematik der Zeitdarstellung. Ein denkbar einfacher Erzählablauf findet statt, nämlich in genauer Folge dessen, was vorfällt; aber er ist in dieser Konsequenz sonst kaum in der Literatur zu finden, und dann auch erst nach dem zweiten Weltkrieg, da die Erzählung Minute für Minute des letzten Tages darstellt, nur an den Kapitelenden abbrechend. Das kann Broch sich leisten, weil wieder nicht nur in der Argumentation des Romans über Zeit gesprochen wird (etwa wie im *Zauberberg*, obwohl auch da die Verhältnisse komplizierter sind), sondern weil die Motivik – etwa die von Kreis und Schlange – diese Problematik des Verhältnisses des Menschen zur Zeit reflektiert und weil in den sich rundenden Satzbewegungen, die dem Zeitablauf widerstehen, und in der Spannung von Zyklus und Progression in der Großorganisation sich Erzählproblem und Lebensproblem objektivieren; der vom Tode redende Dichter stirbt selbst und spricht über dieses Sterben.

Was von Vergil im Tode erhalten bleibt, ist nichts als diese letzte Einheit des Ichs, von der hier behauptet wird, daß sie die Erzählung verbürge. Sie erscheint metaphorisch als Auge oder Blick und in Verben wie *sehen* und *schauen*.

> ...war er, der nicht einmal mehr schwebte, er, der von keiner Hand mehr gehalten wurde, überhaupt noch da? – Oh, er war, denn er schaute, er war, denn er wartete, aber sein Schauen, verzückt, war verstrahlt in die Strahlung, war zugleich das Kristallene selber... (529)
> die Mitte des Sternes hatte sich aufgetan, die Mitte des Ringes: das gebärende Nichts, aufgetan für den Blick des Blicklosen – die sehende Blindheit. (530)

»Er war, denn er schaute«; der Blick ist alles, was von Vergil geblieben ist. Das entspricht der philosophischen Beschreibung, die Ludwig Wittgenstein vom Ich als Grenze der Welt, die nicht der Welt zugehört, gegeben hat, sogar dieselbe Metaphorik tritt auf. Diese Diskussion beginnt im *Tractatus logico-philosophicus* (1921) mit dem Satz 5.63: »Ich bin meine Welt.

(Der Mikrokosmos.)« Dann wird das Subjekt als »Grenze der Welt« beschrieben (5.632) und dieses Verhältnis dem Verhältnis von Auge und Gesichtsfeld verglichen (5.633f.). »Es gibt also wirklich einen Sinn, in welchem in der Philosophie nichtpsychologisch vom Ich die Rede sein kann... Das philosophische Ich ist nicht der Mensch, nicht der menschliche Körper, oder die menschliche Seele, von der die Psychologie handelt, sondern das metaphysische Subjekt, die Grenze – nicht ein Teil der Welt« (5.641).[36]

Der sterbende Vergil ist, so wurde am Anfang behauptet, Erzählobjekt und Erzählsubjekt. Der Erfahrende ist zugleich das Erfahrene. Hier ist der Mensch gezwungen, sich zu seinem eigenen Grunde zurückzuwenden, in sich selbst hinabzusteigen, um seine letzte, nicht dem Tode verfallene Einheit, das, was theologisch *die Seele* heißt, zu finden. Der Brochsche Roman von der Erfahrung des Todes als der Erfahrung des Ich entsteht erst dadurch, daß der Beobachter, der sich selbst, sein Leben zum Tode erfährt, eingeführt wird.

Auch eine solche Technik ist wie die *stream-of-consciousness*-Formen an Konventionen gebunden. Die in sich selbst verschlossene Bewußtseinsklärung muß dem Leser verständlich sein, d. h. eine konventionelle Sprache sprechen. Streng individuelle Erfahrungen müssen ins Allgemeine und anderen Verständliche übersetzt werden. Dazu dient u. a. die Wiederholung und Durchspielung des Motiv- und Begriffsmaterials, das sich dabei ständig weiter verdeutlicht und gegenseitig definiert. Hätten wir einen Wort-Index zum *Tod des Vergil,* so wäre es möglich zu zeigen, daß keine willkürlichen Synonym- und Motivhäufungen vorliegen, sondern alles sprachlich Vorhandene im Kontext gerechtfertigt ist. Von diesem Material konnten hier allerdings nur einige Proben erörtert werden.

Wenn es trotzdem erlaubt ist, nunmehr zu verallgemeinern, so läßt sich sagen: Das gesamte Material an Elementen und Formen dieses Romans, die sprachlichen Möglichkeiten und ihre Verwendungen, Motive und Symbolik, Personen und Vorgänge, begriffliches und historisches Material, die thematischen Schichten, die nur angedeutet wurden, als da sind Psychoanalyse, Massenpsychologie, politische und historische Theorie, Kunsttheorie, Religionsphilosophie und Zeitdeutung, sowie schließlich auch Erzähltechnik, Gliederungen und Perspektiven, sind nicht nur je für sich relativ streng organisiert, sondern in ihrer Organisation aufeinander in einer relativ strengen Konstruktion bezogen, um einen bedeutsamen mystischen Vorgang im Roman darzustellen. Die Organisation erzeugt aus einem endlichen Material einen unendlichen Perspektivismus. Friedrich Schlegel hätte an diesem Buch seine Freude haben müssen.

1 Zitiert wird nach der Ausgabe der *Gesammelten Werke* (Zürich 1952ff.).
2 Broch behauptet in den »Bemerkungen zum Tod des Vergil«, Gegenstand seien die »letzten achtzehn Stunden« (GW VI, 265), und so haben es viele Kritiker übernommen. Obzwar die Zeitangaben im Roman vage sind, ergeben sie doch etwas anderes. Vergil kommt wohl etwa eine Stunde vor Einbruch der Dunkelheit in Brundisium an, zu Beginn des zweiten Abschnitts des »Abstiegs« ist es nach Mitternacht (104); erst gegen Ende der Nacht, als schon die Bauernkarren in die Stadt einrollen, findet er Ruhe (246ff.); die Zeit des Erwachens ist nicht festgelegt, es wird am späten Vormittag sein, zu Ende des zweiten Abschnitts der »Erwartung« jedenfalls ist es Mittag (298), dann folgen noch mehrere lange Gespräche, so daß man annehmen kann, daß er ungefähr zur gleichen Tageszeit stirbt, zu der er in Brundisium angekommen ist. Die Zahl der Großabschnitte der Kapitel I-III beträgt achtzehn, hier mag Brochs »Verwechslung« herstammen. Wenn man jedem Abschnitt – allerdings variiert ihre Länge beträchtlich – etwa eine Stunde zubilligt und dazu sechs Stunden Schlaf zwischen II und III annimmt, kommt man auf 24 Stunden. Kapitel IV hat keine Abschnitte, hier hebt sich die Zeit auf, es ist die unendliche Minute des Sterbens.
3 Vgl. Doris Stephan, »Thomas Manns *Tod in Venedig* und Brochs *Vergil*«, in: *Schweizer Monatshefte*, XL (1960), 76-83; Sidonie Cassirer, »Hermann Broch's Early Writings«, in: *PMLA*, LXXV (1960), 455, Anm. 3.
4 Vgl. die Analyse von Otto Oberholzer, *Richard Beer-Hofmann. Werk und Weltbild des Dichters* (Bern 1947), S. 43ff.
5 Die Beispiele sind willkürlich gewählt. In der Brochliteratur ist, seit sein »Romantizismus« entdeckt ist, immer wieder der Vergleich zu Novalis angestellt worden, vgl. besonders Walter Hinderer, *Die »Todeserkenntnis« in Hermann Brochs ›Tod des Vergil‹,* Diss. München, 1961, S. 146ff., 174; Helmut Olles, »Gibt es eine österreichische Literatur? Ein Versuch zu ihrer Wesensbestimmung«, in: *Wort und Wahrheit*, XII (1957), verfolgt das Todesthema in der österreichischen Literatur bis zu Broch und Doderer. Frederick J. Hoffmann, *The Mortal No: Death and the Modern Imagination* (Princeton, New Jersey: Princeton University Press, 1964) erwähnt Broch überhaupt nicht.
6 Siehe auch Hugh Kenner, *Flaubert, Joyce and Beckett: The Stoic Comedians* (Boston: Beacon Press, [1963]). S. 69.
7 Broch spricht vom Alltag Blooms als »›Welt-Alltag der Epoche‹ von 1905« (GW VI, 186f.).
8 GW VI, 211ff., besonders 235.
9 Leider fehlt bisher eine Analyse des massenpsychologischen Inhalts des *Tod*

des Vergil, die die Massenpsychologie, in der Vergil auch als Beispielfigur auftritt (GW IX, 279 ff.), im einzelnen vergliche. Einige Bemerkungen findet man bei D. Meinert, *Die Darstellung der Dimensionen menschlicher Existenz in Brochs ›Tod des Vergil‹* (München und Bern 1962), S. 15 ff., 21 f.

10 Vgl. GW VIII, 23, wo Broch im Blick auf die *Schlafwandler* davon spricht, einen erkenntnistheoretischen Roman schreiben zu wollen.

11 Eine genauere Erfassung des »beinahe spiegelglatt« ergibt sich mit dem Verständnis des Spiegel-Motivs im *Tod des Vergil*, einiges dazu in Abschnitt IV dieses Aufsatzes.

12 Karl Kerényi, »Mythologie und Gnosis«, in: *Eranos-Jahrbuch*, XII, (1940-41), 224: »Mythologisch ist: die eigene Sterblichkeit und Unsterblichkeit... von dem All ablesen. Gnostisch: anstatt des Ur-sterblichen das Unsterbliche in sich erkennen, einen inneren Menschen, der an sich ohne den Umweg durch das Weltall, ewig ist.« Das gnostische Element der Erlösung des Menschen durch Erkenntnis im *Tode des Vergil* und in den theoretischen Schriften Brochs wäre genauer zu analysieren. Hierin liegt wahrscheinlich die bedeutendste Übereinkunft des Denkens Brochs mit der analytischen Psychologie C. G. Jungs.

13 Das ist durchaus psychoanalytisch angelegt, wie die Untersuchungen von Aniela Jaffe (Hermann Broch: *Der Tod des Vergil*. Ein Beitrag zum Problem der Individuation, in: *Studien zur analytischen Psychologie C. G. Jungs*, hrsg. C. G. Jung-Institut, Bd. II (Zürich 1955), S. 288-343) und D. Meinert (Anm. 9) zeigen.

14 Siehe z. B. Werner Kraft, »Hermann Brochs *Tod des Vergil*«, in: *Eckart*, XXVII (1958), 330f.; Wolfram Mauser, » *La morte di Virgilio* di Hermann Broch ossia del mito della carità, in: *Rivista di letterature moderne e comparate*, IX (1956), 261. Besonders vgl. man die ausführlichen Arbeiten zum Stil: Fritz Martini, *Das Wagnis der Sprache, Interpretationen deutscher Prosa von Nietzsche bis Benn* (Stuttgart 1954, 4. Aufl. 1961), S. 408-464; Wieslawa Erna Wolfram, *Der Stil Hermann Brochs, Eine Untersuchung zum ›Tod des Vergil‹*, Diss. (Masch.schr.), Freiburg i. Br. 1958, S. 123 ff.; Arno Köhne, *Stilzerfall und Problematik des Ich. Stilkritische Studie zur Sprache von Hermann Brochs Roman ›Der Tod des Vergil‹*, Diss. Bonn, 1959 (Bonn 1961). Die Dissertationen von Wolfram und Köhne sind außerst kritisch, eine Auseinandersetzung mit ihnen hätte nur bei einiger Ausführlichkeit Sinn und muß deshalb hier unterbleiben.

15 Das wird in Brochs erkenntnistheoretischen Schriften unter dem Begriff der Simultaneität diskutiert. Vgl. Jack Aaron Hirschman, *The Orchestrated Novel. A Study of Poetic Devices in Novels of Djuna Barnes and Hermann Broch, and the Influences of the Works of James Joyce upon them*, Diss. Indiana, 1961; Kimberley Sparks, *A Geometry of Time. A Study of Hermann Broch's Prose Imagery*, Diss. Princeton 1963; Wolfram (Anm. 14), S. 163 ff.

16 Schon in dem frühesten essayistischen Manuskript der Yale-Sammlung »Kultur 1908« (ungedruckt) finden sich Spekulationen über die Schönheit der »Terz«. Die Verbindung von Mathematik und Ästhetik als auch die Spekulationen über die Dreiheit, die bisher bis zu den »Notizen zu einer systematischen Ästhetik« von 1912 (GW X, 217-236) zurückverfolgt werden konnten (Sparks [Anm. 15], S. 7 f., 90 ff., 116 ff.,), gehen also bis in die frühesten erreichbaren Aufzeichnungen des 22 jährigen zurück. Vgl. Götz Wienold, »Werk und Nachlaß Hermann Brochs: Editions- und Forschungsprobleme«,

in: *Euphorion,* LX (1966), 379 ff., wo auch andere frühe Anklänge an den Vergil nachgewiesen werden.
17 Hirschman zeigt am Beispiel der Wurzel-Dickicht-Metaphorik, wie aus einer Beobachtung der Außenwelt, hier des Buschwerks an den Hängen des Hafens von Brundisium, eine Bildlichkeit für die Darstellung psychischer und geistiger Vorgänge entwickelt wird ([Anm. 15], S. 187 f.).
18 Vgl. Mauser (Anm. 14), S. 261 f.
19 Wolfram bemerkt die Grundfigur des Zyklus und wirft Broch eine Erstarrung in dieser Figur von ([Anm. 14], S. 87).
20 Vgl. Wienold, in: *JEGP,* LXV (1966), 141.
21 Zum Moses-Thema bei Broch vgl. Thomas Koebner, *Hermann Broch* (Bern und München 1965), S. 32, 42, 106, 111, 120.
22 In jedem Kapitel gibt es gewisse Stellen, an denen sich die Erinnerung an das Orpheusverbot einstellt: 15, 41 (I), 198, 199, 201 (II), 324, 328 (III).
23 »Des problèmes de la forme dans *La Mort de Virgile*«, in: *Stil- und Formprobleme in der Literatur* (Heidelberg 1959), S. 439: »L'ensemble de *La Mort de Virgile* obéit toujours au même principe de composition cyclique, avec le retour au point de départ au mieux, encore une fois, à un point situé au-dessus du point de départ.« Auch den ersten Satz des Romans denkt sich Fuchs als solche geistige Spirale: »Der Schluß kehrt zum Beginn zurück, aber auf einem anderen geistige Möglichkeiten einschließenden Niveau.« (Broch, *Der Tod des Vergil,* in: Benno von Wiese, *Der deutsche Roman vom Barock bis zur Gegenwart. Struktur und Geschichte,* 2 Bde. [Düsseldorf 1963], Bd. 2, 349).
24 Das ist einer der grundlegenden Unterschiede zu *Finnegans Wake,* mit dem *Tod des Vergil* verschiedentlich verglichen worden ist, z. B. von Maurice Blanchot, *Le livre à venir* (Paris 1959), S. 152.
25 In Brochs theoretischen Schriften ist es das »intelligible Ich«, das die letzte Einheit der Erkenntnis, des Wissens, der Wertsetzung, der Begründung des Rechts usw. stiftet. Vgl. Erich Kahler, *Die Philosophie von Hermann Broch,* Schriftenreihe wissenschaftlicher Abhandlungen des Leo Baeck Instituts, 9 (Tübingen 1962), S. 14 ff. und passim.
26 Die Literatur soll hier nicht im einzelnen diskutiert werden. Doris Stephan (*Der Innere Monolog in Hermann Brochs Roman ›Der Tod des Vergil‹*, Diss. Mainz, 1957; »Der Roman des Bewußtseinsstroms und seine Spielarten«, in: *Der Deutschunterricht,* XIV, 1 (1962), 24-38) sieht im *Tod des Vergil* eine Verknüpfung von innerem Monolog, erlebter Rede und Bewußtseinsbericht. Norbert Miller nennt die Erzählform in nicht glücklicher Vermischung der Begriffe »erlebte Rede als Inneren Monolog« (»Erlebte und verschleierte Rede«, in: *Akzente,* V (1958) 219 f.), Karl August Horst setzt eine Spaltung in »romanhaften Rahmen« und »Binnenepos« an (»Methodisch konstruiert«, in: *Merkur,* V (1951), 392). Nach Gerhard Storz ist die »entstehende Einheit« der Bewußtseinsbewegung »Symptom der Agonie« (Über den ›Monologue intérieur‹ oder die ›Erlebte Rede‹«, in: *Der Deutschunterricht* VII, 1 (1955), 47). Köhne ([Anm. 14], S. 130) stellt fest, daß es keinen äußeren Beobachter des Todes Vergils gebe, und wertet das negativ. Joseph Strelka (*Kafka, Musil, Broch und die Entwicklung des modernen Romans,* (Wien [1959], S. 77) bemerkt, daß bei Broch im Vergleich mit Musil »die Gestalt des reflektierenden Raisonneurs, als welcher sich der Autor in sein Werk einschwindelt«, ganz fehle. Maurice Nadeau spricht von der »camera di agonizzante«, die die Vorgänge aufnimmt und die Perspektive bildet (»Hermann

Broch e *La Morte di Virgilio*«, in: *L'europa letteraria*, III [1962], 63). Hirschman ([Anm. 15], S. 172 ff.) diskutiert die Frage des »inneren Monologs«, ohne eine eigene Lösung vorzuschlagen. Andere sprechen wie Broch selbst (GW VI, 265) von »Innerem Monolog« ohne weitere Diskussion, z. B. Wolfram ([Anm. 14], S. 41) und Günter Blöcker, *Die neuen Wirklichkeiten. Linien und Profile der modernen Literatur* (Berlin 1957), S. 307.

27 Erich Kahler, »Rede über Hermann Broch«, in: *Die Neue Rundschau*, LXIII (1952), 233 ff.; Martini (Anm. 14), S. 414f., 433, 447, 455, 459.

28 A.a.O., S. 460; S. 463: »Der dichterische Raum bleibt nicht geschlossen; der Sinn des Erzählten beantwortet sich nicht allein durch die Erzählung und ihre Bildlichkeit, sondern er wird zusätzlich und *in abstracto*, belehrend und verkündigend, dem Leser direkt zugesprochen.«

29 *Protest und Verheißung. Studien zur klassischen und modernen Dichtung*, 2. Aufl. (Frankfurt a. M. und Bonn 1963), S. 186.

30 GW VI, 197.

31 GW VII, 38.

32 *Hermann Broch, Columbia Essays on Modern Writers*, 3 (New York und London Columbia University Press, 1964), S. 19, 28. Vgl. die Besprechung durch Götz Wienold, in: *JEGP*, LXV (1966), 140f.

33 *Stream of consciousness* ist eine als-ob-Technik; der Erzähler arbeitet mit der metaphorischen Hypothese, Bewußtsein verhalte sich so, als ob es Strom wäre. Vgl. Erwin R. Steinberg, »The Stream-of-Consciousness Novelist: An Inquiry into the Relation of Consciousness and Language«, *Etc.*, XVII (1960), 433: »I have discussed some of the major theories, however, to document the fact that the psychological stream of consciousness is not merely a string of words and that therefore what the stream-of-consciousness writer writes is not a transcription but a simulation of what occurs in the mind.«

34 Siehe vorläufig Horst Gronemeyer, *Untersuchungen zur Geschichte der deutschen Vergil-Übertragung mit besonderer Berücksichtigung Rudolf Alexander Schröders*, Diss. Hamburg 1963, S. 85 f., 283 f.

35 Käte Hamburger erkennt im »inneren Monolog Vergils« die Denkform einer »Vergilgestalt«, die nicht mit dem historischen Vergil identisch ist, einer allgemeinen Dichtergestalt, die die Erörterung der Kunstproblematik in diesem Roman begründe (»Erzählformen des modernen Romans«, in: *Der Deutschunterricht*, XI, 4 (1959), 9f.).

36 Zitiert nach der Ausgabe der Schriften, (Band I) (Frankfurt am Main: Suhrkamp, 1960), S. 65 f.

Der Aufsatz erschien erstmals in: *Zeitschrift für deutsche Philologie*, Jg. 86, Nr. 4 (November 1967), S. 571-593.

Walter Hinderer
Die Personen in
Der Tod des Vergil

Über die Personen seiner Romane berichtet Broch in einem Brief: Ich weiß, »daß alle meine von mir gezeichneten Gestalten zuerst traumartig mir aufgestiegen sind, niemals nach freier Wahl, niemals aus der Außenwelt herangeholt (oder eben nur mittelbar), und daß ich sie daher zuerst immer von innen her gesehen habe, also in stärkster, in lyrischer Identifikation« (GW 8, S. 417). Nicht von außen nach innen werden die Personen projiziert, sondern umgekehrt: von ihrer schon innerlich, wesenhaft gesehenen Struktur nach außen. Das gilt für Plotia, Lysanias, den Sklaven und Vergil selbst, nicht aber für Augustus, Plotius, Lucius, die drei Torkelnden und die im Hafenviertel (erstes Kapitel) auftauchenden Gestalten; denn diese werden tatsächlich von der Außenrealität in die Innenrealität transponiert, und zwar nicht nur in die Vergils, sondern ebenso in ihre eigene. Schicht um Schicht durchdringt der Erzähler die Realität der Erscheinungsgestalten, bis sie im transrealen Bezug ihre eigentliche Wesenheit und Funktion preisgeben. Allein, besieht man es genauer, so sind auch der Sklave und Lysanias teilweise in den realen Erzählvorgang einbezogen: sie werden sowohl von innen her wie von außen gesehen. Sie sind manchmal real, wechseln dann aber sofort wieder ins Transreale. Aber beide, die imaginären und die realen Figuren, sind mit ähnlicher Funktion betraut. An ihnen wird der Prozeß der Selbstentäußerung und Selbsterhöhung, Brochs mystisches Schema, entwickelt.

Die Figuren der Elendsgasse (S. 42-50), die Kinder, die keifenden Weiber, die »mummelnden Greise«, sollen Stück um Stück von der »Überheblichkeit seiner Seele«, seiner Eigenliebe, von seinem Narzißtum reißen. Vergils Seele wird dadurch nackt, »so nackt wie die Säuglinge, so nackt wie die Greise auf ihren Lumpen« (S. 44); sie geht ein »in die flutende Nacktheit des Ununterscheidbaren«, ins »Kichern des leeren Nichts« (S. 178). Durch die Schimpfworte der Weiber wird Vergil seines Namens, seiner Seele, seiner künstlerischen und schöpferischen Eigenschaften entkleidet und »zu jener bittersten Scham« (S.

46) erniedrigt. Die Stimmen der Weiber sind die Stimmen seines eigenen Gewissens, seiner Schuld; es sind die »wissenden Stimmen der Zeit«, das Wissen um das Schicksal (S. 46). Broch schildert darin Vergils Gang zu den Müttern, welche wünschen, jedes Kind möge »immer so nackt bleiben, wie es geboren worden ist« (S. 47), nackt in seiner »ersten Geborgenheit«. Das Mütterliche weiß nach Broch nicht um die Wiedergeburt, nach der jede Geburt verlangt (S. 48).

Die Gestalten der Elendsgasse haben den Zweck, Vergil zur Zerknirschung ins Nichts zu zwingen. Vergil hat sich der väterlichen Verantwortung, das Ich zum Unendlichen und Göttlichen hin zu weiten, entzogen. Anstatt den Kreis zu schließen, vergrößerte er das in ihm enthaltene »Nichts der Mitte« (S. 49). »Die Nacktheit des Gelächters«, das Gelächter des Nichts, tritt Vergil noch schärfer im Inferno II (S. 118-128) entgegen. Hier wird er unverhüllt, ohne gewollte Blindheit, mit dem zweiten »höllischen Gassenschlund« (S. 50), mit der zweiten »höllischen Lachenswildnis« konfrontiert, mit unverschminkter, obszöner, grausamer Realität. Alles Ästhetische in Vergil muß dem Nichts anheimfallen. Diese drei Figuren: »ein auffallend dürrer Kerl, der mit hochgezogener Schulter an einem Stocke hinkte und diesen drohend hob,... das Weib, dick und massig, und schließlich, womöglich noch dicker... der andere Mann, ein breitbauchiger Turm« (S. 120f.), sind »Abgesandte der Hölle, entsandt aus dem Elendsquartier, in dessen Fensterreihen er geblickt hatte, unbarmherzig vom Schicksal zum Blick genötigt« (S. 126). Sie verkörpern das Untermenschliche, das Bestialische, das Chaos an sich, und den »metaphysisch verstoßenen« asozialen Großstadtpöbel. Ihr Dasein zeigt Vergil die Grausamkeit, welche dem Ästhetizismus innewohnt. »Jene drei, die drei Torkelnden da drunten, sie waren die Zeugen des Meineids gewesen« (S. 144). Sie klagen Vergil der Mitschuldigkeit, der Mittäterschaft und der Verantwortungslosigkeit an; denn auch Vergil hat pflichtvergessen die Schöpfung und die Eigenschaften seines Selbst dem Nichts preisgegeben. Aus diesem Grunde darf er, will er seinem Leben und seinem Tode noch einen Sinn geben, nicht auf der Stufe seiner »Scheinmenschlichkeit« und seiner »Scheinkunst« verharren. Von diesem Erlebnis führt der direkte Weg über die Stadien der Zerknirschung zur Todeserkenntnis.

Plotius, Lucius und Agustus fordern von Vergil Rechenschaft und Begründung für die Äneisvernichtung. Vergil wird dadurch gezwungen, von seinem mystischen Wissen und Fühlen Zeugnis abzulegen. Plotius verkörpert für Vergil außer der »Person des Landedelmannes«, die zu sein er sich sehnte, ein »Stück guten Gewissens« (S. 264). Nur die Arbeit des Landedelmannes hält Vergil für nützlich. Plotius ist mit seiner polternden Gutmütigkeit, seiner raumfüllenden Vitalität und seinen Bauernsprüchen ein Bild überschäumender Lebenskraft. In Gegenwart dieser Persönlichkeit fühlt Vergil sich geborgen. Des Plotius Freundschaft gewährt ihm Schutz, obgleich gerade der wohlmeinende Freund Vergil mit seiner Angst auch ein »Stück eigenes Selbst« wegnimmt, ihn dergestalt »wieder aus der Erwachsenheit« ausstößt und »zum Kinde« macht (S. 288). Also auch Einschüchterung geht von der starken Persönlichkeit des Freundes aus, eine »sonderbare Verkleinerung des Selbst«, die sich in die Gestalt des Lysanias umsetzt. Aber bezeichnenderweise ist es Plotius, der dem Sarge, Vergils Manuskriptkoffer, ein »Ewigkeitsschluchzen« nachschickt (S. 440). Plotius wird auch den sterbenden Freund »beschützerisch und gut und stark« (S. 485) bei der Todesfahrt im vierten Kapitel des Buches begleiten, in dem Vergil die Freunde bis zu ihrer Wesenheit durchdringt, auch Octavian, der für Vergil zum irdischen Prüfstein wurde.

Obwohl der Dichter Octavian preist, daß er »Frieden und Ordnung und die eigene Sicherheit« gestiftet hat, empfindet er doch ein Gefühl der »Bitterkeit gegen den Augustus« (S. 60). Ein zweifelsohne zwiespältiges Gefühl, das Octavians vermeintlicher »Freundschaftsheuchelei« gilt. Vergil hält des Cäsars Freundschaft für eine »nur selbstischen Zwecken dienende« (S. 60) Glätte. In Vergils Augen ist Octavian identifikations- und darum liebesunfähig. Darin zeigt sich die Eigenliebe und Selbstüberheblichkeit des sterbenden Dichters, daß er die Fehler am Gegenüber mit Bitterkeit notiert und nicht an sich selbst sieht. Gerade die Identifikationsunfähigkeit ist es ja, die Urschuld, deren sich Vergil nachher selbst bezichtigen muß: »er hatte niemals geliebt« (S. 277). Noch einer anderen Hybris macht sich Vergil schuldig, die wir im *Tod des Vergil* (S. 22 f., 54) nur noch sehr mittelbar enträtseln können. Deutlich dagegen wird es im »Ur-Vergil«[1]: »Auf der Gasse schrien sie

Augustus Retter und Augustus Vater – wird er es nicht büßen müssen? Schlaf? wer wollte schlafen, da Troja brennt!« Dies wars: zu wissen, daß der Cäsar schläft und keinen Blick für das Unheil besaß. Aber hatte nicht auch Vergil die Augen verhüllt, um das Elend des Hafenviertels nicht zu sehen? Nun, auch dies muß gebüßt werden: die Szene mit den drei Abgesandten der Hölle leitet es ein. Die Bitterkeit gegen Augustus wird zu einer Bitterkeit gegen sich selbst. Nicht der Neid auf des Cäsars Staatsgewalt motiviert Octavians späteren Vorwurf, sondern eben jene Hybris Vergils, jene Eigenliebe und fehlende Demut. Ihn zur Demut zu bringen, zur dienenden Tat, zur Ich-Du-Erkenntnis, darin besteht die vornehmlichste Funktion Octavians. Im Hintergrund des Dialogs, den der Dichter, der Idealist, und der Staatsmann, der Realist, führen, steht der Kampf um die *Äneis*. Aber entscheidender für die Phasen Vergils ist, daß Vergil Octavian in Freundschaft erkennt, sich mit ihm identifiziert, und daß Octavian ihm wiederum für die »Erkenntnistat« den Lorbeerzweig aushändigt, der sich nachher zum goldenen Zweig verwandelt. Vergils Unterpfand ist der Verzicht auf die Äneisverbrennung; er legt allen Eigennutz ab und übergibt Augustus die Dichtung. Die ursprünglich bipolaren Prinzipien, das Weltliche und das Geistliche, Augustus und Vergil, finden auf dem Boden des schlicht Menschlichen, in der gemeinsamen Erinnerung an ein gemeinsames Erlebnis zusammen. Sie tauschen die Embleme ihrer Personen aus, Lorbeer und *Äneis*. Im Akt von Liebe und Erkenntnis geschieht es, daß das Unendliche sich mit dem Endlichen vereinigt.

Der Gedanke der Entsprechung von ›Oben‹ und ›Unten‹ findet sich auch im Motiv des goldenen Zeitalters, wo Vergangenheit und Zukunft eins sind. Unter der Herrschaft des Saturnus war nach dem antiken Mythos den Menschen das goldene Zeitalter beschieden. In Erinnerung an dieses Zeitalter feierten die Römer vom 17.-19. Dezember die Saturnalien, in denen Herren und Sklaven die Rollen tauschten. Auch Vergil und Augustus haben – freilich im anderen Sinne – die Rollen getauscht. Darauf Bezug nehmend, fügt Broch eine saturnalische imaginäre Szene an, in der kraft der Sphärendrehung der »kleine schwarze Syrer« (S. 27f.) jubelnd verkündet: »Das Goldene Zeitalter ist angebrochen... Saturnus regiert die Welt... was oben war, ist unten; was unten war, ist oben...« (S. 464). Nochmals steigt Vergil ins höllenhafte Dunkel der Elendsgassen, in dem der geldeintreibende Charondas die Kranken gesund spricht. Von einem Lumpenlager erhebt sich Augustus, eine baumelnde Sklavenkette nachschleifend, als sei er der »ehemalige Gefährte des kleinen Syrers« (S. 465). Er fordert Vergil auf, mit ihm »immer weiter zurückzukehren«, bis sie hinter die »ältesten Vorfahren« gelangten: »wir müssen in die Masse zurückkehren, die uns getragen hat, wir müssen bis in den Humus des Anfangs zurückkehren...« (S. 465). Augustus, Sklave durch saturnalische Umkehrung, beschreibt Vergils Weg. Ins Anonyme, ins Kreatürliche, muß sich Vergil begeben, so wie er sich in die Massenseele, ins Es schon begeben hat. Doch vorläufig verwehrt der Sklave diese Rückverwandlung in den Urhumus des Seins. Er verwandelt die »Massengebilde« ins Nichts und fordert Vergil auf, den Tod, den Vater zu errufen (S. 465f.). Solches zeigt die Phantasie des sterbenden Dichters, nicht aber die Realität. Doch gerade die Personen, welche in der Imagination Vergils leben, sind bedeutsam für die innere Entwicklung.

Die Person des Lysanias »trägt bis ins kleinste Detail die Attribute des Knabengottes« (GW 8, S. 419) und Totengottes Telesphoros. Er führt Vergil in die Unterwelt des Elendviertels und weist ihm dadurch den Weg der Selbsterkenntnis. Lysanias, »ein etwas unhübscher, bäuerisch tapsiger Bursche«, hat als Führer ins Totenreich auch hermeshafte Züge. Er verbindet das Oben mit dem Unten. In beiden Bereichen, im Realen wie im Imaginären, wird er seiner Führerrolle gerecht. Auch die hermesähnliche Schalkhaftigkeit finden wir in seiner Gestalt: »es war die nämliche Lustigkeit, mit der er drunten auf dem Platze versucht hatte, die Bahn für den Dichter Vergil freizubekommen, und es war die nämliche Lustigkeit, die von einem sehr fernen Einst herstammte« (S. 65). Als Psychopompos geleitet Lysanias auch Vergils Seele aus dem Diesseits ins Jenseits. Von seiner Musizierfähigkeit hatte Vergil bereits auf dem Schiffe Proben vernommen. Das »führende Lied« (S. 20), das mystische »Lied der Zurückkehr«, »das namenlose Lied des namenlosen Knaben«, das aus dem »Urgewässer« der Vergangenheit emporsteigt und die »Tore der Urwelt« öffnet, war das Lied des Lysanias gewesen, »ruhend in sich selbst und eben darum wegweisend« (S. 19); es war der zeitlose, richtunggebende »Gesang der Führerschaft«, der Vergangenheit, Gegenwart und Zukunft zur Einheit des Kreises schließt. Der Knabe kommt Vergil, als er seiner ansichtig wird, »wunderlich vertraut und bekannt« (S. 25) vor, weil ihm in Lysanias auch die Verkörperung seiner eigenen Kindheit gegenübertritt. Vergil ist so »Kind und Greis gleichzeitig kraft unsäglicher Erinnerung« (S. 54).

Wie alle Urbilder ist auch der Lysanias eine Projektion des Unbewußten; er hat aus diesem Grunde manche mythischen Parallelen. Auch der Topos von »Knabe und Greis« gehört hierher, den Ernst Robert Curtius[3] näher erläuterte. Hinter dem Ideal der heidnischen Spätantike vom *puer senex* steht das mythische Muster vom Heilbringer, der »durch die Verbindung von Kindheit und Alter charakterisiert«[4] wird. Das im Werk Brochs vorhandene Urbild »des immer möglichen, immer künftigen Heilbringers«[5] deutet Lysanias in symbolischer Abbreviatur an. Er weist in die Zukunft, gen Osten, auf die Geburt des neuen Zeitalters. »Das Kind ist ewig Verheißung, Ende und Anfang zugleich«[6]; auch Vergil knüpft am Ende seines Lebens wieder an den Anfang an, indem er dem Lysanias seinen Ring vererbt. Führer in die reine Unendlichkeit ist das Kind, der Knabe Lysanias, »das göttliche Kind«, das in Vergils »Kindsein enthalten ist«[7]. Es ist das göttliche Echo, das voranfliegt »als Führergebärde, als weisende Hand, als strahlende Weisung« (S. 501). Noch ein anderes Motiv weist Lysanias als göttliches Kind aus: seine »hinfliegende Geniengestalt« (S. 503) und die Tatsache, daß die »geflügelte Geniengestalt« im Stein des Ringes eingraviert war (S. 78). Außerdem besteht im *Tod des Vergil* ein »urweltlicher Zusammenhang von Wasser, Kind und Musik«[8], den Kerényi als Kennzeichen des Urkindes bestimmt. Hermes, das Urkind schlechthin, ist die verkörperte Musikalität der Welt. Lysanias trägt diese Züge zu Anfang des Romans. Das göttliche Kind deutet auch auf den anderen Aspekt der Lysaniasfigur: auf den Zukunfts- und Heilbringercharakter, denn nach C. G. Jung ist »das Kind potentielle Zukunft«[9]. Der Knabe kommt aus der Heimat Vergils, aus Mantua, wie wir in einem Gespräch erfahren (S. 61-67). Aber das Vordergründige von Frage und Antwort taucht sofort ins Hintergründige ein. Aus Andes kam der Knabe, um Vergil heimzuführen (S. 66), zur Landschaft der eigenen Kindheit, aber auch, um das Ziel Vergils als jenseits der Dichtung liegend zu bestimmen (S. 65).

»Je mehr wir den Namen mit Sein erfüllen, desto fremder wird er uns« (S. 66) sagt Vergil. Er weiß, daß er den Namen ablegen, ins Namenlose steigen muß, um das Ziel zu erreichen und wieder zur humanen Bestimmung zurückzufinden, zu der ihn der Knabe, der Verkünder des »Noch nicht und doch schon« (S. 66) führen wird. Vom Nicht-Seienden ins Seiende zurück, zu den Toten und wieder zurück ins Leben, weist Lysanias Vergil den Weg. Denn »das ist's, was wir alle benötigen«: »Den Führer ins Totenreich, den Führer ins Nicht-Seiende, um zum Seienden zu gelangen«, sagt Hermann Broch in den *Schuldlosen* (S. 273).

Lysanias löst in Vergil auch die Flut der Erinnerung aus, die ihn nachher zur Selbstanklage veranlaßt. Außerdem verkörpert Lysanias den in jeder Kindheit keimhaft vorhandenen Tod. Nicht nur die Rückkehr zur »Jugend der Menschheit«, zur »schlichten und sanften Derbheit des bäuerlichen Lebens«, von dem Vergil selber seinen Ausgang genommen hatte, sieht Vergil in dem Knaben, sondern auch die »Verkündigung des Todes«, wie es im »Ur-Vergil«[10] heißt; denn nach einer Vision vom Untergang Roms verkündet dort des Engels Stimme: »Wachse nun, kleiner Knabe«[11]. Broch nimmt wörtlich Bezug auf den Schluß von Vergils vierter Ecloge: »Wachse nun, kleiner Knabe, lächelnd erkenne die Mutter.« Dies steht unter dem Motto: *Amor vincit omnia*. Auch Vergils Liebe überwindet am Ende den Tod. Durch diese Liebe schaut er die »transzendente Identität von Mutter und Kind mit dem eigenen Selbst«[12]. Lysanias ist Vergils Eros und Vergils Kindheit, in der er die Mutter erkennt. »Vatererkenntnis« und »Muttererkenntnis«, Tag und Nacht, sind die Pole, zwischen denen die Erkenntnis schwebt, »aufsteigend aus der Mütter Weisheit... emporsteigend zur brennenden Vatererkenntnis« (S. 68), zur Klarheit des Todes. Auch symbolisch schwebt Lysanias, teils Eros, teils Kindheit, teils Totenführer, zwischen Plotia, zwischen »Muttererkenntnis« und dem Sklaven, der »Vatererkenntnis«; und doch ist er mit beiden verwandt. Er weist noch auf das Suchende in Vergil hin, was wiederum eine Stelle aus dem »Ur-Vergil« (S. 55) erhärtet: »Wachse, kleiner Knabe, wachse, klinge und führe, Führer durch die Zeiten, ahnend im Zeitlosen.« Lysanias bestimmt Vergil auch als den »ewigen Führer, der selber das Ziel nicht erreicht« (S. 296).

Die von innen her »traumhaft« geschaute Gestalt des Lysanias taucht schon in einem 1934 geschriebenen Gedicht Brochs auf (GW 1, S. 89):

Und noch immer neigt sich der Knabe dir zu,
der, der auf dem Mustang einhergesprengt kam
über die Hügel hinwegsetzend.
Unübersteigbares bezwang er,
Dornen und Gebüsch durchsprengte er –
Wann war es?
Damals, damals –

Und noch immer küßt er deinen Mund,
den welk gewordenen,
küßt dich wie damals,
da er dich zum Tode erweckte.

Lysanias ist Kindheit und Geburt in einem; er ist Todeserwekker, der Tod selbst, weil er den Greis, das Ende zu seiner Kindheit, zum Anfang zurückführt und so den Lebenskreis Vergils schließt. Vom Hiesigen ins Jenseits geleitet der Knabe Vergil. Beigesellt war er ihm stets, wie Lysanias selbst sagt: »beigesellt war ich dir stets, lief dir nur scheinbar voran, und schwand ich dir oft aus den Augen, kehr' ich in dich nun zurück, eingerufen von dir im zeitlosen Ablauf der Zeit, deren ruhender Führer du bist« (S. 290). Die Entsprechung von Tod und Kind schlägt sich auch in einem zweiten Gedicht (GW 1, S. 135) nieder:

Landschaft, die ich niemals finde,
bis ein letzter Abend glüht
und der Tod gleich einem Kinde
mich in seine Seele zieht.

Noch eine andere Funktion hat die Lysaniasfigur: sie soll die Unerwachsenheit Vergils versinnbildlichen. Gerade durch die Erwachsenheit des Plotius fühlte sich Vergil in das Lysaniasstadium zurückgestoßen. Es war, als hätte ihn der Freund »zum Kinde gemacht, zurückgeworfen in die pläneschmiedende Unreife, ... der allein der Plotius sich wahrhaft zu entwinden gewußt hatte« (S. 288). So wird das »Wachse nun, kleiner Knabe« auch noch in diesem Sinne verständlich: Vergil soll zur Erwachsenheit aufsteigen, die unter dem Zeichen der Selbstidentität steht und »aus der Identifizierung mit dem Sein hervorgeht« (GW 6, S. 169).

In Lysanias klingt also das Motiv von Vergils Identifikationsunfähigkeit an, womit gleichzeitig der Weg zur Liebe angedeutet wird. Im inneren Dialog mit den imaginären Figuren hält Vergil Abrechnung mit seinem Leben. Hier erfährt er auch die mystischen Wissensstufen und das Ziel der Welt. Lysanias spricht von der »Willenstat reiner Gesinnung« (S. 290), die allein weiterhelfe. Der Knabe wird für Vergil »der Raum der Erinnerung... der Abgrund des Einst« (S. 293). »Hingebreitet durch alle Jahreszeiten, hingebreitet durch alle Zeiten des Lebens« (S. 398), bleibt Vergil immer das Bild seiner Kindheit, Lysanias, gegenwärtig. Er, der »Herold des Einst« (S. 434) ist es auch, der Augustus und Vergil in Freundschaft und Liebe verbindet und eigentlich (S. 434) die *Äneis* dem Freunde überreicht. Lysanias verkörpert hier das gemeinsame Einst: er sprengt auf dem weißen Pferd heran, wie im Gedicht der Knabe auf dem Mustang. Auch in dieser Szene steht die Lysaniasgestalt unter dem Aspekt des Todes; aber nicht so eindeutig wie der Sklave.

Des Sklaven »Kraft ist größer« als die der Kunst (S. 373). Seine Person tritt sofort aus der Realität in den vieldeutigen, hintergründigen Bezug. Der Sklave verkörpert neben dem Tod das väterliche Prinzip, die Vater- und Todeserkenntnis. Damit eng verbunden zeigt sich eine andere Funktion: die Pflicht zur Verantwortung, zur Icherweiterung, zur Erwachsenheit. Auch das Stadium »namenlosester Nacktheit« (S. 292), letzte Demut und dienende Tat, sind in der Person des Sklaven vereinigt. Sie steht schon ganz in der Ahnung des heraufkommenden Christentums; so spricht der Sklave: »Doch der Fluch der wechselnd... weitereroberten Herrschaft erlischt, wenn... jener erscheint, den die Jungfrau gebar; er ist der erste, der sich nicht auflehnt, eingeht er in den Vater, und der Vater geht ein in ihn; vereinigt sind sie im Geiste, ewiglich drei in einem« (S. 291). Eine ähnliche Dreieinigkeit haben wir in der Konfiguration von Plotia, Lysanias und Sklave zu sehen. Es ist die innere Dreiteilung Vergils im Symbol des Kreises. Als Kind geht er in Plotia ein und in den Tod, den Sklaven, als Kind weist er auf seine eigene Vaterschaft hin, über den Tod hinaus in die Zukunft.

Im Sklaven beklagt Vergil »die Haltung des zur Waise erniedrigten Menschen« (S. 292), erkennt aber in ihm auch die »Pflicht zur Hilfe« und Ordnung. Der Sklave sagt es selbst: »ich war dir bloß aufgezwungen; ich war dir die Pflicht, da ich diente...« (S. 293). Den Sklaven, das Sklaventum, aus freien Stücken auf sich zu nehmen, wird Vergil zum Befehl. Als er sich freiwillig der Pflicht, der »dienenden Hilfe« unterzieht, verwandelt er sich in den Sklaven, übernimmt er dessen Funktion, und geht damit auch in Lysanias auf: beide stammen aus dem Bereich demütiger Kindschaft. Es ist jene Zone der Bruderschaft (S. 295), zu der sich die gedemütigte Menschenkreatur zusammenfindet, zur »Stimme des Trostes und der Hoffnung und der unmittelbaren Güte: ›Tu dir kein Leid! denn wir sind alle noch hier!‹«, wie es in den *Schlafwandlern* (S. 687) heißt. Indem sie sich vereinigen, verheißen Sklave und Knabe ein Zeitalter des Friedens ohne Waffen: »Waffenlos ist das Ende, waffenlos der Wiederbeginn, und aus dem nächtlichen Stern steigt milde der Gott zum Zenit« (S. 296). Der Sklave als Vorläufer der neuen Religion, in der das geistliche Reich die irdischen Standesunterschiede aufhebt, spricht auch das Gebet zum »unbekannten Gott« (S. 297).

Im Sklaven drückt sich noch ein anderes aus: das Gefesseltsein ans Irdische. Überall trägt Vergil noch die Kette des Irdischen, die doch »schon leise gelockert ist« (S. 296). Obgleich in der Figur des Sklaven solches Bild wird, weist sie darüber hinaus in »ein Reich der Freiheit... des Menschen und der Menschlichkeit« (S. 403), in ein »Reich des Geistes« (S. 402) und der Erkenntnis, »ein Reich der Menschengemeinschaft, getragen von der menschlichen Einzelseele, ...von ihrer göttlichen Ebenbildhaftigkeit« (S. 404). Dieses Reich wird ewig sein, ohne Tod, verkündet der Sklave. Den Staat dagegen nennt er »lächerlich und irdisch« (S. 401). Denn »aus unserer demütigen Auslöschung wird uns die Erkenntnis erstehen« (S. 405) und »wir werden auferstehen im Geiste« (S. 406). Vergil selbst will das Reich, das nicht von dieser Welt ist, ins Irdische tragen. Der Sklave weist auch auf eine neue Frömmigkeit hin, auf den »Ur-Unbekannten, dessen Name verboten ist« (S. 413), wie Broch Gott mystisch beschreibt.

Mit den Szenen wechseln die Funktionen der imaginären Personen. So geschieht es, daß, als sich Sklave und Knabe zu einem

»Doppelauftritt« vereinigt haben, der Sklave unvermutet zu wachsen beginnt (S. 444). Den Lysanias verdeckend, wächst er zu einem Eisberg, zu einem Riesen, der Vergil in »glühender Eisumklammerung« von der Erde hebt (S. 447). Vergil sieht hier in dem wachsenden Sklaven den Tod; dünn ist die Brücke zwischen Sein und Nicht-Sein. Als verkörperter Tod flößt der Sklave eine letzte Todesangst ein, so daß Vergil nach der Mutter, nach dem Leben ruft (S. 448). Doch nach dem »Mutteraufruf« findet Vergil zu einer Todesbereitschaft, die ihn so erwachsen macht, daß selbst Plotius gehorsam wird (S. 452). Das Geschehen bestimmen nun Tod und Sklave, mit dem sich Vergil – »erkennend und erkannt« – für immer verkettet hat (S. 458). Der Sklave erweist sich auch als der heimliche Regisseur jener wiederholten Unterweltsszene (S. 464 ff.), die sich auf seinen Befehl hin auflöst. Der Sklave ist der griechischen Anschauung verpflichtet: »Böse ist das Leben« (S. 465). Das resultiert aus dem anthropologischen Dualismus von Körper und Seele in der griechischen Gedankenwelt. Dahinter steht die orphische Lehre mit ihrer Mystik. Der Körper wird hier als Fessel, als Gefängnis, als Grab der Seele verstanden; nur Askese und fortschreitende Läuterung kann die Seele daraus erlösen. Ähnliches besagen die mystischen Spekulationen Brochs im *Tod des Vergil,* wo sie sich hinter der Figur des Sklaven verbergen. Der Sklave treibt Vergil im dritten Kapitel des Romans von einer mystischen Stufe zur anderen, bis er ihn direkt zum »Vateraufruf« auffordert, zur letzten irdischen Vollendung (S. 367 ff.). Er befiehlt ihm, den letzten Haß dem Irdischen gegenüber abzulegen und sich mit der Wirklichkeit, mit dem Leben, ganz zu identifizieren. Denn erst vermöge des Einklangs wird sich die Fessel des Irdischen lösen, erst in solcher Harmonie kann ihn der Sklave zur Überfahrt ins »Jenseits der Sprache« entlassen. Während im ersten Kapitel Lysanias die Führung Vergils übernimmt, weist der Sklave im dritten Kapitel den Weg zur letzten Identifikation, zur Identifikation mit dem Tod, und darum auch mit dem Leben. Lysanias und der Sklave wechseln sich ab in dieser Aufgabe, oft vereint, oft gegensätzlich gegenübergestellt. Sobald Vergil aber die Demut und dienende Selbstentäußerung des Sklaven erreicht hat, tritt dieser aus dem Geschehen. Nur Plotia und Lysanias sind im vierten Kapitel von den imaginären Personen noch anwesend.

Plotia verkörpert das mütterliche und das weibliche Prinzip. Sie wird Vergil zur Eurydike (»Oh Eurydike, oh Plotia« [S. 273]), die er wie Orpheus aus dem Totenreich zurückholen will, um mit ihr gemeinsam den goldenen Zweig der Liebe und Erkenntnis zu suchen, die Todeserkenntnis; denn »dem Einsamen ist der Tod verschlossen, zweisam ist das Wissen um den Tod« (S. 364), wie Plotia sagt. Sie ist die einzige Figur im *Tod des Vergil,* die ganz im Imaginären steht ohne jeden Bezug zur Realität. Als Bild der Vergangenheit ist sie auch Bild von Vergils Schuld: In ihr klagt ihn die eigene Identifikations- und Liebesunfähigkeit an; erst am Schluß des Romans erklärt sie sich zur Liebe schlechthin, zur verheißenen Heimkehr.

Plotia hatte Vergil den Ring an die Hand gesteckt (S. 162). Sie galt es, in der Unterwelt aufzusuchen und der Vergessenheit zu entreißen. Aber »sie war unauffindbar im Totengestrüpp« (S. 165); er selbst war abgestorben ins »Meineidige« der Schönheit, zu der er sich hatte flüchten müssen, weil er zur Liebe unfähig gewesen war (S. 166). An der wirklichen Plotia hätte sich schon »jene menschlichste aller Aufgaben, die allzeit und ausschließlich Schicksal-auf-sich-nehmen heißt« (S. 166) vollziehen müssen, die Liebe an sich, in der das Werdende, das Kindhafte, in das Gewordene, in die Mannhaftigkeit aufgenommen wird (S. 167). Plotia bedeutet für Vergil vertraute Heimkehr in die mütterliche Geborgenheit; sie verführt ihn ebenso zur Umkehr wie der Knabe Lysanias, der häufig das Gedicht, Vergils Eigenliebe, verteidigt (z. B. S. 198f.). Aber die Namenlosigkeit ist »im Mütterlichen und jenseits alles Mütterlichen beheimatet« (S. 207). Die Mutter will »das Kind vor dem Namen schützen«, auch vor dem richtigen Namen, der durch den Abstieg zum Vater und durch das Opfer gewonnen wurde (S. 207). So gleicht die Flucht ins Mütterliche der Flucht ins Namenlose. Broch verarbeitet dieses Motiv auch in den *Schuldlosen.*

Eine Hymne auf die Heimkehr (S. 229-232) spricht von der Sehnsucht Vergils nach Kindheit und nach Plotia, von der Sehnsucht nach Liebe; denn »sterblich sind wir mit dem Sterblichen, ... wir, die wir kein Schicksal auf uns genommen haben, wir, die wir uns damit selber zum Zufall gemacht haben« (S. 231). Vergil erkennt, daß Liebe Unterscheidung und Schöpfungsbereitschaft ist (S. 232). Nur durch Liebe ist die Wiedergeburt möglich. Zu solcher Erkenntnis leitet ihn das Bild Plotias, die aus dem Baum der Erinnerung, durch den Spiegel in die Landschaft Pans schreitet, Vergil traumhaft zur Vereinigung ladend. Darin erhält sie die Züge des »Ewig-Weiblichen«; aber nicht nur sexuelle Verlockung geht von ihr aus, auch »erkennende Liebe«, wie Vergil beweist, als er in ihr »den elfenbeinernen Felsenrand des Irdischen im Menschlichen« entdeckt. Das »Uferlächeln« des Irdischen und der Ewigkeit bleibt in ihrem Antlitz und breitet sich über die Landschaft. Aber der Sklave hält Plotia und Vergil von der Vereinigung ab; er verbietet Vergil die Umkehr, reicht ihm den Wanderstab und fordert ihn auf, das gesetzte Ziel zu verfolgen und sich vom Gedächtnis zu lösen (S. 324).

Sklave und Plotia, das Prinzip des Väterlichen und des Mütterlichen, widerstreiten einander. »Trug ist es; des Weibes Schicksal ist Vergangenheit, das deine aber, Vergil, ist Zukunft«, mahnt die personifizierte Pflicht, der Sklave. Er will die lockende Plotia vertreiben. Doch verblendet, wähnt Vergil in Plotia das Ziel, zu dem auch Lysanias auffordert: »kehre heim in das Lächeln des Anfangs, kehre heim in die lächelnde Umarmung, in der du dich erstmals geborgen hattest!« (S. 328). Unaufhörlich warnt der Sklave vor der Umkehr in die »Namenlosigkeit« Plotias. Vergil schlägt alle Warnung in den Wind, überwältigt von der »Entscheidung, welche Liebe heißt« (S. 329). Nur die Riesengestalt der Fama (S. 332), die Erinnerung an die drei Abgesandten der Hölle, verhindert die vollkommene Vereinigung. Aber trotzdem bleibt Plotia als »sybillische Stimme« (S. 350, 422) gegenwärtig. Sie ist der Todeserkenntnis schon teilhaftig, die Vergil auch in Plotias Gestalt sucht. Mit dieser Funktion rückt Plotia in die Nähe des Sklaven. Prophetisch verkündet sie: »Aller Verwandlung enthoben wird der Zeiten Wandelgang, und die Zeit wird stillstehen im Unwandelbaren, da du dich in mich verwandelst« (S. 373). Sie fordert Vergil auf zur Heimkehr »in die geöffnete Muschel des Schweigens« (S. 381): »Schweigend ist die Verständigung; sie bedarf keines Beweises«, keiner Erörterung, keiner logischen Begründung der Standpunkte. Denn »der Liebe Magie ist schweigende Verständigung« (GW 6, S. 146); nur Liebe »durchbricht immerzu die eigene Grenze« (S. 383). In diesem Augenblick vereinigen sich Körper und Seele Plotias und Vergils, »erkennend und erkannt« (S. 383) zur Liebe, zum »Wunder des zweiten Ichs« (S. 232).

In der inneren seelischen Realität Vergils treffen sich alle Personen, die realen so gut wie die imaginären. Jede Figur im *Tod des Vergil* ist mit der anderen in der Ganzheit Vergils identisch, in der sich der Mensch schlechthin repräsentiert. Alle Personen sind Abspaltungen Vergils (aus dessen seelisch-geistigen Realitäten); sie stehen sich traumhaft oder real gegenüber. In Lysanias finden wir Vergils eigene Jugend und Kindheit konkretisiert, in Plotia die Flucht Vergils ins Mütterliche und im Sklaven die Ahnung vom neuen Zeitalter, die Stufe der dienenden Demut, der Selbstlosigkeit, aber auch der Pflicht, des väterlichen Strebens nach Erkenntnis. In Charondas tritt Vergil die Verkörperung seiner Arzttätigkeit, in Lucius die Verkörperung seines Literatendaseins, in Plotius die Verkörperung seiner rustikalen Herkunft gegenüber; in Augustus schließlich finden wir Vergils Herrschaftsträume personifiziert. Der Sklave stellt auch die Inkarnation des Vaters dar wie Plotia die der Mutter. Lysanias ist die Fleischwerdung des geistigen Sohnes. Dies alles erhellt das vierte Kapitel des *Tod des Vergil,* wo alle Symbole und Leitmotive zusammenlaufen in jener Simultanität, welche die Totalität des Menschen und des Lebens aufzeigen will. Hier vollzieht sich sogar die bildliche Rückverwandlung der Personen in Vergil. Die Führergebärde des zur Geniengestalt sich wandelnden Lysanias bringt es mit sich, daß der Ring an seinem Finger zum Zentrum des Geschehens wird. Der Ring geht in den Stern des Ostens, in den Stern der Verheißung über. Lysanias selbst aber geht in Plotia ein, »einswerdend der Knabe mit ihr« (S. 503 f.), so daß »die tröstende Erinnerung« zur »weisenden Hoffnung« wird. Plotia wiederum geht in Vergil ein: »das spiegelnde Eingleiten der Plotia in sein Selbst« (S. 513). Und Vergil erkennt »Kind und Mutter in ihr, erkannte ... sich selbst geflüchtet in das Mutterlächeln, erkannte ... den Vater und den ungeborenen Sohn, erkannte ... den Lysanias in der Plotia, und der Lysanias war er selber, erkannte den Sklaven in dem Lysanias, und der Sklave war er selber; er erkannte Ur-Enkel und Ur-Ahn im Zusammenschluß des Ringes, der von Plotias Hand zum Himmel hinaufgewandert war« (S. 512). An dieser Stelle löst Broch selbst die Funktionen der imaginären Personen auf; es wird verständlich, warum Lysanias im zweiten Kapitel (S. 209) zu Vergil »mein Vater!« sagt und warum es von Lysanias heißt: »War es nicht der Knabe Vergil, der dort kniete« (S. 209).

Die imaginären Personen im *Tod des Vergil* entstammen den »Tiefenschichten der Seele«. Sie gehören, wie es Curtius bei manchen *topoi* nachwies, »zu den archaischen Urbildern des kollektiven Unbewußten«[13] und haben als solche Bezug zu mythischen Konfigurationen. Sie stehen vornehmlich im Innenraum Vergils. Hier geschieht wie im »Innenraum« Rilkes eine »geheimnisvolle Transfiguration des Sicht- und Greifbaren, des Plastischen ins Geistig-Seelische, Unsichtbare des nur noch Hörbaren«[14]. Broch nimmt einen Gestaltenaustausch vor, der nur von der *unio mystica* her, auf die er die Personen angelegt hat, begriffen werden kann. Wie die Sprache und die Symbole, so führt Broch auch die Personen zu einer Art *coincidentia oppositorum;* an ihnen kann man ebenfalls die Sinnarchitektur, das Strukturprinzip des Romans, die Todeserkenntnis, auf die hin alle Elemente des Romans zugeordnet sind, ablesen.

1 Hermann Broch, »Die Heimkehr des Vergil« (Ur-Vergil), in: *Die Neue Rundschau,* Heft 1, 1953, S. 49f.
2 Novalis; vgl. Walter Rehm, *Orpheus* (Düsseldorf 1950), S. 25f.
3 E. R. Curtius, *Europäische Literatur und lateinisches Mittelalter,* 2. Aufl. (Bern 1948), S. 108ff.
4 Ebenda, S. 111.
5 Felix Stössinger im »Nachwort« zu *Der Versucher* (Zürich 1953), S. 560.
6 Ebenda, S. 575.
7 Ebenda, S. 595.
8 K. Kerényi, *Einführung in das Wesen der Mythologie* (Amsterdam 1941), S. 87f.
9 C. G. Jung, ebenda, S. 122.
10 Hermann Broch, »Die Heimkehr des Vergil«, a.a.O., S. 49ff.
11 Ebenda, S. 50; vgl. dazu auch Vergils *Bucolica,* vierte Ecloge (Pollio).
12 Felix Stössinger, a.a.O., S. 560.
13 E. R. Curtius, a.a.O., S. 115.
14 Walter Rehm, a.a.O., S. 514.

Bei dem Aufsatz handelt es sich um einen Teilabdruck des Essays »Grundzüge des *Tod des Vergil*«, in: *Hermann Broch. Perspektiven der Forschung,* hrsg. v. Manfred Durzak (München: Fink, 1972), S. 89-134,

Jean Paul Bier
Rilke und Broch:
Parallelen zwischen den *Duineser Elegien* und den »Elegien« im *Tod des Vergil*

Obgleich die Bibliographie zur Sekundärliteratur über Hermann Broch beträchtlich ist, fehlen bisher Hinweise auf Rilkes Bedeutung für die Entwicklung Brochs als Dichter. Daß Brochs Verhältnis zu dem Verfasser der *Duineser Elegien* (1924) bisher kaum bemerkt wurde[1], hängt wohl mit der Aufmerksamkeit zusammen, welche das Buch *Hofmannsthal und seine Zeit* (1948)[2] auf sich gezogen hat, in dem Broch sich mit seinem Studienobjekt zu identifizieren schien[3]. Es ist aber offensichtlich, daß Hermann Broch das Werk Rilkes kannte. In seinem ersten, 1913 im *Brenner* veröffentlichten Aufsatz, einer Rezension über Thomas Manns *Tod in Venedig,* erwähnt er ihn beiläufig als einen Künstler, dessen Werk vor allem aus der Kindheitserinnerung lebe[4]. Ebenso läßt der freundschaftliche Kontakt zu Georg Heinrich Meyer, der Rilkes *Mir zur Feier* (1900) verlegt hatte, die Vermutung zu, daß der Dichter des »Weltinnenraums« Broch durchaus ein Begriff war[5]. Daß Broch Robert Musils Rilke-Rede von 1927 kannte, sei am Rande vermerkt[6]. Ein erster Beleg für Brochs Beschäftigung mit dem späten Rilke ist ein Brief von Mitte 1939[7], in dem es heißt:

> Ich muß noch außerdem mit dem *Vergil* zum Rande kommen, und so komme ich selber dabei zu Rande. Als Beweis anbei vier Seiten aus dem MS. Vielleicht oder richtiger wahrscheinlich wird es Dir nicht sehr imponieren, indes wenn Du bedenkst, daß Rilke an seinen 10 *Duineser* fast zwei Jahre gearbeitet hat, also rund zwei Monate pro Elegie, während ich 4 in drei Wochen zustandegebracht habe, also in einem Zehntel der Zeit, so wirst Du es vielleicht mit mir als Rekord werten. Im übrigen meine ich, daß diese vier sich, sobald sie endgültig ausgeputzt sein werden, ruhig neben die *Duineser* stellen können.

Der Brief zeigt, daß Brochs Interesse an den *Duineser Elegien* Rilkes zeitlich zusammenfällt mit der Niederschrift des *Tod des*

Vergil. Brochs Legende über das Entstehen seiner Vergil-Dichtung, die eine überraschende Neigung zur neuromantischen Inspirationstheorie verrät, zeigt, daß Rilkes Selbstinszenierung nicht ohne Nachwirkung war:

> Es war nicht mehr das Sterben des Vergil, es wurde die Imagination des eigenen Sterbens. Diese Jahre (einschließlich meiner Gefängniszeit) waren eine konstante, intensivste Konzentration auf das Sterbenserlebnis. Daß ich zugleich ein ›Buch‹ schrieb, wurde nebensächlich. [...] Die Konzentration auf einen einzigen Punkt erlaubte keine Verwendung von ›Bildungsmaterial‹. Daß sich trotzdem aus dem Unbewußten die verschiedensten Todessymbole aus altreligiösen Bereichen eingestellt haben, wurde mir zu einer fast glückhaften Überraschung, denn es war damit nicht nur ihr eigener Wahrheitsgehalt, sondern auch der meiner Vorstellungen bekräftigt. Sogar die rücklaufende Schöpfung im Teil IV des Buches war kein konstruierter Trick; vielmehr hat auch sie sich völlig zwangsläufig mir aufgedrängt, u. zw. in Gestalt von Bildern, die, obwohl anfangs noch ungeordnet, doch schon die Richtung ihrer Ordnung in sich trugen – ich hatte sie zu akzeptieren. (8,244/5)

Im Hinblick auf Rilkes Vorbild ist es interessant festzustellen, daß sich Brochs seinerzeitige dichterische Ansprüche mit der Utopie eines sprachlich ausdrückbaren Lauschens auf das eigene Sterben verknüpfen.

Brochs Theorie von der konsequenten Abstraktheit der künstlerischen Mittel, welche er während der Arbeit am *Tod des Vergil* den »Abstraktismus des Altersstils« (8, 185) nannte, erinnert an den Rilkeschen Glauben bezüglich eines Erlösungsmythos, der von der Dichtung herrühren und die ersehnte Zeitwende fördern soll. Obgleich Broch vor allem Picasso und Strawinskij als Vertreter dieses Abstraktismus erwähnt, kann man sich schwer des Eindrucks erwehren, daß er auch an Rilke dachte. Im gleichen Brief beteuert Broch, daß jene Abstraktheit nicht nur als Symptom einer kulturellen Endphase, sondern auch als Merkmal des individuellen Spätwerkes zu werten sei, wobei er – nicht ohne Ironie – den Rilkeschen Topos des Lächelns als konkretes Beispiel anführt: »Ich möchte jetzt noch hinzufügen«, so schreibt Broch, »daß jede ›reife‹ Kunst abstrakt wird, daß sie sich bemüht, nicht mehr das Lächeln des Herrn Schulze, nicht das Sonnenlicht über Plötzleinsdorf, sondern ›das‹ Lächeln schlechthin, ›das‹ Sonnenlicht schlechthin zu zeigen.« (8, 184) Angesichts des Befunds, daß ihm die »radikale Annäherung an die Todeserkenntnis« und somit »die Radikalität des Mythos« doch nicht geglückt seien, »weil eben niemand hinter den Tod schauen kann« (8, 186), ist die Distanzierung von Rilke in dem Hofmannsthal-Buch ein Ausdruck von Brochs Distanz zu den eigenen orphischen Ansprüchen im *Tod des Vergil*. Dies bestätigt Brochs Korrespondenz während der Arbeit an der Hofmannsthal-Studie. Hier fällt die Neigung auf, sich doch eher mit dem Dichter der *Duineser Elegien* als mit Hofmannsthal zu identifizieren. Es heißt dort:

> Aber einmal muß man mit der Prävalenz des Ethischen gegenüber dem Ästhetischen Ernst machen und schweigen lernen: hätte Rilke den Ausweg ins Wissenschaftliche gehabt, er hätte ihn wahrscheinlich gewählt; er hat sich bitter genug beklagt, daß er keine Möglichkeit dazu gehabt hat. (8, 278-279) [...] Rilke hat sich von diesen Bedingungen viel intensiver freigemacht als Hofmannsthal: hier sind die Ansätze zu solcher Freimachung – die Überwindung des Ästhetischen. Bei Rilke hat man das Gefühl, daß er sich trotz seines frühen Todes bereits vollendet hat. (8, 295)

Man könne, so führt Broch fort, Rilke wohl in mancher Hinsicht als einen »koketten Eremiten« betrachten, müsse aber zugeben, daß »er es sich doch nicht leicht gemacht« (8, 308) habe. Wenn Broch also in dem Hofmannsthal-Buch von Rilke behauptet, daß er »alles ästhetisch Zelebrierende kraft fortwährender Sublimation weit hinter sich lassend, bloß im Werk lebte und in ihm den Weg prophetischer Heilssuche gewählt habe« (200); wenn er von »Rilkes heiligkeitserwartendem Ernst vor dem Phänomen der Kunst«, von der »Aufgabe der dichterischen Glaubenserkenntnis« im Sinne der »Aufhebung des Todes« (195) spricht, dann bezieht er sich auf eine Dichtung mit orphischen Ambitionen, wie er sie selbst bei der Arbeit am *Tod des Vergil* verfochten hatte. Hofmannsthals späte Einsicht bestätigt daher Brochs Skepsis der eigenen Dichtung gegenüber:

Es geht »um Sittlichkeit, nicht um Heiligkeit« (194). Im Aufsatz »Hugo von Hofmannsthals Prosaschriften« (1950)[9] stellt Broch fest:

> Er [Hofmannsthal] erkannte die Gefahren des Pan-Ästhetizismus: die Idee von einem Kunstwerk, dessen Universalität infolge Symbolreichtums schließlich All-Erkenntnis vermitteln sollte, zeigte sich ihm als verurteilt, am Ende ins Leere zu stoßen, weil das Schöne, auch wenn man es mit dem Nimbus der Religiosität umgibt, nie und nimmer zu einem Absolutum erhebbar ist und daher erkenntnisstumm bleiben muß. (304/305)

Es ist offensichtlich, daß diese bewußte Abwendung von dem kunsttheoretischen Fundament des *Tod des Vergil* auch eine Kritik an den religionsstiftenden Ansprüchen der *Duineser Elegien* enthält.

Brochs *Tod des Vergil* und Rilkes *Duineser Elegien* sind dichterische Utopien orphischer Art, die das von innen »gehörte« Todeserlebnis bildlich darzustellen und sprachlich produktiv zu machen versuchen und dabei auf den kategorialen Unterschied zwischen Möglichem und Unmöglichem prinzipiell verzichten. Beide Werke thematisieren zugleich die Fragwürdigkeit eines solchen Unterfangens, aber beide dokumentieren auch wiederum den Umschlag jenes ästhetischen Zweifels in eine Rechtfertigung: Die Kritik des sterbenden Vergil an der Macht- und Nutzlosigkeit der Dichtung und die Verzweiflung an der eigenen Dürftigkeit werden am Ende wiedergutgemacht – ethisch durch die versprochene Befreiung der Sklaven, erkenntnistheoretisch durch die utopische Darstellung des Todesphänomens und der Entwerdung im vierten Buch. Rilkes »expressionistische Krisen«[10] haben bekanntlich ebenfalls die Überforderung der dichterischen Möglichkeiten bestimmt. Broch umschreibt diese Utopie mit der Formel des »*Lauschens* auf das eigene Sterben«, und Rilke nennt sie in der zehnten Elegie »das neue Toten*gehör*« (X, 86)[11]. Beide Werke bilden je ein monumentales architektonisches Ganzes, das dem Prinzip der perspektivischen Öffnung am Ende folgt. In der Vision der zehnten Elegie wird der Jüngling von der alten, dann der jungen Klage durch zahlreiche Schichten zur völligen Transparenz ins Totenreich geführt. Im vierten Buch des *Tod des Vergil* tauchen ähnliche Phänomene auf: die Durchsichtigkeit und Verdoppelung der Gestalten, die Vermischung aller Bereiche, die kosmische Öffnung nach oben und unten, die Aufhebung jeglichen Bezugspunktes und die Zuspitzung der reinen Bewegung auf eine unerreichbare Wesenheit, die mit mütterlichen Zeichen versehen ist[12]. In beiden Fällen handelt es sich um eine »abstrakte« Kunst, welche die ontologischen Kernsituationen des Sich-Öffnens und -Schließens, des Dahinströmens und Dahindämmerns, des Kreisens und des Umschlagens bis ins Mikroskopische differenziert und verfolgt. In beiden Fällen führen die rhythmischen Wandlungen des uferlosen Wachstums und der schrumpfenden »Entwandlung«[13] auf Topoi, welche ihre Jugendstil-Herkunft verraten[14]. Auch die topographische Metaphorik, die visionäre Lichtarchitektur, die erlebte Verräumlichung des Zeitlichen oder die leitmotivischen Anspielungen auf die Orpheus-Gestalt weisen auf eine literarische Tradition, die in den *Duineser Elegien* gipfelte.

Ein bisher übersehenes Indiz der Verwandtschaft zwischen Brochs und Rilkes Dichtung bilden die »Elegien«, die im zweiten Buch des *Tod des Vergil* enthalten sind. In diesem Teil, der mit der Überschrift »Feuer – Der Abstieg« versehen ist, nehmen die lyrischen Passagen die orphische Aufsprengung des Raum-Zeit-Koordinatensystems im vierten Buch vorweg. Sie sind zugleich ein Beispiel des sogenannten lyrischen Selbstkommentars (vgl. 6, 266f.), weil sie sich durch ihr typographisch betontes Formbewußtsein klar vom inneren Monolog des kranken Dichters unterscheiden und der subjektiven Anamnese eine Art lyrischer Objektivität verleihen. Die vier Elegien, auf die Broch in dem bereits erwähnten Brief von 1939 eingeht, sind identisch mit jenen vier Teilen des Gedichts über das Schicksal[15], welche thematisch und stimmungsmäßig dem Elegischen eingeordnet werden können. Auch bei diesen lyrischen Passagen läßt sich im Grunde wie bei Rilke von zehn Elegien sprechen, da die übrigen sechs Partien zwar einen etwas lehrhaften, dennoch aber pessimistischen Charakter aufweisen. Rein formal lassen sich diese zehn Elegien freilich mit dem Zyklus der *Duineser Elegien* kaum vergleichen. Die ersten sechs Elegien unterstreichen das Unbehagen Vergils an der Dichtung überhaupt und fördern den Wunsch, die *Äneis* zu verbrennen

(74). Was in der ersten Partie als »Gesetz« apostrophiert wird, entpuppt sich in den letzten vier »Schicksals-Elegien« als »Urform«. Der erkenntnistheoretische Begriff der »Notwendigkeit« (aus der ersten Elegie) erhält durch den »Eid« des Menschen Gott gegenüber (in der sechsten Elegie) und durch den »Pflicht«-Begriff eine ethische Dimension. Dieses zentrale ethische Moment gestattet es, die sechste Elegie als Achse der lyrischen Einlagen im Roman zu betrachten. Am Ende wird der Begriff der »Urform« aus ethischen Gründen verworfen und der Utopie einer »notwendigen« Dichtung das Wort geredet. Die zehn Elegien im *Tod des Vergil* erfüllen also eine zentrale Funktion. Sie kündigen Vergils anspruchsvolle Kunsttheorie, wie er sie im dritten Buch äußert, an und verleihen der Unzufriedenheit des Dichters mit dem eigenen Werk eine neue Berechtigung.

Obwohl Brochs Elegien das Bildhaft-Konkrete eher meiden, erweisen sich die motivischen Nachklänge der *Duineser Elegien* trotzdem als zahlreich. Es ist für die »Metaphysik des Todes« in der deutschen Dichtung der zwanziger Jahre kennzeichnend, daß Rilke in seinem Spätwerk das Jenseitige als das »Wirkliche« apostrophiert, genau wie Broch jenes entelechische »Urbild« als die »Urwirklichkeit« umschreibt (95). Wie in den *Duineser Elegien* spielt der »Schrecken« die Rolle des Auftaktes. Bei Broch ist es »die Pforte des Schreckens«, die man hinter sich gelassen haben muß, um in den »Vorhof der Wirklichkeit« einzutreten (96); bei Rilke heißt es bekanntlich schon in der ersten Elegie: »Denn das Schöne ist nichts als des Schrecklichen Anfang, den wir gerade noch ertragen.« Diese Verbindung der Schönheit mit dem Schrecken und der Grausamkeit kommt auch bei Broch vor (119) und legitimiert somit die ethische Verwerfung der Kunst. Außerdem wird in der fünften Elegie Brochs wie in der fünften, der sogenannten »Saltimbanques-Elegie« Rilkes die Schönheit als entlarvendes Symbol der existentiellen Armut des Menschen gedeutet. Ein zentraler Begriff der Rilkeschen Dichtung ist der sogenannte dialektische Umschlag, der in der fünften Elegie an zentraler Stelle vorkommt:

> Und plötzlich in diesem mühsamen Nirgends, plötzlich
> die unsägliche Stelle, wo sich das reine Zuwenig
> unbegreiflich verwandelt-umspringt

in jenes leere Zuviel. (V, 82-85)

Solche Änderungen eines negativen Pols in sein Gegenteil lassen sich gleichfalls in Brochs Elegien konstatieren. Das »Nichtwissen«, das jeder Frage vorangeht, ist ein »Vorwissen« und als solches »göttlich« (97); das Wissen um die unentrinnbare Notwendigkeit der kognitiven Aufgabe des Menschen »überwaltet« das unvermeidliche Nicht-Erfüllen dieses Erkenntnistriebes (99):

> [...] der Mensch braucht die Erkenntnis der Vergeblichkeit,
> er muß ihren Schrecken, den Schrecken des Irrtums
> auf sich nehmen und, ihn erkennend, bis zur Neige auskosten,
> [...] weil nur in solch erkennendem Innewerden
> der Schrecken zu überwinden ist. (99-100)

Manche motivischen Ähnlichkeiten zwischen den Elegien Rilkes und Brochs sind so auffallend, daß man von Reminiszenzen sprechen möchte: der Höhere, der Gerufene, der sich nicht umwendet und den Ruf nicht hört (bei Broch) erinnert an den ersten Satz der ersten Elegie Rilkes. In der siebten Elegie redet das hypostasierte Ich des Dichters Vergil das Schicksal als »Urform des Seins« an:

> Traumform entsteht aus Traumform, verkreuzt und entfaltet,
> Im Traum bist du ich, bist meine Erkenntnis, bist
> Geboren mit mir als ungeborener Engel
> Jenseits des Zufalls, leuchtende Allgestalt
> Von Wesen und Ordnung erkennenden Werdens. (196)

Auch bei Rilke wurden die Engel als »Räume von Wesen« (II, 14) in einem Hintergrund von »Ordnungen« (I, 1) gesehen. Ein gleichartiger Stilzug zwischen Broch und Rilke ist die Allegorisierung am Ende der Elegien. In der neunten Elegie Brochs verwandelt sich das »Schicksal« zur bloßen Figur:

> Nichts rettet dich, Schicksal, vor dem Heimfall ans Nichts;
> Vom eigenen Schicksal berauscht, wendest leer du dich um,

Und die Welten, unausschreitbar, unaufhaltsam ihr leerer
Kreislauf in Schönheit, sind deiner trunken,
Sind trunken des Todes. (198)

Bei Rilke wird die elegische Dichtung ebenfalls zur Figur der
»jungen Klage«, aber der Jüngling »läßt sie, kehrt um, wendet
sich, winkt. [...] Was solls? Sie ist eine Klage.« (X, 46-47) Erst
»der älteren eine Klage« wird ihn dann »in die weite Landschaft
der Klagen« und in den Todesbereich bis an den »Fuß des Gebirges« (X, 57 + 100) leiten. Ähnliche Topoi sind die Spiegelmetaphern (95, 195), das Schicksal und die Gesetzmäßigkeit
des Sternbildes (95) (bei besonderer Vorliebe für den südlichen
Teil des Himmelsgewölbes) (95), das Verankertsein im Irdischen (97) und der Übergang ins Unsichtbare (95), die Dikkichtmetapher für das irdische Dasein (197), der Gegensatz
von Lachen und Lächeln (122f.), die Stimme metaphysischer
Herkunft (198), die motivische Verbindung von Mütterlichkeit, Nacht und Ursprung (198), die Gleichsetzung von Geburt
und Tod (123) und die Atem-Metapher (122). Die konkrete
Situation des sterbenden Vergil, ein symbolisches Signal des
Schwelleerlebnisses und der Grenzerfahrung, die die ganze
Metanoia des vierten Buches bestimmt, kommt als bevorzugter
Topos in Rilkes Elegien immer wieder vor (II, 60). Die Vorliebe Brochs für Wörter wie Gesetz (95), Schicksal, Hand (101,
114), Tier (124), Antlitz (101), Waage (199), das reine Jetzt
(97); das semantische Spiel mit Präfixen wie Ur-[16], Schein-[17]
oder die Übersteigerung des Raumwertes solcher Präfixe[18]; die
Vorliebe für substantivierte Infinitive oder superlativische Zusammensetzungen – all dies sind auffallende stilistische Merkmale, die die Elegien Brochs und Rilkes gemein haben. Solche
Ähnlichkeiten gelten für den *Tod des Vergil* ganz allgemein und
tauchen besonders in der utopischen Entwerdung des vierten
Buches auf. Hier sind alle Gegensätze aufgehoben, und ein perspektivenlos gefühltes Bezogensein zum Ganzen soll durchsichtig gemacht werden, dem sich – wie in den *Duineser Elegien*
– vor allem der Sterbende (Vergil), das Kind (Lysanias) und die
Geliebte (Plotia) nähern können. Eine ähnlich privilegierte Position haben in den Elegien Rilkes die jungen Toten (I, 63), die
unglücklich Liebenden (I, 40-41) und das Kind (IV, 76f.).
Das Orphische löst sich aber nicht im Nichts auf, sondern er-

lebt in beiden Werken seine Begrenzung am Sprachlichen selbst. Die Elegien Rilkes führen bekanntlich ins Dichtungstheoretische und weisen immer wieder auf die Aufgabe der Verinnerlichung und auf die Schwierigkeit, das »Unsägliche« zu sagen. In der vierten Elegie Rilkes heißt es: »denn man ist sehr deutlich mit uns. Wir kennen den Kontur des Fühlens nicht: nur, was ihn formt, von außen.« (IV, 17-18) Es ist klar, daß Broch, der Wittgensteins *Tractatus Logico-Philosophicus* kannte (vgl. 8, 60), diesen Vers aus der Perspektive des zeitgenössischen Sprachphilosophen als einen Zirkel deuten mußte, aus dem der Dichter der *Duineser Elegien* nicht herauskam. Der Wille, über das Ganze etwas auszusagen, wird durch die Erkenntnis des Sagbaren bestimmt, aber die Grenzen des Sagbaren werden erst durch das Unsagbare umrissen, so daß das Unsagbare nur durch das Aufweisen der Grenzen des Sagbaren verdeutlicht werden kann. Broch bezieht sich aber wie Rilke auf »das Unsägliche« (453) und nicht wie Wittgenstein auf das »Unsagbare«. Während Rilke in seiner neunten Elegie ausruft: »Hier ist des Säglichen Zeit, hier seine Heimat« (IX, 43), spricht Broch von einer »wissenden Frage, die/von keiner irdischen Antwort, von keiner irdischen Erkenntniswahrheit/je zu erreichen ist und doch nur hier/im Irdischen beantwortet werden kann, beantwortet werden muß.« (97) Was Rilke in den *Duineser Elegien* unternahm, wurde im Text selbst immer wieder dem Zweifel unterzogen. Kurz vor der orphischen Vision der zehnten Elegie betonte der Dichter, »den ganzen Tod noch vor dem Leben so sanft zu enthalten und nicht bös zu sein ist unbeschreiblich« (IV, 83-85), aber die letzte Elegie versucht nichtsdestoweniger dieses Unbeschreibliche zu kennzeichnen, was aber schließlich mittels Ironie in den letzten zwei Strophen wieder aufgehoben wird. *Der Tod des Vergil* dokumentiert eine ähnliche Entwicklung dem »Unsäglichen« bzw. »Unbeschreiblichen« gegenüber. Der Dichter Vergil hatte in den ersten drei Büchern den kognitiven Wert der Dichtung mehrfach in Zweifel gezogen. Ungeachtet dieser forcierten Überzeugung seiner Hauptgestalt hatte Broch im vierten Buch die Entwerdung des Menschen im Todesaugenblick auf vierzig Seiten trotzdem darzustellen versucht. Aber der letzte Satz des Werkes hebt die ganze Metanoia wieder auf, weil »das reine Wort« – auch wieder ein Ausdruck, der bei Rilke auftaucht –, also die »Urquelle des Seins«, letzthin unfaßbar sei: »[...] er konnte es nicht festhalten und er durfte es nicht festhalten; unerfaßlich unaussprechbar war es für ihn, denn es war jenseits der Sprache.«(467)[19]

1 Sehr allgemein gehaltene Hinweise finden sich bei Hannah Arendt (6, 14) und Hermann Weigand (5, 7+14). Die Bände der alten Zürcher Broch-Ausgabe werden wie in den übrigen Essays zitiert; die Zitate aus dem *Tod des Vergil* beziehen sich auf die dtv-Ausgabe von 1965.
2 Erstmals vollständig abgedruckt in: Hermann Broch, *Schriften zur Literatur*, Bd. 1, Kommentierte Werkausgabe Bd. 9/1, hrsg. v. Paul Michael Lützeler (Frankfurt am Main 1975), S. 111-284. Nach dieser Ausgabe wird in der Folge zitiert.
3 Eine Korrektur dieser Auffassung findet sich in dem Essay von Paul Michael Lützeler, »*Hofmannsthal und seine Zeit:* Hermann Brochs Buch als kunstsoziologische Studie«, in: *Literatur und Kritik* (Nov. 1975).
4 Hermann Broch, »Philistrosität, Realismus, Idealismus der Kunst«, in: HB, *Schriften zur Literatur*, a.a.O., Bd. 2, S. 20.
5 Vgl. Bertold Hack und Marietta Kleiß (Hrsg.), *Hermann Broch – Daniel Brody. Briefwechsel 1930-1951* (Frankfurt am Main 1971), Brief Nr. 104.
6 Ibid, Brief Nr. 185.
7 Brief vom 4. 5. 1939 an Trude Geiringer. Vgl. S. 202/203 dieser Ausgabe.
8 Vgl. dazu auch Brochs Essay »Mythos und Altersstil«, in: *Schriften zur Literatur*, a.a.O., Bd. 2, S. 212-233.
9 Hermann Broch, »Hugo von Hofmannsthals Prosaschriften«, in: *Schriften zur Literatur*, a.a.O., Bd. 1, S. 300-334.
10 Vgl. Ulrich Fülleborn, *Das Strukturproblem der späten Lyrik Rilkes* (Heidelberg 1960), S. 322.
11 Hervorhebungen von J. P. B. Die *Duineser Elegien* werden so zitiert, daß die römischen Ziffern die Elegien, die arabischen die Verse bezeichnen.
12 Bei Rilke heißt es: »Aber im südlichen Himmel, rein wie im Innern/einer gesegneten Hand, das klar erglänzende M/das die Mütter bedeutet.« (X, 93-95) Bei Broch liest man: »[...] der kampflose Friede, das menschliche Antlitz in kampflosem Frieden, erblickbar als das Bild des Knaben im Arme der Mutter, vereint mit ihr zu trauernd lächelnder Liebe. So sah er es, so sah er den Knaben, so sah er die Mutter, und sie waren ihm so überaus vertraut, daß er sie fast zu benennen vermochte, freilich ohne ihre Namen zu finden.« (465) (Zur Mutter-Kind-Beziehung vgl. auch die für diesen Band von Paul Michael Lützeler vorgenommene Zusammenstellung der Vergil-Zitate.)
13 Der Begriff taucht bei Rilke und bei Broch auf.
14 Z. B.: die perlmutterne Muschel des Himmels (9 f.), die verschattete Laubgrotte (412), der goldene Busch (ibid), der von Kinderhand gepflückte Strauß aus Lilien und Levkojen, Mohn, Narzissen und Dotterblumen (82), leichten Fußes wandelte sie näher, begleitet von Schmetterlingen und geräuschlos zwitschernden Vögeln (281).
15 Zur Entstehung der »Schicksals-Elegien« im *Tod des Vergil* vgl. die »Anmerkungen des Herausgebers« in: Hermann Broch, *Der Tod des Vergil*, Bd. 4

der Kommentierten Werkausgabe, hrsg. v. Paul Michael Lützeler (Frankfurt am Main 1976).
16 Uranfang, Urform (195), Urnacht (198), Urwissen (98). vgl. Rilkes »Urleid« (X, 59+104).
17 Scheinvollkommenheit (119), Scheinunendlichkeit (118). Vgl. Rilkes »Scheinfrucht« (V, 23) und »scheinlächelnde Unlust« (V, 26).
18 Voranfang (116), Vor-Göttliches (ibid), Vorwissen (123), Vorschöpfung (126).
19 Als Einführung in Brochs *Tod des Vergil* sei verwiesen auf das Buch des Verfassers: *Hermann Broch et la ›Mort de Virgile‹* (Paris 1974).

Paul Michael Lützeler
Nachweis der Vergil-Zitate aus
Der Tod des Vergil

In der Folge werden die in den fünf Fassungen von Brochs *Tod des Vergil* vorkommenden Vergil-Zitate aus der *Äneis*, den *Eklogen* und der *Georgica* nachgewiesen. Bei den ersten drei Fassungen beziehen sich die Seitenzahlen auf den Abdruck in dieser Ausgabe; nach dem Originaltyposkript wird bei der vierten Fassung *(Die Heimfahrt des Vergil)* zitiert, und die Stellen aus der fünften und letzten Version *(Der Tod des Vergil)* sind mit den Seitenangaben des vierten Bandes der neuen Broch-Ausgabe (Frankfurt am Main: Suhrkamp, st 296, 1976) versehen. Die römischen Ziffern I bis IV bezeichnen die jeweiligen Fassungsabschnitte, die zwar in den ersten vier Versionen noch nicht eingezeichnet sind, die aber nach der letzten Fassung analog vorgenommen wurden. Als Abkürzungen werden verwandt Ae für *Äneis*, Ek für *Eklogen (Bucolica)* und Ge für *Georgica*. Nicht nur wörtliche Übersetzungen, sondern auch veränderte Zitate und Zitatanspielungen werden nachgewiesen.

Erste Fassung: »Die Heimkehr des Vergil«

I: Ae II, 707-708: »›ergo age, care pater, cervici inponere nostrae;/ipse subibo umeris...‹«

S. 14: »...das brennende Troja, so wie er, der durch die Flammen getragen wurde, der flüchtende und heimkehrende Anchises war..., getragen von dem Sohne.«

II: Ae II 624-625: »Tum vero omne mihi visum considere in ignis/Ilium et ex imo verti Neptunia Troja;«

S. 16: »...Troja brennt!«

Ek IV, 60: »incipe, parve puer...«

S. 16: »Wachse nun, kleiner

		Knabe...«
III:	Ek IV, 28:	»molli paulatim flavescet campus arista,«
	S. 17:	»...von den Feldern im blondwogenden Erntekleid,«
	Ek IV, 22:	»...nec magnos metuent armenta leones.«
	S. 17:	»...vom Rinde, das neben dem Löwen lagert,«
	Ek I, 77:	»carmina nulla canam; non me pascente, capellae,«
	S. 18:	»Nie mehr singe ich Lieder, und nicht mehr bin ich euer Hüter...«
IV:	Ek IV, 60:	(s. o.)
	S. 22:	»Wachse, kleiner Knabe...«

Zweite Fassung: [titellos]

I:	Ek IV, 31-32:	»pauca tamen suberunt priscae vestigia fraudis,/ quae temptare Thetim ratibus, quae cingere muris«.
	S. 25:	»...allüberall die Schiffahrt, die tauscht und handelt, unter den vielen Verderblichkeiten eine.
	Ae II, 707-708:	(s. o.)
	S. 31:	»...als wäre es das brennende Troja..., er aber Anchises..., getragen von den Schultern des Sohnes.«
II:	Ae II, 624-625:	(s. o.)
	S. 43:	»...Troja brennt!«
	Ae V, 236-238:	»vobis laetus ego hoc candentem in litore taurum/ constituam ante aras voti reus extaque salsos/ porriciam in fluctus et vina liquentia fundam.«

S. 45:	»Opfernd in salzigen Wogen und spendend den lauteren Wein,...«
Ek IV, 28-29:	»molli paulatim flavescet campus arista,/ incultisque rubens pendebit sentibus uva,«
S. 49:	»...im blonden Erntegewoge der Felder, dort wo die Ähren wehen, Trauben am Dornbusche hängen...«
Ek IV, 22:	(s. o.)
S. 49:	»...das Rind neben dem Löwen lagert,«
Ek IV, 4:	»Ultima Cumaei venit iam carminis aetas;«
S. 49:	»...gekommen ist die letzte Zeit.«
III: Ek IV, 5:	»magnus ab integro saeclorum nascitur ordo.«
S. 54:	»Neu entspringt jetzt frischer Geschlechter erhabene Ordnung;«
Ae VIII, 310-336:	»miratur facilisque oculos fert omnia circum/ Aeneas capiturque locis et singula laetus/ exquiritque auditque virum monumenta priorum./ tum rex Euandrus, Romanae conditor arcis:/ ›haec nemora indigenae Fauni Nymphaeque tenebant/ gensque virum truncis et duro robore nata,/ quis neque mos neque cultus erat, nec iungere tauros/ aut componere opes norant aut parcere parto,/ sed rami atque asper victu ve-

natus alebat./
primus ab aetherio venit Saturnus Olympo,/
arma Iovis fugiens et regnis exsul ademptis./
is genus indocile ac dispersum montibus altis/
composuit legesque dedit Latiumque vocari/
maluit, his quoniam latuisset tutus in oris./
aurea quae perhibent illo sub rege fuere/
saecula: sic placida populos in pace regebat,/
deterior donec paulatim ac decolor aetas/
et belli rabies et amor successit habendi./
tum manus Ausonia et gentes venere Sicanae,/
saepius et nomen posuit Saturnia tellus;/
tum reges asperque immani corpore Thybris,/
a quo post Itali fluvium cognomine Thybrim/
diximus; amisit verum vetus Albula nomen./
me pulsum patria pelagique extrema sequentem/
fortuna omnipotens et ineluctabile fatum/
his posuere locis matrisque egere tremenda/
Carmentis nymphae monita et deus auctor Apollo.‹«

S. 56/57:
»Aber Äneas bewegte die munteren Augen um alles,/
Angereizt von den Orten und

staunt, und des einzelnen fröhlich/
Forscht er umher und vernimmt die Denkmal' alter Geschlechter./
——— Jetzt Euander der Fürst, der romanischen Feste Erbauer,/
Hier bewohnten die Forst' einheimische Faune und Nymphen,/
Und Waldmänner, aus Stämmen erzeugt und gediegenem Kernholz,/
Zuchtlos und ungezähmt; nicht wußten sie, Stiere zu jochen,/
Nicht zu sammeln der Not, noch erworbene Habe zu sparen;/
Nein, sie ernährte der Zweig und die rauh abspeisende Jagdlust./
Erst nun kam Saturnus herab vom ätherischen Himmel,/
Fliehend die Waffen des Zeus und verbannt aus genommener Herrschaft,/
Welcher die ungeschlachten, durch Berghöhn streifenden Horden/
Bildete, Sitt' und Gesetz verlieh, und Latium lieber/
Nannte, das bergende Land, das ihn im Schoße gesichert/
Unter dem Könige blühte, die Zeit des goldenen Segens,/
Welche man preist; so lenkt' er in friedsamer Ruhe die Völker;/
Bis das entartende nun und ge-

mach sich entfärbende Alter/
Folgt', und rasender Krieg und gierige Sucht des Erwerbes./
Jetzo kam der Ausonen Geschlecht und starker Sikanen,/
Und wurden die Namen vertauscht vom saturnischen Erdreich./
Könige dann, und der rauhe, von Wuchs unmäßige Thybris,/
Dem gleichnamig den Strom wir Italer jetzt den Thybris/
Nannten, dem Albula schwand sein eigener Name veraltend./
Mich, der verbannt ausfuhr zu den äußersten Enden des Meeres,/
Zwang allbeherrschendes Glück und unabwendbares Schicksal/
Hier zu bewohnen den Ort, und die Mutternymphe Carmentis,/
Trieb durch strenges Gebot und das göttliche Wort des Apollo.«

Ek III, 49: »Numquam hodie effugies; veniam quocumque vocaris.«

S. 61: »Nimmer entfliehst du mir heut', wohin du auch rufst, ich erscheine!«

Ae VI, 789-800: »...hic Caesar et omnis Iuli/
progenies, magnum caeli ventura sub axem./
hic vir hic est, tibi quem promitti saepius audis,/
Augustus Caesar, Divi genus, aurea condet/
saecula qui rursus Latio regnata per arva/
Saturno quondam, super et Garamantas et Indos/

proferet imperium – iacet extra sidera tellus,/
extra anni solisque vias, ubi caelifer Atlas/
axem umero torquet stellis ardentibus aptum –:/
huius in adventum iam nunc et Caspia regna/
responsis horrent divom et Maeotia tellus/
et septemgemini turbant trepida ostia Nili.«

S. 64: »Dort Cäsar und des Julus sämtlicher Stamm,
dort der Mann, den oft dir verheißen du hörest,
Cäsar Augustus, der Sohn des Vergötterten,
welcher die goldnen Zeiten verjüngt ausbreitet
in Latium durch die Gefilde, einst von Saturnus
beherrscht. ...Jenseits Garamanten und Inder
dehnt er das Reich; fern liegt selbst außer den
Sternen der Erdrand, außer des Jahrs und der
Sonn' Umlauf, wo der ragende Atlas dreht auf
der Schulter den Pol, mit funkelnden Sternen
besäet... Seines Herannahens harrt schon jetzt auch
die Caspierherrschaft, Durch Orakel der Götter
geschreckt, und das Land der Mäotis. Bang' auch
stürmen die Pforten des siebenarmigen Nilus...«

IV:	Ek IV, 21-22:	»ipsae lacte domum referent distenta capellae/ ubera, nec magnos metuent armenta leones.«
	S. 87:	»...die Triften, auf denen die Ziegen mit strotzenden Eutern und das Rind furchtlos neben den Löwen ruhten,«
	Ek IV, 41:	»robustos quoque iam tauris iuga solvet arator;«
	S. 87:	»...die jochbefreiten Stiere... weideten,«
	Ek IV, 45:	»sponte sua sandyx pascentis vestiet agnos.«
	S. 87:	»...und die Lämmer weideten,«
	Ek IV, 60:	»incipe, parve puer, risu cognoscere matrem:«
	S. 87:	»...der Knabe mit der Mutter,«

Dritte Fassung: »Erzählung vom Tode«

I:	Ek IV, 31-32:	(s. o.)
	S. 90:	»...allüberall die Schiffahrt, die tauscht und handelt, unter den vielen Verderbtheiten der Welt eine der ärgsten.«
	Ae II, 707-708:	(s. o.)
	S. 113:	»...und es war Troja..., er war Anchises, ...getragen von den Schultern des Sohnes,«
	Ek IV, 4, 11-12:	»Ultima Cumaei venit iam carminis aetas;/ ...Teque adeo decus hoc aevi, te consule inibit,/

	Pollio, et incipient magni procedere menses;«
S. 118:	»...es war die Ekloge von der Zauberin, jene Ekloge, die er damals über den Wunsch des Asinius Pollio verfertigt hatte,«
Ae IV, 574-575:	»solvite vela citi. deus aethere missus ab alto/ festinare fugam...«
S. 118:	»...es war der Abschied..., als er Dido mit flüchtenden Schiffen verließ,«
Ae IV, 124-125 u. 165-167:	»speluncam Dido dux et Trojanus eandem/ devenient.../ ...fulsere ignes...«
S. 118:	»[Äneas und Dido in] ...ihrer Nachthöhle unter den Gewittern.«
II: Ge II, 475-476:	»Me vero primum dulces ante omnia Musae,/ quarum sacra fero ingenti percussus amore,«
S. 125:	»... der Dienst an den Musen als priesterlich empfunden ... seine Dichtung ... mit der lieblichen Gewalt inniger Liebe zum Sein ...«
Ek II, 48:	»limosoque palus obducat pascua iunco.«
S. 127:	»...zwischen den duftenden Weiden und zwischen den mit bebendem Schilfe begrünten Ufern...«
Ae VII, 676-677:	»...dat euntibus ingens/ silva locum...«
S. 140:	»...standen die dunkelheitsstarrenden Wälder,«

Ek II, 18:	»alba ligustra cadunt...«
S. 141:	»...verwelkbar wie weißer Liguster...«
Ge IV, 520-527:	»...spretae Ciconum quo munere matres/
	inter sacra deum nocturnique orgia Bacchi/
	discerptum latos iuvenem sparsere per agros./
	tum quoque marmorea caput a cervice revulsum/
	gurgite cum medio portans Oeagrius Hebrus/
	volveret, Eurydicen vox ipsa et frigida lingua/
	a! miseram Eurydicen anima fugiente vocabat,/
	Eurydicen toto referebant flumine ripae.«
S. 144/145:	»— aber cikonische Weiber, die er aus Liebe zur
	Toten verschmäht, rissen in Stücke den Mann
	beim Feste der Götter im bacchantischen Taumel,
	und weit umher in den Feldern zerstreut westen
	die Glieder. Auch sein Haupt war vom marmornen
	Nacken gerissen, indes es hatte noch Stimme,
	und bereits vom öagrischen Hebrus im rollenden
	Strudel ergriffen ›Eurydike‹, rief es mit
	fliehendem Hauche, ›Eurydike, du Arme‹, und
	von den Ufern am Strome ›Eurydike‹ hallt es zurück —«
Ae VI, 285-286:	»multaque praeterea variarum

	monstra ferarum/ Centauri in foribus stabulant Scyllaeque biformes«
S. 147:	»Und bald gesellten sich ihm Begleiter, Weggenossen zur kaltbefremdlichen Fahrt. ...gefolgt von zwiegestalteten Szyllen,«
Ae II, 624-625:	(s. o.)
S. 148:	»...Troja brennt!«
Ek VIII, 71:	»frigidus in pratis cantando rumpitur angius.«
S. 150:	»...keine Beschwörung läßt die eisige Schlange zerbersten,«
Ae IV, 351-352:	»...quotiens umentibus umbris/ nox operit terras...«
S. 153:	»...die wiederbefriedete, wiederbetaute Nacht länderumhüllend...«
Ae IV, 455:	»fusaque in obscenum se vertere vina cruorem.«
S. 154:	»...Wein ...sich zu gräßlichem Blute rückverwandle,«
Ae V, 236-238:	(s. o.)
S. 154:	»...spendend den lauteren Wein, opfernd in salziger Flut ...am Meeresstrande,«
Ae VI, 897-898:	»his ibi tum natum Anchises unaque Sibyllam/ prosequitur dictis portaque emittit eburna,«
S. 154/155:	»...war ihm die elfenbeinerne Pforte nicht überhaupt verschlossen? erhaben unendlich ist die Reihe der Väter,«
Ae VI, 736-739:	»non tamen omne malum miseris nec funditus omnes/ corporeae excedunt pestes, penitusque necesse est/

	multa diu concreta modis inolescere miris./
	ergo exercentur poenis...«
S. 155:	»Durfte er, der Verirrte, der kaum noch der Vorhölle des Scheintodes entlassen war, unabgebüßt seine Verderbnis, noch lange nicht entsühnt trotz aller Pein, durfte er... solcher Begnadung hoffen?«
Ae VI, 377:	»...duri solacia casus.«
S. 156:	»...Trost in der Bedrängnis,«
Ae VIII, 310-369:	(Zeilen 310-336 s. o.)

»vix ea dicta, dehinc progressus monstrat et aram/
et Carmentalem Romani nomine portam/
quam memorant, nymphae priscum Carmentis honorem,/
vatis fatidicae, cecinit quae prima futuros/
Aeneadas magnos et nobile Pallanteum./
hinc lucum ingentem quem Romulus acer Asylum/
rettulit et gelida monstrat sub rupe Lupercal,/
Parrhasio dictum Panos de more Lycaei./
nec non et sacri monstrat nemus Argileti/
testaturque locum et letum docet hospitis Argi./
hinc ad Tarpeiam sedem et Capitolia ducit,/
aurea nunc, olim silvestribus horrida dumis./
iam tum religio pavidos terrebat agrestis/
dira loci, iam tum silvam sax-

umque tremebant./
›hoc nemus, hunc‹ inquit ›frondoso vertice collem/
– quis deus, incertum est – habitat deus: Arcades ipsum/
credunt se vidisse Iovem, cum saepe nigrantem/
aegida concuteret dextra nimbosque cieret./
haec duo praeterea disiectis oppida muris,/
reliquias veterumque vides monumenta virorum./
hanc Ianus pater, hanc Saturnus condidit arcem:/
Ianiculum huic, illi fuerat Saturnia nomen.‹
talibus inter se dictis ad tecta subibant/
pauperis Euandri passimque armenta videbant/
Romanoque foro et lautis mugire Carinis./
ut ventum ad sedes: ›haec‹ inquit ›limina victor/
Alcides subiit, haec illum regia cepit./
aude, hospes, contemnere opes et te quoque dignum/
finge deo rebusque veni non asper egenis.‹/
dixit et angusti subter fastigia tecti/
ingentem Aenean duxit stratisque locavit/
effultum foliis et pelle Libystidis ursae./
Nox ruit et fuscis tellurem amplectitur alis.«

S. 157-160:
»Aber Äneas bewegte die freundlichen Blicke um alles,
Angeregt von den Orten, staunend und froh jeglichen Dinges
Forscht er umher und vernimmt die Denkmal' alter Geschlechter.
– Jetzt Euander der Fürst, der romanischen Feste Erbauer:
Hier bewohnten die Forst' einheimische Faune und Nymphen
Aber auch Waldmänner, die baummarkerzeugten, kernholzgeborenen,
Zuchtlos und ungezähmt; sie wußten nicht, Stiere zu jochen,
Wußten nicht für die Not, wußten nicht Habe zu sparen,
Nein, Zufallsgepflücktes und rauhgier'ge Jagd gab ihnen Nahrung,
Und erst als Saturnus, fliehend die Waffen des Zeus,
Verbannt aus genommener Herrschaft, vom ätherischen Himmel herabkam,
Da bracht' er Bildung, Sitt' und Gesetz zu dem wilden Geschlecht
Bergschweifend ungebärdiger Horden, und er nannte Latium
Dies Land, das ihn mit bergendem Schoße sichernd umfangen hat.
Dann unter dem König blühte die Zeit des goldenen Segens,
Hochgepriesen, lenkte er in friedsamer Ruhe die Völker,
Bis das entartende, gemach sich entfärbende Alter folgte,
Überraset von Krieg und gieriger Sucht des Erwerbes.
Jetzt kamen Ausonen und starker Sikanen Geschlechter,
Und oft wurden die Namen vertauscht des saturnischen Erdreichs.
Es erschien in der Königsreihe rauh und riesenhaft Thybris,
Dem wir Italer den Strom gleichnamig Thybris nun nennen,
Während Albula der eigene Name veraltend dahinschwand.
Ich aber, der verbannt ward zu der Meere äußerstem Ende,
Zwang allherrschendes Glück und unabwendbares Schicksal
Zu dieser Wohnstatt zurück, wie der Mutternymphe Carmentis
Strenges Gebot es befahl und das göttliche Wort des Apoll.
– Nachdem er solches erzählt, zeigt er fortgehend den Altar,
Auch den alternden Bau des Carmentalischen Tores,
So benannt von den Romanern zum Ruhm der Nymphe Carmentis,
Jener Verkünderin, von der die Größe der Äneiden
Und ein herrliches Pallanteum erstmalig geweissagt,

Zeigte weiterschreitend den mächtigen Hain, Freiort geheißen
Vom feurigen Romulus, und frostig am Fels das Lupercal,
So benannt von des lykäischen Pan parrhasischer Sitte;
Hierauf zeigt er den Wald des heiligen Argiletum,
Zeigt ihm ferner den Ort, wo sein Gastfreund Argus den Tod fand,
Führt ihn schließlich zum tarpejischen Sitz und zum Capitole,
Golden anjetzt, vormals von wildernden Hecken umstarret,
Doch schon damals umwittert von erzitterndem Glauben
Des Landvolks, das Wälder und Felsen erschauernd verehrt.
– Schau, sprach er, hier auf dem buschigen Hügel wohnt ein Gott
Im Haine (welcher Gott ist verborgen!); Jupiter selber
Glaubten die Arkader zu sehen, umnachtet die Ägis,
Sooft er mit schüttelnder Rechten stürmische Wetter erregte.
Und dort, mit zersprengten Mauern, sind noch zwei Städte zu schaun,
Trümmer und Schutt, Denkmale gepriesener Männer von alters,
Auch zwei Burgen, Saturnia diese, von Saturnus erbaut,
Janiculum jene, von Janus, dem Vater, errichtet.
– So im Wechselgespräch wanderten sie zu dem Obdach
Des armen Euander, sahn auf dem Weg über den romanischen Markt
Ringsum brüllendes Hornvieh und im Raum prachtvoller Carinen,
Und angelangt bei dem Hause, sprach er: diese Schwelle betrat einst
Herkules, kommend vom Sieg; dies war der Palast, der ihn aufnahm.
Oh, veracht' nicht mangelnden Prunk, mein Gast, es ist der Gott selber,
Dem du dich wert zeigst, und nicht hochfahrend begegne der Armut.
So sprechend, lädt er den großen Äneas ins engumschlossne Haus
Und beschirmt vom Dache beut er das gehobene Lager,
Weichschwellend von Laub und vom Fell der libyschen Bärin.
Aufwärts steigt die Nacht und umhüllt braunschwingig das Erdreich.«

Vierte Fassung: Die Heimfahrt des Vergil

I: Ek IV, 31-32: (s. o.)
S. 3: »...allüberall die Schiffahrt, die tauscht und handelt, unter den vielen Verderbtheiten der Welt eine der ärgsten.«

Ae II, 707-708: (s. o.)
S. 22: »...er war Anchises..., getragen von den Schultern des Sohnes,«

Ek IV, 4, 11-12: (s. o.)
S. 29: »...es war die Ekloge von der Zauberin gewesen, jene über Wunsch und Auftrag des Asinius Pollio verfertigte Ekloge,«

Ae IV, 574-575: (s. o.)
S. 29: »...da er..., mit flüchtenden Schiffen ins Unwiderrufliche ziehend, die Dido verlassen hatte,«

Ae IV, 124-125
u. 165-167: (s. o.)
S. 29: »[Äneas und Dido]... Nachthöhle der Liebe unter den Gewittern.«

II: Ge II, 475-476: (s. o.)
S. 38: »...priesterlich hatte ihm stets die Aufgabe des Sängers gedünkt, ...mit der lieblich-liebenden Gewalt inniger Liebe zum Sein...«

Ek II, 48: (s. o.)
S. 40: »...rieselnd zwischen den duftenden Weiden, rieselnd zwischen den schilfbebend begrünten Ufern,«

Ek III, 90-91:	»*M.* Qui Bavium non odit, amet tua carmina, Mevi./ atque idem ingat vulpes et mulgeat hircos.«
S. 72:	»...die Verachtung, mit der von ihm Leute wie der Bavius und der Mävius oder ähnliche Wortemacher bedacht worden waren,«
Ge IV, 520-527:	(s. o.)
S. 81:	»–– aber cikonische Weiber, die er aus Liebe zur Toten verschmäht, rissen in Stücke den Mann beim Feste der Götter im bacchantischen Taumel, und weit umher in den Feldern zerstreut westen die Glieder; auch sein Haupt war vom marmornen Nacken gerissen, allein es hatte noch Stimme und bereits vom öagrischen Hebrus im rollenden Strudel ergriffen, ›Eurydike‹, rief es mit fliehendem Hauche, ›Eurydike, du Arme‹, und von den Ufern am Strome ›Eurydike‹ hallt es zurück ––«
Ae VI, 285-286:	(s. o.)
S. 87:	»...Nachtsausendes, Nachttanzendes... neben zwiegestalteten Szyllen...«
Ae II, 624-625:	(s. o.)
S. 89A:	»... Troja brennt!«
Ek VIII, 71:	(s. o.)
S. 92:	»...keinerlei Beschwörung reicht hin, eideserneuernd die eisige Schlange zerbersten zu lassen,«

Ae IV, 455:	(s. o.)
S. 100:	»...Tropfen des Weines..., es würde sich dieser gräßlich zu noch gräßlicherem Blute rückverwandeln,«
Ae V, 237-238:	(s. o.)
S. 100:	»...spendend den lauteren Wein, opfernd in salziger Flut..., so sollte es geschehen am Meeresstrande,«
Ae VI, 897-898:	(s. o.)
S. 101:	»...daß ihm die elfenbeinerne Pforte überhaupt und ein für allemal verschlossen war?«
Ae VI, 736-738:	(s. o.)
S. 101:	»...unabgebüßt die Verderbnis trotz aller Pein,«
Ae VI, 377:	(s. o.)
S. 103:	»...Trostnamen in der Bedrängnis...«
Ae VIII, 310-369:	(s. o.)
S. 107-108:	

»Voll Verwunderung wirft Aeneas die regsamen Augen
Rings auf alles, gereizt von den Gegenden, und mit Vergnügen
Forscht und vernimmt er die Kunde von Heldenmalen der Vorzeit.
Anhub Euander der Fürst, der Gründer der römischen Veste:
Heimisch wohnten in diesem Gehölz einst Faunen und Nymphen,
Mannsvolk auch, aus Stämmen und harter Eiche geboren,
Ohne Sitten und Zucht, unkundig Stiere zu jochen
Oder Güter zu sammeln und weise Vorrat zu sparen.
Baumfrucht ernährte sie und der Jagd mühselige Arbeit.
Damals erschien Saturn aus Aetherhöh'n des Olympus,
Fliehend die Waffen des Zeus, verbannt aus entrissener Herrschaft;
Er verlieh dem rohen Geschlecht, das auf Bergen verstreut war,
Bildende Sitt' und Gesetze und nannte die Landschaft Latium,
Latium (bergendes Land), weil dort er sich sicher verborgen.

Unter diesem Gebieter erstand das goldene Alter,
Wie man erzählt, so friedlich beherrscht' er in Ruhe die Völker,
Bis daß andere Zeit, allmählich entartet und schlechter,
Nachkam, und das Rasen des Kriegs und gierige Habsucht.
Drauf erschien der Ausonen Geschlecht und sikanische Völker,
Und das saturnische Land hat öfters den Namen verändert.
Könige folgten sodann und der rauhe, riesige Thybris,
Er, nach dem den Fluß wir Italer Tiber nennen,
Denn der ältere Name Albula wurde vergessen.
Mich, der verbannt auszog zu des Ozeans fernstem Gestade,
Zwang allwaltendes Glück und das unabwendbare Schicksal,
hier zu siedeln im Land, mich trieb die Nymphe Carmentis,
Meine Mutter, mit strengem Gebot, und der Spruch des Apollo.«
Als er dieses gesagt, da zeigt er im Geh'n den Altar ihm
Und das carmentalische Tor, das der römische Name
Jetzo noch preist zum Ehrengedächtnis der Nymphe Carmentis,
Jener prophetischen, die zuerst des äneischen Stammes
Künftige Macht und den Ruhm des Pallanteum geweissagt;
Drauf den mächtigen Hain, den der tapfere Romulus Freiplatz
Nannte, und auch das Lupercal am Fuß des rauhwilden Felsens,
Das nach parrhasischem Brauch des lycäischen Pan so benannt war.
Weiters zeigt er den Wald des schaurigen Argiletum,
Deutet den Namen auch mit des gastlichen Argus Ermordung.
Mich zum tarpejischen Fels und zum Capitolium führt er,
Das, heut' in Gold, voreinst von wilden Dornen umstarrt war.
Damals schon schreckt' ein heiliges Grauen des Orts das verzagte
Landvolk, schon damals sah es mit Beben den Wald und den Felsen.
»Dort in dem Haine«, so sprach er, »hoch auf dem schattigen Hügel,
Wohnt ein Gott, doch welcher, ist ungewiß. Arkader meinen,
Daß sie den Jupiter selber gesehn, wie die gräßliche Aegis oft
mit der Rechten er schwang und Ungewitter erregte.
Endlich siehst du noch mit niedergerissenen Mauern
Zwei zertrümmerte Städte, zwei Heldenmäler der Vorzeit:
Jene Burg hat Janus und diese Saturnus erbauet,
Da Janiculum jene und diese Saturnia genannt ward.« –

Also schritten im Wechselgespräch zu des armen Euander
Wohnung sie hin und sah'n rings weidende, brüllende Herden,
Dort, wo das Forum heut' liegt und der stolze Bezirk der Carinen.
Als sie nun die Behausung erreicht, sprach Euander: »O Gastfreund,
Diese Schwelle betrat der starke Hercules einstmals,
Weilte in diesem ›Palast‹; drum verachte auch deinerseits Reichtum,
Zeige des Gottes dich wert und verschmähe nicht karge Bewirtung!«
Also sprach er und unter das Dach der engen Behausung
Leitet er den hohen Aeneas, das Lager bereitend
Weich aus schwellendem Laub unterm Fell der libyschen Bärin.
Aufwärts steigt die Nacht und bedeckt braunschwingig die Erde.«

III: Ae III, 510-511:	»...passimque in litore sicco/ corpora curamus: fessos sopor inrigat artus.«
S. 137:	»Ringsher auf trockenem Meersand pflegen wir müde den Leib, und Schlaf durchrieselt die Glieder,«
Ek II, 65 u. 68:	»te Corydon, o Alexi: trahit sua quemque voluptas./ ...me tamen urit amor: quis enim modus adsit amori?«
S. 147:	»...selbst damals, als er, ergriffen von der Schönheit des Alexis, ...für den Knaben zu singen vermeint hatte, es war nicht zum Liebeslied geworden,«
Ek III, 86-89:	»M. Pollio et ipse facit nova carmina: pascite taurum,/ iam cornu petat et pedibus qui spargat harenam./ D. Qui te, Pollio, amat, veniat quo te quoque gaudet;/ mella fluant illi, ferat et rubus

	asper amomum.«
S. 147:	»...zu einer an den Asinius Pollio gerichteten Dank-Ekloge, die sich, kaum der Rede wert, ein wenig mit Liebe in ersehnter Landschaft befaßt.«
Ek I, 77:	(s. o.)
S. 147:	»...nie mehr singe ich Lieder, und nicht mehr bin ich euer Hüter!«
Ek IV, 5:	(s. o.)
S. 149:	»...neu entspringt jetzt frischer Geschlechter erhabene Ordnung;«
Ae VI, 893-901:	»Sunt geminae Somni portae, quarum altera fertur/ cornea, qua veris facilis datur exitus umbris;/ altera candenti perfecta nitens elephanto,/ sed falsa ad caelum mittunt insomnia manes./ his ibi tum natum Anchises unaque Sibyllam/ prosequitur dictis portaque emittit eburna,/ ille viam secat ad navis sociosque revisit;/ tum se ad Caietae recto fert litore portum./ ancora de prora iacitur: stant litore puppes.«
S. 152:	»Zwiefach sind die Pforten des Traums; aus Horn ist die eine,/ Leicht entschweben aus ihr des Wahrtraums echte Gebilde./ Prächtig die andere strahlt in elfenbeinernem Glanze,/ Aber die Manen versenden aus

	ihr die falschen Gesichte./ Dorthin führt Anchises den Sohn und zugleich die Sibylle/ Unterm Gespräch und läßt sie durchs elfenbeinerne Tor aus—/ Zu den Schiffen begibt sich Aeneas, trifft dort die Gefährten,/ Steuert schnurgraden Wegs zum Hafen Caeta. Der Anker/ Fällt vom Bug, es ruhen am Strand die Hinterschiffe.«
Ae VII, 1-2 u. 5-6:	»Tu quoque litoribus nostris, Aeneia nutrix,/ aeternam moriens famam, Caieta, dedisti;/ ...at pius exsequiis Aeneas rite solutis,/ aggere composito tumuli...«
S. 152:	»Hierauf wird Cajeta bestattet, Cajeta, die Amme...«
Ae VII, 8-9:	»adspirant aurae in noctem nec candida cursus/ Luna negat, splendet tremulo sub lumine pontus.«
S. 152:	»...du auch drangst in das Dunkel, um heimzukehren zur Fahrt im zitternden Lichte der Meerflut...«
Ae VII, 11-12:	»dives inaccessos ubi Solis filia lucos/ adsiduo resonat cantu tectisque superbis«
S. 153:	»...die unzugänglichen Haine, erschollen im Sonnengesange aus immersingendem Munde, schimmernd die Töchter des Sol.«
Ek IV, 5-7:	»magnus ab integro saeclorum nascitur ordo./

	iam redit et Virgo, redeunt Saturnia regna;/ iam nova progenies caelo demittitur alto.«
S. 154:	»...wenn in der Kette der Göttergeschlechter jener erscheint, den die Jungfrau gebar...«
Ae I, 1:	»Arma virumque cano. ...«
S. 157:	»Waffen ertönt dein Gesang, ...«
Ek III, 49:	(s. o.)
S. 160:	»Nimmer entfliehst du mir heut', wohin du auch rufst, ich erscheine!«
Ek VI, 82-84:	»omnia, quae Phoebo quondam meditante beatus/ audiit Eurotas iussitque ediscere lauros,/ ille canit – pulsae referunt ad sidera valles –«
S. 168:	»...alles was einst Apollo sang und Eurotas glückselig hörte, alles sang jener... Und die Berge trugen das Echo zum Himmel...«
Ek X, 55:	»interea mixtis lustrabo Maenala nymphis,«
S. 173:	»...dort im Reigen der Nymphen...«
Ek VII, 45-46:	»C. Muscosi fontes et somno mollior herba,/ et quae vos rara viridis tegit arbutus umbra,«
S. 173:	»...moosige Quellen, die aus noch sanfterem Schlaf aufstiegen, der grünende Erdbeerbaum, der mit kärglichem Schatten zitternd die Moosfeuchte bemalte, glühend und dörrend er gleichfalls in der

	Sonne des Mittags,«
Ek X, 35-36:	»atque utinam ex vobis unus vestrique fuissem/ aut custos gregis aut maturae vinitor uvae!«
S. 173:	»...einer von jenen zu sein, die dort waren, mithütend die Herden, mitkelternd in gewölbter Steinlaube die saftschwere Traube.«
Ek VII, 33-36:	»*T.* Sinum lactis et haec te liba, Priape, quotannis/ exspectare sat est: custos es pauperis horti./ nunc te marmoreum pro tempore fecimus; at tu,/ si fetura gregem suppleverit, aureus esto.«
S. 173:	»...die Milch bei der Hand, auf daß eine Schale hievon, wie sich's gebührt, dem goldenen Bild des Priapus geopfert werde? Rotglühendes Gold in Milch getaucht...«
Ek VII, 61-64:	»*C.* Populus Alcidae gratissima, vitis Iaccho,/ formosae myrtus Veneri, sua laurea Phoebo,/ Phyllis amat corylos; illas dum Phyllis amabit,/ nec myrtus vincet corylos nec laurea Phoebi.«
S. 173:	»...umgeben von flußumsäumten Pappeln, dem Herakles geweiht, ...umgeben vom bacchantischen Weinstock, von des Apollos Lorbeer und von der Myrte, die teuer der Venus ist,«
Ek X, 42:	»hic gelidi fontes, hic mollia

	prata...«
S. 174:	»...in den schwellenden Wiesen, dort bei den kühlenden Quellen,«
Ek VI, 45-46:	»et fortunatam, si numquam armenta fuissent,/ Pasiphaen nivei solatur amore iuvenci.«
S. 175:	»...den schneeigen Stier der unseligen Pasephaë, der bei den Kühen dort weilte...«
Ek I, 83:	»maioresque cadunt altis de montibus umbrae.«
S. 175:	»...und größer fielen darüber die Schatten der Berge, größer und dunkler;«
Ek V, 88-90:	»*Mo*. At tu sume pedum, quod, me cum saepe rogaret,/ non tulit Antigenes, et erat tum dignus amari,/ formosum paribus nodis atque aere, Menalca.«
S. 175:	»...und reichte ihm den schönknorrigen kupferbeschlagenen Wanderstab hin, ›kein Bleiben steht dir an; nimm deinen Stab, fasse ihn in deine Faust und wandere!‹«
Ek VIII, 52-56	»Nunc et ovis ultro fugiat lupus, aurea durae/ mala ferant quercus, narcisso floreat alnus,/ pinguia corticibus sudent electra myricae,/ certent et cycnis ululae, sit Tityrus Orpheus,/ Orpheus in silvis, inter delphinas Arion.«
S. 176:	»Nunmehr sei es der Wolf, der flieht vor den Schafen, die harte

Eiche, sie trage die goldnen Äpfel, es entblühe Narzisse strahlend der Erle, Bernstein entschwitze der Rinde des Sumpfstrauches, und Tityrus sei wie Orpheus, sei walddurchsingend, sei wie Arion zwischen Delphinen.«

Ek II, 70: »semiputata tibi frondosa vitis in ulmo est.«

S. 177: »...und die Ulmenäste samt den daran hängenden halbbeschnittenen Reben zur engeinschließenden Laube herabzuwölben,«

Ae IV, 123-125 u. 165-167: (s. o.)

S. 177: »...Höhlengeklüftes, das für Dido und Aeneas zu kurzem Glücke bereitet worden war.«

Ae IV, 20-23: »Anna, fatebor enim, miseri post fata Sychaei/
coniugis et sparsos fraterna caede penates/
solus hic inflexit sensus animumque labantem/
inpulit, adgnosco veteris vestigia flammae.«

S. 177: »...nur ein einziger Augenblick, in dem Didos Vergangenheitsschicksal mit dem Zukunftsschicksal des Aeneas sich vereinigen hatte dürfen, verblaßt das Vergangenheitsbild des Jugendgeliebten, des frühverblichenen Sychäus,«

Ae IV, 174-185: »Fama, malum qua non aliud velocius ullum:/
mobilitate viget virisque adqui-

	rit eundo,/
	parva metu primo, mox sese attollit in auras/
	ingrediturque solo et caput inter nubila condit./
	illam Terra parens, ira inritata deorum,/
	extremam, ut perhibent, Coeo Enceladoque sororem/
	progenuit pedibus celerum et pernicibus alis,/
	monstrum horrendum ingens, cui quot sunt corpore plumae,/
	tot vigiles oculi subter – mirabile dictu –/
	tot linguae, totidem ora sonant, tot subrigit auris./
	nocte volat caeli medio terraeque per umbram/
	stridens nec dulci declinat lumina somno;«
S. 178:	»...überschattet von der vieläugigen, vielzüngigen, vielmäuligen, vielschwingigen, nachtdurchfliegenden Riesengestalt der Fama,«
Ek V, 6-7:	»sive antro potius succedimus, aspice, ut antrum/
	silvestris raris sparsit labrusca racemis.«
S. 178:	»...die Zweige hatten sich bereits so dicht mit Wein umrankt, hatten sich so sehr zur Grotte geschlossen,...«
Ek V, 60-61:	»nec lupus insidias pecori nec retia cervis/
	ulla dolum meditantur; amat bonus otia Daphnis.«
S. 178:	»...kein Wolf den Herden auflauert, kein Garn dem Hirsche

	gestellt ist,«
Ek VIII, 85-87:	»Talis amor Daphnim, qualis cum fessa iuvencum/ per nemora atque altos quaerendo bucula lucos/ propter aquae rivum viridi procumbit in ulva,«
S. 178:	»...die Färse, nach dem Stier bangend und suchend, sehnsuchtserschöpft am rieselnden Bache hingesunken ruht.«
Ek II, 17:	»o formose puer, nimium ne crede colori!«
S. 179:	»Lieblicher Knabe, trau nicht so sehr deiner rosigen Farbe...«
Ge III, 331-334:	»aestibus at mediis umbrosam exquirere vallem,/ sicubi magna Iovis antiquo robore quercus/ ingentis tendat ramos, aut sicubi nigrum/ ilicibus crebris sacra nemus adcubet umbra;«
S. 179:	»...und dem schattigen Tal inmitten der Mittagsgluten, wo vom Steineichengeäst ein heiliger Schatten herabhängt.«
Ae IV, 190:	»gaudens et pariter facta atque infecta canebat:«
S. 180:	»...Fama, welche schadenfroh Geschehenes und Nichtgeschehenes verkündet,«
Ae III, 280:	»Actiaque Iliacis celebramus litora ludis.«
S. 182:	»Actiums Strand wird im ilischen Kampfspiel verherrlicht.«
Ae VIII, 675-688:	»in medio classis aeratas, Actia bella,/

cernere erat totumque instructo Marte videres/
fervere Leucaten auroque effulgere fluctus./
hinc Augustus agens Italos in proelia Caesar/
cum patribus populoque, penatibus et magnis dis,/
stans celsa in puppi, geminas cui tempora flammas/
laeta vomunt patriumque aperitur vertice sidus./
parte alia ventis et dis Agrippa secundis/
arduos agmen agens; cui, belli insigne superbum,/
tempora navali fulgent rostrata corona./
hinc ope barbarica variisque Antonius armis,/
victor ab Aurorae populis et litore rubro,/
Aegyptum viresque Orientis et ultima secum/
Bactra vehit, sequiturque – nefas – Aegyptia coniunx.«

S. 184:

»Mitten im Schilde sah man die aktische Schlacht und die Flotte,/
Schwergepanzert, man sah Leukates Gestade umwimmelt/
Von der Rüstung des Kampfes, und golden glänzten die Fluten./
Hier stand Cäsar Augustus, zur Schlacht die Italer führend,/
Samt den Vätern, dem Volk, den Penaten und waltenden Göttern,/
Hoch auf hohem Verdeck; ihm

flammt um die heiteren Schläfen/
Doppelte Helmzier, es glänzt ihm des Ahnherrn Gestirn auf den Scheitel./
Seitab führt Agrippa, von Wind und Göttern begünstigt,/
Ihm ein Geschwader, der Held, um dessen Schläfen die Krone,/
Mit Schiffsschnäbeln geziert, sich windet zum Zeichen des Seesiegs./
Dort, mit barbarischer Hilfe und unterschiedlicher Rüstung,/
Führt Antonius siegreich vom rötlichen Strand der Aurora/
Ganz Ägypten und Morgenlandsvölker, selbst fernher aus Bactra,/
Mit sich daher, und ihm folgt (o Greu'l) die ägyptische Gattin.«

Ae VI, 847-853:
»excudent alii spirantia mollius aera – /
credo equidem – vivos ducent de marmore voltus;/
orabunt causas melius caelique meatus/
describent radio et surgentia sidera dicent:/
tu regere imperio populos, Romane, memento – /
haec tibi erunt artes – pacique inponere morem,/
parcere subiectis et debellare superbos.«

S. 189:
»Andere mögen das Erz zu lebensvollerem Gusse/
Formen, mögen dem Marmor

	lebend'gere Züge entringen,/ Besser verfechten ihr Recht und besser die Bahnen des Himmels/ Zeichnen mit messendem Stift und die Sternaufgänge verkünden:/ Du, o Römer, gedenke, mit Macht über Völker zu walten/ (Das sind Künste für dich), des Friedens Gesetze zu regeln,/ Milde dem, der sich fügt, und niederwerfend den Trotzer.«
Ek VI, 27-28:	»tum vero in numerum Faunosque ferasque videres/ ludere, tum rigidas motare cacumina quercus;«
S. 190:	»...hatten die gefildetrunkenen Faune flötenberauscht im Takte getanzt, für ihn war die Landschaft aufgetan gewesen im Innersten vom Tanze bewegt, selbst die Eichen machtvoll im Takte schüttelnd ihre Wipfeln,«
Ek IV, 52:	»aspice, venturo laetantur ut omnia saeclo!«
S. 205:	»...des Äons Herrlichkeit... mit dieser Zeit erfüllt...«
Ae VIII, 589-591:	»qualis ubi Oceani perfusus Lucifer unda,/ quem Venus ante alios astrorum diligit ignis,/ extulit os sacrum caelo tenebrasque resolvit.«
S. 222:	»...es hebet Lucifer, der von den oceanischen Wellen Umspülte, er, dem die Venus folgt, von ihr zum Lichtstern erkoren, oh, ostwärts hebt er sein heili-

	ges Haupt, hebt er den Blick, der die Dämmerung auflöst...«
Ae VI, 725-726:	»lucentemque globum Lunae Titaniaque astra/ spiritus intus alit totamque infusa per artus.«
S. 223:	»Selbst die leuchtende Kugel des Mondes, selbst die Feuer der Sonne sind vom Geiste genährt, Seele durchströmet die Glieder der Welt,«
Ge I, 32-35:	»anne novum tardis sidus te mensibus addas,/ qua locus Erigonen inter chelasque sequentis/ panditur – ipse tibi iam bracchia contrahit ardens/ Scorpios et caeli iusta plus parte reliquit – «
S. 238:	»Dir, dem neuen Gestirne, von langsamen Monden umfüget, dort, wo Erigones Bahn den Skorpionen heranlockt, dir weichet selbst dieser, der feurig Entbrannte, vor dir zieht die Klauen er ein und räumt dir den dienenden Himmel.«
Ae VI, 789-800:	(s. o.)
S. 249:	»...Sieh Cäsar dort und des Julus/ Ganzen Stamm, der zum hohen Gewölbe des Äthers emporsteigt./ Dies, ja dies ist der Mann, der so oft vom Schicksal verheiß'ne,/ Cäsar Augustus, des Göttlichen Sohn, der das goldene Alter/ Latium neu geschenkt, den Ge-

filden, die einstmals Saturnus/ Untertan waren. Bis zu Garamanten und Indern dehnt er/ Nein, noch weiter, die Grenzen des Reichs, bis über den Sternkreis,/
Über die Bahnen der Sonn' und des Jahrs; der Träger des Himmels,/
Atlas, dreht dort die Kuppel, besät mit funkelnden Sternen,/ Seinem Nahen harren bereits die kaspischen Reiche/
Und die Mäotis entgegen, geschreckt durch Götterorakel,/ Und die Mündungen zittern des siebenarmigen Nilus.«

Ek IX, 47-49: »ecce Dionaei processit Caesaris astrum,/
astrum, quo segetes gauderent frugibus et quo/
duceret apricis in collibus uva colorem.«

S. 264: »Siehe, aufsteiget der Stern, das Gestirn des Äneas, dem Cäsar zu eigen, der Stern, der den Feldsegen spendet zu freudiger Ernte und die Traube im Weinberg zu dunkelnder Reife befruchtet.«

(Zu den Vergil-Zitaten kommt im dritten Abschnitt auf Seite 238 ein Horaz-Zitat hinzu: *Carmina,* Liber Tertius V, 81-83: »Caelo tonantem credidimus Iovem/ regnare: praesens divus habebitur/ Augustus...«
»Im Himmel regiert der Donnerer Zeus, doch auf Erden bist du der sichtbare Gott, oh Augustus.«)

IV: Ek II, 46-49: »ecce ferunt nymphae calathis; tibi candida Nais,/
pallentis violas et summa papavera carpens,/

	narcissum et florem iungit bene olentis anethi;/ tum casia atque aliis intexens suavibus herbis...«
S. 298:	»...ob Mohn oder Zimt oder Narzisse, ob Levkoje oder Lilie, ob Gras oder Gesträuch...«
Ek IV, 2 u. 19:	»non omnis arbusta iuvant humilesque myricae;/ ...errantis hederas passim cum baccere tellus«
S. 299:	»...steif und efeuumrankt neben dem zu Gebüsch entfaltetem, quelldurchzogenem Moose,«
Ek IV, 22:	(s. o.)
S. 299:	»...des Rindes, das sich ohne Scheu neben den Löwen gelagert hatte,«
Ek I, 1:	»...sub tegmine fagi«
S. 299:	»...dem Gewölbe der Buchen,«
Ek II, 18:	(s. o.)
S. 299:	»...auf blühend weißem Liguster,«
Ek IV, 29-30:	»incultisque rubens pendebit sentibus uva,/ et durae quercus sudabunt roscida mella.«
S. 299:	»Am wilden Dornbusch hingen rötliche Trauben, aus härtester Eichenborke sickerte wie Harz tauig der Honig,«
Ek II, 51-53:	»ipse ego cana legam tenera lanugine mala/ castaneasque nuces, mea quas Amaryllis amabat;/ addam cerea pruna, honos erit huic quoque pomo;«

S. 299:	»...graugrüne Quitten, Kastanien, wachsgelbe Pflaumen,«
Ek III, 70-71:	»*M*. Quod potui, puero silvestri ex arbore lecta/ aurea mala decem misi...«
S. 299:	»...goldige Äpfel durchhingen die Wälder,«
Ek IV, 28:	(s. o.)
S. 300:	»...die blond wehenden Felder...«
Ek VIII, 17:	»*D*. ›Nascere, praeque diem veniens age, Lucifer...«
S. 300:	»...der Herold der östlich segnenden Sonne, der milde Lichtbringer,«
Ek II, 21 u. 40-41:	»mille meae Siculis errant in montibus agnae;/ ...praeterea duo nec tuta mihi valle reperti/ capreoli, sparsis etiam nunc pellibus albo;«
S. 300:	»...nach den weidenden Lämmern, nach dem gesprenkelten Böcklein...«
Ek IV, 22:	(s. o.)
S. 314:	»...kampflos friedlich vereint, Löwe und Stier...«
Ek IV, 21:	(s.o.)
S. 318:	»...Ziege mit strotzendem Euter...«
Ek IV, 60:	(s. o.)
S. 314:	»...das Lächeln, das Kind und Mutter verband...«

Fünfte Fassung: Der Tod des Vergil

Die Motti:
...fato profugus... VERGIL: AENEIS I,2
(...schicksalsgesandt, auf der Flucht...)

›...da iungere dextram,
da, genitor, teque amplexu ne subtrahe nostro.‹
sic memorans largo fletu simul ora rigabat.
ter conatus ibi collo dare bracchia circum,
ter frustra comprensa manus effugit imago,
par levibus ventis volucrique simillima somno.
VERGIL: AENEIS VI, 697-702

(»...laß deine Hand mich
fassen, entziehe dich, Vater, doch nicht der Umarmung des Sohnes.«
Also sprach er und Ströme von Tränen netzten sein Antlitz.
Dreimal versuchte er, ihm um den Nacken die Arme zu schlingen,
dreimal, vergeblich umarmt, entrann das Bild seinen Händen,
leicht wie Windhauch, ähnlich durchaus dem flüchtigen Traumbild.)

Lo duca ed io per quel cammino ascoso
Entrammo a ritornar nel chiaro mondo;
E, senza cura aver d'alcun riposo,
Salimmo su, ei primo ed io secondo,
Tanto ch'io vidi delle cose belle
Che porta il ciel, per un pertugio tondo;
E quindi uscimmo a riveder le stelle.
DANTE: DIVINA COMMEDIA, INFERNO XXXIV, 133-139

(Durch den geheimen Gang begannen nun
Ich und mein Führer in die helle Welt
Zurückzukehren, ohne uns Rast zu gönnen,
Und stiegen, er voran, ich hinter ihm,
Bis wir den schönen Schmuck des Himmels
Durch eine runde Lücke blinken sahen
Und beim Hinausgehn wiederum die Sterne.)

Die Übersetzung der Äneis-Zitate ist entnommen dem Band: Vergil, *Aeneis, Lateinisch–Deutsch,* in Zusammenarbeit mit Maria Götte herausgegeben und übesetzt von Johannes Götte, (München: Heimeran, 1971). Das Dante-Zitat ist entnommen aus: Dante Alighieri, *Die göttliche Komödie,* übersetzt von Nora Urban, (Wien: Kaiser, o. J.)

I: Ek IV, 31-32: (s. o.)
    S. 14: »...allüberall die Schiffahrt, die tauscht und handelt, unter den vielen Verderbtheiten der Welt eine der ärgsten.«

    Ae II, 707-708: (s. o.)
    S. 50: »...er war Anchises, ...getragen von den Schultern des Sohnes,«

    Ek IV, 4 u. 11-12: (s. o.)
    S. 64: »...es war die Ekloge von der Zauberin gewesen, jene auf Wunsch und Auftrag des Asinius Pollio verfertigte Ekloge,«

    Ae IV, 574-575: (s. o.)
    S. 64: »...mit flüchtenden Schiffen ins Unwiderrufliche ziehend, die Dido verlassen...«

    Ae IV, 124-125
    u. 165-167: (s. o.)
    S. 64: »...von der Nachthöhle der Liebe unter den Gewittern.«

II: Ge II, 475-478: (s. o.)
    S. 77: »...priesterlich hatte ihm stets die Aufgabe des Sängers gedünkt..., mit der lieblich-liebenden Gewalt inniger Liebe zum Sein...«

    Ek II, 48: (s. o.)
    S. 79: »...zwischen den duftenden Weiden, rieselnd zwischen den schilfbebend begrünten Ufern,«

Ae XII, 940-941:	»et iam iamque magis cunctantem flectere sermo/ coeperat, infelix umero cum apparuit alto«
S. 129:	»...als er, ob in aufkeimendem Mitleid oder um des Gedichtes schöner Spannung willen, zögernd zurückschreckte, den Todfeind zu erschlagen,«
Ae VI, 126-152:	»...facilis descensus Averno –/ noctes atque dies patet atri ianua Ditis –/ sed revocare gradum superasque evadere ad auras,/ hoc opus, hic labor est, pauci, quos aequus amavit/ Iuppiter aut ardens evexit ad aethera virtus,/ dis geniti potuere: tenent media omnia silvae,/ Cocytosque sinu labens circumvenit atro./ quod si tantus amor menti, si tanta cupido/ bis Stygios innare lacus, bis nigra videre/ Tartara et insano iuvat indulgere labori,/ accipe quae peragenda prius: latet arbore opaca/ aureus et foliis et lento vimine ramus,/ Iunoni infernae dictus sacer; hunc tegit omnis/ lucus et obscuris claudunt convallibus umbrae./ sed non ante datur telluris operta subire,/ auricomos quam qui decerpserit arbore fetus./

hoc sibi pulchra suum ferri Proserpina munus/
instituit; primo avolso non deficit alter/
aureus, et simili frondescit virga metallo./
ergo alte vestiga oculis et rite repertum/
carpe manu; namque ipse volens facilisque sequetur,/
si te fata vocant; aliter non viribus ullis/
vincere nec duro poteris convellere ferro./
praeterea iacet exanimum tibi corpus amici –/
heu nescis – totamque incestat funere classem,/
dum consulta petis nostroque in limine pendes./
sedibus hunc refer ante suis et conde sepulcro.«

S. 131: »– leicht ist der Pfad, der zum Hades hinabführt, und immer findest du offen die plutonischen Tore, doch schwer ist die Rückkehr, denn sie ist bedroht von dunklen Forsten, bedroht vom kokytischen Strom, von seinen Buchten und Wirbeln, und sie glücket nur jenen, die tugendgekrönt oder von Göttergeblüt dem Jupiter selber genehm sind; du aber, lüstet dein Mut, dein Übermut nach solch zweifacher Fahrt über den Styx in des Tartaros Grauen, höre was nottut: geheiligt der unterweltlichen Göttin, sprießt inmitten dämmernder Täler,

| | inmitten wildesten Waldes, inmitten dichtesten Strauchwerks, goldschimmernd ein Zweig mit goldenen Blättern, und nicht eher wird dir der Abstieg gelingen, eh du nicht Proserpina zu Ehren, ihrem Willen gemäß, von des Baumes goldenem Gelaub, das sich ewig erneuert, den glänzenden Schößling gebrochen; nach ihm also hast du spähend zu fahnden, und ist das Schicksal dir hold, so wirst du mit flüchtigstem Griff bloßhändig den Zweig dir erpflücken, indes, weder mit stärkster Gewalt, noch mit schneidendem Stahl reißt du ihn ab, wird's dir vom Schicksal verboten, dem allesgebietenden, das zudem noch andere Pflicht für dich bereit hält, da vorerst, fordernd das Sühneopfer von dir, des entseelten Freundes unbestatteter Leib nach dem Grabe verlangt, sein Recht und deine Verpflichtung—« |

Ek III, 90-91: (s. o.)
S. 136: »...armseliges Literatenleben... eines Bavius oder Mävius oder irgendeines andern der von ihm so verachteten eitlen Wortemacher,«

Ge IV, 520-527: (s. o.)
S. 149: »—aber kikonische Weiber, die er aus Liebe zur Toten verschmäht, rissen in Stücke den Mann beim Feste der Götter im bacchantischen Taumel, und

weit umher in den Feldern zerstreut westen die Glieder; auch sein Haupt war vom marmornen Nacken gerissen, allein es hatte noch Stimme, und, bereits vom väterlichen Strom des Hebrus im rollenden Strudel ergriffen, ›Eurydike‹ rief es mit fliehendem Hauche, ›Eurydike, du Arme‹, und von den Ufern am Strome ›Eurydike‹ hallt es zurück –«

Ge IV, 464-493:

»ipse cava solans aegrum testudine amorem/
te, dulcis coniunx, te solo in litore secum,/
te veniente die, te decedente canebat./
Taenarias etiam fauces, alta ostia Ditis,/
et caligantem nigra formidine lucum/
ingressus manisque adiit regemque tremendum/
nesciaque humanis precibus mansuescere corda./
at cantu commotae Erebi de sedibus imis/
umbrae ibant tenues simulacraque luce carentum,/
quam multa in foliis avium se milia condunt,/
vesper ubi aut hibernus agit de montibus imber,/
matres atque viri defunctaque corpora vita/
magnanimum heroum, pueri innuptaeque puellae/
impositique rogis iuvenes ante ora parentum;/

quos circum limus niger et deformis harundo/
Cocyti tardaque palus inamabilis unda/
adligat, et novies Styx interfusa coercet./
quin ipsae stupuere domus atque intima Leti/
Tartara caeruleosque implexae crinibus angues/
Eumenides, tenuitque inhians tria Cerberus ora,/
atque Ixionii vento rota constitit orbis./
iamque pedem referens casus evaserat omnis,/
redditaque Eurydice superas veniebat ad auras/
pone sequens – namque hanc dederat Proserpina legem –/
cum subita incautum dementia cepit amantem/
ignoscenda quidem, scirent si ignoscere manes:/
restitit Eurydicenque suam iam luce sub ipsa/
immemor heu victusque animi respexit. ibi omnis/
effusus labor atque immitis rupta tyranni/
foedera terque fragor stagnis auditus Averni.«

S. 150: »*Der Liebe Erinnerungsstärke hatte Orpheus den Eintritt in die Hadestiefe erzwungen, allerdings um ihm zugleich den letzten Abstieg zu verwehren, so daß er, verloren in der Unterweltlichkeit des Gedächtnisses, zur vorzeitigen Umkehr genötigt*

	war, unkeusch noch in der Keuschheit und zerrissen im Unheil. Er hingegen, liebelos von Anbeginn, unfähig das liebende Gedächtnis voranzuschicken und von keiner Erinnerung geführt, er war nicht einmal in die ersten Tiefen des erzbeherrschenden Vulcanus gelangt, geschweige denn zu den Bereichen der gesetzes-stiftenden Väter, geschweige denn noch tiefer in die des weltgebärenden erinnerung-gebärenden, heil-gebärenden Nichts, und er war in der erstarrten Leere der Oberfläche geblieben.«
Ae VI, 285-286:	(s. o.)
S. 158:	»...Nachttanzendes... neben zwiegestalteten Szyllen..., Zentauren und Zentaurenreste...«
Ae II, 624-625:	(s. o.)
S. 161:	»...Troja brennt!«
Ae VIII, 689-690:	»uno omnes ruere ac totum spumare reductis/ convolsum remis rostrisque tridentibus aequor.«
S. 161:	»...und es schäumet die Meerflut, zerwühlt von gezogenen Rudern, zerschnitten von den furchenziehenden Schiffen, vom Stoß ihrer dreizähnigen Schnäbel...«
Ek VIII, 71:	(s. o.)
S. 165:	»...keinerlei Beschwörung reicht hin, eiderserneuernd die eisige Schlange zerbersten zu lassen;«
Ae IV, 455:	(s. o.)

S. 175:	»...Tropfen des Weines berühren, es würde sich dieser gräßlich zu noch gräßlicherem Blute zurückverwandeln,«
Ae V, 237-238:	(s. o.)
S. 175:	»...und spendend den lauteren Wein, opfernd in salziger Flut unter den Strahlen des aufgehenden Tagesgestirnes, perlmuttern aufzitternd die Schale frühmorgendlichen Himmels,«
Ae VI, 893-895:	(s. o.)
S. 177:	»...mußte er also in seinen Traum eingeschlossen bleiben... verriegelt die elfenbeinerne und erst recht die hörnerne Pforte?«
Ae VI, 736-738:	(s. o.)
S. 177:	»...unabgebüßt war die Verderbnis geblieben, ungeachtet aller Pein,«
Ae VI, 377:	(s. o.)
S. 179:	Trostnamen in der Bedrängnis...«
Ae VIII, 310-369:	(s. o.)
S 183-185:	»Alles um ihn herum verlockte den Geist und die Blicke, Schwer von Vergang'nem die Gegend und trächtig von Taten der Vorzeit. Und so lauschte Äneas den stumm sich eröffnenden Sagen, Lauschte dem Fürsten Euander, dem Gründer der römischen Veste. Faune und Nymphen – so kündete jener – bewohnten das Land hier, Freilich daneben auch mensch-

liches Waldvolk, baummarkgeboren
Zufallsgefüttert von Waldfrucht und ungeordnetem Jagdtrieb,
Knorrig wie Eiche, ein wildes Geschlecht, unkundig des Landbaus
Und seines sammelnden Fleißes, unkundig der Zähmung des Stieres,
Ungezähmt auch sie selber. Zu ihnen, den Wilden, um Zuflucht
Kam Saturn ins Gelaß ihrer Landschaft; er nannte sie Latium,
Da sie ihn barg vor dem zornigen Zeus, der ihm Himmel und Welten
Und seine Herrschaft geraubt. Und von ihm, dem Saturnus, empfingen
Nun die Schweifenden Satzung, sie wurden sittig und seßhaft,
Ruhten begnadet in goldener Zeit, in goldenem Frieden.
Nicht aber ruhte die Zeit. Entartung trug sie im Werden,
Niedere Lüste entfesselte sie, Gier, Habsucht und Kriege,
Machte saturnischen Boden erobernden Fremdlingen hörig,
Machte latinische Namen ausanisch, später sicanisch;
Albula selbst, der Strom, ließ seinen Namen vergessen,
Wurde zum Tiber, zu Ehren des Thybris, der rauh und gewaltig
Aus der Reihe der neuen, der

fremden Gebieter hervorragt.
Ich, Euander jedoch, der Sohn
der Nymphe Carmentis,
Folgend ihnen zuletzt, war wieder ein armer Verbannter,
Bis mir die Schicksalsgewalt zum Glück sich gewandelt, indem sie
Unabwendbar notwendig vom fernsten Gestade mich hertrieb
Und den Suchenden zwang in diesem Lande zu siedeln,
Wie es die Mutter befahl, apollinischem Spruche gehorchend.
So erzählte Euander, und nun mit dem Gast sich ergehend,
Wies er ihm Tor und Altar, zum Ruhme gebaut der Carmentis,
Daß noch heute der Römer der Mutternymphe gedenke,
Die als erste geweissagt den Glanz des Äneas-Geschlechtes,
Die palatinische Größe. Sodann gelangten sie weiter
Hin zu dem mächtigen Hain, den Romulus weihte als Freiplatz,
Weiter zum Lupercal, steinkühl von Felsen beschattet,
Nach des lycäischen Pan parrhasischer Sitte bezeichnet;
Nun zeigt Euander den schaurigen Wald, Argiletum geheißen,
Weil dort Argus, sein einstiger Gastfreund, ermordet gefallen,
Führt zum tarpejischen Felsen, zum capitolinischen Hügel,
Heute prangend in Gold, doch damals borniges Buschwerk. –

Immer schon – sprach er – beschlich ehrfürchtiges Grauen das Landvolk
Vor diesem Ort, und mit Beben nur sahn sie den Wald und den Felsen;
Denn im laubigen Gipfel, im Haine dort wohnt eine Gottheit,
Unbekannt welche und unbekannt bleibend; den Jupiter selber
Glaubten Arkader zu seh'n, mit der himmelverfinsternden Ägis
Stürme erregend. Und drüben erblickst du zertrümmerte Mauern
Zweier Städte und Mäler von altehrwürdigen Männern;
Eine der Burgen hat Janus, die andre Saturnus gegründet,
Davon zeugen die Namen: Janiculum so wie Saturnia.

Unter solchen Gesprächen erreichten sie endlich Euanders
Einfache Wohnstatt und sahen verstreut die brüllenden Herden
Da wo das römische Forum heut' steht und die Pracht der Carinen.

Diese Schwelle – so sagte Euander beim Eintritt –, der Sieger
Herakles schritt über sie; ihn empfing diese Königsbehausung.
Bring's über dich, mein Gast,

	dem Göttlichen gleichend in Würde,
	Prunk nicht erheblich zu achten und Dürftigkeit nicht zu verschmähen.
	Sprach es, und unter das Dach der erhabenen Wohnstatt geleitet
	Er den großen Äneas, zu dem ihn erwartenden Lager,
	Laubgeschwellt und bedeckt mit dem Fell der lybischen Bärin.
	Nacht stieg empor und umfing mit braunen Schwingen die Erde.«
III: Ae III, 510-511:	(s. o.)
S. 223:	»Hingelagert auf trockenem Meersand pflegen wir müde den Leib, und Schlaf durchrieselt die Glieder«.
Ek II, 65 u. 68:	(s. o.)
S. 236:	»...als ihm durch des Asinius Gunst der Alexis zu eigen geworden war, und er ergriffen von der Schönheit des Knaben für ihn zu singen vermeint hatte,«
Ek III, 86-89:	(s. o.)
S. 236:	»...zu einer an den Asinius Pollio gerichteten Dank-Ekloge, die sich, kaum der Rede wert, ein wenig mit Liebe in ersehnter Landschaft befaßt.«
Ek I, 77:	(s. o.)
S. 237:	»...nie mehr singe ich Lieder, und nicht mehr bin ich euer Hüter!«
Ek IV, 5:	(s. o.)

S. 242:	»...neu entspringt jetzt frischer Geschlechter erhabene Ordnung...«
Ae VI, 893-901:	(s. o.)
S. 246:	»Zwiefach ist der Ausgang der Träume: war es ein Wahrtraum,/ Dann entläßt er aus hörnernem Tor die echten Gebilde;/ War es nur Gaukelspiel, wie die Manen manchmal es senden,/ Flattern die falschen Gesichte durch glänzende Elfenbeinpforte./ Hierher führt Anchises den Sohn und mit ihm die Sibylle;/ Abschied nimmt er von ihnen inmitten von Elfenbeinschimmer./ Jäh zu den Booten enteilt da Äneas, und samt seinen Mannen/ Steuert er pfeilgerad durch die Flut zum Hafen Cajeta;/ Anker rasseln vom Bug; am Strandseil ruhen die Kiele.«
Ae VII, 1-2 u. 5-6:	(s. o.)
S. 246:	»...hierauf wird Cajeta bestattet, Cajeta, die Amme...«
Ae VII, 9:	(s. o.)
S. 246:	»...zur Fahrt im zitternden Lichte der Meerflut...«
Ae VII, 11-12:	(s. o.)
S. 247:	»...erglänzten die Sonnengestade, die unzugänglichen Haine, erscholl im Sonnengesang aus immersingendem Munde, und schimmernd die Tochter des Sol.«
Ek I, 5-7:	(s. o.)

S. 248:	»wenn in der Kette der Göttergeschlechter jener erscheint, den die Jungfrau gebar...«
Ae I, 1:	(s. o.)
S. 252:	»Waffen freilich besangst du...«
Ek III, 49:	(s. o.)
S. 256:	»Nimmer entfliehst du mir heut, wohin du auch rufst, ich erscheine!«
Ek VI, 82-84:	(s. o.)
S. 265:	»...alles was einst Apollo sang und Eurotas glückselig hörte, alles sang jener...«
Ek X, 55:	(s.o.)
S. 273:	»...mitten im Reigen der Nymphen...«
Ek VII, 45-46	(s. o.)
S. 273:	»...moosige Quellen..., der grünende Erdbeerbaum, der mit kärglichem Schatten zitternd die Moosfeuchte bemalt,«
Ek X, 35-36:	(s. o.)
S. 274:	»...mithütend mit ihnen die Herden, mitkelternd in gewölbter Steinlaube die saftschwere Traube.«
Ek VII, 33-36:	(s. o.)
S. 273:	»...die Milch..., auf daß eine Schale hievon... dem goldenen Bild des Priapus geopfert werde? Rotglühendes Gold in Milch getaucht...«
Ek VII, 61-64:	(s. o.)
S. 274:	»...umgeben von den flußbesäumenden Pappeln, dem Herakles geweiht, zeigte sich umgeben vom bacchantischen Weinstock, von des Apollo

355

	Lorbeer und von der Myrte, die teuer der Venus ist,«
Ek X, 42:	(s.o.)
S. 275:	»...dort bei den kühlenden Quellen,«
Ek VI, 45-46:	(s. o.)
S. 276:	»...den schneeigen Stier der unseligen Pasiphaë, der bei den Kühen dort weilte?«
Ek I, 83:	(s. o.)
S. 276:	»...fielen darüber die Schatten der Berge, größer und dunkler;«
Ek VI, 88-90:	(s. o.)
S. 277:	»...den knorrigen, kupferbeschlagenen Wanderstab... nimm deinen Stab, fasse ihn in deine Faust und wandere!«
Ek VIII, 52-56:	(s. o.)
S. 278:	»Nunmehr sei es der Wolf, der flieht vor den Schafen, die harte Eiche, sie trage die goldenen Äpfel, es entblühe Narzisse strahlend der Erle; Bernstein entschwitze der Rinde des Sumpfstrauches, und Tityrus sei wie Orpheus, sei walddurchsingend, sei wie Arion zwischen Delphinen.«
Ek II, 70:	(s. o.)
S. 279:	»...und die Ulmenäste samt den daran hängenden halbbeschnittenen Reben zur engeinschließenden Laube herabzuwölben,«
Ae IV, 123-124:	(s. o.)
S. 279:	»...des Höhlengeklüftes, das für Dido und Äneas zu kurzem, ach so kurzem Glücke bereitet gewesen war.«

Ae IV, 20-23:	(s. o.)
S. 279/80:	»...ein einziger Augenblick, in dem Didos Vergangenheitsschicksal mit dem Zukunftsschicksal des Äneas sich hatte vereinigen dürfen, verblaßt das Vergangenheitsbild des Jugendgeliebten, des frühverblichenen Sychäus,«
Ae IV, 174-185:	(s. o.)
S. 280:	»...überschattet von der vieläugigen, vielzüngigen, vielmäuligen, vielschwingigen, nachtdurchfliegenden Riesengestalt der Fama,«
Ek V, 6-7:	(s. o.)
S. 280:	»...die Zweige hatten sich bereits so dicht mit Wein umrankt, hatten sich so sehr zur dunkelverschatteten Grotte geschlossen,«
Ek V, 60-61:	(s. o.)
S. 281:	»...kein Wolf den Herden auflauert, kein Garn dem Hirsch gestellt ist,«
Ek VIII, 85-87:	(s. o.)
S. 281:	»...die Färse, nach dem Stier bangend und suchend, sehnsuchtserschöpft am rieselnden Bach hingesunken ruht.«
Ek II, 17:	(s. o.)
S. 282:	»Lieblicher Knabe, trau nicht so sehr deiner rosigen Farbe.«
Ge III, 331-334:	(s. o.)
S. 282:	»...inmitten der Mittagsglut und hin zu dem schattigen Tal, wo vom Steineichengeäst ein heiliger Schatten herabhängt...«
Ae IV, 190:	(s. o.)

S. 283:	»…unabwehrbar der Schatten der Fama, der Schatten ihrer gräßlichen, schamerregenden Riesengestalt, mit ihrem Lachen schadenfroh furchtbar Geschehendes und Nichtgeschehendes verkündend…«
Ae III, 280:	(s. o.)
S. 286:	»Actiums Strand verherrlicht im ilischen Kampfspiel…«
Ae VIII, 675-688:	(s. o.)
S. 288/9:	»Sieh in der Mitte des Schilds die actische Schlacht, das Gewimmel Schwergepanzerter Schiffe, dahinter die Küste Leukates; Hitzig wütet der Kampf auf den sonnenschimmernden Fluten. Sieh den Cäsar Augustus die Italer führend im Streite; Geist des Volkes mit ihm, beschützt von Penaten und Göttern Steht er auf hohem Verdeck goldflammend die Schläfen im Eifer Und im Glanze des Ahnengestirns, ihm strahlend zu Häupten. Dort das Flankengeschwader, von Götterwinden begünstigt, Lenkt hochragend Agrippa, die Stirn umflammt von dem stolzen Zierenden Zeichen des Seekriegs, der Schiffsschnabelkrone. Den beiden Gegenüber jedoch, an der Spitze barbarischer Streit-

	macht, Buntgerüsteter, treibt Antonius, Sieger des Ostens, Stämme vom Morgenland, Ägypter, baktrische Völker In den Kampf, neben sich – oh Schmach – die ägyptische Gattin...«
Ae VI, 847-853: S. 294:	(s. o.) »Andere mögen aus Erz beseeltere Bilder gestalten,/ Mögen dem Marmor vielleicht belebtere Züge entringen,/ Rechtssachen schlauer vertreten und besser die Bahnen des Himmels/ Zeichnen mit messendem Stift oder Sternaufgänge verkünden:/ Du aber, Römer, gedenk' die Völker mit Macht zu regieren,/ Dies ist, was dir geziemt, die Sitte des Friedens zu setzen,/ Milde dem, der sich fügt, und niederwerfend die Trotzigen.«
Ek VI, 27-28: S. 297:	(s. o.) »...hatten die gefildetrunkenen Faune flötenberauscht im Takte getanzt, ...im Takte selbst die Eichen machtvoll ihre Wipfel schüttelnd;«
Ek IV, 52: S. 316:	(s. o.) »...von des Äons Herrlichkeit als Erfüllung dieser Zeit...«
Ae, VIII, 675-688: S. 317:	(s. o.) »Aktium, das du besangest..«
Ae VIII, 589-591: S. 337:	(s. o.) »...es hebet Lucifer, der von den ozeanischen Wellen Umspülte, er, dem die Venus folgt,

	von ihr zum Lichtstern erkoren, oh, ostwärts hebt er sein heiliges Haupt, hebt er den Blick, der die Dämmerung auflöst,«
Ae VI, 725-726:	(s. o.)
S. 337:	»Selbst die leuchtende Kugel des Mondes, selbst die Feuer der Sonne sind im Geiste genährt, Seele durchströmet die Glieder der Welt,«
Ek IV, 6-9:	»iam redit et Virgo, redeunt Saturnia regna;/ iam nova progenies caelo demittitur alto./ tu modo nascenti puero, quo ferrea primum/ desinet ac toto surget gens aurea mundo,«
S. 339:	»Das goldene Zeitalter, in dem das Erz sich zu Gold zurückverwandeln wird, das Zeitalter Saturns...«
Ge I, 32-35:	(s. o.)
S. 358:	»Dir, dem neuen Gestirn, von langsamen Monden umfüget, dort, wo Erigones Bahn den Skorpionen heranlockt, dir weichet selbst dieser, der feurig Entbrannte, vor dir zieht die Klauen er ein und räumt dir den dienenden Himmel.«
Ae VI, 789-800:	(s. o.)
S. 371	»...Siehe den Cäsar dort und das ganze Juliergeschlecht aufsteigend zum hohen Gewölbe des Äthers: Dies ist der Mann, der immererwartete, schicksalsverheißene,

Cäsar Augustus, göttlichen Stammes, stiftend aufs neue Goldene Zeit, wie einstmals Saturn, dem latinischen Lande;
Weithin dehnt er sein Reich bis zu Garamanten und Indern,
Und wo der Atlas die Weltkuppel dreht auf riesiger Schulter,
Funkenumschwärmt von der Sternsaat, selbst hier gebietet der Cäsar,
Machtvoll enthebend die Erde dem Kreislauf der Jahre und Sonnen. –
Bebend erwarten sein Nahen schon jetzt die kaspischen Reiche,
Bebend harrt die Mäotis, geschreckt durch Götterorakel,
Bebend im Siebengemünd aufschäumt der gewaltige Nilus...«

Ek IX, 47-49: (s. o.)
S. 389: »Siehe aufsteiget der Stern, das Gestirn des Äneas, dem Cäsar zu eigen, der den Feldsegen spendet zu freudiger Ernte und die Traube im Weinberg zu dunkelnder Reife befruchtet.«

(Zu den Vergil-Zitaten kommt im dritten Abschnitt auf S. 359 ein Horaz-Zitat hinzu: Carmina, Liber Tertius V, 81-83, s. o.: »Im Himmel regiert der Donnerer Zeus, doch auf Erden bist du der sichtbare Gott...«)

IV: Ek II, 46-49: (s. o.)
S. 433: »...ob Mohn oder Zimt oder Narzisse, Levkoje oder Lilie, ob Gras oder Gesträuch,«

Ek IV, 2 u. 19: (s. o.)
S. 433: »...der Grashalm, steif und efeuumrankt, neben dem zu

	Gebüsch entfalteten, quelldurchzogenen Moose,«
Ek IV, 22:	(s. o.)
S. 434:	»...des Rindes, das sich ohne Scheu neben den Löwen gelagert hatte,«
Ek I, 1:	(s. o.)
S. 434:	»...aus dem Gewölbe der Buchen,«
Ek II, 18:	(s. o.)
S. 434:	»...auf blühend weißem Liguster,«
Ek IV, 29-30:	(s. o.)
S. 434:	»Am wilden Dornbusch hingen rötliche Trauben, aus härtester Eichenborke sickerte wie Harz tauig der Honig;«
Ek II, 51-53:	(s. o.)
S. 434:	»...graugrüne Quitten, Kastanien, wachsgelbe Pflaumen...«
Ek III, 70:	(s. o.)
S. 434:	»...goldige Äpfel durchhingen die Wälder,«
Ek IV, 28:	(s. o.)
S. 434:	»...durch die blondwehenden Felder...«
Ek VIII, 17:	(s. o.)
S. 435:	»...der Stern des Morgens, der Herold der östlich segnenden Sonne, der milde Lichtbringer,«
Ek II, 21 u. 40-41:	(s. o.)
S. 435:	»...nach den weidenden Lämmern, nach dem gesprenkelten Böcklein, das an der Waldgrenze... äst;«
Ek IV, 21-22:	(s. o.)
S. 452:	»... kampflos friedlich vereint,

Ek IV, 60:	Löwe und Stier und Lamm und Ziege mit strotzendem Euter.« (s. o.)
S. 452:	»…das Lächeln, das Kind und Mutter verband,«

Editorische Notiz

Erstmals sind hier die bisher der Forschung unbekannte zweite Fassung und das erhalten gebliebene Fragment der dritten Fassung von Brochs »Vergil«-Roman abgedruckt. Die dritte Version (»Erzählung vom Tode«) enthält auch den handschriftlichen Teil, den Broch während seiner Gestapo-Haft im März 1938 im Gefängnis von Bad Aussee (Österreich) niederschrieb. Herrn Professor Joseph H. Bunzel, Buffalo/N.Y., sei gedankt für die Genehmigung zum Abdruck dieser Fassungen. Die vierte Fassung des Romans (*Die Heimfahrt des Vergil*) brauchte hier u. a. deshalb nicht aufgenommen zu werden, da sie dem Interessierten als Mikrofilm zugänglich ist durch die Poetry Collection der Lockwood Memorial Library an der State University of New York in Buffalo, N.Y. 14214, USA. Von dieser vierten Version wurden nur die »Elegien« und ihre Vorformen aufgenommen, da insbesondere die »Schicksals-Elegien« seit der Bad Ausseer Gefängniszeit eine zentrale Rolle im Roman spielen.

Durch die erstmals hier im Zusammenhang abgedruckten brieflichen Selbstkommentare Brochs zu seinem »Vergil«-Roman wird die mit diesem Werk verbundene Wirkungsabsicht Brochs deutlich, und Entstehung und Aufbau des Opus werden durchsichtiger. Durch die wiedergegebenen Stimmen aus der Forschung soll eine einführende Lesehilfe geleistet werden. Bei den Studien von Wienold und Hinderer handelt es sich um Nachdrucke, bei den Arbeiten von Bier und Lützeler um Originalbeiträge. Dieser Materialienband versteht sich als Ergänzung zur neuen Ausgabe von Brochs Roman *Der Tod des Vergil,* wie er als Band 4 in der vom gleichen Herausgeber edierten »Kommentierten Werkausgabe« im Suhrkamp Verlag erscheint. Auf die dort vom Herausgeber bereits geklärten textkritischen, bibliographischen und entstehungschronologischen Fragen braucht daher in diesem Band nicht nochmals eingegangen zu werden. Offensichtliche Schreib- und Kommafehler wurden stillschweigend korrigiert, doch wurde, was die Zeichensetzung im allgemeinen anberifft, generell der Brochsche Usus als Richtschnur anerkannt. Notwendige Eingriffe in den Text – etwa im Falle einer Wortauslassung oder bei Unleserlichkeit – sind als solche gekennzeichnet. In den »Beiträgen aus der Forschung« wird mit der Abkürzung (GW 1-10) zitiert nach der zehnbändigen Gesamtausgabe des Rhein-Verlags (Zürich 1952-61), die vom Suhrkamp Verlag übernommen wurde. Die »brieflichen Kommentare« sind ein Vorabdruck in Auswahl aus dem Briefmaterial zum *Tod des Vergil* in den Bänden *Dichter über ihre Dichtungen: Hermann Broch,* hrsg. v. Paul Michael Lützeler und Werner Vordtriede (München: Heimeran, im Erscheinen). Der Abdruck erfolgt mit freundlicher Genehmigung des Verlags. In den frühen Fassungen des *Vergil*-Romans sind die vier Kapitel mit in eckige Klammern gesetzten römischen Ziffern vom Herausgeber gekennzeichnet worden. Die ersten drei Fassungen weisen noch keine Kapiteleinteilungen auf, doch sind sie vorgenommen worden, um das Verständnis für die Genese des Romans zu erleichtern.

*Von Hermann Broch
erschienen im Suhrkamp Verlag*

Gesammelte Werke in 10 Bänden. 1968. Ln.
Bergroman. Die drei Originalfassungen textkritisch herausgegeben von Frank Kress und Hans Albert Maier. 1969. 4 Bände in Schuber, zus. 1500 S. Ln. Kt.
Der Denker. Eine Auswahl. 1966. 328 S. Ln.
Der Dichter. 1964. 256 S. Ln.
Der Tod des Vergil. 1958. Sonderausgabe. 542. S. Ln.
Dichter wider Willen. 96 S. Ln.
Die Entsühnung. 1961. 80 S. Pp.
Die Schlafwandler. 1952. Sonderausgabe. 762 S. Ln.

suhrkamp taschenbücher
Barbara und andere Novellen. Eine Auswahl aus dem erzählerischen Werk. Herausgegeben mit Nachwort und Kommentar von Paul Michael Lützeler, 1973, Band 151. 380 S.
Materialien zu Hermann Broch ›Der Tod des Vergil‹. Herausgegeben von Paul Michael Lützeler. st 317. 361 S.

Kommentierte Werkausgabe
Herausgegeben von Paul Michael Lützeler
Band 4: Der Tod des Vergil. st 296. 522 S.
Band 5: Die Schuldlosen. Roman in elf Erzählungen. st 209. 354 S.
Band 9/1: Schriften zur Literatur. Kritik. st 246. 448 S.
Band 9/2: Schriften zur Literatur. Theorie. st 247. 320 S.

Bibliothek Suhrkamp
Demeter. Romanfragment. 1967. Band 199. 242 S.
Die Erzählung der Magd Zerline. 1967. Band 204. 80 S.
Pasenow oder die Romantik. 1962. Band 92. 203 S
Esch oder die Anarchie. 1969. Band 157. 224 S.
Huguenau oder die Sachlichkeit. 1970. Band 187. 328 S.
Gedanken zur Politik. 1970. Band 245. 192 S.
James Joyce und die Gegenwart. Essay. 1972. Band 306. 84 S.
Hofmannsthal und seine Zeit. 1974. Band 372. 147 S.

edition suhrkamp
Zur Universitätsreform. Herausgegeben und mit einem Nachwort von Götz Wienold. 1969. Band 301. 144 S.
Materialien zu Hermann Brochs ›Die Schlafwandler‹. Herausgegeben von Gisela Brude-Firnau. 1972. Band 517. 216 S.

Sprechplatte Hermann Broch

suhrkamp taschenbücher

st 258 Peter Handke, Falsche Bewegung
Filmbuch
84 Seiten
Handke erzählt in seinem Filmbuch, frei nach Goethes »Wilhelm Meisters Lehrjahre«, eine klassische Entwicklungs- und Bildungsgeschichte.
»So genau sind noch nie die Neurosen der siebziger Jahre beschrieben worden, die Zweifel an der Veränderbarkeit statischer Verhältnisse durch politische Aktion, die resignativen Skrupel in bezug auf eine ordentliche Beschreibung unordentlicher Verhältnisse.« *Die Zeit*

st 259 Franz Xaver Kroetz, Gesammelte Stücke
504 Seiten
Inhalt: Wildwechsel; Heimarbeit; Hartnäckig; Männersache; Lieber Fritz; Stallerhof; Geisterbahn; Wunschkonzert; Michis Blut; Dolomitenstadt Lienz; Oberösterreich; Maria Magdalena; Münchner Kindl.
»Es ist grandios, wie Kroetz in den unprätentiösen Dialekt-Dialogen immer an den richtigen Stellen das Richtige sagen läßt.« *FAZ*

st 260 Peter Suhrkamp. Zur Biographie eines Verlegers in Daten, Dokumenten und Bildern
vorgelegt von Siegfried Unseld unter Mitwirkung von Helene Ritzerfeld
246 Seiten
Am 1. Juli 1950 gründete Peter Suhrkamp seinen eigenen

Verlag. Aus Anlaß des 25jährigen Bestehens wurden Zeugnisse und Dokumente, Daten und Bilder seines Lebens und seiner Arbeit gesammelt. Aus den Mosaiksteinen dieses Bandes ergibt sich der Weg Peter Suhrkamps, der unbeabsichtigt und doch konsequent zu seinem Ziele führte: »mein Beruf – dieser schöne Verlegerberuf«. Seine Biographie ist ein Stück Zeit-, Literatur- und Verlagsgeschichte.

st 262 Herbert Achternbusch, Happy
oder Der Tag wird kommen. Roman
170 Seiten
»Das ist ein Heimat- und Familienroman, ein Reiseroman, eine Geschichte über das Lieben und ein Buch über das Kino ... Ein Heimatroman über eine Heimat, die einem Angst macht – und ein Reiseroman von Reisen dorthin, wo die Geschichten einfacher, klarer, schöner sind. Reisen mit dem Kopf: von Bayern nach Bali oder zum Sambesi oder Reisen in eine noch traumhaftere Traumwelt – ins Kino, in den Western. Und immer wieder Herbert Achternbusch und die Liebe: es sind die schönsten, spukhaftesten, verworrensten Liebesgeschichten, die er bisher geschrieben hat.« *Die Zeit*

st 263 Adolf Muschg, Im Sommer des Hasen. Roman
318 Seiten
»Die Geschichte enthält Momente von ungewöhnlicher psychologischer Finesse und Töne, die innig und doch niemals innerlich sind .. Abermals erweist es sich, daß man eine erotische Geschichte deutlich und genau erzählen kann, ohne deshalb indiskret oder gar brutal zu wirken.« *Marcel Reich-Ranicki*

st 264 Hermann Kasack, Fälschungen. Erzählung
256 Seiten
Kasack erzählt die Geschichte einer Kunstfälschung, der ein deutscher Industrieller und Sammler zum Opfer fällt. Die Konsequenz, die der Sammer für sich aus der Erfahrung zieht, daß niemand mehr ein verläßliches Gefühl für die alten Kunstwerke besitzt, ist zugleich eine innere Läuterung: ihm wird die Lebensfälschung sichtbar, der er selbst unterlag.

st 265 Fritz Rudolf Fries, Der Weg nach Oobliadooh
Roman
232 Seiten
Die jungen Leute, die diesen Roman bevölkern, leben im Leipzig der fünfziger Jahre. Sie hängen ihren eigenen Sehnsüchten nach und pfeifen auf die strengen Riten der Gesellschaftsordnung. Sie folgen der Verführung des Westens, der sich ihnen in Oobliadooh, einem Schlager von Dizzy Gillespie entnommen, symbolisiert. Doch kehren sie bald von ihrem Ausflug zurück.

st 266 Walter Höllerer, Die Elephantenuhr. Roman
Vom Autor gekürzte Ausgabe
336 Seiten
»Höllerer schreibt einen stellenweise furios zeit- und gesellschaftskritischen Roman über das Deutschland dieser Jahre, mit bemerkenswerten Kapiteln über das Verhältnis der beiden Staaten in Deutschland oder über die Identitätsneurose in beiden Teilen Berlins, mit satirisch funkelnden Skizzen über die Zustände an den Universitäten ...« *Rolf Michaelis*

st 267 Ernst Penzoldt, Die Kunst, das Leben zu lieben und andere Betrachtungen
Ausgewählt von Volker Michels
144 Seiten
Diese Auswahl aus den Bänden *Causerien* und *Die Liebende* versammelt 25 Betrachtungen von zeitloser Aktualität. Zwei Jahrzehnte nach Penzoldts Tod erinnert der Band an einen in der Literatur unseres Jahrhunderts nicht eben häufigen Autorentypus, der bei aller Sympathie für das Rebellische, bei allem Spott gegen das Inhumane, Routinierte und Überlebte, bei allem Esprit und übermütigem Witz nie das Naheliegende übersehen oder es einer Tendenz zuliebe unterdrückt hat.

st 268 Materialien zu Alfred Döblin
›Berlin Alexanderplatz‹
Herausgegeben von Matthias Prangel
272 Seiten
Döblin hatte seinen größten Erfolg mit dem 1929 erschienenen *Berlin Alexanderplatz* (Bibliothek Suhrkamp 451). Zu diesem Buch stellt der Materialienband Doku-

mente der Entstehung und Wirkung zusammen. Neben Vorformen, Passagen früherer Fassungen des Werks und dem vollständigen Hörspieltext stehen Selbstzeugnisse des Autors, zeitgenössische Rezensionen und wissenschaftliche Arbeiten, die den derzeitigen Forschungsstand umreißen sollen.

st 269 Fritz J. Raddatz. Traditionen und Tendenzen. Materialien zur Literatur der DDR. Erweiterte Ausgabe
2 Bde., zus. 814 Seiten
»Der Raddatz« (*Peter Wapnewski* in der *Zeit*) gilt als verläßlichste, brauchbarste Information über die DDR-Literatur wie zugleich als kritisch-selektive Analyse eines kenntnisreichen Literaturhistorikers. Raddatz hat seine Studie auf den neuesten Stand gebracht, die Bibliographie wurde erweitert und erfaßt die Primär- und Sekundärliteratur bis 1975. Was hier vorliegt, ist Lesebuch und Arbeitsmaterial zugleich.

st 270 Erhart Kästner, Der Hund in der Sonne
und andere Prosa
Aus dem Nachlaß
Herausgegeben von Heinrich Gremmels
160 Seiten
Alle Bücher Kästners sind byzantinischen Mosaiken vergleichbar, und so bot sich an, die literarischen Fragmente ebenfalls mosaikartig zu ordnen. *Im ersten Teil* geht es um Begriffe wie Wissenschaft, Technik, Verbrauch, also um Kästners leidenschaftlichen Umgang mit dem Wesen der modernen Zivilisation. *Im zweiten Teil* folgen wir ihm auf das Erlebnisfeld zwischen Vergangenheit und Zukunft, geschichtlicher, also erlebter und gemessener, also abstrakter Zeit bis hin zu den Grenzproblemen des Todes. *Im dritten Teil* kommt der Zeitgenosse ins Bild in seinen verschiedenen Aspekten als Habenichts, Wohlständler, Langweiler, als Schweiger, Künstler, Einsiedler. Nicht Modelle des täglichen Lebens sind gemeint, sondern Symbolgestalten des Zeitgeistes.

st 271 Jurek Becker, Irreführung der Behörden. Roman
250 Seiten
»Der wieder, besonders im skurrilen oder grotesken Detail, einfallsreiche Erzähler legitimiert den Anspruch,

einer der besten Erzähler deutscher Sprache zu sein.«
Rolf Michaelis
Für diesen Roman erhielt Becker den Bremer Literaturpreis 1974.

st 273 Stanislaus Joyce, Meines Bruders Hüter
Mit einem Vorwort von T. S. Eliot und einer Einführung von Richard Ellmann. Deutsch von Arno Schmidt
348 Seiten
Stanislaus Joyce hat bis zu seinem Tode an diesem Erinnerungsbuch geschrieben, in dem er die Dubliner Jugendjahre dieses großen irischen Dichters abschildert, gemeinsam erlebte und gemeinsam durchlebte Jahre, in denen sich Geist, Weltansicht und Genie von James Joyce herausbildeten. Er hat ein Werk geschaffen, das durch lebendige Fülle des Details, durch Humor und Bitterkeit, durch schriftstellerischen Glanz an die Seite der Bücher des Bruders tritt und selbst ein bedeutendes Stück Literatur geworden ist.

st 274 Hermann Hesse, Narziß und Goldmund
Erzählung
324 Seiten
»Diese Erzählung wetteifert nicht mit der Reportage, kümmert sich nicht um Aktualität, kitzelt nicht mit politischer Tendenz, verrücktem Getu oder Pikanterie, sondern ist – im besten Sinne des Wortes – Poesie, unzeitgemäße Poesie!« *Max Herrmann-Neiße*

st 275 The Best of H. C. Artmann
Herausgegeben von Klaus Reichert
394 Seiten
Von allen deutschen Autoren, die nach 1945 zu schreiben begannen, ist Artmann ohne jeden Zweifel der vielseitigste, originellste und erfinderischste. So wie Artmann in fast allen Gattungen gearbeitet hat, so hat er seine Quellen seine Herkunft überall: in der Artusepik, in barocker Schäferpoesie, in den Wörterbüchern und Grammatiken von gut zwei Dutzend Sprachen, in Irland und im England des Sherlock Holmes, bei Villon und dem Wiener Vorstadtdialekt. Lorca, Gomez de la Serna, den Surrealisten und Dadaisten, in den Detektivheftchen der 20er Jahre und den Comic strips von damals bis heute.

st 276 Basis. Jahrbuch für deutsche Gegenwartsliteratur.
Band 5
Herausgegeben von Reinhold Grimm und Jost Hermand
238 Seiten
Ohne methodisch starr festgelegt zu sein, sucht *Basis* eine Literaturbetrachtung zu fördern, die an der materialistischen Grundlage orientiert ist. *Basis* erscheint einmal im Jahr und bringt Essays, Interviews und Rezensionen zur deutschsprachigen Gegenwartsliteratur.

st 277 Max Frisch. Andorra. Stück in zwölf Bildern
132 Seiten
Die Kernzelle von *Andorra* findet sich in Max Frischs *Tagebuch* als Eintragung des Jahres 1946. Andorra ist der Name für ein Modell: Es zeigt den Prozeß einer Bewußtseinsveränderung, abgehandelt an der Figur des jungen Andri, den die Umwelt so lange zum Anderssein zwingt, bis er es als sein Schicksal annimmt. Dieses Schicksal heißt in Max Frischs Stück »Judsein«.

st 278 Czesław Miłosz, Verführtes Denken
Mit einem Vorwort von Karl Jaspers
256 Seiten
Miłosz, zwar nicht Kommunist, aber zeitweilig als polnischer Diplomat in Paris, beschreibt die ungeheure Faszination des Kommunismus auf Intellektuelle. Er stellt sich als Gegenspieler marxistischer Dialektiker vor, deren Argumente von höchstem Niveau und bezwingender Logik sind. Was der konsequente totalitäre Staat dem Menschen antut, zeigt Miłosz in einer Weise, die den Menschen am äußersten Rand einer preisgegebenen Existenz wiederfindet. Von solcher Vision beschreibt der Autor ohne Haß, wenn auch mit satirischen Zügen, die Entwicklung von vier Dichtern, die aus Enttäuschung, Verzweiflung, Überzeugung oder Anpassung zu Propagandisten werden konnten.

st 279 Harry Martinson, Die Nesseln blühen
Roman
320 Seiten
Dieser Roman des Nobelpreisträgers für Literatur 1974 erzählt die Geschichte einer Kindheit. In fünf Kapiteln stehen sich Menschen in der Unordnung von Zeit und selbstgerechten Gewohnheiten gegenüber. Von der Kin-

derversteigerung geht der Weg Martin Tomassons durch die Schemenhöfe der Furcht, des Selbstmitleids und der Verlassenheit, bis ein fremder Tod ihn aus dieser Scheinwelt stößt. Zuletzt kommt Martin als Arbeitsjunge ins Siechenheim. In dieser Welt des Alterns, der Schwäche, der Resignation regiert der schmerzvolle Friede der Armut. Martin klammert sich an Fräulein Tyra, die Vorsteherin. Ihr Tod liefert ihn endgültig dem Erwachen aus.

st 280 Robert L. Heilbroner, Die Zukunft der Menschheit
Aus dem Amerikanischen von Nils Thomas Lindquist
128 Seiten
Der Ausblick in die Zukunft der Menschheit: sprunghaftes Wachstum der Bevölkerung; verschärfte Polarisierung zwischen Arm und Reich, die zur *ultima ratio* einer atomaren Erpressung der Überflußgesellschaften durch die Habenichtse führen könnte. Wo die Warnungen des »Club of Rome« und der »Blueprints for Survival« stehenbleiben, geht Heilbroner in seiner illusionslosen Analyse, aber auch in seinen politischen Konsequenzen weiter.

st 281 Harry Martinson, Der Weg hinaus
Roman
362 Seiten
Dieser Band setzt die Geschichte des Martin Tomasson fort. Das ist Martins Problem: die Bauern, bei denen er als Hütejunge arbeitet, beuten seine Arbeitskraft aus. Er wird mit Gleichgültigkeit behandelt, die Gleichaltrigen verhöhnen ihn mit kindlicher Grausamkeit. Ihm bleibt nur die Flucht ins »Gedankenspiel«, in eine Scheinwelt, aufgebaut aus der Lektüre von Märchen und Abenteuergeschichten. Die Zukunft, von der Martin sich alles erhofft, beginnt trübe: der Erste Weltkrieg ist ausgebrochen. Der Dreizehnjährige schlägt sich bettelnd durchs Land, um zur Küste zu kommen. Immer in Gefahr, aufgegriffen zu werden, erreicht er zu guter Letzt eine der Seestädte.

st 284 Ernst Fischer, Von Grillparzer zu Kafka
Sechs Essays
284 Seiten
Der Band enthält sechs kritische Essays des Literaten

Fischer: Grillparzer, Lenau, Nestroy, Kraus und Musil, im besonderen aber Kafka werden dem Vorurteil der Bürgerlichkeit wie dem der Entartung entzogen, damit in der Freilegung ihre Bedeutung zu erkennen und ihr Verdienst im Blick marxistischer Theorie zu analysieren ist.

st 285 Kurt Weill, Ausgewählte Schriften
Herausgegeben mit einem Vorwort von David Drew
240 Seiten
Dieser Band druckt Weills eigene in wichtigen Musikzeitschriften veröffentlichte Beiträge wieder ab. Darüber hinaus bringt er zum ersten Mal eine Auswahl aus etwa 400 Artikeln, die Weill in den Jahren 1925–1929 für die Berliner Wochenzeitschrift *Der Berliner Rundfunk* schrieb. Diese Aufsätze zum Thema Rundfunk sind eine wichtige Ergänzung zu den theoretischen Aufsätzen, in denen Weill sich zu Funktion und Wirkung des Musiktheaters in einer modernen Gesellschaft äußert und die Aspekte seiner Zusammenarbeit mit Georg Kaiser, Bertolt Brecht und Caspar Neher untersucht.

st 286 Max Frisch, Mein Name sei Gantenbein
Roman
292 Seiten
Der Roman spiegelt die Verschiebung von Realität und Phantasie im Bannkreis einer Situation, die die erprobte Rolle eines Menschen in Frage stellt, sein Ich freilegt. Die Geschichten des Buches sind nicht Geschichten im üblichen Sinn, es sind Geschichten wie Kleider, die man probiert. Es sind Rollen, Lebensrollen, Lebensmuster, die die Wirklichkeit erraten haben.
»Der Rückzug vom Menschen auf die Spielfigur, der das ästhetische Signum dieses Buches ist, hat dem Autor zu einer neuen Souveränität verholfen.« *Günter Blöcker*

st 287 Horst Bingel
Lied für Zement. Gedichte
Mit einem Nachwort von Karl Krolow
94 Seiten
Karl Krolow sagt zu diesen Gedichten: sie sind »auf den Augenblick und für den Augenblick (und seinen Ab-

grund)« geschrieben. Der Eigenart der knappen Äußerung, des sprachlichen Kürzels entspricht die Absicht: Rebellion gegen konventionelle Denkschemata, Desillusionierung.

st 288 Erich Heller. Nirgens wird Welt sein als innen
Versuche über Rilke
150 Seiten
Inhalt: Die Reise der Kunst ins Innere; Rilke und Nietzsche. Mit einem Diskurs über Denken, Glauben und Dichten; Rilke in Paris. »Erich Hellers literarische Essays üben seit vielen Jahren eine geheimnisvolle Faszination auf seine Leser aus. Wie er seine Themen anzupacken versteht, das deutet auf eine unendliche eindringliche, schmeichelnde, schöne und sichere Stimme hin – mit der Verführungskraft der Authentizität.« *Bücherkommentare*

st 289 Jean Rudolf von Salis, Rilkes Schweizer Jahre
Ein Beitrag zur Biographie von Rilkes Spätzeit
316 Seiten
Aus dem Zusammentreffen des Autors mit Rilke 1924 in Muzot ergab sich in wiederholten Begegnungen und einem Briefwechsel eine Beziehung, die bis zu Rilkes Tod anhielt. In der Diskussion, wie die heute einsetzende Rilke-Renaissance sich mit der Besonderheit, Unverwechselbarkeit, Isoliertheit der Rilkeschen Lyrik auseinandersetzen und wie sie von neuem aufgenommen wird, kann dieser Band einen wertvollen Beitrag leisten.

st 290 Rilke heute. Beziehungen und Wirkungen
Herausgegeben von Ingeborg H. Solbrig und Joachim W. Storck
331 Seiten
Die hier versammelten Arbeiten gruppieren sich um ästhetische Einzelprobleme, um rezeptionsästhetische und komparatistische Fragen, endlich um allgemein literarhistorische Aspekte und die damit zusammenhängende politische-gesellschaftliche Wirkung. Damit wird ein breites Spektrum von wissenschaftlicher Relevanz erfaßt, werden auch gelegentliche Konfrontationen gegensätzlicher Thesen und Lösungsversuche nicht vermieden. Gerade dies kommt einer getreuen Spiegelung der gegenwärtigen Forschungssituation zugute.

st 291 Hermann Hesse, Die Märchen
Zusammengestellt von Volker Michels
282 Seiten
Dieser Band versammelt erstmals alle Märchen Hesses. Sowohl die frühe, erstmals 1920 unter dem Titel *Märchen* publizierte Sammlung als auch die späteren, in verschiedenen Büchern verstreuten Märchen aus dem *Fabulierbuch* (1935), den Sammelbänden *Traumfährte* (1945), *Krieg und Frieden,* sowie einige bisher noch kaum bekannte, zu Hesses Lebzeiten noch nicht in seine Bücher aufgenommene Stücke ergänzen diese Sammlung.

st 292 Lillian Hellman, Eine unfertige Frau
Ein Leben zwischen Dramen
Aus dem Englischen von Kyra Stromberg
Mit Abbildungen
288 Seiten
Der Lebensbericht der berühmten Theaterautorin, Harvardprofessorin und erfolgreichen Journalistin Lillian Hellman beginnt mit einer faszinierenden Schilderung ihrer Jugend zwischen New York und New Orleans. Sie beschreibt ihre ersten Jahre in einem New Yorker Verlagshaus, ihren Aufenthalt in Spanien während des Bürgerkriegs, in Rußland während des 2. Weltkriegs. Temperamentvoll beschreibt die Autorin ihre Begegnungen mit großen Namen: Dorothy Parker, Nathanael West, Ernest Hemingway, Scott Fitzgerald, Dashiell Hammett, Norman Mailer, Louis Aragon, Sergej Eisenstein.

st 293 Gustav Regler, Das Ohr des Malchus
Eine Lebensgeschichte
528 Seiten
An allen Fronten, wo in geistiger Auseinandersetzung oder mit der Waffe in der Hand das Schicksal unseres Jahrhunderts bestimmt wurde, ist der Journalist und Schriftsteller Gustav Regler dabei gewesen. Er ging auf die Barrikaden, kämpfte in der Spartakistenzeit und in der Räte-Republik. Er teilte die Illusionen des Sozialismus und des Kommunismus. Mit der Beschreibung seines Lebens schildert Regler eine Fülle von Personen und Bewegungen, die er gekannt hat: Stefan George, Karl Wolfskehl, Maxim Gorki, André Malraux, Ernest Hemingway, Ludwig Renn, um nur einige zu nennen.

st 294 Marieluise Fleißer, Eine Zierde für den Verein.
Roman vom Rauchen, Sporteln, Lieben und Verkaufen
206 Seiten
Ihren einzigen Roman, 1931 unter dem Titel *Mehlreisende Frieda Geier* erschienen, hat Marieluise Fleißer 1972 neu bearbeitet und ihm den Titel *Eine Zierde für den Verein* gegeben. In der vermeintlichen Idyllik einer deutschen Provinz in den Jahren vor 1933 sucht Gustl Amricht, Zigarrenladeninhaber und Schwimmphänomen, die Nähe von Frieda Geier, erobert und heiratet sie. Aber an der Selbständigkeit Friedas prallen »die natürlichen Machtmittel des Mannes« ab, sie läuft ihm davon.

st 295 Wolfgang Hildesheimer, Paradies der falschen Vögel
Roman
172 Seiten
Guiskard, der König der Fälscher, erfindet den Maler Ayax Mazyrka und auch einen Kunsthistoriker, der die Biographie des Malers schreibt. Die Hauptwerke Mazyrkas werden zu den begehrtesten Objekten des internationalen Kunsthandels, und der phantasiebegabte Fälscher bringt es zum Kultusminister.

st 298 Julio Cortázar, Das Feuer aller Feuer
Erzählungen
180 Seiten
Der große argentinische Schriftsteller Julio Cortázar ist, wie Jorge Luis Borges, Schöpfer einer »phantastischen Literatur«, und so sind auch die Erzählungen zu lesen. Er umkreist das Drama, das sich durch die Bedrohung verborgener Wirklichkeiten entzündet, um sich im Wirklichen abzuspielen, und mit geradezu tödlicher Sicherheit berührt Cortázar die Dimensionen des Wunderbaren und Unheimlichen.

Alphabetisches Gesamtverzeichnis der suhrkamp taschenbücher

Achternbusch, Alexanderschlacht 61
- Happy oder Der Tag wird kommen 262

Adorno, Erziehung zur Mündigkeit 11
- Studien zum autoritären Charakter 107
- Versuch, das ›Endspiel‹ zu verstehen 72
- Zur Dialektik des Engagements 134
- Versuch über Wagner 177

Aitmatow, Der weiße Dampfer 51

Alfvén, M 70 - Die Menschheit der siebziger Jahre 34
- Atome, Mensch und Universum 139

Allerleirauh 19

Alsheimer, Vietnamesische Lehrjahre 73

Artmann, Grünverschlossene Botschaft 82
- How much, schatzi? 136
- The Best of H. C. Artmann 275

von Baeyer, Angst 118

Bahlow, Deutsches Namenlexikon 65

Becker, Eine Zeit ohne Wörter 20
- Irreführung der Behörden 271

Beckett, Warten auf Godot (dreisprachig) 1
- Watt 46
- Endspiel (dreisprachig) 171
- Das letzte Band (dreisprachig) 200
- Molloy 229
- Glückliche Tage. Dreisprachig 248

Materialien zu Becketts »Godot« 104

Benjamin, Über Haschisch 21
- Ursprung des deutschen Trauerspiels 69
- Der Stratege im Literaturkampf 176

Zur Aktualität Walter Benjamins 150

Bernhard, Das Kalkwerk 128
- Frost 47
- Gehen 5
- Salzburger Stücke 257

Bilz, Neue Verhaltensforschung: Aggression 68

Bingel, Ein Lied für Zement 287

Blackwood, Das leere Haus 30

Bloch, Naturrecht und menschliche Würde 49
- Subjekt-Objekt 12
- Vorlesungen zur Philosophie der Renaissance 75
- Atheismus im Christentum 144

Braun, Stücke 1 198

Brecht, Geschichten vom Herrn Keuner 16
- Schriften zur Gesellschaft 199
- Frühe Stücke 201
- Gedichte 251
- Brecht in Augsburg 297

Bertolt Brechts Dreigroschenbuch 87

Bond, Die See 160

Broch, Barbara 151
- Die Schuldlosen 209
- Schriften zur Literatur 1 246
- Schriften zur Literatur 2 247
- Der Tod des Vergil 296

Materialien zu Der Tod des Vergil 317

Broszat, 200 Jahre deutsche Polenpolitik 74

Buono, Zur Prosa Brechts. Aufsätze 88

Butor, Paris-Rom oder Die Modifikation 89

Celan, Mohn und Gedächtnis 231
Chomsky, Indochina und die amerikanische Krise 32
- Kambodscha Laos Nordvietnam 103
- Über Erkenntnis und Freiheit 91
Conrady, Literatur und Germanistik als Herausforderung 214
Cortázar, Das Feuer aller Feuer 298
Dedecius, Überall ist Polen 195
Der andere Hölderlin. Materialien zum »Hölderlin«-Stück von Peter Weiss 42
Der Friede und die Unruhestifter 145
Dolto, Der Fall Dominique 140
Döring, Perspektiven einer Architektur 109
Duddington, Baupläne der Pflanzen 45
Duke, Akupunktur 180
Duras, Hiroshima mon amour 112
Eich, Fünfzehn Hörspiele 120
Eliot, Die Dramen 191
Zur Aktualität T. S. Eliots 222
Enzensberger, Gedichte 1955–1970 4
Ewald, Innere Medizin in Stichworten I 97
- Innere Medizin in Stichworten II 98
Ewen, Bertolt Brecht 141
Fallada/Dorst, Kleiner Mann – was nun? 127
Fleißer, Eine Zierde für den Verein 294
Freisprüche. Revolutionäre vor Gericht 111
Fries, Der Weg nach Oobliadooh 265
Frijling-Schreuder, Wer sind das – Kinder? 119
Frisch, Dienstbüchlein 205
- Stiller 105
- Stücke 1 70
- Stücke 2 81
- Wilhelm Tell für die Schule 2
- Mein Name sei Gantenbein 286
- Andorra 277
Frischmuth, Amoralische Kinderklapper 224
Fromm/Suzuki/de Martino, Zen-Buddhismus und Psychoanalyse 37
Fuchs, Todesbilder in der modernen Gesellschaft 102
García Lorca, Über Dichtung und Theater 196
Gibson, Lorcas Tod 197
Glozer, Kunstkritiken 193
Goldstein, A. Freud, Solnit, Jenseits des Kindeswohls 212
Goma, Ostinato 138
Gorkij, Unzeitgemäße Gedanken über Kultur u. Revolution 210
Grossmann, Ossietzky. Ein deutscher Patriot 83
Habermas, Theorie und Praxis 9
- Kultur und Kritik 125
Habermas/Henrich, Zwei Reden 202
Hammel, Unsere Zukunft – die Stadt 59
Handke, Chronik der laufenden Ereignisse 3
- Der kurze Brief 172
- Die Angst des Tormanns beim Elfmeter 27
- Ich bin ein Bewohner des Elfenbeinturms 56
- Stücke 1 43
- Stücke 2 101
- Wunschloses Unglück 146
- Die Unvernünftigen sterben aus 168
- Als das Wünschen noch geholfen hat 208
- Falsche Bewegung 258
Heller, Thomas Mann 243
- Nirgends wird Welt sein als innen 288
Hellman, Eine unfertige Frau 292

Henle, Der neue Nahe Osten 24
Hentig, Magier oder Magister? 207
- Die Sache und die Demokratie 245
Hermlin, Lektüre 1960–1971 215
Hesse, Glasperlenspiel 79
- Klein und Wagner 116
- Kunst des Müßiggangs 100
- Lektüre für Minuten 7
- Unterm Rad 52
- Peter Camenzind 161
- Der Steppenwolf 175
- Siddhartha 182
- Demian 206
- Ausgewählte Briefe 211
- Die Nürnberger Reise 277
- Lektüre für Minuten. Neue Folge 240
- Eine Literaturgeschichte in Rezensionen 252
- Die Märchen 291
- Narziß und Goldmund 274
- Eine Werkgeschichte von Siegfried Unseld 143
Materialien zu Hesses »Glasperlenspiel« 80
Materialien zu Hesses »Steppenwolf« 53
Hildesheimer, Paradies der falschen Vögel 295
Hobsbawm, Die Banditen 66
Höllerer, Die Elephantenuhr 266
Hortleder, Fußball 170
Horváth, Der ewige Spießer 131
- Ein Kind unserer Zeit 99
- Jugend ohne Gott 17
- Leben und Werk in Dokumenten und Bildern 67
- Sladek 163
- Die stille Revolution 254
Hudelot, Der Lange Marsch 54
Jakir, Kindheit in Gefangenschaft 152
Johnson, Mutmaßungen über Jakob 147
- Das dritte Buch über Achim 169
- Eine Reise nach Klagenfurt 235
- Berliner Sachen 249
Jonke, Im Inland und im Ausland auch 156
Joyce, Ausgewählte Briefe 253
Joyce, Stanislaus, Meines Bruders Hüter 273
Kästner, Offener Brief an die Königin von Griechenland. Beschreibungen, Bewunderungen 106
- Der Hund in der Sonne 270
Kardiner/Preble, Wegbereiter 165
Kasack, Fälschungen 264
Kaschnitz, Steht noch dahin 57
Katharina II. in ihren Memoiren 25
Kluge, Lebensläufe. Anwesenheitsliste für eine Beerdigung 186
Koch, See-Leben I 132
Koeppen, Das Treibhaus 78
- Nach Rußland und anderswohin 115
- Romanisches Café 71
- Der Tod in Rom 241
Koestler, Der Yogi und der Kommissar 158
- Die Wurzeln des Zufalls 181
Kracauer, Die Angestellten 13
- Kino 126
Kraus, Magie der Sprache 204
Kroetz, Stücke 259
Krolow, Ein Gedicht entsteht 95
Kühn, N 93
- Siam-Siam 187
Lagercrantz, China-Report 8
Lander, Ein Sommer in der Woche der Itke K. 155
Laxness, Islandglocke 228
Lem, Solaris 226
Lepenies, Melancholie und Gesellschaft 63
Lévi-Strauss, Rasse und Geschichte 62
- Strukturale Anthropologie 15
Lidz, Das menschliche Leben 162

Lovecraft, Cthulhu 29
- Berge des Wahnsinns 220
Malson, Die wilden Kinder 55
Martinson, Die Nesseln blühen 279
- Der Weg hinaus 281
Mayer, Georg Büchner und seine Zeit 58
- Thomas Mann 233
McHale, Der ökologische Kontext 90
Melchinger, Geschichte des politischen Theaters 153, 154
Meyer, Eine entfernte Ähnlichkeit 242
Miłosz, Verführtes Denken 278
Minder, Dichter in der Gesellschaft 33
Mitscherlich, Massenpsychologie ohne Ressentiment 76
- Thesen zur Stadt der Zukunft 10
- Toleranz - Überprüfung eines Begriffs 213
Mitscherlich (Hg.), Bis hierher und nicht weiter 239
Muschg, Liebesgeschichten 164
- Im Sommer des Hasen 263
Myrdal, Politisches Manifest 40
Nachtigall, Völkerkunde 184
Norén, Die Bienenväter 117
Nossack, Spirale 50
- Der jüngere Bruder 133
- Die gestohlene Melodie 219
- Um es kurz zu machen 255
Nossal, Antikörper und Immunität 44
Olvedi, LSD-Report 38
Penzoldts schönste Erzählungen 216
- Die Kunst das Leben zu lieben 267
Plenzdorf, Die Legende von Paul & Paula 173
Plessner, Diesseits der Utopie 148
Portmann, Biologie und Geist 124

Prangel, Materialien zu Döblins Alexanderplatz 268
Psychoanalyse und Justiz 167
Raddatz, Traditionen und Tendenzen 269
Rathscheck, Konfliktstoff Arzneimittel 189
Regler, Das Ohr des Malchus 293
Reik, Der eigene und der fremde Gott 221
Reiwald, Die Gesellschaft und ihre Verbrecher 130
Riedel, Die Kontrolle des Luftverkehrs 203
Riesman, Wohlstand wofür? 113
- Wohlstand für wen? 114
Rilke, Material. zu »Malte« 174
- Materialien zu »Cornet« 190
- Rilke heute 290
Rosei, Landstriche 232
Roth, die autobiographie des albert einstein. Künstel. Der Wille zur Krankheit 230
Russell, Autobiographie I 22
- Autobiographie II 84
- Autobiographie III 192
Salis, Rilkes Schweizer Jahre 289
Sames, Die Zukunft der Metalle 157
Shaw, Die Aussichten des Christentums 18
- Der Sozialismus und die Natur des Menschen 121
Simpson, Biologie und Mensch 36
Sperr, Bayrische Trilogie 28
Steiner, In Blaubarts Burg 77
- Sprache und Schweigen 123
Sternberger, Panorama oder Ansichten vom 19. Jahrhundert 179
- Gerechtigkeit für das 19. Jahrhundert 244
Stuckenschmidt, Schöpfer der neuen Musik 183
Suyin, Die Morgenflut 234
Swoboda, Die Qualität des Lebens 188

Szabó, I. Moses 22 142
Terkel, Der Große Krach 23
Unseld, Hermann Hesse. Eine Werkgeschichte 143
– Begegnungen mit Hermann Hesse 218
– Mein erstes Lese-Erlebnis 250
– Peter Suhrkamp 260
Unseld (Hg.), Wie, warum und zu welchem Ende wurde ich Literaturhistoriker? 60
– Bertolt Brechts Dreigroschenbuch 87
– Zur Aktualität Walter Benjamins 150
Unterbrochene Schulstunde. Schriftsteller und Schule 48
Waggerl, Brot 299
Waley, Lebensweisheit im Alten China 217
Walser, Das Einhorn 159
– Gesammelte Stücke 6
– Halbzeit 94

Weber-Kellermann, Die deutsche Familie 185
Weiss, Das Duell 41
– Rekonvaleszenz 31
Materialien zu Weiss' »Hölderlin« 42
Wendt, Moderne Dramaturgie 149
Wer ist das eigentlich – Gott? 135
Werner, Wortelemente lat.-griech. Fachausdrücke in den biologischen Wissenschaften 64
Werner, Vom Waisenhaus ins Zuchthaus 35
Wilson, Auf dem Weg zum Finnischen Bahnhof 194
Wittgenstein, Philosophische Untersuchungen 14
Wolf, Punkt ist Punkt 122
Zivilmacht Europa – Supermacht oder Partner? 137